R语言与金融数据分析

(Analysis of Financial Data with R)

方　霞　主　编

万　谍　崔远淼　邓弋威　张水泉　副主编

浙江工商大学出版社
ZHEJIANG GONGSHANG UNIVERSITY PRESS

·杭州·

图书在版编目(CIP)数据

R语言与金融数据分析 / 方霞主编. —杭州:浙江
工商大学出版社,2022.8(2025.1重印)

ISBN 978-7-5178-5101-1

Ⅰ.①R… Ⅱ.①方… Ⅲ.①程序语言—程序设计—
应用—金融—数据处理 Ⅳ.①F830.41-39

中国版本图书馆 CIP 数据核字(2022)第153026号

R语言与金融数据分析

R YUYAN YU JINRONG SHUJU FENXI

方　霞主编　万　谋　崔远淼　邓弋威　张水泉 副主编

责任编辑	黄拉拉
责任校对	韩新严
封面设计	云水文化
责任印制	祝希茜
出版发行	浙江工商大学出版社
	(杭州市教工路198号　邮政编码310012)
	(E-mail:zjgsupress@163.com)
	(网址:http://www.zjgsupress.com)
	电话:0571-88904980,88831806(传真)
排　版	杭州朝曦图文设计有限公司
印　刷	广东虎彩云印刷有限公司绍兴分公司
开　本	787mm×1092mm　1/16
印　张	25.5
字　数	512千
版 印 次	2022年8月第1版　2025年1月第2次印刷
书　号	ISBN 978-7-5178-5101-1
定　价	69.00元

序　言

党的二十大报告指出，必须坚持科技是第一生产力、人才是第一资源、创新是第一动力，深入实施科教兴国战略、人才强国战略、创新驱动发展战略，开辟发展新领域、新赛道，不断塑造发展新动能、新优势。高校是培养创新人才的最重要阵地，新时代新征程人才培养的关键在于培养内容、培养模式和培养方法的创新，侧重于对学生内在创新意识和对实践层面的创新视野、创新能力的培养。近10年，金融领域发生了巨大改变，人们能利用互联网、大数据更为有效地帮助金融资源实现供给侧和需求侧精准、智能地匹配，推进金融供给侧结构性改革，使金融业更加精准和便捷地服务于实体经济。数字经济背景下金融人才培养创新尤为重要，金融业数字化转型释放出了金融创新活力和应用潜能，大大地推动了我国金融业转型升级和金融服务模式的变革。金融市场与行业的发展变化对人才培养提出了新的需求和更高的要求，高校人才培养应主动适应社会对金融专业人才需求的发展趋势，应高度重视实验、实践教学，培养具有创新精神和实践能力的应用型、复合型、创新型人才。在此背景下，浙江工商大学金融学院决定依托软件操作实验课程，将党的二十大报告中有关数字普惠金融、高质量开放、系统性风险防范等内容融入教材中，促进理论教学与实践教学的有机结合，提高金融人才培养质量。

本书旨在通过数据处理和软件应用来帮助学生强化、巩固前期的部分金融专业知识和基础理论，更加注重专业人才培养与产业界的对接，实现金融理论知识、数据分析与挖掘技能和计算机编程能力的"三元融合"，开展理论教学、实验教学与实践教学的融合创新。书稿第一版框架在浙江省高校金融人才培养与教学改革研讨会、钱塘江金融港湾高等金融教育论坛等会议上被多次讨论，校内外金融专业教师和银行、证券、保险、私募金融、互联网金融等机构高管、技术骨干提出了宝贵的修改意见。浙江工商大学金融学院成立书稿写作协调小组，组织编撰工作。本书的编写有以下几个特点：（1）注重理论基础与实务前沿、经典与当代相结合，注重基础能力训练与创新能力培养相结合；（2）与兄弟院校及科研院所相关教师、金融机构技术骨干联合编写；（3）将传统与新兴金融机构的最新案例进行适当简化，既考虑实用性，又兼顾可读性和可操作性。

如果您觉得金融学相关知识和基础理论枯燥难懂，抑或不知道如何将这些理论应用于实践，那么本书将教会您如何通过软件实现基于理论的金融数据分析。如果您觉得在大数据时代,不知道如何从庞大的金融数据中提炼出相关信息,那么本书将会提供一些合理的解决方案,供您获取金融数据背后的逻辑。本书不仅适合金融学专业的本科生和研究生使用,而且适合金融机构的相关从业人员使用,还适合对金融问题感兴趣的读者使用。

本书在撰写过程中,得到了杭州银行副行长李晓华、中国银行浙江省分行渠道与运营管理部王晔副总经理等业界精英的支持,以及财通证券股份有限公司、永安期货股份有限公司、和瑞控股有限公司、杭州龙旗科技有限公司的部门负责人的大力帮助。他们为书稿的撰写提供了大量的案例和素材,并提出了宝贵的建设性意见。

本书第一版于2017年8月由中国金融出版社出版,此次按照新形态教材建设要求进行了修订,感谢浙江工商大学金融学院陈思宇、胡锦辉、侯晓静、潘若静、谭龙昕、杨振宇、周龙平等同学对本书再次出版所做的贡献。虽然作者在编写的过程中投入了大量精力,力求严谨精确,但由于自身学识和能力有限,书中难免存在不足和错误之处,真诚地希望广大读者不吝批评指正,可通过电子邮件fangxia@zjgsu.edu.cn反馈意见。

本书对应的教学视频等资料均可在中国大学MOOC平台获取(https://www.icourse163.org/course/HZIC-1206673805)。关于书中数据、代码、作业及其答案等课程资源,读者均可以通过扫描二维码来获取。

方　霞

2022年7月15日

目　录

1　R简介

教学说明

导入语

伟大的统计学家 George Box 曾言:"所有的模型都是错误的,但其中有一些是有用的。"现实中不确定性无处不在,确定的"正确"模型是不存在的(Peter Bruce,2013)。因此,如何进行有用的并且没有风险的金融分析十分重要,R是一款开源的软件,软件功能强大,非常适合金融数据分析。

学习目标

(1)学会下载与安装 R、RStudio 软件,掌握 R、RStudio 软件的操作界面。

(2)学会下载和载入 R 软件的扩展包,了解各扩展包的功能,掌握 R 软件的帮助功能。

(3)学会查看并更改 R 的工作目录,掌握 R 脚本的创建、编辑、保存功能,并熟悉 R 软件中文件的输入和输出过程。

(4)建立 R 语言的环境概念,了解 R 软件包及函数运行的环境。

(5)建立 R 语言数据类型的概念,掌握不同数据类型间的转换。

(6)建立 R 语言数据结构的概念,掌握不同数据结构的创建、元素索引及基本运算等。

1.1　R是什么

随着计算机技术、数据库技术、传感器技术、网络技术的快速发展和广泛应用,自动收集数据的功能得到空前的发展,各个行业所积累的数据越来越多,金融行业尤其如此。R是开发这些数据的很好选择,因为它提供的大量算法和方法及自由、开放的源代码特性为金融分析提供了一体化的解决方案,能够帮助用户完成数据提取、数据重整、金融建模、交易回测等诸多工作。R语言中丰富的模型及分析方法如线性模型、广义线性模型、非线性回归模型、时间序列分析、经典的参数和非参数检验、聚类和平滑等,为我们实现金融投资分析和量化交易提供了方便的途径。此外,还有大批灵活的作图程序使数据及模型的可视化成为可能。

那么R语言到底是什么？R语言的创始人是Ross Ihaka和Robert Gentleman，由于这两位"R之父"的名字都是以R开头，所以就称之为R语言。R语言是一款免费下载的语言，它由一个语言系统（R语言）和运行环境构成，后者包括图形、调试器（Debugger）及对某些系统函数的调用和运行脚本文件等。R软件的主要功能是为人们提供分析、可视化和管理数据的工具，主要包括数据存储和处理、运算、统计分析、制图功能。最突出的是R提供各种数学计算、统计计算的函数，因此用户能灵活地进行数据分析，甚至创造出符合需要的新的自定义计算方法。

我们可以根据电脑的操作系统下载相应的R语言安装文件。下载地址为：https://cran.r-project.org/mirrors.html。此外，R的一款跨平台IDE工具"RStudio软件"把常用的窗口都整合在一起，使我们非常方便地在操作时控制整个运行过程。我们可以在http://www.rstudio.org/RStudio下载并安装。

关于R更深入的介绍，请参考官方发行的手册和网站上的学习材料，如官方的6本手册（均可从R网站https://cran.r-project.org/manuals.html上找到）：

- An Introduction to R（R-intro）
- R Data Import/Export（R-data）
- R Installation and Administration（R-admin）
- Writing R Extensions（R-exts）
- R Internals（R-ints）
- The R Language Definition（R-lang）

1.2　RStudio介绍

与R软件相比，RStudio是一款界面更为友善、应用更便捷的软件，它无须在命令行和绘图行窗口之间切换，界面可视性更好。使用RStudio，除了需要先安装R软件外，还需要安装适合用户电脑的RStudio软件，下载地址为：http://www.rstudio.org/download。

在RStudio下载首页，选择下载，如图1-2-1所示，免费用户可以选择RStudio Desktop，然后选择和用户电脑操作系统相匹配的RStudio软件。

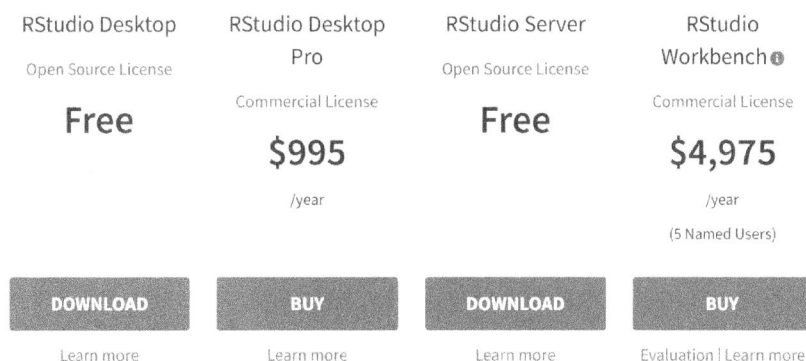

图 1-2-1　RStudio 下载首页

1.2.1　主界面

1.2.1.1　主菜单

在 RStudio 软件的最上方是工具栏,该工具栏上有多个命令按钮,单击"File"按钮可以实现文件创建、存取等功能,如图 1-2-2 所示,在下拉菜单中我们可以实现创建新文件 R Script 脚本文件、R Notebook、R Markdown 文件、TeX 文件等。点击"R Script",建立一个 R 语言的代码文件。和主界面一样,Tab 键在该界面也能实现显示函数和函数参数的功能。

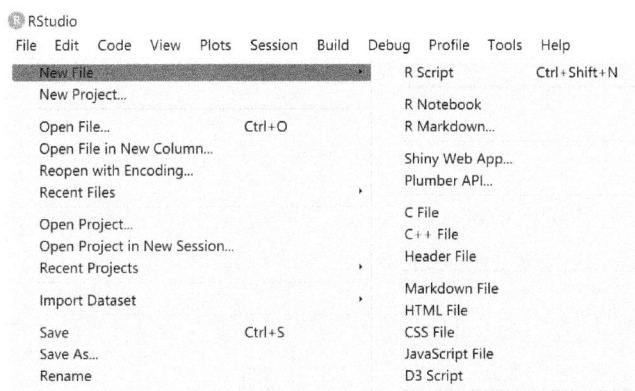

图 1-2-2　RStudio 主界面

1.2.1.2　4个功能区

RStudio 界面简单地分为 4 个窗口:左上角是脚本编辑窗口,右上角是工作空间和历史记录信息,左下角是命令窗口,右下角是绘图、帮助、文件和包管理窗口,如图 1-2-3 所示。

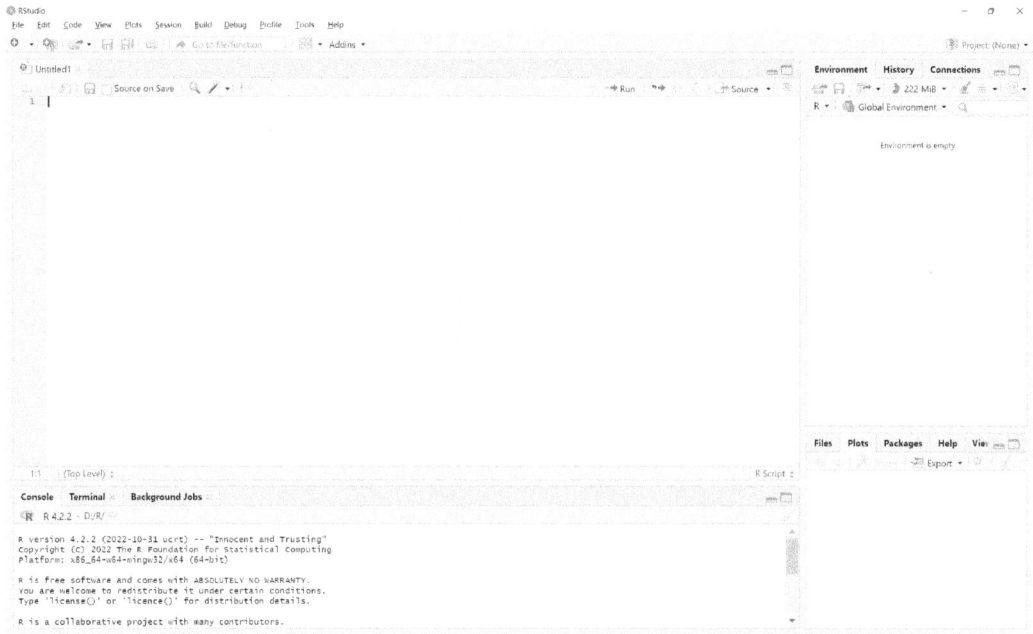

图 1-2-3　RStudio主界面四个功能区

1.2.1.3　编写代码和运行

在RStudio中有2种方法可以编写代码:一是直接在左上角的脚本编辑窗口输入代码,根据用户的需要运行所选择的代码;二是在左下角的命令窗口直接输入代码,并按回车键运行。这里有2种方法能进入脚本编辑窗口:一是单击左上角的"File",选择"New File",单击"R　Script";二是在RStudio界面按"Ctrl+Shift+N"组合键。写完代码以后,可以单击脚本编辑窗口右上角的 ⇨Run 按钮(或者按"Ctrl+Enter"组合键),如果直接单击该按钮,则只运行鼠标所在处的代码;如果想运行多行代码,则可以先用鼠标选中这些代码行,再单击该按钮。Run右侧的按钮 ⇨ 是Re-Run,意思就是重复一次上次的运行。如果误删了代码,则按"Ctrl+Z"组合键即可返回到误删前的状态。

1.2.1.4　Tab键:提示功能

无论采用何种方法进行编码,都可以使用RStudio提供的Tab键,该键具有提示功能,如:用户想输入函数plot,但忘了该函数的全称,此时他只需要输入p,再按"Tab"键,就会出现所有已安装的程序包中以p开头的函数及简要介绍,按回车键即可选择。同时,按"Tab"键还可以显示函数的各项参数,输入"plot("(RStudio会自动补上右括号),按"Tab"键则显示plot( )的各项参数,如图1-2-4所示。当使用R进行工作时,可能需要重新执行之前输入的命令,RStudio控制台使用方向键回忆之前命令的功能,"Up"键代表回忆前一条命令,"Down"键则与Up相反,这样就可以不用重复输入之前执行过的相同命令。

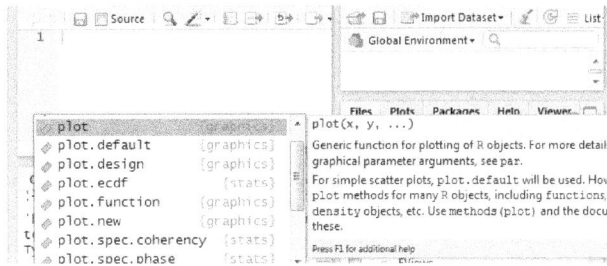

图 1-2-4　RStudio 脚本编辑窗口 Tab 键

1.2.1.5　脚本编辑窗口上方的 3 个按钮

☐ Source on Save：在该按钮前的方框打钩，则表示自动保存代码，否则不会自动保存。

🔍：查找和替换代码功能。在脚本编辑窗口内可以查找用户想寻找的代码，并可以进行替换。

✏：可以实现六大功能，主要功能为：①定义函数。选中需要定义函数的一段程序，Code->Extract Function，RStudio 会要求输入自定义函数的名字，按回车键，需要定义的函数则被 function()｛｝括起来。②定义和取消注释。如需将某段程序注释，选中单击"Code->Comment/Uncomment Line"，即可实现注释和注释取消。这些功能都可以用右侧的热键来实现，如图 1-2-5 所示。

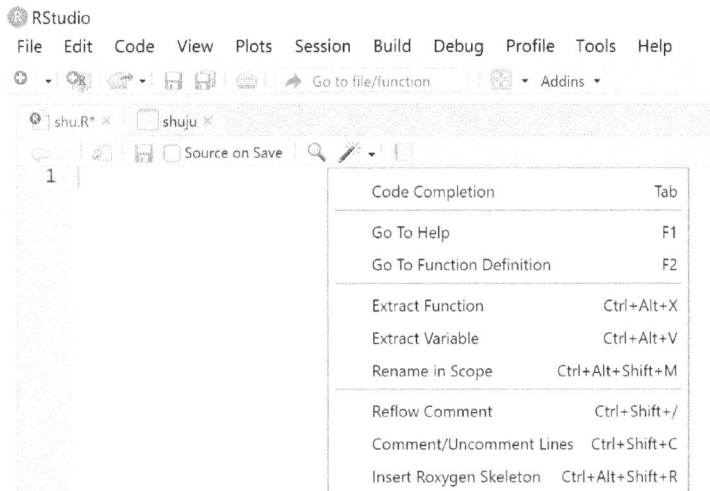

图 1-2-5　RStudio 脚本编辑窗口 3 个主要按钮

1.2.2　工作空间（Environment）和历史（History）窗口

如图 1-2-6 所示，工作空间 Environment 显示定义的数据集（Data）、值（Valuc）和自定义函数（Function）。Value和Function都是上一次程序运行后,保存在.RData文件里面的值,其中Value一项中,保存的是程序运行过程中一些变量的值,可以通过单击鼠标,使它们显示出来。而Function则可以方便地找到函数代码,同样也可以点击打开查看。Import Dataset则是可以导入不同数据类型的文件。Clear all可以将当前工作区的Value和Function清除干净。RStudio不会自动更新这个工作区的值,如果要获得运行代码的Value和 Function,需在运行前调用Clear按钮。

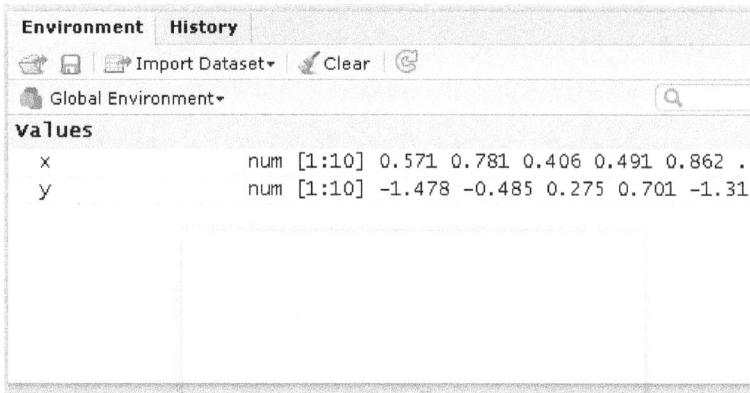

图1-2-6　RStudio工作空间和历史窗口

历史窗口 History 显示历史操作,显示的代码是之前运行过的代码,可以保存下来,也可以选择一部分,然后按"To Console" To Console 使其进入主控制界面,与重复以前的操作类似。或者按"To Source" To Source ,将History中的代码复制粘贴到脚本区。 表示清除RStudio历史信息。

1.2.3　命令窗口和文件窗口

左下角是命令窗口,可以写代码,也能显示程序运行过程和结果,但此处代码无法保存,所以并不建议在此编写程序。

右下角的文件窗口主要输出图形和显示函数的帮助文件,有4个主要的功能区:Files是查看当前Workspace下的文件;Plots则可以展示运算结果的图案;Packages则能展示系统已有的软件包,并且能勾选载入内存;Help则可以查看帮助文档。

图1-2-7是Files Files 的界面,可以显示工作区内的文件,New Folder表示新建文件夹,Delete表示删除,Rename表示重命名,当然在进行这些操作之前要先勾选操作的文件。More则提供了其他功能。

在Plots界面中, Plots 下的Zoom可使生成的图形在一个新的窗口下展示更大的版本,Export则可以选择图形输出的格式如PDF。

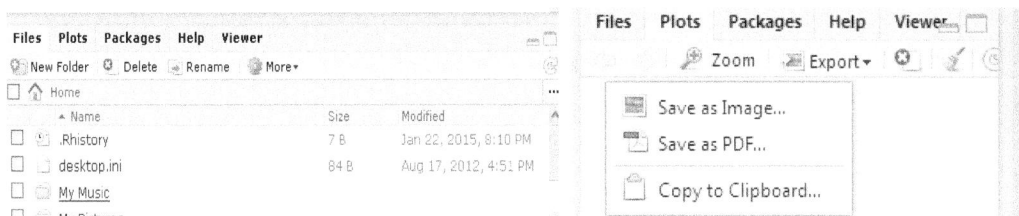

图 1-2-7　RStudio 文件窗口的 Files 和 Plots

[本节数字资源]

所在章节	二维码	内容	目标
1.2		课程资料链接(PPT)	获得该节线上课程PPT资料

1.3　R的扩展包

R以其免费的特性、大量的添加包所实现的功能,以及更新速度之快使其他同类软件望尘莫及。一大批贡献者为R编写代码,所以各种前沿的统计理论方法的相应计算机程序都会在短时间内以软件包的形式出现。我们安装的R软件中默认包括了base(R基础包)、stats(统计函数包)、graphics(图形包)、grDevices(图形设备包)、datasets(数据集包)等基础程序包。基础程序包是R源代码的一个重要部分,它们包括允许R工作的基本函数和本文档中描述的数据集,以及标准统计和图形工具,在安装R时会自动获得。但是有时候特定的分析功能需要用相应的程序包来实现,例如金融数据分析常用到pedquant包。使用开发的专门针对某方面的程序包可使问题得以方便快捷地解决,但这些附加包(可以从 http://CRAN.R-project.org/下载得到)必须要先安装才能使用。截至目前,R已经收录了上千个各类功能的包。

1.3.1　扩展包的安装

有3种方法可以安装R的扩展包。

第1种方法是通过R软件的界面,在R软件主菜单中,首先,选择程序包 程序包 ;其次,在下拉菜单中选择 设定CRAN镜像... ;再次,在弹出的菜单中选择合适的镜像;然后,在主菜单的程序包菜单中选择"安装程序包";最后,在弹出的窗口中选择需要安装的扩展包。

第2种方法是通过RStudio界面,利用RStudio右下角文件窗口的 Install　Packages,在弹出的窗口中输入需要安装的扩展包名及安装路径,然后单击"确定"按钮即可。

第3种方法是在R或者RStudio中输入安装命令：install.packages("packagename"，"dir")。其中，packagename是指定要安装的包名，扩展包名称必须使用引号（Windows系统为双引号），dir是指包安装的路径。默认情况下是安装在R安装目录下的library文件夹中。当然我们可以根据需要对参数进行修改来选择安装路径。例如，若要将R包abc安装到D:/R/file/，则执行命令install.packages("abc"，"D:/R/file/")。

利用remove.packages("packagename"，"dir")可以删除不需要的扩展包。

1.3.2 扩展包的载入

扩展包安装完后，必须先把扩展包加载到内存中（默认情况下，R启动后默认加载基本包）才能使用其功能，扩展包的载入也有3种方法。

第1种方法是通过R软件的界面，在R软件主菜单中，首先选择程序包；其次在下拉菜单中选择"加载程序包"；最后在弹出的窗口中选择需要载入的扩展包，按"确定"即可。

第2种方法是利用RStudio界面，利用RStudio右下角文件窗口的Packages，在显示页面中勾选所需要载入的包。

第3种方法是在R或者RStudio中输入载入命令：library("packagename")。其中，packagename是指定要载入的包名，不管扩展包名是否使用引号都可以。

[本节数字资源]

所在章节	二维码	内容	目标
1.3		课程资料链接（PPT）	获得该节线上课程PPT资料
		随堂训练	练习R扩展包的安装和载入
		随堂训练参考答案	

1.4 如何获取帮助

在开始写R代码之前，了解R软件提供的帮助文档对我们学习R软件非常有帮助。R中提供了多种方法供我们参考，经常采用的有3种方法：方法1为利用R软件界面的帮助选项;方法2为利用RStudio界面右下角的Help;方法3为通过输入命令的形式实现。

1.4.1　查看扩展包和函数的信息

如果要查找一个已经安装且知道名字的R软件包的帮助信息,那么我们可使用命令help(package="packagename")查看该软件包的内容,例如,输入命令help(package="quantmod")。我们还可以输入命令help.start()打开所有已在本地安装的帮助文档的内容列表。

除了需要查找有关包的内容外,在R软件中对函数的了解也尤为重要,帮助文档会介绍一个函数所属的包、用途、用法、参数说明、返回值、参考文献、相关函数及范例。通过help命令可查看该函数的全部功能信息的相关帮助文档,例如,想要获得关于mean函数的信息可以输入"help("mean",try.all.package=TRUE)",其中如果try.all.package不设为TRUE(缺省值为FALSE),则仅在载入内存的包中搜索,而设为TRUE的话,则在所有已安装的包中搜索相关帮助;help("mean",package="base")则为在打开的base包搜索mean的帮助;当然查看该函数的帮助文档亦可输入"?",再在后面加上函数名,和上面一样,通过输入命令"？mean"可以查看关于mean函数的帮助文档(对于特殊字符、关键字和多个字词的搜索还需要加上引号,如?"+"、?"if")。当然,如果我们只想简单了解函数的某一部分信息,则可通过args函数获取参数信息,如args(mean);也通过example函数查找相关的使用范例,如example(mean)。

1.4.2　查看源代码的信息

作为一个开源软件,R一个非常显著的优点就是允许用户随意查看所有算法的源代码。在对这些源代码进行分析的过程中,用户不仅可以加深对算法的认识,而且可以大幅提高对R语言的掌握程度。最直接的方法是键入函数,大部分函数源代码就可以直接显现出来。例如:

```
sapply
function(X,FUN,…,simplify=TRUE,USE.NAMES=TRUE)
{
    FUN<-match.fun(FUN)
answer<-lapply(X=X,FUN=FUN,…)
if(USE.NAMES&&is.character(X)&&is.null(names(answer)))
names(answer)<-X
if(!identical(simplify,FALSE)&&length(answer))
simplify2array(answer,higher=(simplify=="array"))
else  answer
}
```

......

还有些函数直接键入不能显示源代码,主要是因为R是面向对象设计的程序语言,所以不同的对象要通过methods("函数")来进一步定义具体的查看对象。获取结果后,我们可以直接选取其中的对象进行查看。

1.4.3 查看网络帮助信息

如果需要在网络上搜索跟R有关的信息和问题解答,我们可以输入命令RSiteSearch("")。它会打开一个浏览器窗口,并打开R项目网站的搜索引擎查询整个http://search.r-project.org网站的包。多个单词组成的短语需用大括号括上,如RSiteSearch("{Bayesianregression}")。当然我们还可以使用以下网站搜索R相关的信息。

①http://cos.name/,#统计之都;

②http://rseek.org,#R的网页搜索引擎,能查找各种函数、R邮件列表归档中的讨论和博客文章;

③http://www.r-bloggers.com,#R主要的博客社区;

④http://www.r-china.net/portal.php,#R语言中文网。

[本节数字资源]

所在章节	二维码	内容	目标
1.4		课程资料链接(PPT)	获得该节线上课程PPT资料
		随堂训练	练习如何获得函数的相关信息
		随堂训练参考答案	

1.5 工作空间

工作空间就是当前R的工作环境,它储存着所有用户定义的对象(向量、矩阵、函数、数据框、列表)。当结束一个R会话时,系统会自动询问"是否需要保存",如果选择保存,则自行选择需要保存的路径和文件名。另外,系统自动将当前工作空间保存到一个镜像中,并在下次启动R时自动载入。同时,各种命令可在R命令行中交互式地输入,使用上下方向键查看已输入命令的历史记录,这样我们就可以选择一个之前输入过的命令并适当修改,最后按回车键重新执行它。

当前的工作目录是R用来读取文件和保存结果的默认目录。我们可以使用函数getwd( )来查看当前的工作目录,或使用函数setwd( )设定当前的工作目录,也可以利用RStudio界面的空间窗口下方的工作空间导入按钮 ，如果需要读入一个不在当前工作目录下的文件,则需在调用语句中写明完整的路径。表1-5-1汇总了用于管理R工作空间的函数。

表1-5-1 用于管理R工作空间的函数

函数	功能
getwd( )	显示当前的工作目录
setwd("D:\\dir")	修改当前的工作目录为D盘下dir文件夹
ls( )	列出当前工作空间中的对象
rm( )	移除(删除)一个或多个对象
help(options)	显示可用选项的说明
options( )	显示或设置当前选项
history(number)	显示最近使用过的number个命令(默认值为25)
savehistory("xxx")	保存历史命令到文件xxx中(默认值为.Rhistory)
loadhistory("xxx")	载入一个历史命令文件(默认值为.Rhistory)
save.image("xxx")	保存工作空间到文件xxx中(默认值为.RData)
save(yy, file="xxx")	保存yy到xxx文件中
load("")	读取一个工作空间到当前会话中(默认值为.RData)
q( )	退出R。将会询问用户"是否保存工作空间"

[本节数字资源]

所在章节	二维码	内容	目标
1.5		课程资料链接(PPT)	获得该节线上课程PPT资料
		随堂训练	练习如何指定工作空间

所在章节	二维码	内容	目标
1.5		随堂训练参考答案	

1.6　文件输入和输出

启动 R 后将默认开始一个交互式的会话,可以利用 R 或者 RStudio 软件中的主菜单直接输入和输出文件,也可以用命令将文件输出和输入。

1.6.1　脚本文件输入

可以使用 R 或者 RStudio 软件中的主菜单直接输入文件,通过 RStudio 程序编辑窗口,路径为 RStudio>File>Open File,可在保存的文件夹中查找需要的脚本文件。也可以输入命令:

代码段 1.6.1.1

```
setwd("E:\\R  CLASS\\第一章\\code")
#如果是 mac 的话,用 setwd("/vomukes/E/R  CLASS/第一章/code")
file.edit("1.4  如何获得帮助 .R",encoding = "UTF-8")
```

注意在 Windows 系统中文件的路径显示为"D:\我的文档\R……",但如果直接把这个路径拷贝到 R 中,就会出现错误,原因是:"\是 escape character(转义符),\\或者/才是真正的字符。"

直接通过 source()函数可以运行脚本文件,例如,要运行上面的脚本文件,使用如下命令:

代码段 1.6.1.2

```
source （"D:/R  code/plot1.R"）#运行 D 盘下 R  code 文件夹中的 plot1.R 文件
```

从脚本文件中运行的命令输出到屏幕的内容可能没有交互模式下的多,若要达到交互模式的详细级别,则可以用 echo 参数,如 source("abc.R",echo=TRUE)。

1.6.2　文件存储

同样可以使用 R 或者 RStudio 软件中的主菜单直接输出和保存文件,通过 RStudio 程序编辑窗口,路径为"RStudio>File>Save",如果没有指定脚本文件的路径,则自动将文件存储在当前工作目录中。也可以输入命令:

代码段 1.6.2.1

```
sink("E:\\R  CLASS\\第一章\\code\\sink.R")   #开始行
```

```
x <- 2
y <- x * 2
cat("x=", x, "\n")
cat("y=", y)
sink()          #结束行
file.edit("sink.R")
```

默认情况下,如果文件已经存在,则新的文件将覆盖原来的文件;如果不存在,则会自动生成该文件。使用参数"append=TRUE"可以将文本追加到文件末尾,而不是覆盖原文件。参数"split=TRUE"可以将文件同时发送到屏幕和输出文件中。

1.6.3　图形输出

sink()函数可以输出文本,但是无法输出一些特殊的图形,输出图形需要以下函数:

代码段 1.6.3.1

```
#保存成pdf文件
pdf("figure1.pdf")
plot(1:10, 2:11, type = "l")  #画图
dev.off()       #关闭语句,将输出返回到终端


#保存成png文件
png("E:/R CLASS/第一章/code/figure1.png")
plot(1:10, 2:11, type = "l")  #画图
dev.off()       #关闭语句,将输出返回到终端


#保存成jpg文件
jpeg("E:/R CLASS/第一章/code/figure1.jpg")
plot(1:10, 2:11, type = "l")  #画图
dev.off()          #关闭语句,将输出返回到终端


#保存成bmp文件
bmp("E:/R CLASS/第一章/code/figure1.bmp")
plot(1:10, 2:11, type = "l")  #画图
dev.off()          #关闭语句,将输出返回到终端
```

运用以上函数输出图形后,必须调用dev.off()函数,最后才能生成所需要的图形文件。

[本节数字资源]

所在章节	二维码	内容	目标
1.6		课程资料链接（PPT）	获得该节线上课程PPT资料
		课程资料链接（代码）	获得该节线上课程代码资料
		课程资料链接（数据）	获得该节线上课程数据资料

1.7 数据类型

R语言是一种面向对象的语言,所有的对象都有2个内在属性:元素类型和长度。元素类型是对象内元素的基本类型,包括数值(Numeric)型,如1、2、3;字符型(Character),如"A"、"hello";复数型(Complex),如1+2i;逻辑型(Logical),如TRUE / FALSE,函数(Function),等等。用户通过mode()函数可以查看一个对象的类型。长度是对象中元素的数目,用户通过函数length()可以查看对象的长度。除了元素类型外,对象本身也有不同的"类型",表示不同的数据结构(Struct)。R中的对象类型主要包括向量、矩阵、数组、数据框、因子和列表等。

在实际的数据处理过程中,首先需要知道使用数据的类型,因为对于一些问题及函数,特定类别的数据才能完成处理,那么进行数据类型之间的转换就显得非常重要了。R提供了基本类型转换函数以解决数据类型的转换问题。常用的基本数据类型判断及转换函数汇总如表1-7-1所示。

表 1-7-1　类型判断及转换函数

判断函数	功能
is.numeric( )	判断数据类型是否为数值型
is.character( )	判断数据类型是否为字符型
is.vector( )	判断数据类型是否为向量
is.matrix( )	判断数据类型是否为矩阵
is.data.frame( )	判断数据类型是否为数据框

判断函数	功能
is.factor( )	判断数据类型是否为因子
is.logical( )	判断数据类型是否为逻辑值

在R中,对于每个基本的数据类型,都有一个函数用来判断它的类型,并把其他数据类型的值转换为自己的数据类型。is族函数用于判断数据类型,返回逻辑值。as族函数用于数据类型转换,转换成功则得到相应的结果;反之,则得到NA值。举例说明如下。

代码段 1.7.1

```
is.character(2022-1-14)
```

[1] FALSE

代码段 1.7.2

```
is.numeric(2022-1-14)
```

[1] TRUE

代码段 1.7.3

```
as.character("2022-1-14")
```

[1] "2022-1-14"

代码段 1.7.4

```
as.complex(1)
```

[1] 1+0i

代码段 1.7.5

```
as.numeric("abc")
```

[1] NA

Warning message:

NAs introduced by coercion

代码段 1.7.6

```
as.character(c(1, 2, 3, 4, 5, 6, 7))
```

[1] "1""2""3""4""5""6""7"

代码段 1.7.7

```
as.numeric(c("1", "2", "3", "4", "5", "6", "7"))
```

[1] 1 2 3 4 5 6 7

代码段 1.7.8

```
as.numeric(TRUE)
```

[1] 1

代码段 1.7.9

```
as.logical(1)
```

[1] TRUE

代码段 1.7.10

```
as.numeric(FALSE)
```

[1] 0

代码段 1.7.11

```
as.logical(0)
```

[1] FALSE

[本节数字资源]

所在章节	二维码	内容	目标
1.7		课程资料链接（PPT）	获得该节线上课程PPT资料
		课程资料链接（代码）	获得该节线上课程代码资料
		随堂训练	练习不同数据类型构建和转换
		随堂训练参考答案	

1.8 数据结构

R语言中用于存储数据的对象类型有6种，即向量（Vector）、矩阵（Matrix）、数组（Array）、列表（List）、数据框（Data frame）和因子（Factor）。因子是一种特殊的向量，其他5种对象类型根据数据堆放的维度及数据类型是否相同进行区分，如表1-8-1所示。

表1-8-1 数据结构

维数	数据类型相同	数据类型不同
一维	向量	列表
二维	矩阵	数据框
N维	数组	

1.8.1 向量(Vector)

向量是一维数据,元素类型可以为数值型、字符型和逻辑型等。向量元素数据类型必须相同,标量可以视为一个元素的向量。在R中构建向量的函数主要有3个,即c、seq和rep,分别用于不同情形下向量的创建。其中,函数c()可以有任意多个参数,而它返回的值则是一个由这些参数首尾相连形成的向量。

1.8.1.1 向量赋值

向量是有相同数据类型的元素组成的序列,向量赋值最常用的是c()函数,该函数输入的元素需要是相同数据类型的。

代码段1.8.1.1.1

xx1081 <- c("金融2201", "金融2202", "金融2203", "金融2204", "创新2201", "实验班22") #将右边内容赋值给左边变量,也可以用赋值号->,意味着左边值赋给右边变量,如果是字符型变量则必须加上引号

xx1081   #读取**xx1081**

运行结果:

[1] "金融2201""金融2202""金融2203""金融2204""创新2201""实验班22"

"<-"为赋值号,即将右边的值赋给左边,也可以用"->"赋值,意味着将左边的值赋给右边变量,如果是字符型变量,则必须加上引号。也可以采用"="赋值,将右边赋值给左边对象,但"="赋值不是标准语法,在有些情况下会出错,因此,不建议采用"="进行赋值。

如果向量中包含多个数据类型,则会进行格式转换,例如向量中包含数字和字符,R软件在输出时,就会对所有的数据进行统一。如果将字符型元素和其他元素用c()合并在一起,则其他元素会自动转换成字符;如果将逻辑型元素与数值型元素用c()合并在一起,则逻辑型元素会转换成数值型,即TRUE变成1,FALSE变成0。

代码段1.8.1.1.2

xx1082 <- c("abd", 123) #不同类型将会被强制变成同一类型

xx1082 #读取xx1082

运行结果:

[1] "abd" "123"

自动将数值型元素"123"转换成字符型。

1.8.1.2　向量元素命名

在对向量进行赋值的同时,可以直接对其中的元素进行命名,也可以通过names()函数对已生成的向量元素进行命名或者改变元素名称,这有利于对向量元素的访问。

代码段 1.8.1.2.1

```
xx20 <- c( x = 3 , y = 4 , z = 5 )    #给向量赋值,并对其中的元素进行命名
xx20
```

运行结果:

```
x y z
3 4 5
```

代码段 1.8.1.2.2

```
names( xx20 ) <- c( "A" , "B" , "c" )      #修改向量 xx20 的元素名
xx20
```

运行结果:

```
A B c
3 4 5
```

代码段 1.8.1.2.3

```
names( xx20 )[1:2] <- c( "U" , "V" )    #修改向量 xx20 的第1、第2个元素名
xx20
```

运行结果:

```
U V c
3 4 5
```

1.8.1.3　自动补齐

如果2个向量在运算中出现长度不同,则R会自动将较短的向量进行循环,将长度补齐。也就是说,当运算中涉及1个向量和标量时,R将默认重复标量,使之与向量的每一个元素相对应。

代码段 1.8.1.3.1

```
xx21 <- c( 1:8 )          #给向量 xx21 赋值
xx21+2
```

运行结果:

```
[1] 3  4  5  6  7  8  9 10
```

R自动地将2进行了循环,使得向量 xx21 每个元素都加上2。

代码段 1.8.1.3.2

```
xx21+c( 2 , 3 )
```

运行结果：

[1] 3 5 5 7 7 9 9 11

R 自动地将短的向量(2,3)进行了循环，使得长度与向量 *xx*21 相同。R 默认这种运算，除非较长向量的长度不是较短向量长度的整数倍，则为以下情况。

代码段 1.8.1.3.3

xx20+xx21

运行结果：

[1] 4 6 8 7 9 11 10 12

Warning message:

In xx20 + xx21 :

longer object length is not a multiple of shorter object length

上例中向量 *xx*20 中只有 3 个元素，而向量 *xx*21 中有 8 个元素，后者长度不是前者的整数倍，运行时给出警告，但还是会给出运算结果。

1.8.1.4　生成常用的向量

（1）生成有规律的向量

用符号":"就可以生成有规律的序列，例如：

代码段 1.8.1.4.1

xx1083 <- c(1:10)　　#将 1—10 赋值给 *xx*1083

运行结果：

[1] 1 2 3 4 5 6 7 8 9 10

代码段 1.8.1.4.2

xx1084 <- c(10:1)　　#将 10 到 1 的值赋给 *xx*1084

运行结果：

[1] 10 9 8 7 6 5 4 3 2 1

还可以调用 seq() 函数来建立数字等差序列，如 seq(from,to,by=)，from 表示序列的开始值，to 表示序列的终止值，by 表示步长，如果没有设定，则默认值就是 1。该函数也可以不定义步长，只定义序列总长度，如 seq(from,to,length=)，length 指的是序列的总长度。例如：

代码段 1.8.1.4.3

xx1085 <- seq(1, 10)　　　#将 1—10 赋值给 *xx*1085，步长默认为 1

xx1085

运行结果：

[1] 1 2 3 4 5 6 7 8 9 10

代码段 1.8.1.4.4

```
xx1086 <- seq(1, 10, by = 2)  #将1—10赋值给xx1086,步长为2
xx1086
```

运行结果:

[1] 1 3 5 7 9

代码段 1.8.1.4.5

```
xx1087 <- seq(1, 10, length = 4)  #将1—10的值赋给xx1087,总长度为4
xx1087
```

运行结果:

[1] 1 4 7 10

函数 rep() 用来生成重复值,即 rep(data,times,each=),data 表示需要重复的元素,times 表示重复次数,each 表示每个元素重复的次数。例如:

代码段 1.8.1.4.6

```
rep(c(1, 2), 3)                          #序列12重复3次
```

运行结果:

[1] 1 2 1 2 1 2

代码段 1.8.1.4.7

```
rep(c(1, 2), each = 2) #第1个元素重复2遍,第2个元素重复2遍
```

运行结果:

[1] 1 1 2 2

代码段 1.8.1.4.8

```
rep(c(1, 2),c(2, 3))  #第1个元素重复2遍,第2个元素重复3遍
```

运行结果:

[1] 1 1 2 2 2

调用函数 paste() 可以将元素连成字符串,当长度不相等时,较短的向量会被重复使用。例如:

代码段 1.8.1.4.9

```
xx1088 <- paste("A", 1:5, sep = "")       #将元素A和1—5连成字符串
xx1088
```

运行结果:

[1] "A1""A2""A3""A4""A5"

(2)生成随机数据

在金融学和统计学中,生成随机数据是很有用的,R可以生成多种不同分布下的随机数序列。这些分布函数的形式为 rfunc(n,p1,p2,…),其中,func 是指概率分布函数,n 为

生成数据的个数,"p1,p2,…"是指分布的参数数值。大多数这种统计函数都有相似的形式,只需用d、p或者q去替代r,比如密度函数(dfunc(x,…))、累计概率密度函数(即分布函数)(pfunc(x,…))和分位数函数(qfunc(p,…),0<p<1)。

代码段 1.8.1.4.10

```
runif(10, min = 0, max = 1) #生成10个最小值为0、最大值为1的均匀分布随机数
```

运行结果:

[1] 0.21480612 0.24201746 0.51497470 0.94680617 0.36675519 0.09581473 0.19610179

[8] 0.74290091 0.04201070 0.70268381

代码段 1.8.1.4.11

```
rnorm(10, mean = 0, sd = 1) #生成10个平均值为0、标准差为1的正态分布随机数
```

运行结果:

[1] 0.40455948 -0.31864905 -1.44230113 -0.80902554 -1.41620774 -0.20508950

[7] -1.08382161 -1.70426507 0.91118056 -0.04580635

代码段 1.8.1.4.12

```
rpois(20，5)        #生成20个参数为5的泊松分布随机数
```

运行结果:

[1]　3 12　4　3　6　3　4　4　4　6　5　1　2　5　7　9　4　9　7　6

1.8.1.5　访问向量中的元素

R提供了灵活的向量下标运算。用xx[i]命令可以取出向量xx的第i个元素,也可以通过赋值语句来改变向量中的元素。

代码段 1.8.1.5.1

```
xx1089 <- c(1:10)                #将 1—10 赋值给 xx1089
xx1089[3]                        #取向量 xx1089 的第3个元素
```

运行结果:

[1] 3

代码段 1.8.1.5.2

```
xx1089[c(3, 6)] <- c(NA, -2)              #将 NA 和 -2 分别赋值给向量 xx1089 的第
```
3和第6个元素

```
xx1089
```

运行结果:

[1] 1　2 NA　4　5 -2　7　8　9 10

代码段 1.8.1.5.3

```
xx1089[xx1089 < 3]            #将向量 xx1089 中小于3的值返回
```

运行结果：

[1] 1 2 NA -2

代码段 1.8.1.5.4

```
xx1090 <- xx1089[!is.na(xx1089)]          #将xx1089向量中非缺失值赋值给xx1090
xx1090
```

运行结果：

[1] 1 2 4 5 -2 7 8 9 10

代码段 1.8.1.5.5

```
xx1091 <- c(-3:3)                    #生成xx1091向量
yy <- numeric(length(xx1091))        #生成与xx1091向量长度相同的数值型向量yy
yy[xx1091 < 0] <- 1-xx1091[xx1091 < 0]    #求出xx1091中小于0的元素对应的位
置,yy对应的位置用1-xx1091[xx1091 < 0]替代
yy[xx1091 >= 0] <- 1+xx1091[xx1091 >= 0]    #求出xx1091中大于或等于0的元素
对应的位置,yy对应的位置用1+xx1091[xx1091 >= 0]替代
yy
```

运行结果：

[1] 4 3 2 1 2 3 4

上述代码清单其实就实现了一个分段函数的功能：当x<0时,y=1-x;当x>=0时,y=1+x。

1.8.1.6 常用函数

调用length()函数可以获得向量的长度,即向量中元素的个数,若向量长度为1,则该向量就是常数(或标量)。mode()函数用于获得向量的数据类型。min()和max()分别返回向量的最小值和最大值。which.min()和which.max()分别返回最小值和最大值的位置,即第几个元素是最小值、最大值。range()返回向量的范围。append()函数为向量添加元素。表1-8-2汇总了向量常用函数。

代码段 1.8.1.6.1

```
xx1092 <- c(3:10)      #生成向量
length(xx1092)         #返回向量xx1092的长度
```

运行结果：

[1] 8

代码段 1.8.1.6.2

```
mode(xx1092)           #返回向量xx1092的数据类型
```

运行结果：

[1] "numeric"

代码段1.8.1.6.3

range（xx1092）　　#返回向量**xx**1092的范围

运行结果：

[1] 3　10

代码段1.8.1.6.4

which.max(xx1092)　　#返回向量**xx**1092的第几个元素最大

运行结果：

[1] 8

代码段1.8.1.6.5

append(xx1092，20:23，after = 4)#在向量**xx**1092的第4个元素后添加20、21、22、23

运行结果：

[1]　3　4　5　6　20　21　22　23　7　8　9　10

表1-8-2　向量中常用函数

函数	功能
sum(x)	对**x**中的元素求和
max(x)	返回**x**中元素的最大值
min(x)	返回**x**中元素的最小值
prod(x)	对**x**中的元素求连乘积
which.max(x)	返回**x**中最大元素的下标
which.min(x)	返回**x**中最小元素的下标
range(x)	与c(min(x),max(x))的功能相同
length(x)	返回**x**中元素的数目
mean(x)	返回**x**中元素的均值
median(x)	返回**x**中元素的中位数
replace( )	替换
append(x,y,after=n)	在向量**x**的第n个元素后添加y
round(x,n)	将**x**中的元素四舍五入到小数点后n位
sort(x)	将**x**中的元素按升序排列
rev(sort(x))	将**x**中的元素按降序排列
choose(n,k)	从n个样本中选取k个的组合数
sample(x,size)	从**x**中无放回抽取size个样本,选项replace = TRUE表示有放回的抽样

1.8.2 矩阵(Matrix)

R中的矩阵使用matrix()函数创建,每一个元素的数据类型必须相同。matrix()函数的形式为matrix(data,nrow,ncol,byrow=,dimnames=list(rownames,colnames))。该函数中data表示矩阵的元素,nrow表示行数,ncol表示列数。其中,数据data是必需的,其他都是选择参数,可以不选。byrow=F默认为按列来排列数据,如果想要按行排列,则令byrow=T。dimnames为可选的制定行和列的名称。

1.8.2.1 创建矩阵

代码段 1.8.2.1.1

```
x1820 <- matrix(1:12, nrow = 3, ncol = 4)    #生成3行4列,以列排序元素的矩阵
x1820
```

运行结果:

```
     [,1]  [,2]  [,3]  [,4]
[1,]   1     4     7    10
[2,]   2     5     8    11
[3,]   3     6     9    12
```

该创建矩阵的方法等价于用dim()函数。

代码段 1.8.2.1.2

```
xx1820 <- 1:12           #赋值
dim(xx1820) <- c(3, 4)   #定义维度
xx1820
```

运行结果:

```
     [,1]  [,2]  [,3]  [,4]
[1,]   1     4     7    10
[2,]   2     5     8    11
[3,]   3     6     9    12
```

代码段 1.8.2.1.3

```
x1821 <- matrix(1:12, nrow = 3, ncol = 4, byrow = T)    #生成3行4列,以行
排序元素的矩阵
x1821
```

运行结果:

```
     [,1]  [,2]  [,3]  [,4]
[1,]   1     2     3     4
[2,]   5     6     7     8
```

	[3,]	9	10	11	12

代码段 1.8.2.1.4

```
x1822 <- matrix(1:12, nrow = 3, ncol = 5)     #生成3行5列,以列排序元素的矩阵
x1822
```

运行结果:

	[,1]	[,2]	[,3]	[,4]	[,5]
[1,]	1	4	7	10	1
[2,]	2	5	8	11	2
[3,]	3	6	9	12	3

在生成矩阵时,当给定数据少于实际元素个数时,R软件具有自动补齐的功能,可以通过设定前面所讲的byrow参数来实现按列补齐或按行补齐。上例中3行5列的矩阵需要15个元素,而例子中只给出了12个数据,因此,最后3个元素由系统自动补齐。

代码段 1.8.2.1.5

```
x1823 <- matrix(1:12, nrow = 3, ncol = 4, dimnames = list(letters[1:3], LETTERS
[24:27]))    #生成3行4列,以列排序元素的矩阵,并给出行名和列名
x1823
```

运行结果:

	X	Y	Z	<NA>
a	1	4	7	10
b	2	5	8	11
c	3	6	9	12

当给出的名称少于实际数时,系统自动用NA标识。

可以利用diag()函数生成单位矩阵,如果在调用该函数时只输入1个正整数,则将生成1个对应维数的单位矩阵,举例如下。

代码段 1.8.2.1.6

```
diag(4)                #生成4×4的单位矩阵
```

运行结果:

	[,1]	[,2]	[,3]	[,4]
[1,]	1	0	0	0
[2,]	0	1	0	0
[3,]	0	0	1	0
[4,]	0	0	0	1

1.8.2.2 访问矩阵中的元素

（1）取矩阵中行、列、元素

可以通过使用下标和方括号来提取矩阵中的行、列或元素。X[m,]指的是提取矩阵 **X** 中的第 m 行。X[,n]指的是提取矩阵 **X** 中的第 n 列，X[m,n]指的是提取矩阵 **X** 中的第 m 行第 n 列的元素，也可以选择多行或多列，用 c( ) 连接。

例如，提取上例中 *x*1820 矩阵的第 2 行：

代码段 1.8.2.2.1

```
x1820[2，]                    #提取矩阵x1820的第2行
```

运行结果：

[1] 2 5 8 11

代码段 1.8.2.2.2

```
x1820[，2]                    #提取矩阵x1820的第2列
```

运行结果：

[1] 4 5 6

代码段 1.8.2.2.3

```
x1820[2，2]                   #提取矩阵x1820的第2行第2列的元素
```

运行结果：

[1] 5

代码段 1.8.2.2.4

```
x1820[2，c(1，2)]             #提取矩阵x1820的第2行第1和第2个元素
```

运行结果：

[1] 2 5

（2）取对角线元素

代码段 1.8.2.2.5

```
diag(x1820)          #取矩阵x1820的对角线元素
```

运行结果：

[1] 1 5 9

代码段 1.8.2.2.6

```
diag(diag(x1820))  #以矩阵x1820的对角线元素生成新矩阵
```

运行结果：

	[,1]	[,2]	[,3]
[1,]	1	0	0
[2,]	0	5	0
[3,]	0	0	9

（3）取下三角矩阵

代码段 1.8.2.2.7

```
x1820[row(x1820) < col(x1820)] = 0        #取矩阵x1820的下三角矩阵
x1820
```

运行结果

	[,1]	[,2]	[,3]	[,4]
[1,]	1	0	0	0
[2,]	2	5	0	0
[3,]	3	6	9	0

1.8.2.3　矩阵运算

（1）矩阵转置

假定 *A* 为一个矩阵,则 *A* 的转置可以用函数 t( )来实现,例如,对上文中的 *x*1820矩阵进行转置。

代码段 1.8.2.3.1

```
t(x1820)                 #计算矩阵x1820的转置矩阵
```

运行结果：

	[,1]	[,2]	[,3]
[1,]	1	2	3
[2,]	4	5	6
[3,]	7	8	9
[4,]	10	11	12

（2）矩阵相乘

首先,矩阵相乘必须满足可以相乘的要求;然后,运用运算符"%*%"就可以进行矩阵相乘,例如,将上文中的 *x*1820矩阵和其转置矩阵相乘。

代码段 1.8.2.3.2

```
t(x1820) %*% x1820            #矩阵x1820的转置矩阵与矩阵x1820相乘
```

运行结果：

	[,1]	[,2]	[,3]	[,4]
[1,]	14	32	50	68
[2,]	32	77	122	167
[3,]	50	122	194	266
[4,]	68	167	266	365

也可以用 crossprod(A,B)来实现这功能,该函数指的是 *A* 的转置矩阵与 *B* 矩阵相乘,等价于 t(A) %*% B。上个例子也可以改成如下：

代码段 1.8.2.3.3

```
crossprod(x1820, x1820)    #矩阵 x1820 的转置矩阵与矩阵 x1820 相乘
```

运行结果：

	[,1]	[,2]	[,3]	[,4]
[1,]	14	32	50	68
[2,]	32	77	122	167
[3,]	50	122	194	266
[4,]	68	167	266	365

运行结果与前一例子相同。

（3）求逆矩阵

利用函数 solve( ) 可以求矩阵的逆矩阵, solve(A,B) 是解线性方程组, **B** 默认为单位矩阵。

代码段 1.8.2.3.4

```
x1824 <- matrix(rnorm(4), 2, 2)    #生成由4个标准正态分布随机数形成的2×2
矩阵 x1824
solve(x1824)                       #求矩阵 x1824 的逆矩阵
```

运行结果：

	[,1]	[,2]
[1,]	−2.972183	−2.775020
[2,]	−1.976203	−1.319604

矩阵运算中也会出现自动补齐现象,较短矩阵按照 R 的存储方式,按列补齐。

代码段 1.8.2.3.5

```
m<-matrix(c(1:8), nrow = 4) #生成1个以1—8为元素的4行矩阵
m
```

	[,1]	[,2]
[1,]	1	5
[2,]	2	6
[3,]	3	7
[4,]	4	8

代码段 1.8.2.3.6

```
m+c(1, 2) #矩阵 m 与向量 c 做加法运算
```

	[,1]	[,2]
[1,]	2	6
[2,]	4	8

[3,]   4   8

[4,]   6   10

在这个例子中，4×2的矩阵 **m** 是1个八元向量，它在R中按列存储，即 **m** 与c(1,2,3,4,5,6,7,8)相同。若将二元向量 **c**(1,2)加到这个八元向量上，则需要再重复3次才能变成8个元素，即实际运算如下：

代码段1.8.2.3.7

```
m+c(1, 2, 1, 2, 1, 2, 1, 2)
```

　　　　　[,1]　[,2]

[1,]   2   6

[2,]   4   8

[3,]   4   8

[4,]   6   10

也即最后的结果是计算下式：

$$\begin{pmatrix} 1 & 5 \\ 2 & 6 \\ 3 & 7 \\ 4 & 8 \end{pmatrix} + \begin{pmatrix} 1 & 1 \\ 2 & 2 \\ 1 & 1 \\ 2 & 2 \end{pmatrix}$$

1.8.2.4　矩阵中常用函数

（1）求特征值和特征向量

代码段1.8.2.4.1

```
x1825 <- matrix(1:16, 4, 4)        #生成4×4的矩阵 x1825
eigen(x1825)                       #取矩阵 x1825 的特征值和特征向量
```

运行结果：

eigen() decomposition

$values

[1]　3.620937e+01　−2.209373e+00　1.599839e-15　7.166935e-16

$vectors

	[,1]	[,2]	[,3]	[,4]
[1,]	0.4140028	0.82289268	−0.5477226	0.1125155
[2,]	0.4688206	0.42193991	0.7302967	0.2495210
[3,]	0.5236384	0.02098714	0.1825742	−0.8365883
[4,]	0.5784562	−0.37996563	−0.3651484	0.4745519

（2）Choleskey分解

如果 **X** 矩阵为正定矩阵，则可将其进行Choleskey分解，其中 **P** 为上三角矩阵，在R中可以调用函数 chol()完成 Choleskey 分解。

代码段 1.8.2.4.2

```
x1825 <- diag(4)+3        #生成矩阵 x1825
chol(x1825)               #对矩阵 x1825进行 Choleskey 分解
```

运行结果：

	[,1]	[,2]	[,3]	[,4]
[1,]	2	1.500000	1.5000000	1.5000000
[2,]	0	1.322876	0.5669467	0.5669467
[3,]	0	0.000000	1.1952286	0.3585686
[4,]	0	0.000000	0.0000000	1.1401754

1.8.3 数组（Array）

数组与矩阵相似，只是维数超过二维。与矩阵一样，数组中的数据也同样是相同的类型，可使用 array()函数进行创建，即 array(data,dimensions,dimnames)。其中,data 包含array 中的元素；dimensions 是一个向量,指定 array 各个维度的大小；dimnames 是一个 list,指定各个维度对应的名称。

1.8.3.1 创建数组

代码段 1.8.3.1.1

```
dim1 <- c("A1", "A2")             #第一维名称
dim2 <- c("B1", "B2", "B3")       #第二维名称
dim3 <-c ("C1", "C2", "C3", "C4") #第三维名称
Z<-array(1:24, c(2, 3, 4), dimnames = list(dim1, dim2, dim3)) #生成数组Z
Z
```

运行结果：

, , C1

	B1	B2	B3
A1	1	3	5
A2	2	4	6

, , C2

	B1	B2	B3
A1	7	9	11
A2	8	10	12

, , C3

	B1	B2	B3
A1	13	15	17
A2	14	16	18

, , C4

	B1	B2	B3
A1	19	21	23
A2	20	22	24

可以调用函数dim()来获得数组的维度,举例如下。

代码段1.8.3.1.2

```
dim(Z)              #返回数组Z的维度
```

运行结果:

[1] 2 3 4

1.8.3.2 向量转换成数组

函数dim()还可以将向量转换成数组,举例如下。

代码段1.8.3.2.1

```
zz <- c(1:24)           #生成向量zz
dim(zz) = c(3, 4, 2)    #将向量转换成数组
zz
```

运行结果:

, , 1

	[,1]	[,2]	[,3]	[,4]
[1,]	1	4	7	10
[2,]	2	5	8	11
[3,]	3	6	9	12

, , 2

	[,1]	[,2]	[,3]	[,4]
[1,]	13	16	19	22
[2,]	14	17	20	23
[3,]	15	18	21	24

1.8.3.3 访问数组中的元素

数组引用的方法同矩阵引用相似,例如,提取上例中zz数组中的元素。

代码段 1.8.3.3.1

zz[2,3,1] #提取数组中的元素

运行结果：

[1] 8

代码段 1.8.3.3.2

zz[,2,]   #提取数组中的元素

运行结果：

```
      [,1]  [,2]
[1,]   4    16
[2,]   5    17
[3,]   6    18
```

1.8.4 列表（List）

1.8.4.1 创建列表

R 中的列表可以包含向量、矩阵、数据框、列表等。创建列表的方法，即用列表函数 list( )：mylist<-list(object1,object2,…)。举例如下。

代码段 1.8.4.1.1

```
stuID <- c(102, 118, 213, 323, 231)              #输入学生学号
stuage <- c(20, 21, 22, 21, 22)                   #输入学生年龄
stuclass <- c("cx", "cx", "cx", "cx", "sy")        #输入学生所在班级
stuperf <- c("excellent", "average", "good", "poor", "average")  #输入学生成绩
studata0 <- list("学号" = stuID, "年龄" = stuage, "班级" = stuclass, "成绩" =
stuperf)  #生成列表
studata0
```

运行结果：

$学号

[1] 102 118 213 323 231

$年龄

[1] 20 21 22 21 22

$班级

[1] "cx""cx""cx""cx""sy"

$成绩

[1] "excellent""average""good""poor""average"

1.8.4.2　访问列表中元素

列表引用的方法同矩阵引用相似,提取上列表中的元素:

代码段 1.8.4.2.1

```
studata0[[2]]        #提取列表中的元素
```

运行结果:

[1] 20 21 22 21 22

也可以根据分量名称来提取数据:

代码段 1.8.4.2.2

```
studata0$学号        #提取所有同学的学号
```

运行结果:

[1] 102 118 213 323 231

利用 studata0[[2]]提取数据,要区分[ ]和[[ ]]的差别:2 个方括号提取的是单个元素,仅仅给出里面的元素,不告知分量名称;1 个方括号是一般通用的小标操作符,在给出元素的同时还给出分量名称。

代码段 1.8.4.2.3

```
studata0[2]          #提取列表中的元素和分量名称
```

运行结果:

$年龄

[1] 20 21 22 21 22

1.8.5　数据框(Data Frame)

数据框是我们常用的进行数据分析的数据存储方式,它是一种矩阵形式的数据,但数据框中各列可以是不同类型的数据。数据框每列是一个变量,每行是一个观测。数据框用函数 data.frame()生成,形式为 data.frame(name1=col1,name2=col2,…,stringsAsFactors=F),注意是列主导。

1.8.5.1　创建数据框

在数据框中以变量形式出现的向量结构必须长度一致,矩阵必须行数相同。另外,数值型、逻辑型、因子保持原有格式,字符型向量将会被强制转换成因子;如果不想被转换,则需要加参数 stringsAsFactors=F。

代码段 1.8.5.1.1

```
stuID <- c(102, 118, 213, 323, 231)                        #输入学生学号

stuage <- c(20, 21, 22, 21, 22)                            #输入学生年龄

stuclass <- c("cx", "cx", "cx", "cx", "sy")                #输入学生所在班级

stuperf <- c("excellent", "average", "good", "poor", "average")   #输入学生成绩
```

```
studata1 <- data.frame(stuID, stuage, stuclass, stuperf)  #生成数据框
studata1
```

运行结果：

	stuID	stuage	stuclass	stuperf
1	102	20	cx	excellent
2	118	21	cx	average
3	213	22	cx	good
4	323	21	cx	poor
5	231	22	sy	average

（1）修改行名

利用row.names( )函数修改行名：

代码段1.8.5.1.2

```
row.names(studata1) <- c("王一", "张二", "赵三", "李四", "刘五") #修改行名
studata1
```

运行结果：

	stuID	stuage	stuclass	stuperf
王一	102	20	cx	excellent
张二	118	21	cx	average
赵三	213	22	cx	good
李四	323	21	cx	poor
刘五	231	22	sy	average

（2）修改列名

代码段1.8.5.1.3

```
studata1 <- data.frame("学号" = stuID, "年龄" = stuage, "班级" = stuclass, "成
绩" = stuperf) #修改列名
studata1
```

运行结果：

	学号	年龄	班级	成绩
1	102	20	cx	excellent
2	118	21	cx	average
3	213	22	cx	good
4	323	21	cx	poor
5	231	22	sy	average

1.8.5.2　访问数据框中数据

数据框中数据的提取方法和矩阵类似,既可以通过行列数来提取,也可以通过列表名称来提取。其实,数据框可以被看成特殊的数组,因此,数组的引用方法同样适用于数据框,只是少一个维度参数。xx[m,]指的是提取数据框xx中的第m行,xx[,n]指的是提取数据框xx中的第n列,xx[m,n]指的是提取数据框xx中的第m行第n列的元素,也可以选择多行或多列,用c( )连接。

例如,提取上例中数据框studata1中第3行数据:

代码段1.8.5.2.1

```
studata1[3,]    #提取数据框studata1中第3行数据
```

运行结果:

　　学号　年龄　班级　成绩

3　213　　22　　cx　　good

再如,提取上例子中数据框studata1中第4列数据:

代码段1.8.5.2.2

```
studata1[, 4]    #提取数据框studata1中第4列数据
```

运行结果:

[1] excellent　average　　good　　　poor　　　average

Levels: average excellent good poor

从运行结果看,系统自动地将字符型元素转换成因子。也可以采用访问列表名的形式来提取该列元素:

代码段1.8.5.2.3

```
studata1$成绩   #提取数据框studata1中列名为"成绩"的列
```

运行结果:

[1] excellent average　　good　　　　poor　　　　average

Levels: average excellent good poor

可以利用该方法对行和列重新赋值:

代码段1.8.5.2.4

```
studata1$成绩 <- c("优", "中", "良", "及格", "中")  #改变数据框studata1中列
名为"成绩"的列内容

studata1
```

运行结果:

　　学号　年龄　班级　成绩

1　102　20　　cx　　优

2　118　21　　cx　　中

3	213	22	cx	良
4	323	21	cx	及格
5	231	22	sy	中

代码段 1.8.5.2.5

```
studata1[studata1$年龄 < 22,]   #提取数据框studata1中年龄小于22岁的学生
```

运行结果:

	学号	年龄	班级	成绩
1	102	20	cx	优
2	118	21	cx	中
4	323	21	cx	及格

注意:条件提取时,不要忘记后面的逗号。

1.8.5.3 数据框绑定和解绑

数据框是最为常用的一种存储数据的结构,在使用数据框时可以通过"数据框名$变量名"来提取变量数据。但一旦变量比较多时,每次都这么处理,会比较烦琐,而R软件提供的attach()函数,可以把数据框中的变量"链接"到内存中,将数据框"绑定"在当前的名字空间中,从而可以通过直接输入变量名来访问变量。

例如,提取数据框studata1中的年龄列:

代码段 1.8.5.3.1

```
attach(studata1)        #绑定数据框 studata1
年龄                     #读取"年龄"列
```

运行结果:

[1] 20 21 22 21 22

用函数detach()可以解除绑定。

1.8.6 因子(Factor)

在R语言中,因子是一种特殊向量,它是由类别变量构成的向量,可用于表示不同类别性质的数据。该数据只起到分类作用,不能进行计算。

变量可分为名义型变量、有序型变量和连续型变量,名义型变量和有序型变量在R语言中被称为因子。名义型变量是没有顺序之分的分类变量。例如,企业类型有国有企业、民营企业、合资企业、外资企业等,即使设国有企业编码为1,民营企业编码为2,合资企业编码为3,外资企业编码为4,这些编码除了起到分类作用之外,没有任何"数值"上的意义。因此,名义型变量不能用来计算而只能用来分类或者计数。有序变量只表示顺序关系,而非数量关系,因此也不能进行计算。例如,学生成绩的五等分制有优、良、中、及格、不及格,或者A、B、C、D、E 5级打分制,以及表示学生学习状况的3种状态有poor、 improved、excellent。如果把学生的成绩按照百分制给出的话,变量就成为连续型变量了。连续型变量指的是可以取在某一范围内的任意值,能同时表示顺序和数量。例如,得分为99分的同学比98分的同学高1分,连续型变量是可以进行计算的。

生成因子数据对象的函数是factor(),其形式如下:factor(x,levels,labels,exclude=NA,ordered=is.ordered(x))。其中,*x*为向量;levels是因子的水平,如果不指定值,则由向量x内不同的值确定;labels是水平的标签,如果不指定值,则由向量*x*内不同的值所对应的字符串确定;exclude在转化时,如果想把向量内某些取值的元素转化为缺失值NA,则设置该参数;ordered如果取FALSE(默认取值),则转化后是无序因子,如果取TRUE,则转化后是有序因子。

1.8.6.1 创建因子

代码段1.8.6.1.1

```
stuperf <- c("excellent", "average", "good", "poor", "average")
stuperf <- factor(stuperf)
stuperf
```

这样定义出来的因子排序是接受默认排序的,即按照英文首字母进行排序,上例代码运行结果为:

[1] excellent average good poor average

Levels: average excellent good poor

1.8.6.2 修改顺序

如果想自己定义排序,覆盖默认排序,则代码如下:

代码段1.8.6.2.1

```
stuperf <- c("excellent", "average", "good", "poor", "average")
stuperf2 <- factor(stuperf, order = TRUE, levels = c("excellent", "good", "average", "poor"))
 stuperf2
```

运行结果:

[1] excellent average good poor average

Levels: excellent < good < average < poor

可以利用该函数将数值型元素转化成罗马数字:

代码段1.8.6.2.2

```
xx1860 <- c(1, 2, 2, 3, 3, 2, 2, 1, 1)    #创建向量
fxx1860 <- factor(xx1860, labels = c("I", "II", "III"))    #定义有序因子
fxx1860
```

运行结果：

[1] I   II   II   III III II   II   I   I

Levels: I II III

1.8.6.3 创建一个有序因子

代码段1.8.6.3.1

```
score <- c('A', 'B', 'A', 'C', 'B')
score1 <- factor(score, levels = c('C', 'B', 'A'), ordered = is.ordered(score))
score1
```

运行结果：

[1] A B A C B

Levels: C B A

1.8.6.4 删除部分分类

要在因子中排除一些水平,使其不出现,可以使用factor()函数中的exclude()函数。默认情况下,缺失值(NA)被排除在因子水平之外,而要在一个数值型变量中创建一个包含缺失值的因子,可以使用exclude=NUL。

代码段1.8.6.4.1

```
score11 <- c('A', 'B', 'A', 'C', 'B')                    #赋值
score11 <- factor(score11, levels = c('C', 'B', 'A'), exclude = "B", ordered =
is.ordered(score))   #定义有序型因子,删除B分类
score11
```

运行结果：

[1] A   <NA> A   C   <NA>

Levels: C A

函数levels()可用来提取一个因子中可能的水平值：

代码段1.8.6.4.2

```
score12 <- c('A', 'B', 'A', 'C', 'B')                    #赋值
score12 <- factor(score12, levels = c('E', 'D', 'C', 'B', 'A'), ordered = is.
ordered(score))   #定义有序型因子
levels(score12)    #提取分类值
```

运行结果：

[1] "E" "D" "C" "B" "A"

1.8.6.5 因子的数据类型(对象模式)

因子在计算机里以数据类型进行存储,因此作为因子存储的值比普通存储值需要较少的存储空间。虽然因子显示的数据类型是数值型,但是不能进行计算。对因子进行操

作时,需要特别注意这点。

检查上文中建立的因子score1的数据类型(对象模式)和对象的类:

代码段 1.8.6.5.1

```
mode(score1)    #读取score1的数据类型
```

运行结果:

[1] "numeric"

代码段 1.8.6.5.2

```
class(score1)    #显示score1的类
```

运行结果:

[1] "factor"

1.8.6.6 因子运用的教学案例

代码段 1.8.6.6.1

```
stuID <- c(102, 118, 213, 323, 231)                      #输入学生学号
stunames <- c("cql", "jjl", "yyr", "cy", "lq")           #输入学生姓名
stuage <- c(20, 21, 22, 21, 22)                          #输入学生年龄
stuclass <- c("cx", "cx", "cx", "cx", "sy")              #输入学生所在班级
stuperf <- c("excellent", "average", "good", "poor", "average")    #输入学生成绩
stuclass <- factor(stuclass)                             #将班级变量定义为因子
stuperf2 <- factor (stuperf, order = TRUE, levels = c ("excellent", "good",
"average", "poor")) #将学生成绩定义为有序因子
studata2 <- data.frame(stuID, stuage, stunames, stuclass, stuperf2)
#将各变量整合成数组框
str(studata2)                                            #提供数据框的信息
summary(studata2)                                        #给出统计结果
```

运行结果:

stuID	stuage	stunames	stuclass	stuperf2
Min. :102.0	Min. :20.0	cql :1	cx :4	excellent :1
1stQu. :118.0	1stQu. :21.0	cy :1	sy :1	good :1
Median :213.0	Median :21.0	jjl :1		average :2
Mean :197.4	Mean :21.2	lq :1		poor :1
3rdQu. :231.0	3rdQu. :22.0	yyr :1		
Max. :323.0	Max. :22.0			

除非指定了 as.is=TRUE 或 stringsAsFactors=FALSE,不然调用 read.table()函数可自动将定符变量转换成因子。详细内容见第 2 章中的数据输入。

[本节数字资源]

所在章节	二维码	内容	目标
1.8		课程资料链接（PPT）	获得该节线上课程PPT资料
		课程资料链接（代码）	获得该节线上课程代码资料
		随堂训练	练习不同数据结构的构建
		随堂训练参考答案	

【本章小结】

■主要术语

R　　RStudio　　扩展包　　工作空间　　数据类型　　数据结构　　向量　　数据框

■数字资源

所在章节	二维码	内容	二维码	内容
第1章		自测题目		自测题目答案
		自选题目		自选题目答案
		案例分析		案例分析答案

2 R基本操作

教学说明

导入语

第1章我们介绍了R的一些基本情况,包括R语言的数据类型和数据结构。第2章我们要介绍R的基本操作,包括数据输入和输出、特殊数据的处理及一些常用的数据清洗方法。

学习目标

(1)掌握读入数据的基本操作命令和常用参数,能够熟练地从不同类型的文件中读取数据。

(2)掌握输出数据的常用函数并能熟练地操作数据的保存与输出。

(3)明确特殊数据处理的重要性并能够进行缺失值、日期数据的日常处理。

(4)掌握包括数据运算、整理、拆分、合并、排序、格式转换等数据预处理方法。

2.1 数据输入

在实际操作中,用户面对的数据都是比较大且复杂的,几乎不可能使用键盘输入。R提供了使用范围广泛的数据导入工具,可以很方便地将多种数据源及格式的数据导入R软件。例如,R支持从文本文件、Excel、SAS、SPSS、Stata、数据库系统及网页等多渠道读入数据。本章将介绍R的数据处理功能。

2.1.1 手工输入数据

如果在实际操作中仅使用少量数据,那么我们可以直接使用键盘将数据输入工作空间中,既可以利用c()函数建立向量,也可以利用scan()函数建立向量、列表和矩阵,还可以利用edit()函数输入各种类型的数据。

2.1.1.1 利用c()函数

我们首先使用c()函数建立向量,因为在R语言中进行操作首先要有变量。c()函数

是对变量进行赋值的函数,R中默认的赋值运算符是"<-",注意:中间没有空格符。例如,在给x赋值时,可以输入:

代码段2.1.1.1.1

```
x <- c(5, 6, 7, 8, 9)
print(x)
```

运行结果:

[1] 5 6 7 8 9

代码段2.1.1.1.2

```
x <- c(1:6)
x
```

运行结果:

[1] 1 2 3 4 5 6

这样就创建了变量x,用户可以自由选取变量名,变量名可以由字母、数字和点号组成,但不能以数字开头,且数字后面不能直接加点号,应尽量避免以点号开头定义的隐藏变量。如果要查看目前工作空间中所有已定义的变量,则可以使用ls()函数,例如:

代码段2.1.1.1.3

```
ls()
```

运行结果:

[1] "x"

但ls()函数不会显示以点号开头的隐藏变量,用户可以通过ls(all.names=T)列出所有变量,包括用户自定义变量中用(.)开头命名的变量。

代码段2.1.1.1.4

```
.abs <- 1
ls(all.names = T)
```

运行结果:

[1] ".abs"

2.1.1.2 利用scan()函数

当数据量较大时,采用c()函数输入不太方便,这时可以采用scan()函数。scan()函数既可以读入相同类型的数据,也可以读入不同类型的数据;既可以输入成向量形式,也可以输入成列表和矩阵形式。

输入scan()函数,如果不加任何参数,则意味着输入数值型元素,操作过程如下:第1步,输入scan()函数,运行;第2步,电脑会提示输入数据,数据之间用空格分隔,输完按回车键;第3步,敲完回车键后,会显示一个空白行,再次敲回车键,输入完成。

代码段 2.1.1.2.1

```
xx2111 <-  scan()        #从键盘读入数值型元素
```

1：1 2 3 4 5 6

7：

Read 6 items

代码段 2.1.1.2.2

```
xx2111
```

运行结果：

[1] 1 2 3 4 5 6

默认情况下，scan()函数输入的均为数值型数据，可以通过设定 what 参数来改变输入数据的类型，若 what=""后面加上双引号，则表明输入的是字符型数据。

代码段 2.1.1.2.3

```
xx2112 <-  scan(what = "")        #从键盘读入字符型元素
```

1：中国 美国 英国

4：

Read 3 items

代码段 2.1.1.2.4

```
xx2112
```

运行结果：

[1] "中国""美国""英国"

运用该方法可以输入不同数据类型构成的列表，要将数据指定为数值时，可以将参数设为 0。

代码段 2.1.1.2.5

```
xx2113 <- scan(what = list(学号 = 0,姓名 = "", 成绩 = 0))
#从键盘读入包含数值型和字符型元素的列表
```

1：1 王一 90

2：2 张三 75

3：3 李四 80

4：

Read 3 records

代码段 2.1.1.2.6

```
xx2113
```

运行结果:

$学号

[1] 1 2 3

$姓名

[1] "王一""张三""李四"

$成绩

[1] 90 75 80

在键盘输入的时候需要注意前后顺序,每一行输入的顺序都是学号、姓名、成绩,按照函数中列表名的先后顺序输入。

如果输入的均为数值型数据,则可以利用scan()函数来输入矩阵,例如:

代码段 2.1.1.2.7

```
xx2114 <- matrix(scan(), ncol = 2, byrow = TRUE) #从键盘读入矩阵,2列,按行排列
```

1: 6 7 8 9 10 11 12 13 14 15

11:

Read 10 items

代码段 2.1.1.2.8

```
xx2114
```

运行结果:

	[,1]	[,2]
[1,]	6	7
[2,]	8	9
[3,]	10	11
[4,]	12	13
[5,]	14	15

2.1.1.3 利用 edit()函数

利用edit()函数可以较为直观和便捷地输入数据框数据。用户首先建立一个数据框,然后利用edit()函数直接手工输入数据。

代码段 2.1.1.3.1

```
xx2115 <- data.frame(age = numeric(0), id = numeric(0), name = character(0)) #建立数据框

xx2115 <- edit(xx2115)      #编辑数据框
```

建立数据框时必须先告知每列数据的数据类型,运行以上代码后会弹出一个数据框,可以直接输入数据,单击弹出的数据框中的变量,可以修改变量名和类型。

代码段 2.1.1.3.2

fix(xx2115)

利用 fix() 函数同样可以实现 edit() 的数据输入功能。

2.1.2　从文本文件中读取数据

如果要读取一个表格数据集的文本文件,即便数据集不大,但用 c() 函数输入也是很费时间的。因此,可使用 read.table() 和 read.delim() 函数读取文本文件类型的数据到 R 中。但它要求数据必须是"ASCII"格式的,就是纯文本编辑器生成的文件,如果不是则需要对编码进行说明。read.table() 函数输出的结果是一个数据框。

代码段 2.1.2.1

xx2120 <- read.table("D:/R data/data1.txt", row.names = NULL, header = T, sep = "\t", fileEncoding = "UTF-8", stringsAsFactors = F) #读取文本文件

或者调用 read.delim() 函数如下。

代码段 2.1.2.2

xx2121<- read.delim("D:/R data/data1.txt", row.names = NULL, header = T, sep = "\t", fileEncoding = "UTF-8", stringsAsFactors = F) #读取文本文件

数据读取命令为:read.table("D:/R data/data1.txt",header=T)。其中,header=T 表示读取第 1 行作为数据框的列名称;如果 header=F(FALSE),则 R 会自动生成一系列的变量名称。在 Windows 系统中文件的路径显示为"D:\config\……",如果直接把这个路径拷贝到 R 中,则会出现错误,原因是:"\"是 escape character(转义符),"\\"才是真正的"\"字符,或者用"/"。

使用 read.table() 函数读取文件时,它默认数据间的分隔符为空格,可使用 sep 参数来更改设置成用户需要的样式,如需要读取以制表符作为字段分隔符的文件,则设置命令如下:read.table("D:/R data/data1.txt",header=T,sep="\t")。此外,某一字段若有字符串 NA,则可通过设置 read.table() 函数的 na.strings。例如,如果将缺失值标记为 NA,设置命令如下:read.table("D:/R data/data1.txt",header=T,sep="\t",na.strings="NA")。另外,在读取数据时,用户可能需要跳过几行而从某一行开始读取,那么可以设置 skip 参数如下:a<-read.table("c:/myfile/hl2-1.txt",skip=2)。read.table() 函数族中还有很多参数,对用户读取数据都很有帮助,如表 2-1-1 所示。使用"?read.table"获取详细帮助,read.delim() 函数的参数设置同 read.table() 函数。

具体如下:read.table(file,header=FALSE,sep="",quote="\"'",dec=".",row.names,col.names,as.is=FALSE,na.strings="NA",colClasses=NA,nrows=-1,skip=0,check.names=TRUE,fill=!blank.lines.skip,strip.white=FALSE,blank.lines.skip=TRUE,comment.char="#")。

表2-1-1 read.table()函数的详细参数

参数	定义
file	文件名使用"",可能需要包括它的路径
header	一个逻辑值(FALSE or TRUE),用来反映这个文件的第1行是否包含变量名
sep	表示文件中的字段分隔符,例如对表格型文件使用sep="\"
quote	表示引用字符型变量的字符
dec	表示小数点的字符
row.names	表示一个向量的行名,可以是一个字符型向量或者文件中的一个变量的数值(缺省值是:1,2,3)
col.names	表示一个向量的列名(缺省值是:V1,V2,V3)
as.is	将字符型变量转化为因子型变量(如果值为FALSE),或者仍将其保留为字符型(TRUE)。as.is可以是逻辑型、数值型或者字符型向量,用来判断变量是否被保留为字符
na.strings	赋给缺失数据的值(转化为NA)
colClasses	赋给列的数据类型的一个字符型向量
nrows	表示可以读取的最大行数
skip	表示在读取数据前跳过的行数
check.names	若为TRUE,则检查变量名是否在R中有效
fill	若为TRUE且所有的行中变量数目不相同,则用相应空白补上
strip.white	在sep已指定的情况下,若为TRUE,则删除字符型变量前后多余的空格
blank.lines.skip	若为TRUE,则忽略空白行
stringsAsFactors	若为TRUE,则允许将字符转换成因子;否则,不允许
encoding	用于解释输入数据中的非ASCII字符

2.1.3 读取Excel表格数据

在数据读入中,Excel数据的读取较为常见。Excel数据的读取方法较多,主要使用的包有 readxl 包和 RODBC。Excel 文件的存储方式主要有 2 种:一种是以逗号分隔文件(.csv)保存;另一种是以 xls 和 xlsx 存储。以逗号分隔文件(.csv)方式存储的 Excel 文件比较容易读取。

2.1.3.1 逗号分隔文件(.csv)保存的 Excel 文件

(1)直接利用 RStudio 界面读取

读取此类 Excel 文件最简单的方法是采用 RStudio 界面上的按钮,如图 2-1-1 所示。

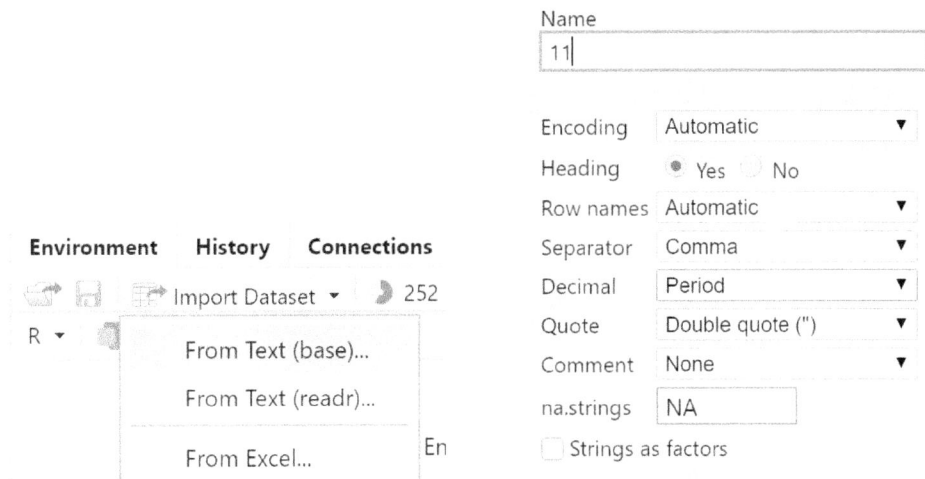

图 2-1-1　读取 Excel 文件

利用 RStudio 右上方的工作空间窗口,单击菜单上面的"Import Dataset",选择"From Text(base)",单击需要导入的 csv 文件,在弹出的窗口中,Heading 如果选择"Yes",则表明原来表格的第一行为新表格的列名(即保留原列名),否则不保留列名。Separator 表示原表采用的分隔符,选项 Whitespace、Comma、Semicolon、Tab 分别表示分隔符为空格、逗号、分号、Tab 键。Quote 表示表中包围字符型变量的符号,Double quote、Single quote 分别表示字符用双引号、单引号表示,None 表明字符没有任何符号包围。na.strings 表示缺失数据用什么表示;String as factor 表示字符串是否转化为因子,在前面框打钩表明同意将字符串转化为因子。

(2)利用 read.csv( )函数读取

用逗号或制表符分隔字段的 Excel 表格较为常见,R 提供了几个方便的函数如 read.csv( )、read.csv2( )来读取此类 Excel 表格。这些函数接受 read.table( )函数的任何可选参数,且不需要手动设置适当的参数,因而比 read.table( )函数更方便。

代码段 2.1.3.1.1

```
install.packages("readr")    #安装 readr 包
library("readr")    #载入 readr 包
xx2140 <- read.csv("D:/R data/data1.csv", stringsAsFactors = F) #读取 .csv 文件
```

要利用 read.csv( )函数必须先安装和载入 readr 包。

2.1.3.2　以 xls 和 xlsx 保存的 Excel 文件

(1)利用 read_excel( )函数

利用 readxl 包,可以直接读取以 .xls 和 .xlsx 形式保存的 Excel 文件。

代码段 2.1.3.2.1

```
install.packages("readxl")      #安装 readxl 包
library(readxl)                 #载入 readxl 包
read_excel(path, sheet = 1, col_names = TRUE, col_types = NULL, na = "",
skip = 0)                       #读取 Excel 文件
```

首先要安装和载入 readxl 包,用户既可以通过 RStudio 界面来完成,也可以通过编写代码来完成。然后利用 read_excel()函数,path 是指要导入文件的路径,例如:"D:/R data/data1.xls",sheet=1 表示导入的工作表序列为 1,也可以直接输入工作表的名称,col_names=TRUE 表示第 1 行为列名。

（2）利用 read.table()函数读取

可以先将 xls 和 xlsx 文件另存为 txt 格式,然后用 read.table()和 read.delim()函数进行读取。当然也可以先将 xls 和 xlsx 文件另存为 csv 格式,然后采用上面提到的方法读取 csv 文件。

方法 1:利用剪贴板。首先打开 Excel,全选里面的内容,单击复制,然后在 R 中输入以下命令:

代码段 2.1.3.2.2

```
xx2142 <- read.table("clipboard", header = T, sep = '\t', stringsAsFactors = F)
#将剪贴板上的内容输出
```

方法 2:将 xls 和 xlsx 文件另存为 txt 格式,调用 read.table()函数或者调用 read.delim()函数,方法同文本文件的读取。

（3）利用 XLConnect 包读取

当我们处理来自多个电子表格的数据或者来自同一电子表格不同页的数据时,转储文件的方法就显得比较麻烦。在接下来的方法中,我们直接用 R 函数访问电子表格,而不需要将它们转储为文件,在 Windows32 位平台上,可使用 RODBC 包的 ODBConnectExcel 函数直接读取电子表格。如果一个电子表格存储在文件夹 c:/myfile/whcb2-3.xls 中,则我们在获取该电子表格的数据时,首先安装和载入 RODBC 包,然后可以调用如下命令:

代码段 2.1.3.2.3

```
library(RODBC)
sheet="D:/R data/data1.xlsx"
con=odbcConnectExcel(sheet)`
tbls=sqlTables(con)   #在 sheet.xlsx 中查看工作表的名称
```

2.1.4 从 SAS、SPSS、Stata 统计软件中读取数据

在实际操作过程中,我们会用到来自其他软件的数据。R 里面的 foreign 包(默认安装

的包)中的 read.sas( )函数、read.spss( )函数、read.dta( )函数很好地实现了数据在不同软件中的转换。read.dta( )函数的形式为：read.dta(file,convert.dates=TRUE,convert.factors=TRUE,missing.type=FALSE,convert.underscore=FALSE)。其中，参数 file 为要读取的数据的文件名；convert.dates 赋予一个逻辑值，即是否把 Stata 的日期转换成 Date 类；convert.factors 为是否使用 Stata 的值标签创造因子(适用于版本6.0或更高版本)，missing.type 为是否存储不同类型的缺失数据(适用于第8版或更高版本)；convert.underscore 转换 Stata 变量名"_"为 R 变量名"."。

以读取 stata 数据为例：

代码段 2.1.4.1

```
install.packages("foreign")   #安装 foreign 包
library("foreign")            #载入 foreign 包
xx2150 <- read.dta("D:/R data/data2.dta")    #读取 D:/R data 目录下 data2.dta 文件
```

当然 R 里面的 Hmisc 包中的 spss.get( )函数、sas.get( )函数也能实现同样的功能，stata.get 的函数形式如下：stata.get(file,lowernames=FALSE,convert.dates=TRUE,convert.factors=TRUE,missing.type=FALSE,convert.underscore=TRUE,…)。

foreign 软件包除了可以读取 Stata 文件外，还可以读取 SPSS、SAS 等文件，其常见函数如表2-1-2所示。

表2-1-2　foreign软件包的函数

函数	功能
read.dbf	读取 DBF 文件(或 FoxPro、dBase 等)
read.dta	读取 Stata 文件
write.dta	创建一个 Stata 文件
read.epinfo	读取 epinfo 文件
read.spss	读取 SPSS 文件
read.mtp	读取 Minitab 文件
read.octave	读取 GNU octave 文件
read.xport	读取 SAS 文件
read.systat	读取 systat 文件

首先要下载安装 Hmisc 包(也可以使用 RStudio 界面实现)，在这里我们使用的命令如下：

代码段 2.1.4.2

```
install.packages("Hmisc")        #安装 Hmisc 包
library(Hmisc)       #载入 Hmisc 包
xx2151 <- stata.get("D:/R data/data2.dta")  #读取 D:/R data 目录下 data2.dta 文件
head(xx2151)
```

该包载入之前需要已经安装 4 个包：grid、lattice、survival 和 Formula 包。如果其中有一个包没有安装,则会报错,用户可以根据报错信息安装缺失包。

2.1.5　从网页读取数据

在 R 软件中,pedquant 包是一个非常强大的金融数据分析工具,其三大功能是获取数据、作图和技术分析。在 pedquant 包中获取数据的函数是 md_stock(),这个函数其实是个打包的函数,只能从有限的几个网站上获取数据,包括网易财经 163 的上证与深证股票价格和财报数据、新浪财经 sina 的国内期货价格数据等。

代码段 2.1.5.1

```
install.packages("pedquant")        #安装 pedquant 包
library(pedquant)               #加载 pedquant 包
xx2160<-md_stock("000001.SS", from = '2019-01-01', to = '2022-01-14', source = "163")
#读取上证指数 2019 年 1 月 1 日—2022 年 1 月 14 日的数据,数据来自网易财经 163
View(xx2160)
```

"000001.SS"中的".SS"代表的是上海证券交易所,直接输入"000001"的话会得到平安银行的股票数据。

如果我们知道某只股票的代码,也可以使用代码来提取,如中信证券代码为 600030,则可以从网易财经 163 上读取该股票的相关数据。

代码段 2.1.5.2

```
library(pedquant)                #加载 pedquant 包
xx2161<-md_stock("600030", from = '2019-01-01', to = '2022-01-14', source = "163")  #读取中信证券 2019 年 1 月 1 日—2022 年 1 月 14 日的数据,数据来自网易财经 163
View(xx2161)
```

当然我们得到的是股票的日交易数据。出于实际分析的需要,我们可以把日数据转换成其他频率的数据,pedquant 包中的 pq_freq(dt,freq="monthly",date_type="eop")可以将日度数据转换为周、月或者季度数据,date_type="eop"默认期末值作为周、月或者季度数据,date_type="bop"则选择期初值。

代码段 2.1.5.3

xx2161.m<-pq_freq(xx2161[[1]], freq = "monthly")

#将日度数据转换成月度

pedquant 包中的 md_forex() 函数还可以用来抓取我们需要的外汇数据,md_forex(symbol=NULL,type= "history", date_range= "3y", from=NULL, to=Sys.Date(), print_step=1L,⋯),symbol 为汇率兑,type="history"或者 type="real",前者是指历史数据,后者为当天数据。命令如下:

代码段 2.1.5.4

xx2162 <- md_forex('eurusd', from = "2022-02-01", to = "2022-02-28")

#读取欧元兑美元汇率

xx2162 _1 <- xx2162[[1]]

View(xx2162)

下载的数据为 1 单位欧元(EUR)兑换成多少单位美元(USD),即前者为基础货币,后者为标价货币。如果需要下载多个汇率数据,可以同时输入多个汇率,由于 pedquant 包下载的数据为 list 格式,需要将其转化成数据框,所以可以采用本章后面的数据框合并方法进行数据合并。

代码段 2.1.5.5

xx2163<-md_forex(c('eurusd', 'cnyusd', 'hkdusd'), from = "2022-02-01", to = "2022-02-28")

pedquant 包是目前金融数据分析较为有用的包之一。我们在本节中只是简单地给出了 R 包的现成方法,下载金融数据的方法和渠道远不止于此。关于 pedquant 包的详细信息,读者可参考官方使用手册。

2.1.6 从数据库读取数据

World Bank Data 是世界银行组织构建的一个开放数据库,涵盖了世界各国关于经济、环境、人口等方面的信息。获取数据的一种方法是从其网站上下载数据再导入 R 软件;另一种方法是利用 WDI 扩展包,直接读取想要的数据。WDI 扩展包中的 WDI() 函数可以用于下载各个指标数据,该函数的参数为:WDI(country="all",indicator="NY.GNS.ICTR.GN.ZS",start=NULL,end=NULL,extra=FALSE,cache=NULL)。其中,第 1 个参数为国家,需要使用 ISO-2 标准的国家代码;第 2 个参数是指标名,其指标是世界银行的特定编码,可以通过 WDIsearch("")命令得到某一指标的所有编码。例如,用户若需要下载经常账户数据,则可以编写如下代码来获得指标编码。

代码段 2.1.6.1

install.packages("WDI")   #安装 WDI 包

```
library(WDI)    #载入WDI包
WDIsearch(string = "current account")  #搜索"current account"相关的指标
```

运行结果：

indicator

[1,] "BN.CAB.XOKA.CD"

[2,] "BN.CAB.XOKA.GD.ZS"

[3,] "BN.CAB.XOKA.GN.ZS"

[4,] "BN.CUR.GDPM.ZS"

[5,] "BNCABFUNDCD"

[6,] "BNCABFUNDCD_"

name

[1,] "Current account balance（BoP, current US$)"

[2,] "Current account balance（% of GDP)"

[3,] "Current account balance（% of GNP)"

[4,] "Current account balance excluding net official capital grants（% of GDP)"

[5,] "Current Account Balance, current US$, millions"

[6,] "Current Account Balance, %GDP"

假设要下载经常账户余额占GDP的比例，我们就选择第2个指标编码。第3个参数为开始年份，第4个参数为结束年份，假设我们选取的时间为1990—2019年，利用WDI()函数导出数据如下。

代码段2.1.6.2

```
xx2170 <-  WDI（country = "all", indicator = "BN.CAB.XOKA.GD.ZS", start = 1990, end = 2019）#读取current account数据
```

2.1.7 读取包中数据

在RStudio中可以直接读取已安装包中的数据，通过data()函数可以查看已安装包中的所有数据列表。若要查看某个包中提供的数据，则可以直接调用但是方法略有不同。例如，想查看"rpart"包中所提供的数据并获取这个包中的数据，命令如下：

代码段2.1.7.1

```
data(package="rpart")       #查看"rpart"包中的数据
```

运行结果：

Data sets in package 'rpart':

car.test.frame	Automobile Data from 'Consumer Reports' 1990
car90	Automobile Data from 'Consumer Reports' 1990

cu.summary   Automobile Data from 'Consumer Reports' 1990

kyphosis   Data on Children who have had Corrective Spinal Surgery

solder   Soldering of Components on Printed-Circuit Boards

solder.balance（solder） Soldering of Components on Printed-Circuit Boards

stagec   Stage C Prostate Cancer

代码段 2.1.7.2

```
xx2170 <- rpart::car90       #获取"rpart"包中的car90数据
```

[本节数字资源]

所在章节	二维码	内容	目标
2.1		课程资料链接（PPT）	获得该节线上课程PPT资料
		课程资料链接（代码）	获得该节线上课程代码资料
		课程资料链接（数据）	获得该节线上课程数据资料
		随堂训练	练习各种不同类型数据文件输入
		随堂训练参考答案	

2.2　数据输出

R 提供了 write.table（）、write.csv（）等函数来导出数据。不过需要注意的是，R语言能够导出的数据格式非常有限，比如在基本包中，能够导出的数据格式只有 txt、csv。使用 write.csv 与参数 sep="，"的 write.table（）是等效的，一般导出的数据保存在 R 默认的 work directory，用户可以用 getwd（）来查看当前路径。

2 个函数的用法为：

write.table(x,file="",append=FALSE,quote=TRUE,sep="",

eol="\n",na="NA",dec=".",row.names=TRUE,

col.names=TRUE,qmethod=c("escape","double"),

fileEncoding="")

常见参数如表2-2-1所示。

表2-2-1　函数write.table()常用参数

参数	定义
x	表示要写入的对象名称
file	表示文件名(缺省时对象直接被"写"在屏幕上)
append	如果为TRUE,则在写入数据时不删除目标文件中可能已存在的数据,采取往后添加的方式
quote	表示一个逻辑型或者数值型向量。数据在写入文件中时,用户常用引号将其隔开。如果参数为TRUE,则字符型变量和因子写在双引号""中;如果参数为FALSE,则文件中的数据不再用引号修饰
sep	表示文件中的字段分隔符
eol	表示使用在每行最后的字符("\n"表示回车)
na	表示缺失数据的字符
dec	表示小数点的字符
row.names	表示一个逻辑值,决定行名是否被写入文件,或指定要作为行名写入文件的字符型向量
col.names	表示一个逻辑值,决定列名是否被写入文件,或指定要作为列名写入文件的字符型向量
qmethod	若quote=TRUE,则此参数用来指定字符型变量中的双引号如何处理;若参数值为escappe(或者"e",缺省),则每个""""都用"\""替换;若参数值为"d",则用"""""替换每个""""

首先用getwd()获得当前的工作目录,用setwd("D:/data")指定工作目录。

我们创建数据框xx03:

代码段2.2.1

```
xx03 <- data.frame(stunames = c("王一", "张二", "陈三", "李四", "孙六"),
age = c(20, 21, 20, 22, 19), per = c(60, 50, 70, 80, 90))          #生成数据框
xx03
```

运行结果:

```
    stunames age per
1     王一   20  60
2     张二   21  50
3     陈三   20  70
```

4	李四	22	80
5	孙六	19	90

将其保存为文本文件：

代码段 2.2.2

write.table(xx03，file = "D:/data/xx03.txt"，row.names = F，quote = F)

将其保存为逗号分割的 csv 文件：

代码段 2.2.3

write.csv(xx03，file = "D:/data/xx03.csv"，row.names = F，quote = F)

保存为 R 格式文件：

代码段 2.2.4

save(xx03，file = "D:/data/xx03.Rdata")

[本节数字资源]

所在章节	二维码	内容	目标
2.2		课程资料链接（PPT）	获得该节线上课程 PPT 资料
		课程资料链接（代码）	获得该节线上课程代码资料
		随堂训练	练习文件输出
		随堂训练参考答案	

2.3　特殊数据处理

本节我们只介绍 2 种特殊数据：缺失值和日期型数据。

2.3.1　缺失值处理

在很多情况下，我们从外部获取的数据有残缺，所有的缺失值在 R 中都会得到一致的处理,即相关位置被赋予一个特定的值NA(R语言中的字符型和数值型数据使用的缺失值符号是一样的),含有缺失值的数据使用任何函数的运算结果都将是NA,这给我们处理分析数据造成了很大的不便。

2.3.1.1　缺失数据识别

可以使用函数is.na()来检测缺失值的存在,其将返回一个和 *x* 同等长度的向量。如果数据中的元素为NA,则它的某个元素值将显示为TRUE,例如:

代码段2.3.1.1.1

```
x <- c(1:6, NA)

is.na(x)
```

[1] FALSE FALSE FALSE FALSE FALSE FALSE TRUE

2.3.1.2　计算中忽略数据

代码段2.3.1.2.1

```
x <- na.omit(x)        #删除缺失值

x
```

运行结果:

[1] 1 2 3 4 5 6

attr(,"na.action")

[1] 7

attr(,"class")

[1] "omit"

为了便于分析,我们也可以删除含有缺失值的整行数据,在R中使用na.omit()函数可以实现上述功能。例如,我们从世界银行官方网站下载3个国家经常账户占GDP的比例,命令如下:

代码段2.3.1.2.2

```
library(WDI)

xx2211 <- WDI (country = c("AF","CN","US"), indicator = "BN.CAB.XOKA.
GD.ZS", start = 2001, end = 2018) #读取数据

xx2211
```

运行结果:

	iso2c	country	BN.CAB.XOKA.GD.ZS	year
1	AF	Afghanistan	NA	2018
2	AF	Afghanistan	−20.9349325	2017
3	AF	Afghanistan	−17.1606726	2016
4	AF	Afghanistan	−23.3242057	2015

5	AF	Afghanistan	−19.2135027	2014
6	AF	Afghanistan	−27.3723780	2013
7	AF	Afghanistan	−27.2657889	2012
8	AF	Afghanistan	−14.1412946	2011
9	AF	Afghanistan	−10.9199630	2010
10	AF	Afghanistan	−7.8737830	2009
11	AF	Afghanistan	−9.0461599	2008
12	AF	Afghanistan	NA	2007
13	AF	Afghanistan	NA	2006
14	AF	Afghanistan	NA	2005
15	AF	Afghanistan	NA	2004
16	AF	Afghanistan	NA	2003
17	AF	Afghanistan	NA	2002
18	AF	Afghanistan	NA	2001

不难发现,阿富汗部分数据是缺失值,我们可以调用na.omit( )函数删除缺失数据行。

代码段 2.3.1.2.3

```
xx22110 <- na.omit(xx2211)
xx22110
```

运行结果:

	iso2c	country	BN.CAB.XOKA.GD.ZS	year
2	AF	Afghanistan	−20.9349325	2017
3	AF	Afghanistan	−17.1606726	2016
4	AF	Afghanistan	−23.3242057	2015
5	AF	Afghanistan	−19.2135027	2014
6	AF	Afghanistan	−27.3723780	2013
7	AF	Afghanistan	−27.2657889	2012
8	AF	Afghanistan	−14.1412946	2011
9	AF	Afghanistan	−10.9199630	2010
10	AF	Afghanistan	−7.8737830	2009
11	AF	Afghanistan	−9.0461599	2008

2.3.1.3　计算中删除数据

可以用 is.na( )函数检验数据是否为缺失值,在 R 中很多运算函数都包含一个"na.rm=TRUE"的选项,这样就能解决存在缺失值时函数不能执行的问题,接下来就可以对剩余的完整数据进行处理。例如,输入如下命令:

代码段2.3.1.3.1

sum(xx2211$BN.CAB.XOKA.GD.ZS)　　#直接求和,其中有缺失值

[1] NA

代码段2.3.1.3.2

sum(xx2211$BN.CAB.XOKA.GD.ZS,na.rm=TRUE)　#移除缺失值后对其求和

[1] −173.7188

2.3.2　日期数据

2.3.2.1　日期数据类别

R中有各种处理时间和日期的类,基本包括以下几类:(1)Date类;它是一个日历日期,并不是一个时钟时间。(2)POSIXct类;它是一个日期时间,能精确到秒,在R中它从1970年1月1日开始,以秒进行存储,如果是负数,则是在1970年以前;如果是正数,则是在1970年以后。(3)POSIXLt类;它也是一个日期时间类,是以列表的形式存储一个日期的各个部分即年、月、日、时、分、秒。R自带的日期形式为as.Date()。其默认的字符串的格式为yyyy-mm-dd,对于规则的格式,则不需要用format指定格式。如果处理其他格式(R中的日期代码如表2-3-1所示),则需要指定as.Date()函数的参数format。例如,如果日期格式为“21-2022-1”,则输入命令如下:

代码段2.3.2.1.1

as.Date('21-2022-1', format = '%d-%Y-%m')

运行结果:

[1] "2022-01-21"

表2-3-1　R中的日期代码

格式	含义
%d	表示月份中的天数
%m	表示月份,以数字形式表示
%b	表示月份,缩写
%B	表示月份,完整的月份名,指英文
%y	表示年份,以2位数字表示
%Y	表示年份,以2位数字表示

2.3.2.2　日期数据基本操作

如果用户需要提取日期数据的某个部分,则可以首先执行命令as.POSIXlt把日期时间转换为各部分列表,然后从该列表中提取所需要的部分。例如:

代码段 2.3.2.2.1

```
d=as.Date("2022-1-21 7:01:00")
as.POSIXlt(d)$wday
```

运行结果：

[1] 5　#输出结果代表该周的第5天

如果用户需要把代表一个日期的年、月、日的元素合并成一个 Date 对象,则可以调用函数 ISOdate(year,month,day),例如：

代码段 2.3.2.2.2

```
as.Date(ISOdate(2022, 1, 21))
```

运行结果：

[1] "2022-01-21"

当然用户也可以创建需要的日期序列,调用函数 seq(from=,to=,by=,),其中,from 代表起始日期,to 代表结束日期,by 代表增量,例如：

代码段 2.3.2.2.3

```
a=as.Date("2022-01-21")
b=as.Date("2022-01-28")
seq(from = a, to = b, by = 1)
```

运行结果：

[1] "2022-01-21" "2022-01-22" "2022-01-23" "2022-01-24" "2022-01-25"

[6] "2022-01-26" "2022-01-27" "2022-01-28"

也可以灵活地指定增量及日期数(length.out)。

代码段 2.3.2.2.4

```
seq(from = a, by = "month", length.out = 3)
```

运行结果：

[1] "2022-01-21" "2022-02-21" "2022-03-21"

如果用户需要知道2个时间之间的时间差,则可以对2个时间进行相减,例如：

代码段 2.3.2.2.5

```
a <- ISOdate(2016,12,06)
b <- ISOdate(2022,1,11)
b-a
```

运行结果：

Time difference of 1862 days

当然用户也可以调用 difftime()函数,并指定 units 参数来控制输出结果,其参数值可分别设为"auto""secs""mins""hours""days"或"weeks"。

代码段 2.3.2.2.6

```
difftime(b, a, units = "weeks")
```

运行结果:

Time difference of 266 weeks

其他与日期相关的函数还有:Sys.Date()返回当前系统日期,as.character()转换日期为字符串,等等。

2.3.3 基本函数及其运算

R中基本的运算符号有加(+)、减(-)、乘(×)、除(/)和幂运算(^),如果对向量进行计算,则运算符对向量中相应的每个元素进行运算。例如,在2个向量中则是对2个向量中的对应元素执行运算命令。出现在同一个表达式中的向量最好长度一致。如果长度不一致,那么该表达式的值将是一个和较长向量等长的向量。表达式中短的向量会被循环使用(可能是部分元素)以达到较长向量的长度。例如:

代码段 2.3.3.1

```
1:2+1:4
```

运行结果:

[1] 2 4 4 6

代码段 2.3.3.2

```
1:4+1:7
```

运行结果:

[1] 2 4 6 8 6 8 10

Warning message:

In 1:4 + 1:7 :

longer object length is not a multiple of shorter object length

注意:当2个变量长度不是整倍数的关系时,会出现警告信息。

R具有强大的数据计算功能,用户可以使用以下一些函数来计算常用的统计量,如mean()、sd()、var()、cov()等。例如:

代码段 2.3.3.3

```
a<-c(38666.41, 39137.39, 39480.97, 39787.95, 39838.90, 39932.13, 39662.67,
39688.25, 38877.00, 38529.18, 38473.54, 38430.18)

mean(a)
```

运行结果:

[1] 39208.71

代码段2.3.3.4

sd(a)

运行结果：

[1] 586.4927

代码段2.3.3.5

var(a)

运行结果：

[1] 343973.7

代码段2.3.3.6

median(a)

运行结果：

[1] 39309.18

当然,R用来处理数据的函数过多而无法全部列出,包括基本数学函数(log、exp、log、sin、cos、tan、asin、acos、atan、abs、sqrt……),专业函数(gamma、digamma、beta……），还包括各种统计函数。表2-3-2列出了其中的部分函数。

表2-3-2　R中的基本函数

函数	功能
sum(x)	对x中的元素求和
max(x)	返回x中元素的最大值
min(x)	返回x中元素的最小值
prod(x)	对x中的元素求连乘积
which.max(x)	返回x中最大元素的下标
which.min(x)	返回x中最小元素的下标
range(x)	与c(min(x), max(x))作用相同
length(x)	返回x中元素的数目
mean(x)	返回x中元素的均值
median(x)	返回x中元素的中位数
var(x) 或者cov(x)	返回x中元素的方差
var(x, y) 或者cov(x, y)	返回x和y的协方差
cor(x, y)	返回x和y的线性相关系数
round(x, n)	将x中的元素四舍五入到小数点后n位

函数	功能
sort(x)	将 x 中的元素按升序排列
rev(sort(x))	将 x 中的元素按降序排列
choose(n, k)	从 n 个样本中选取 k 个的组合数
sample(x, size)	从 x 中无放回抽取 size 个样本,选项 replace=TRUE 表示有放回的抽样

2.3.4　zoo 包简介

由于时间序列分析对时间数据对象的处理要求较高,在 R 中 zoo 包及 xts 包提供了丰富且强大的时间数据处理函数。在此我们只做简单介绍,若要对 zoo 及 xts 包有更深入的了解,请加载该包的帮助页面。因为在 zoo 包中函数处理的时间对象为 zoo 对象类,所以用户首先需要把时间序列转换成 zoo 对象类。zoo 对象包括 2 个部分,即数据部分和索引部分。函数定义:zoo(x=NULL,order.by=index(x),frequency=NULL)。其中,x 是数据部分,允许类型为向量、矩阵、因子;order.by 是索引部分;frequency 是每个时间单元显示的数量。zoo 对象可以接受不连续的时间序列数据。以下命令构建一个 zoo 对象,以时间为索引。

代码段 2.3.4.1

```
install.packages("zoo")
library(zoo)
a <- c(38666.41, 39137.39, 39480.97, 39787.95, 39838.90, 39932.13, 39662.67,
39688.25, 38877.00, 38529.18, 38473.54, 38430.18)
b=as.Date("2022-01-25")    #将时间数据转换成 R 自带的日期格式并赋值给 b
c=as.Date("2022-02-5")    #b 到 c 这中间有 12 天,对应 a 中的 12 个数值
x<-seq(from = b, to = c, by = 1)    #构建一个以 b 开始、以 c 结束的时间对象,
步长为 1 的数列
y <- zoo(a, x) #构建一个 zoo 对象,以时间 x 为索引,以数组 a 为数据
y
```

运行结果:

2022-01-25	2022-01-26	2022-01-27	2022-01-28	2022-01-29	2022-01-30
38666.41	39137.39	39480.97	39787.95	39838.90	39932.13

2022-01-31	2022-02-01	2022-02-02	2022-02-03	2022-02-04	2022-02-05
39662.67	39688.25	38877.00	38529.18	38473.54	38430.18

在 zoo 对象中,用户可以方便地对数据及索引部分进行分开操作,命令如下:

代码段 2.3.4.2

```
install.packages("zoo")
library(zoo)
a<-c(38666.41, 39137.39, 39480.97, 39787.95, 39838.90, 39932.13, 39662.67,
39688.25, 38877.00, 38529.18, 38473.54, 38430.18)
b=as.Date("2022-01-25")    #将时间数据转换 R 自带的日期格式并赋值给 b
c=as.Date("2022-02-5")     #b 到 c 这中间有 12 天,对应 a 中的 12 个数值
x<-seq(from = b, to = c, by = 1)    #构建一个以 b 开始、以 c 结束的时间对象,
步长为 1 的数列
y <- zoo(a, x) #构建一个 zoo 对象,以时间 x 为索引,以数组 a 为数据
y
```

运行结果:

```
2022-02-01   2022-02-02   2022-02-03   2022-02-04   2022-02-05
   39688.25      38877.00      38529.18      38473.54      38430.18
```

在 zoo 包中提取部分数据,用户可以使用 window.zoo( )函数来操作,命令码如下:

代码段 2.3.4.3

```
window(y, index = x[1:6], start = as.Date("2022-01-26"))    #取日期从 2022 年 1
月 26 日开始的,且索引日期在 x[1:6]中的数据
```

运行结果:

```
2022-01-26   2022-01-27   2022-01-28   2022-01-29   2022-01-30
   39137.39      39480.97      39787.95      39838.90      39932.13
```

代码段 2.3.4.4

```
coredata(y)        #查看该对象的数据部分
```

运行结果:

```
[1] 38666.41   39137.39   39480.97   39787.95   39838.90   39932.13   39662.67
[8] 39688.25   38877.00   38529.18   38473.54   38430.18
```

代码段 2.3.4.5

```
coredata(y) <- matrix(1:12, ncol = 1)      #对数据做部分修改
y
```

运行结果:

```
2022-01-25 2022-01-26 2022-01-27 2022-01-28 2022-01-29 2022-01-30
     1          2          3          4          5          6
2022-01-31 2022-02-01 2022-02-02 2022-02-03 2022-02-04 2022-02-05
     7          8          9          10         11         12
```

代码段 2.3.4.6

```
index(y)        #查看该对象的索引部分
```

运行结果：

[1] "2022-01-25""2022-01-26""2022-01-27""2022-01-28""2022-01-29"

[6] "2022-01-30""2022-01-31""2022-02-01""2022-02-02""2022-02-03"

[11] "2022-02-04""2022-02-05"

代码段 2.3.4.7

```
index(y) <- 1:12        #对索引部分(即上例中的日期)做修改
y
```

运行结果：

1 2 3 4 5 6 7 8 9 10 11 12

1 2 3 4 5 6 7 8 9 10 11 12

2.3.5 xts 包简介

xts 是对时间序列数据(zoo)的一种扩展实现,目标是统一时间序列的操作接口。其中,索引部分为时间类型向量,数据部分以矩阵为基础类型,支持可以与矩阵相互转换的任何类型。我们创建一个 xts 对象如下：

代码段 2.3.5.1

```
install.packages("xts")
library(xts)
x <- as.xts(c, descr = 'xts data')   #创建一个xts对象,并设置属性xts data
class(x)    #xts是继承zoo类型的对象
```

运行结果：

[1] "xts" "zoo"

下面我们简单地了解一下 xts 基本的数据操作,提取数据的命令如下：

代码段 2.3.5.2

```
head(x['2010'])          # 选出2010年的数据
```

运行结果：

	SSEC.Open	SSEC.High	SSEC.Low	SSEC.Close	SSEC.Volume	SSEC.Adjusted
2010-01-04	3289.750	3295.279	3243.319	3243.760	109400	3243.760
2010-01-05	3254.468	3290.512	3221.462	3282.179	126200	3282.179
2010-01-06	3277.517	3295.868	3253.044	3254.215	123600	3254.215
2010-01-07	3253.991	3268.819	3176.707	3192.776	128600	3192.776
2010-01-08	3177.259	3198.920	3149.017	3195.997	98400	3195.997

2010-01-11   3301.611   3306.750   3197.328 3212.750   136400   3212.750

代码段 2.3.5.3

```
head(x['2010-03/'])        # 选出 2010 年 3 月的数据
x['2010-01-04']            # 选出 2010 年 1 月 3 日的数据
```

xts 提供了丰富的函数以创建用户所需要的时间数据类型。举例如下：

代码段 2.3.5.4

```
 x <- timeBasedSeq('2010-01-01/2010-01-02 12:00')
# 创建 POSIXt 类型时间
head(x)
```

运行结果：

[1] "2015-09-01 00:00:00 CST""2015-09-01 00:01:00 CST"

[3] "2015-09-01 00:02:00 CST""2015-09-01 00:03:00 CST"

[5] "2015-09-01 00:04:00 CST""2015-09-01 00:05:00 CST"

代码段 2.3.5.5

```
class(x)
```

运行结果：

[1] "POSIXt" "POSIXct"

zoo 包和 xts 包提供了强大的数据处理能力,限于篇幅,本书不一一列举。更多有关函数的内容可以查看帮助文档。

[本节数字资源]

所在章节	二维码	内容	目标
2.3		课程资料链接（PPT）	获得该节线上课程 PPT 资料
		课程资料链接（代码）	获得该节线上课程代码资料
		随堂训练	练习特殊数据处理
		随堂训练参考答案	

2.4 数据预处理

数据来源不同,会导致数据处理存在很多问题,如数据缺失、异常点等。因此,在数据分析之前,需要花费大量时间进行数据预处理,形成用户想要的数据集。

2.4.1 产生新变量

对数据进行预处理的第1种情况是根据现有变量产生新变量,产生新变量有3种方法:方法1最为简单,是直接赋值法,即将旧变量转换后的值赋给新变量;方法2是利用transfrom()函数;方法3是利用with()函数。

2.4.1.1 直接赋值法

可以通过旧变量的运算产生新变量,例如通过两变量相除得到新变量,new_vector=vector1/vector2,常用的运算符有以下几种,如表2-4-1所示。

表2-4-1 向量算术运算符

运算符	含义
+	加
−	减
*	乘
/	除
^或者**	幂次方
X%%Y	求模
X%/%Y	整数除法

代码段 2.4.1.1.1

```
library(WDI)                #载入WDI包

gdpcn <- WDI(indicator = "NY.GDP.MKTP.CN", country = "CN", start = 1980,
end = 2015)    #从世界银行WDI数据库下载中国1980—2015年的GDP数据

inv <- WDI(indicator = "NE.GDI.FTOT.CN", country = "CN", start = 1980,
end = 2015)        #从世界银行WDI数据库下载中国1980—2015年的投资数据

head(gdpcn,5) #显示前5行数据
```

运行结果：

	iso2c	country	NY.GDP.MKTP.CN	year
1	CN	China	6.888582e+13	2015
2	CN	China	6.435631e+13	2014
3	CN	China	5.929632e+13	2013
4	CN	China	5.385800e+13	2012
5	CN	China	4.879402e+13	2011

代码段 2.4.1.1.2

```
gdpcn$igdp  <-  gdpcn$NY.GDP.MKTP.CN/inv$NE.GDI.FTOT.CN
```

#产生新变量 igdp,igdp 等于投资除以 GDP

head(gdpcn,5)　#显示前5行数据

运行结果：

	iso2c	country	NY.GDP.MKTP.CN	year	igdp
1	CN	China	6.888582e+13	2015	2.375617
2	CN	China	6.435631e+13	2014	2.280185
3	CN	China	5.929632e+13	2013	2.246244
4	CN	China	5.385800e+13	2012	2.259896
5	CN	China	4.879402e+13	2011	2.279911

2.4.1.2　利用 transform() 函数

我们仍以上述数据为例,改用 transform() 函数来产生新变量。这一函数的优点是可以省略重复写变量所在的数据框名称,上一段代码是将新变量赋值给 gdpcn$igdp,而采用 transform() 是将新变量直接赋值给数据框 gdpcn,将新变量的名称放在函数里面。

代码段 2.4.1.2.1

```
gdpcn <- transform(gdpcn, igdp = NY.GDP.MKTP.CN/inv$NE.GDI.FTOT.CN)
```

#生成新变量 igdp,idgp 等于投资除以 GDP,这时不需要添加 gdpcn$

head(gdpcn,5)　#显示前5行数据

运行结果同上段代码。

2.4.1.3　利用 with() 函数

另外可以利用的是 with() 函数,该函数的优点是亦可少写数据框的名称,与 transform() 不同的是,with() 函数产生的新变量名放在赋值号的左边,而不是函数里。

代码段 2.4.1.3.1

```
library(WDI)              #载入 WDI 包
gdpcn <- WDI(indicator = "NY.GDP.MKTP.CN", country = "CN", start = 1980,
end = 2015)     #从世界银行 WDI 数据库下载中国 1980—2015 年的 GDP 数据
```

```
inv <- WDI(indicator = "NE.GDI.FTOT.CN", country = "CN", start = 1980,
end = 2015)     #从世界银行WDI数据库下载中国1980—2015年的投资数据
igdp <- with（gdpcn, NY.GDP.MKTP.CN/inv$NE.GDI.FTOT.CN）
#产生新变量igdp,igdp等于投资除以GDP
head(gdpcn,5)     #显示前5行数据
```

运行结果：

	iso2c	country	NY.GDP.MKTP.CN	year
1	CN	China	6.888582e+13	2015
2	CN	China	6.435631e+13	2014
3	CN	China	5.929632e+13	2013
4	CN	China	5.385800e+13	2012
5	CN	China	4.879402e+13	2011

从运算结果看,在gdpcn数据框中并没有新变量所产生的列igdp。如果想让gdpcn数据框产生该列,则上述代码必须改成：

代码段2.4.1.3.2

```
gdpcn$igdp <- with（gdpcn,NY.GDP.MKTP.CN/inv$NE.GDI.FTOT.CN）
#生成新变量igdp,igdp等于投资除以GDP
head(gdpcn,5)   #显示前5行数据
```

运行结果：

	iso2c	country	NY.GDP.MKTP.CN	year	igdp
1	CN	China	6.888582e+13	2015	2.375617
2	CN	China	6.435631e+13	2014	2.280185
3	CN	China	5.929632e+13	2013	2.246244
4	CN	China	5.385800e+13	2012	2.259896
5	CN	China	4.879402e+13	2011	2.279911

我们可以采用2种方法对数据中的变量名称做适当的修改：第1种方法是利用R中交互式编辑器；第2种方法是以编程的方式修改标签。

2.4.1.4　利用rename()函数

当然我们也可以通过编程的方式实现同样的功能,reshape包中的rename()函数可用于修改变量名。rename()函数的参数形式为：

rename(dataframe,c(oldname="newname",oldname="newname",…))

要想利用rename()函数,必须先安装和载入reshape包,再从世界银行官网下载数据,然后将里面的英文变量名转换成中文变量。命令如下：

代码段 2.4.1.4.1

library("WDI") #载入WDI数据库

gdpcn <- WDI(indicator = c("NY.GDP.MKTP.CN", "NE.GDI.FTOT.CN", "PX.REX.REER"), country = "CN", start = 1980, end = 2015)

#从世界银行WDI数据库下载中国1980—2015年的GDP、投资、实际有效汇率等数据

library("reshape")   #载入reshape包

gdpcn2 <- rename(gdpcn, c(iso2c = "代码", country = "国别", year = "年份", NY.GDP.MKTP.CN = "GDP", NE.GDI.FTOT.CN = "投资", PX.REX.REER = "实际有效汇率")) #将变量名country改为"国别"等

head(gdpcn2,5) #显示前5行数据

运行结果：

	代码	国别	年份	GDP	投资	实际有效汇率
1	CN	China	1980	458758107780	131024128950	269.7481
2	CN	China	1981	493583283730	134539520040	242.0663
3	CN	China	1982	537335013630	151740287720	230.9329
4	CN	China	1983	602092410070	169653197290	227.0044
5	CN	China	1984	727850230680	213413308470	202.3340410

2.4.1.5 利用 names() 函数

最后,可以通过names()函数来重命名变量。我们还是先下载数据,然后将"投资"改成"I"。

代码段 2.4.1.5.1

names(gdpcn2)[5] <- "I"   #将第5个列名改为"I"

head(gdpcn2,5)   #显示前5行数据

运行结果：

	代码	国别	年份	GDP	I	实际有效汇率
1	CN	China	1980	458758107780	134583101540	269.7392
2	CN	China	1981	493583283730	138193980240	242.0903
3	CN	China	1982	537335013630	155861967670	230.9582
4	CN	China	1983	602092410070	174261440700	227.0179
5	CN	China	1984	727850230680	219210195820	202.3410

2.4.1.6 利用 colnames() 函数

数据框自带colnames属性,它是由列名构成的向量,通过设置colnames来定义需要的列名称。

代码段 2.4.1.6.1

```
colnames(gdpcn) <-c ("代码", "国别", "年份", "GDP", "投资", "实际有效汇率")
head(gdpcn,5)          #显示前5行数据
```

运行结果同前文,行名的修改用rownames( )函数,使用方法同colnames( )函数。

2.4.2　变量重新编码

根据一定的规律对变量重新进行编码,也是数据预处理的一个环节。例如,将连续变量进行分组,变成一个离散型变量,或者将某个值替换成另外一个值。重新编码会经常用到R中的一些逻辑运算符,逻辑运算符的返回结果为TRUE或FALSE,常见的逻辑运算符如表2-4-2所示。

表2-4-2　R中常见的逻辑运算符

运算符	含义
<	小于
<=	小于或等于
>	大于
>=	大于或等于
==	严格等于
!=	不等于
!X	非 X
X&Y	同时满足 X 和 Y
X|Y	满足 X 或者 Y

用户可以采用3种方法来对变量重新进行编码:一是使用取下标的方法将变量分成不同的取值区间;二是利用within( )函数;三是利用cut( )函数。

我们先从R的state.x77包中读取数据,命令如下:

代码段 2.4.2.1

```
xx2431 <- data.frame(state.x77[, c("Murder", "Population", "Income")])   #读取
state.x77包中部分数据
head(xx2431,5)                #显示前5行数据
```

运行结果：

	Murder	Population	Income
Alabama	15.1	3615	3624
Alaska	11.3	365	6315
Arizona	7.8	2212	4530
Arkansas	10.1	2110	3378
California	10.3	21198	5114

从读取的数据看,Income那一列数据是连续型数值变量,假如我们打算根据收入高低将国家分成"I""II""III""IV""V"5种类型,可以采用以下3种方法。

2.4.2.1 利用取下标的方法将变量分成不同取值区间

第1种方法是直接利用[ ]取下标的功能将Income分成5种不同的取值区间,然后用"I""II""III""IV""V"来替换。

代码段2.4.2.1.1

```
xx2431 <- data.frame(state.x77[, c("Murder", "Population", "Income")])   #读取
state.x77包中部分数据
xx2431$收入水平<- NA
xx2431$收入水平[xx2431$Income >= 5000] <- "I"
xx2431$收入水平[xx2431$Income >= 4500 & xx2431$Income < 5000 ] <- "II"
xx2431$收入水平[xx2431$Income >= 4000 & xx2431$Income < 4500 ] <- "III"
xx2431$收入水平[xx2431$Income >= 3500 & xx2431$Income < 4000 ] <- "IV"
xx2431$收入水平[xx2431$Income < 3500 ] <- "V"
head(xx2431,5)    #显示前5行数据
```

运行结果：

	Murder	Population	Income	收入水平
Alabama	15.1	3615	3624	IV
Alaska	11.3	365	6315	I
Arizona	7.8	2212	4530	II
Arkansas	10.1	2110	3378	V
California	10.3	21198	5114	I

我们将Income高于或等于5000的国家的"收入水平"赋为"I",高于或等于4500且低于5000的赋为"II",4000(含4000)至4500(不含4500)的赋为"III",3500(含3500)至4000(不含4000)的赋为"IV",3500以下的赋为"V"。

2.4.2.2 利用within()函数

第2种方法是利用within()函数,该函数的好处就在于索引变量时不需要每次都输

入数据框的名称。

代码段 2.4.2.2.1

```
xx2431 <- data.frame(state.x77[, c("Murder", "Population", "Income")])    #读取
state.x77包中部分数据
    xx2431 <- within(xx2431,{
收入水平<- NA
收入水平[Income >= 5000] <- "I"
收入水平[Income >= 4500 & Income < 5000 ] <- "II"
收入水平[Income >= 4000 & Income < 4500 ] <- "III"
收入水平[Income >= 3500 & Income < 4000 ] <- "IV"
收入水平[Income < 3500 ] <- "V"
})
head(xx2431,5)    #显示前5行数据
```

运行结果:

	Murder	Population	Income	收入水平
Alabama	15.1	3615	3624	IV
Alaska	11.3	365	6315	I
Arizona	7.8	2212	4530	II
Arkansas	10.1	2110	3378	V
California	10.3	21198	5114	I

2.4.2.3 利用 cut()函数

第3种方法是利用cut()函数,先将连续取值的Income分成5个区间,然后调用levels()函数分别对不同区间进行命名。

代码段 2.4.2.3.1

```
xx2431 <- data.frame(state.x77[,c("Murder", "Population", "Income")])
#读取 state.x77包中部分数据
xx2431$收入水平<- cut(xx2431$Income, c(0, 3500, 4000, 4500, 5000, max
(xx2431$Income)+1), right = F)
#将 Income 分成5个区间
levels(xx2431$收入水平) <- c("V", "IV", "III", "II", "I")    #对不同区间命名
head(xx2431, 5)    #显示前5行数据
```

运行结果跟前2种方法相同,不再赘述。

2.4.3 行列删除

如果要从数据中移除某个元素,则用户首先可以根据其位置或者名称来选定该元素,然后只要将NULL值赋予要移除的元素即可。

依旧以上文中state.x77包中数据为例,假设要删掉其中的第2行,先读入数据如下:

代码段2.4.3.1

```
xx2440 <- data.frame(state.x77[, c("Murder", "Population", "Income")])  #读取
state.x77包中部分数据
head(xx2440, 5)        #显示前5行数据
```

运行结果:

	Murder	Population	Income
Alabama	15.1	3615	3624
Alaska	11.3	365	6315
Arizona	7.8	2212	4530
Arkansas	10.1	2110	3378
California	10.3	21198	5114

现在要删掉其中的第2行,即Alaska那行的值。

代码段2.4.3.2

```
xx2440 <- xx2440[-2,]
head(xx2440,5)         #显示前5行数据
```

运行结果:

	Murder	Population	Income
Alabama	15.1	3615	3624
Arizona	7.8	2212	4530
Arkansas	10.1	2110	3378
California	10.3	21198	5114
Colorado	6.8	2541	4884

如果要删除其中的列,同样可以使用该方法。

代码段2.4.3.3

```
xx2440 <- xx2440[, -2] #删除第2列
```

或者输入代码:

代码段2.4.3.4

```
xx2440[,2] <- NULL    #删除第2列
```

如果需要同时删除几行或者几列,则可以用c()进行连接。例如,若要删除第2—3

行,则将命令修改为xx2440[c(-2,-3),]。

也可以利用列名来删除列,先利用%in%找出列名是否在数据框里。

代码段2.4.3.5

```
xx2440 <- data.frame(state.x77[,c("Murder", "Population", "Income")])   #在上面
的例子中xx2440已经改动,我们需要将其还原

xx <- names(xx2440) %in% "Income"     #检测"Income"是否在xx2440变量名中,
返回逻辑值

xx
```

运行结果:

[1] FALSE FALSE TRUE

代码段2.4.3.6

```
xx2440 <- xx2440[!xx]        #选取 xx 为 FALSE 的列
head(xx2440,5)              #显示前5行数据
```

运行结果:

	Murder	Population
Alabama	15.1	3615
Alaska	11.3	365
Arizona	7.8	2212
Arkansas	10.1	2110
California	10.3	21198

2.4.4 数据排序

对表格进行排序往往是许多数据分析过程中必不可少的环节,我们习惯了在Excel中完成这样的操作。其实R语言也可以对表格数据进行简单的排序,在R中实现数据排序的函数主要为sort()函数和order()函数,其中sort()函数只能对向量进行排序,并且返回排序后的数值,可以从小到大或者从大到小;order()函数可以对数据框根据其某一列或者行进行排序,其返回的是对数组排序后的各个元素在原数组中的位置。order()函数的参数形式为:order(X[,n],na.last=TRUE,decreasing=FALSE)。其中,X为需要排序的数据框或者矩阵;n指的是按照第n列进行排序;na.last控制空值NA排在最前还是最后,默认最后;desceasing控制升序还是降序排列。

代码段2.4.4.1

```
xx2440 <- data.frame(state.x77[,c("Murder", "Population", "Income")])   #读取
state.x77包中部分数据

xx2440 <- xx2440[order(xx2440[, 3], decreasing = F),]  #以第3列进行排序,升序
```

head(xx2440,5)　　#显示前5行数据

我们依旧以state.x77包中数据为例,先读入该包数据,然后按照第3列进行升序排序,其他列数据顺序随之变化。

运行结果:

	Murder	Population	Income
Mississippi	12.5	2341	3098
Arkansas	10.1	2110	3378
Louisiana	13.2	3806	3545
New Mexico	9.7	1144	3601
West Virginia	6.7	1799	3617

也可以采用order(-X[,n])按照第n列对数据框X进行降序排列。

代码段2.4.4.2

xx2441 <- xx2440[order(-xx2440[, 3]),]　　#以第3列进行降序

head(xx2441,5)　　#显示前5行数据

运行结果:

	Murder	Population	Income
Alaska	11.3	365	6315
Connecticut	3.1	3100	5348
Maryland	8.5	4122	5299
New Jersey	5.2	7333	5237
Nevada	11.5	590	5149

如果需要同时对1列以上的数据进行不同排序,则只需要写入以下代码。

代码段2.4.4.3

xx2442 <- xx2440[order(xx2440[, 2], -xx2440[, 3]),]

#对第2列进行升序排序,对第3列进行降序排序

[本节数字资源]

所在章节	二维码	内容	目标
2.4		课程资料链接(PPT)	获得该节线上课程PPT资料
		课程资料链接(代码)	获得该节线上课程代码资料

续　表

所在章节	二维码	内容	目标
2.4		随堂训练	练习产生新变量和重新编码
		随堂训练参考答案	

2.5 数据重塑

2.5.1 选取数据的子集

用户在实际处理数据的过程中,可能只需要数据中的某个或某些元素。对此,R提供了2种元素的获取方法,分别为位置获取法和逻辑获取法。但是对于不同的类型数据,提取方法也有所不同。

2.5.1.1 利用下标选择观测值

我们还是以state.x77包中的数据为例,首先读取state.x77包中的数据,然后选择其中Income在5000—6000之间的数据。

代码段2.5.1.1.1

```
xx2510 <- data.frame(state.x77[, c("Murder", "Population", "Income")])    #读取
state.x77包中部分数据
xx2510 <- xx2510[xx2510$Income >= 5000 & xx2510$Income < 6000,]    #选择
Income在5000—6000之间的数据
View(xx2510)
```

运行结果:

	Murder	Population	Income
California	10.3	21198	5114
Connecticut	3.1	3100	5348
Illinois	10.3	11197	5107
Maryland	8.5	4122	5299
Nevada	11.5	590	5149
New Jersey	5.2	7333	5237

North Dakota　　1.4　　　　637　　　　　5087

2.5.1.2　which( )函数

用户也可以利用 which( )函数实现以上功能。

代码段 2.5.1.2.1

```
xx2510 <- data.frame(state.x77[, c("Murder", "Population", "Income")])    #读取
state.x77 包中部分数据

xx2510 <- xx2510[which(xx2510$Income >= 5000 & xx2510$Income < 6000),]
#选择 Income 在 5000—6000 之间的数据

View(xx2510)
```

2.5.1.3　利用 subset( )函数

用户有时不仅需要提取数据集中的子集,还可能需要对数据进行筛选处理,那么利用索引的方法就显得很不实用了。而 R 语言中的 subset( )函数为用户访问和选取数据提供了更高的灵活性,subset( )函数将满足条件的向量、矩阵和数据框按子集的方式返回。

subset( )函数的应用方式:subset(x,subset,select,drop=FALSE,…)。

其中,x 是对象;subset 是保留元素或者行列的逻辑表达式,对于缺失值用 NA 代替;select 是表示元素或行保留的逻辑表达式;drop=FALSE 表示遗漏值都为假。

要从 state.x77 包中选择其中 Income 在 5000—6000 之间的数据,同样可以用 subset 函数来实现。

代码段 2.5.1.3.1

```
xx2511 <- data.frame(state.x77[, c("Murder", "Population", "Income")]) #读取
state.x77 包中部分数据

xx2511 <- subset(xx2511, xx2511$Income >= 5000 & xx2511$Income < 6000)
#选择 Income 在 5000—6000 之间的数据
```

如果只想选择 Income 在 5000—6000 之间 Murder 变量和 Income 变量的数据,上述代码可改成:

代码段 2.5.1.3.2

```
xx2512 <- data.frame(state.x77[, c("Murder", "Population", "Income")])    #读取
state.x77 包中部分数据

xx2512 <- subset(xx2512, xx2512$Income >= 5000 & xx2512$Income < 6000,
select=c("Murder","Income"))    #选择 Income 在 5000—6000 之间的数据

View(xx2512) #区分大小写,"view"是错误的
```

运行结果：

	Murder	Income
California	10.3	5114
Connecticut	3.1	5348
Illinois	10.3	5107
Maryland	8.5	5299
Nevada	11.5	5149
New Jersey	5.2	5237
North Dakota	1.4	5087

2.5.2　数据合并

有时候需要操作分析的数据集来自多个数据源,此时用户需要将这些数据集合并成1个,可以使用cbind()函数、rbind()函数来分别实现列合并和行合并,merge()函数可以实现2个数据框的合并。

2.5.2.1　列合并:cbind()函数

如果用户要横向合并数据集,则需要调用cbind()函数,数据集不需要有相同的行,拥有短的列自动补齐的功能,命令如下:data<-cbind(dataframe1,dataframe2)。

我们以利用pedquant包的md_forex()函数读取汇率数据为例进行说明,先读取2022年2月1—10日的欧元、人民币兑美元的汇率,然后将这几个数据合并成1个数据框。因为pedquant包下载的数据是list格式,所以先取出其中的数据框,再进行合并。

代码段2.5.2.1.1

```
library(pedquant)
xx2521 <- md_forex(c('eurusd','usdcny'), from = "2022-02-01",
to = "2022-02-10")    #读取欧元兑美元、美元兑人民币汇率
xx2521_1 <- cbind(xx2521[[1]],xx2521[[2]]) #列合并数据框
View(xx2521_1)
```

运行结果：

	symbol	name	date	open	high	low	close	symbol	name	date	open	high	low	close
1	EURUSD	eurusd	2022/2/1	1.12317	1.12788	1.12214	1.12711	USDCNY	usdcny	2022/2/1	6.37298	6.37443	6.36545	6.36956
2	EURUSD	eurusd	2022/2/2	1.12709	1.13297	1.12669	1.1304	USDCNY	usdcny	2022/2/2	6.36987	6.37485	6.36277	6.36282
3	EURUSD	eurusd	2022/2/3	1.13039	1.14514	1.12685	1.14396	USDCNY	usdcny	2022/2/3	6.35862	6.37101	6.35846	6.36669
4	EURUSD	eurusd	2022/2/4	1.14401	1.14837	1.14118	1.14551	USDCNY	usdcny	2022/2/4	6.35268	6.36052	6.34946	6.35928
5	EURUSD	eurusd	2022/2/7	1.14568	1.14589	1.14157	1.14418	USDCNY	usdcny	2022/2/7	6.36303	6.36885	6.35746	6.36227
6	EURUSD	eurusd	2022/2/8	1.14407	1.14486	1.13966	1.14176	USDCNY	usdcny	2022/2/8	6.36163	6.3751	6.35865	6.37075
7	EURUSD	eurusd	2022/2/9	1.14178	1.14478	1.14029	1.14215	USDCNY	usdcny	2022/2/9	6.36737	6.37065	6.36355	6.36678
8	EURUSD	eurusd	#######	1.14215	1.14948	1.1375	1.1428	USDCNY	usdcny	#######	6.36335	6.36772	6.35678	6.36033

使用cbind()函数合并数据集时,重复的列名将不会被发现,横向合并时,重复的列不会被自动剔除。另外,当2个数据集的行数不相等且正好为整数倍关系时,较短的数据集将会被循环使用,以保证匹配性。

我们再利用pedquant包读取汇率数据,先读取2022年2月1—5日的港元兑美元的汇率,将其与2022年2月1—10日的人民币兑美元的汇率的数据框合并成1个数据框,可见这个数据框的行数明显小于前面数据框。

代码段2.5.2.1.2

```
#不同行数的列合并
library(pedquant)
xx2521 <- md_forex(c('eurusd', 'usdcny'), from = "2022-02-01",
 to = "2022-02-10")
xx2522 <- md_forex('hkdusd', from = "2022-02-01", to = "2022-02-05")
xx2522_1 <- cbind(xx2521[[2]], xx2522[[1]])
View(xx2522_1)
```

运行结果:

	symbol	name	date	open	high	low	close	symbol	name	date	open	high	low	close
1	USDCNY	usdcny	2022/2/1	6.37298	6.37443	6.36545	6.36956	HKDUSD	hkdusd	2022/2/1	0.128252	0.12831	0.128242	0.128305
2	USDCNY	usdcny	2022/2/2	6.36987	6.37485	6.36277	6.36282	HKDUSD	hkdusd	2022/2/2	0.128305	0.12832	0.128245	0.128275
3	USDCNY	usdcny	2022/2/3	6.35862	6.37101	6.35846	6.36669	HKDUSD	hkdusd	2022/2/3	0.128275	0.128325	0.128254	0.128315
4	USDCNY	usdcny	2022/2/4	6.35268	6.36052	6.34946	6.35928	HKDUSD	hkdusd	2022/2/4	0.128315	0.128408	0.128311	0.128389
5	USDCNY	usdcny	2022/2/7	6.36303	6.36885	6.35746	6.36227	HKDUSD	hkdusd	2022/2/1	0.128252	0.12831	0.128242	0.128305
6	USDCNY	usdcny	2022/2/8	6.36163	6.3751	6.35865	6.37075	HKDUSD	hkdusd	2022/2/2	0.128305	0.12832	0.128245	0.128275
7	USDCNY	usdcny	2022/2/9	6.36737	6.37065	6.36355	6.36678	HKDUSD	hkdusd	2022/2/3	0.128275	0.128325	0.128254	0.128315
8	USDCNY	usdcny	######	6.36335	6.36772	6.35678	6.36033	HKDUSD	hkdusd	2022/2/4	0.128315	0.128408	0.128311	0.128389

2.5.2.2 行合并:rbind()函数

rbind()函数可以实现多个数据框的纵向合并,但要求数据框必须有相同数量的列,即数据集是不同的行数据,但包含一样的变量(注意:并不要求变量的排序是一致的),变量顺序可以不同,此时用户可以调用rbind()函数,命令如下:

```
data <- rbind(dataframe1, dataframe2)
```

在合并之前需要确认dataframe1数据框中多余的变量已删除,同时在dataframe2中创建需要追加的变量,并将其值设为NA(缺失值)。

代码段2.5.2.2.1

```
#行合并(相同列数)
library(pedquant)
xx2522 <- md_forex('hkdusd', from = "2022-02-01", to = "2022-02-05")
#读取2022年2月1—5日的港元兑美元汇率
```

```
xx2524 <- md_forex('hkdusd', from = "2022-02-05", to = "2022-02-10")
#读取2022年2月5—10日的港元兑美元汇率
xx2524_1 <- rbind(xx2522[[1]], xx2524[[1]])  #数据框纵向合并
View(xx2524_1)
```

运行结果:

	symbol	name	date	open	high	low	close
1	HKDUSD	hkdusd	2022/2/1	0.128252	0.12831	0.128242	0.128305
2	HKDUSD	hkdusd	2022/2/2	0.128305	0.12832	0.128245	0.128275
3	HKDUSD	hkdusd	2022/2/3	0.128275	0.128325	0.128254	0.128315
4	HKDUSD	hkdusd	2022/2/4	0.128315	0.128408	0.128311	0.128389
5	HKDUSD	hkdusd	2022/2/7	0.128393	0.128405	0.1283	0.128327
6	HKDUSD	hkdusd	2022/2/8	0.128327	0.128341	0.128265	0.128308
7	HKDUSD	hkdusd	2022/2/9	0.128308	0.128365	0.128298	0.128348
8	HKDUSD	hkdusd	2022/2/10	0.128348	0.128359	0.128283	0.128301

2.5.2.3 merge()函数

但是很多时候用户的数据集并不满足以上种种条件,故要合并基于普通变量值的数据框,应该使用merge()函数。它是根据2个数据集共同的列来合并它们的行从而成为1个数据框,命令如下:merge(x,y,by="name",sort=TRUE,all=,all.x=,all.y=)。其中,merge()仅限于一次合并2个数据框,但是它可以被反复调用来处理2个以上的数据框的合并;x、y分别表示需要合并的2个数据框;sort=TRUE表示指定的列要排序;by="name"指定依据哪些列合并数据框,默认值为相同列名的列。

代码段2.5.2.3.1

```
xx2530 <- data.frame(学号=c(1, 3, 5, 6, 7, 9, 10),高数成绩=c(70, 76, 82,
56, 90, 92, 67))          #建立数据框
    xx2531 <- data.frame(学号=c(1, 2, 3, 4, 7, 8, 10),英语成绩=c(50, 82, 78,
45, 89, 93, 70))          #建立数据框
    merge(xx2530, xx2531)          #合并数据框
```

运行结果:

```
    学号   高数成绩   英语成绩
1    1       70        50
2    3       76        78
3    7       90        89
4   10       67        70
```

值得注意的是,当调用时没有传入任何其他参数,其只返回2个数据框中共有列且有共同的观测值的行,即返回的是2个数据框的交集部分观测值,若要对此进行修改,用户可以使用all=、all.x或者all.y=等参数。指定all=TRUE将包含2个数据框的所有行,即全输

出合并,指定 all.x=TRUE 将输出包含第1个数据框的所有行,同理指定 all.y=TRUE 将输出包含第2个数据框的所有行。

如果想获得上例子中2个数据框中所有并集的观测值,则需要使用参数 all=TRUE,对于没有观测值的部分,系统自动用 NA 补齐。

代码段 2.5.2.3.2

```
merge(xx2530，xx2531, all = T)          #合并数据框,输出所有的行
```

运行结果:

	学号	高数成绩	英语成绩
1	1	70	50
2	2	NA	82
3	3	76	78
4	4	NA	45
5	5	82	NA
6	6	56	NA
7	7	90	89
8	8	NA	93
9	9	92	NA
10	10	67	70

代码段 2.5.2.3.3

```
merge(xx2530，xx2531, all.x = T)          #合并数据框,包含第1个数据框的所有行
```

运行结果:

	学号	高数成绩	英语成绩
1	1	70	50
2	3	76	78
3	5	82	NA
4	6	56	NA
5	7	90	89
6	9	92	NA
7	10	67	70

代码段 2.5.2.3.4

```
merge(xx2530，xx2531, all.y = T)          #合并数据框,包含第2个数据框的所有行
```

运行结果:

	学号	高数成绩	英语成绩
1	1	70	50

2	2	NA	82
3	3	76	78
4	4	NA	45
5	7	90	89
6	8	NA	93
7	10	67	70

可以使用参数by=来进一步控制数据框用于合并的那些变量,参数by=以向量形式提供用于合并参数的变量名称。如果合并变量在将要合并的数据框中名称不同,则可以采用参数by.x=和by.y=。

代码段2.5.2.3.5

```
xx2532 <- data.frame(学号 = c(1, 3, 5, 6, 7, 9, 10), 班级 = c(rep("金融
1201", 2), rep("金融1202", 2), "金融1203", "金融1204", "金融12实"), 高数成
绩 = c(70, 76, 82, 56, 90, 92, 67))          #建立数据框
xx2533 <- data.frame(学号 = c(1, 2, 3, 4, 7, 8, 10), 班级 = c("金融
1201", "金融1202", "金融1203", "金融1204", "金融12实", rep("创金12", 2)),
英语成绩 = c(50, 82, 78, 45, 89, 93, 70))          #建立数据框
merge(xx2532, xx2533, all = T)          #合并数据框,输出所有的行
```

运行结果:

	学号	班级	高数成绩	英语成绩
1	1	金融1201	70	50
2	2	金融1202	NA	82
3	3	金融1201	76	NA
4	3	金融1203	NA	78
5	4	金融1204	NA	45
6	5	金融1202	82	NA
7	6	金融1202	56	NA
8	7	金融1203	90	NA
9	7	金融12实	NA	89
10	8	创金12	NA	93
11	9	金融1204	92	NA
12	10	创金12	NA	70
13	10	金融12实	67	NA

该命令等同于merge(xx2532,xx2533,by=c("学号","班级"),all=T)。如果只想按照学号进行合并,则需要加上by="学号"。

代码段 2.5.2.3.6

merge(xx2532，xx2533，by = "学号"，all = T) 　#按照学号合并

运行结果：

	学号	班级	高数成绩	班级	英语成绩
1	1	金融 1201	70	金融 1201	50
2	2	<NA>	NA	金融 1202	82
3	3	金融 1201	76	金融 1203	78
4	4	<NA>	NA	金融 1204	45
5	5	金融 1202	82	<NA>	NA
6	6	金融 1202	56	<NA>	NA
7	7	金融 1203	90	金融 12实	89
8	8	<NA>	NA	创金 12	93
9	9	金融 1204	92	<NA>	NA
10	10	金融 12实	67	创金 12	70

用户可以重复使用merge( )函数来对不同行进行列合并（见代码段 2.5.2.1.2）。

代码段 2.5.2.3.7

```
#不同行数的列合并
library(pedquant)
xx2521 <- md_forex(c('eurusd', 'usdcny'), from = "2022-02-01",
 to = "2022-02-10")
xx2522 <- md_forex('hkdusd', from = "2022-02-01", to = "2022-02-05")
xx2522_2 <- merge(xx2521[[2]], xx2522[[1]], by = "date", all = T)
```

运行结果：

	date	symbol.x	name.x	open.x	high.x	low.x	close.x	symbol.y	name.y	open.y	high.y	low.y	close.y
1	2022/2/1	USDCNY	usdcny	6.37298	6.37443	6.36545	6.36956	HKDUSD	hkdusd	0.128252	0.12831	0.128242	0.128305
2	2022/2/2	USDCNY	usdcny	6.36987	6.37485	6.36277	6.36282	HKDUSD	hkdusd	0.128305	0.12832	0.128245	0.128275
3	2022/2/3	USDCNY	usdcny	6.35862	6.37101	6.35846	6.36669	HKDUSD	hkdusd	0.128275	0.128325	0.128254	0.128315
4	2022/2/4	USDCNY	usdcny	6.35268	6.36052	6.34946	6.35928	HKDUSD	hkdusd	0.128315	0.128408	0.128311	0.128389
5	2022/2/7	USDCNY	usdcny	6.36303	6.36885	6.35746	6.36227	NA	NA	NA	NA	NA	NA
6	2022/2/8	USDCNY	usdcny	6.36163	6.3751	6.35865	6.37075	NA	NA	NA	NA	NA	NA
7	2022/2/9	USDCNY	usdcny	6.36737	6.37065	6.36355	6.36678	NA	NA	NA	NA	NA	NA
8	2022/2/10	USDCNY	usdcny	6.36335	6.36772	6.35678	6.36033	NA	NA	NA	NA	NA	NA

不同于之前用cbind( )进行合并的结果，merge( )函数可以将相同列合并，缺失部分用NA填补。

2.5.3 长宽格式的转换

2.5.3.1 stack()和unstack()函数

R中的2个函数——stack()和unstack(),可用于数据框或列表的长、宽格式之间转换。以数据框为例,因为数据框的宽格式(也就是正常显示的格式)是我们记录原始数据常用的格式,但是在一般统计和作图时用户需要将其拆分成长格式。stack()函数就可以实现上述功能,它把一个数据框转换成2列:一列为数据,另一列为数据对应的列名称。

stack(pg,select=-ctrl),其中,pg指的是需要转换的数据框,ctrl指的是忽略不需要转换的向量。

代码段2.5.3.1.1

```
xx01 <- data.frame(age = c(20, 21, 20, 22, 19), per = c(60, 50, 70, 80, 90))  #生成数据框
xx01
```

运行结果:

```
   age per
1   20  60
2   21  50
3   20  70
4   22  80
5   19  90
```

代码段2.5.3.1.2

```
xx02 <- stack(xx01) #转换成长数据框
xx02
```

运行结果:

```
    Values ind
1      20  age
2      21  age
3      20  age
4      22  age
5      19  age
6      60  per
7      50  per
8      70  per
9      80  per
10     90  per
```

数据框里的数据必须是能被向量化的,转换成的每一列数据类型必须相同。如果数据框中有不同类型的数据,那么在转换时可以删除。

代码段2.5.3.1.3

xx03 <- data.frame(stunames = c("王一", "张二", "陈三", "李四", "孙六"),
age = c(20, 21, 20, 22, 19), per = c(60, 50, 70, 80, 90))   #生成数据框

xx03

运行结果:

```
    stunames age per
1      王一   20  60
2      张二   21  50
3      陈三   20  70
4      李四   22  80
5      孙六   19  90
```

上例中stunames变量与其他变量的数据类型不同,直接转换将会报错,在转换时需要将该变量忽略。

代码段2.5.3.1.4

xx04 <- stack(xx03, select = -stunames)   #转换成长数据框,忽略stunames变量

unstack()函数是stack()函数的逆过程,被转换的对象包含2列,它把数据列按照因子列的不同水平重新排列,分离为不同的列。

代码段2.5.3.1.5

xx05 <- unstack(xx04)   #将长数据转换成宽数据

xx05

运行结果:

```
   age per
1   20  60
2   21  50
3   20  70
4   22  80
5   19  90
```

2.5.3.2　melt()函数

melt是溶解或分解的意思,在这里指拆分数据。将数据表转换成事项列表的过程称为溶解(melt),将事项列表转换成数据表的过程称为铸造(cast)。reshape/reshape2的melt()函数是个S3通用函数,它会根据数据类型(数据框、数组或列表)选择melt.data.frame、melt.array或melt.list函数进行实际操作。melt()函数属于reshape包,因此,在调用该函数

之前必须先安装和载入 reshape 包。

melt()函数的参数形式为：melt(data,id.vars,measure.vars,variable.name="variable",…,na.rm=FALSE,value.name="value")。其中,data 是指要溶解的数据框,id.vars 是指用于标识的观察的变量,measure.vars 是指测量变量（用于描述所测量的事物的变量）,variable_name 是指用于保存原始变量名的变量的名称,na.rm 是指对空值的处理方法。

代码段 2.5.3.2.1

```
xx10 <- data.frame(stunames = c("王一", "张二", "陈三", "李四", "孙六"),
age = c(20, 21, 20, 22, 19),per = c(60, 50, 70, 80, 90))        #生成数据框
xx10                                                             #读取数据
```

运行结果：

	stunames	age	per
1	王一	20	60
2	张二	21	50
3	陈三	20	70
4	李四	22	80
5	孙六	19	90

代码段 2.5.3.2.2

```
install.packages("reshape")                        #安装 reshape 包
library(reshape)                                   #载入 reshape 包
xx101 <- melt(xx10, id.vars = "stunames")          #将宽数据转换成长数据
xx101                                              #读取数据
```

运行结果：

	stunames	variable	value
1	王一	age	20
2	张二	age	21
3	陈三	age	20
4	李四	age	22
5	孙六	age	19
6	王一	per	60
7	张二	per	50
8	陈三	per	70
9	李四	per	80
10	孙六	per	90

melt()函数比 stack()函数产生的长数据框多出 1 列,每一列的数据必须是同一类型

的数据类型,但是列与列间的数据类型可以不同。

melt()函数还能将数组转换成数据框。

代码段 2.5.3.2.3

```
xx102 <- array(1:3, dim = c(2, 2, 2))   #生成一个数组
xx102        #读取数据
```

运行结果:

```
, , 1


        [,1] [,2]
[1,]     1    3
[2,]     2    1


, , 2


        [,1] [,2]
[1,]     2    1
[2,]     3    2
```

代码段 2.5.3.2.4

```
xx103 <- melt(xx102, varnames = LETTERS[24:26], value.name = "Val")   #溶解
```
数组,并定义列名

```
xx103        #读取数据
```

运行结果:

```
  X Y Z    value
1 1 1 1      1
2 2 1 1      2
3 1 2 1      3
4 2 2 1      1
5 1 1 2      2
6 2 1 2      3
7 1 2 2      1
8 2 2 2      2
```

melt()函数获得的数据可以用 acast()函数或 dcast()函数加以还原。acast()函数获得数组,dcast()函数获得数据框。和 unstack()函数一样,cast()函数使用公式参数。公式的左边每个变量都会作为结果中的一列,而右边的变量被当成因子类型,每个水平都会

在结果中产生一列。cast()函数的作用不只是还原数据,还可以对数据进行汇总。事实上,melt()函数是为cast()函数服务的,目的是使用cast()函数对数据进行汇总。

代码段2.5.3.2.5

```
xx104 <- melt(xx10,id.vars = "stunames")      #将宽数据转换成长数据
xx104                                          #读取数据
```

运行结果:

	stunames	variable	value
1	王一	age	20
2	张二	age	21
3	陈三	age	20
4	李四	age	22
5	孙六	age	19
6	王一	per	60
7	张二	per	50
8	陈三	per	70
9	李四	per	80
10	孙六	per	90

由melt()函数溶解的数据框可以使用cast()将其还原成需要的数据形式。cast()函数的形式为:cast(data,formula=...~variable,subset,fill=NULL,add.missing=FALSE,…)。其中,data是指已经溶解的数据;formula是指描述输出数据结果的公式;subset是指设置溶解后的数据中哪些观察要包括在输出结果中;fill是指当add.missing=TRUE时,用于填充缺失组合的值;add.missing是指填充缺失组合。将上例中的xx104数据框还原:

代码段2.5.3.2.6

```
xx105 <- cast(xx104)      #还原数据框
xx105                      #读取数据
```

运行结果:

	stunames	age	per
1	陈三	20	70
2	李四	22	80
3	孙六	19	90
4	王一	20	60
5	张二	21	50

如果还原后只需要取其中age列,则输入命令如下:

代码段2.5.3.2.7

xx106 <- cast（xx104，formula = stunames~variable，subset = （variable == "age"）） #将数据框还原,且只取其中的age列

xx106 #读取数据

运行结果：

	stunames	age
1	陈三	20
2	李四	22
3	孙六	19
4	王一	20
5	张二	21

2.5.3.3　reshape（）函数

reshape（）是R base/stats的函数,主要用于数据框长格式和宽格式之间的转换。reshape（）函数的参数很多,不容易记。reshape（）函数的参数形式如下：

```
reshape(data,varying=NULL,v.names=NULL,timevar="time",
        idvar="id",ids=1:NROW(data),
        times=seq_along(varying[[1]]),
        drop=NULL,direction,new.row.names=NULL,
        sep=".",
        split=if（sep==""）{
            list(regexp="[A-Za-z][0-9]",include=TRUE)
        } else {
            list(regexp=sep,include=FALSE,fixed=TRUE)}
        )
```

我们在将数据转换为宽数据时,需要设置参数idvar和timevar。在将数据转换为长数据时,需要设置参数varying。函数reshape（）的其他常用参数及其含义如表2-5-1所示。

表2-5-1　函数reshape（）常用参数

参数	含义
data	表示需要修整的数据框
varying	宽格式数据中的变量列表,它们需要被分配到长格式中。通常是变量名称的列表,但也可以是名称矩阵或名称向量(还可以是整数,表示数据名称的索引)
v.names	将长格式中的变量名赋给宽格式的列
timevar	表示长格式中用于识别同一组或同一个体的观察的变量(当从长格式转换成宽格式时)

参数	含义
idvar	表示长格式中用于识别分组或个体的变量(当从长格式转换成宽格式时)
ids	表示用于新idvar变量的值
times	表示用于新timevar变量的值
drop	向量,在修整数据时要排除的变量的名称
direction	字符,设置数据变换的方向,"wide"表示从长数据格式转换成宽数据,"long"表示从宽数据转换为长数据格式
new.row.names	逻辑值,在将长数据转成宽数据时,设置是否要根据id变量和time变量生成新的行名称
sep	字符值,reshape()函数在将宽数据转换成特别长数据时,会尝试猜测v.name和v.times的名称。该参数用于设置变量中的分隔符

代码段 2.5.3.3.1

```
a <- read.table("D:/data/1234.txt", header = T)

a
```

运行结果:

```
     Code    Date       close
1    1      15-Jul     3456.31
2    1      15-Jun     3536.91
3    1      15-May     3584.82
4    2      15-Jul     2741.95
5    2      15-Jun     2731.28
6    2      15-May     2801.24
7    3      15-Jul     382.35
8    3      15-Jun     383.52
9    3      15-May     386.94
```

代码段 2.5.3.3.2

```
my.wide<-reshape(a, idvar = "Date", timevar = "Code", direction = "wide")
#每一行表示1个日期,每一列表示1只股票
my.wide
```

运行结果:

```
     Date       close.1      close.2      close.3
1 15-Jul     3456.31       2741.95       382.35
2 15-Jun     3536.91       2731.28       383.52
```

3　15-May　　　3584.82　　　　2801.24　3　86.94

代码段 2.5.3.3.3

```
my.wide2 <- reshape(a, idvar = "Code", timevar = "Date", direction = "wide")
#每一行表示1只股票,每一列表示1个日期

my.wide2
```

运行结果:

	Code	close.15-Jul	close.15-Jun	close.15-May
1	1	3456.31	3536.91	3584.82
4	2	2741.95	2731.28	2801.24
7	3	382.35	383.52	386.94

[本节数字资源]

所在章节	二维码	内容	目标
2.5		课程资料链接(PPT)	获得该节线上课程PPT资料
		课程资料链接(代码)	获得该节线上课程代码资料
		课程资料链接(数据)	获得该节线上课程数据资料
		随堂训练	练习长宽数据转换
		随堂训练参考答案	

【本章小结】

■主要术语

数据输入　数据输出　数据合并　长数据　宽数据

■数字资源

所在章节	二维码	内容	二维码	内容
第2章		自测题目		自测题目答案
		自选题目		自选题目答案
		案例分析		案例分析答案

3　R编程基础

教学说明

导入语

在R语言中使用函数可以降低理解难度,提高编程质量,加强代码的可重用性。一个电子商务系统中,可能需要计算订单的总金额;一个学校里,也可能需要计算师生总人数,看似两件事风马牛不相及,但都可以用同样的函数进行计算。因此,在了解了R语言基本操作的基础上,进一步认识一些基本的函数,对处理和分析数据来说非常重要。

学习目标

(1)学会R语言的流程控制,掌握几个常见的循环结构和条件结构,能够编写基础的控制流程的代码。

(2)认识泛型函数,掌握R中函数构成。

(3)理解描述性统计分析,熟悉R中内建的基础函数,并能够将其简单地应用于描述性统计分析。

(4)学会R中t检验,能够对统计中的假设进行检验。

(5)理解线性回归,掌握lm()函数,能对简单的数据进行回归分析。

(6)了解金融时间序列建模的基础知识,学会用R进行金融时间序列建模。

3.1　流程控制

与主流的C、C++、Python等编程语言类似,R是一种块状结构程序语言。块(Block)由大括号划分,不过当块只包含一条语句时,可以省略大括号。

通常情况下,R语言的语句是按照从上到下的顺序执行的,但很多时候我们希望重复执行某些语句,或者在满足特定条件下执行某些语句,这便是流程控制。R的流程控制主要包括循环执行结构和条件执行结构。

3.1.1 循环执行结构

循环执行结构主要分为:for、repeat和while。许多时候,三者可以实现同一操作。

3.1.1.1 for结构

for结构的形式为:

for(name in vector) statement1

其中,name是循环变量;vector是一个向量表达式,可以是一条数值或字符串序列; for循环重复执行statement1,直到name遍历完vector的各个元素值;statement1是一条单独或者一组的R语句,如果是一组语句必须包含在花括号内,语句之间用分号分隔,如果只有一条语句,则不用花括号。例如,下面这段代码使用for循环,输出对原向量的每个元素分别加1的结果:

代码段3.1.1.1.1

```
x<-c(1, 2, 3, 4, 5)
for(n in x) print(n+1)
```

运行结果:

[1] 2

[1] 3

[1] 4

[1] 5

[1] 6

3.1.1.2 while结构

while结构循环重复执行一个语句,直到条件不为真为止。其形式为:

while(condition) statement1

例如:

代码段3.1.1.2.1

```
x<-2
while(x<=15) x<-x+2
x
```

运行结果:

[1] 16

在这个循环中,变量x依次取2、4、6、8、10、12、14、16,最后当x=16时,条件x<=15不成立,跳出循环。一定要确保括号内while的条件语句能够改变,即让它在某一刻不再为真,否则循环将永不停止。

3.1.1.3 repeat结构

与while结构十分类似,repeat的形式为:

repeat statement1

需要注意的是,repeat没有逻辑判断退出条件,必须利用break或者类似return()等返回语句,当然break也可以用在for、while结构中,使程序跳出循环。例如:

代码段3.1.1.3.1

```
x<-2
repeat{
x<-x+2
if(x>15) break
}
x
```

运行结果:

[1] 16

3.1.1.4 next和break

next会令解释器跳过本次迭代的剩余部分,跳到下一次迭代,这避免了使用复杂的if-then-else嵌套循环,使得代码显得更加整洁。例如,下列代码能够跳过数字5,对1:x之间的数字求和。

代码段3.1.1.4.1

```
aa<-function(x){
sum<-0
for(i in 1:x){
if(i == 5)next
sum = sum+i
 }
return(sum)
}
aa(4)
```

运行结果:

[1] 10

代码段3.1.1.4.2

```
aa(5)
```

运行结果:

[1] 10

代码段 3.1.1.4.3

```
aa(6)
```

运行结果：

```
[1] 16
```

break 和 next 都是用于结束循环的函数，其中 break 可以用于结束任何循环，甚至是非正常结束，并且它是结束 repeat 循环的唯一办法，而 next 可以用于结束一个特定的循环，然后跳入下一个循环。

3.1.2 条件执行结构

条件执行结构包括 if-else、ifelse 和 switch。在条件得到满足时，条件语句才会被执行。

3.1.2.1 if-else 结构

if-else 结构在给定条件为真时执行语句 1，在条件为假时执行语句 2。语法为：

if(condition) statement1 else statement2

condition 是控制条件，并且产生唯一的逻辑值，操作符"&&"和"||"常用于控制条件，这里需要指出的是，"&"和"|"关注向量的每一个元素，而"&&"和"||"仅仅关注向量的第 1 个元素，区分这一点是十分有必要的。下面举例说明：

代码段 3.1.2.1.1

```
x<-c(TRUE, FALSE, FALSE)
x
```

运行结果：

```
[1] TRUE  FALSE  FALSE
```

代码段 3.1.2.1.2

```
y<-c(TRUE, TRUE, FALSE)
y
```

运行结果：

```
[1] TRUE  TRUE  FALSE
```

代码段 3.1.2.1.3

```
x[1]&&y[1]
```

运行结果：

```
[1] TRUE
```

代码段 3.1.2.1.4

```
x&&y
```

运行结果:

[1] TRUE

代码段 3.1.2.1.5

x&y

运行结果:

[1] TRUE　FALSE　FALSE

代码段 3.1.2.1.6

if(x[1]&&y[1]) print("both TRUE")

运行结果:

[1] "both TRUE"

代码段 3.1.2.1.7

if(x&y) print("both TRUE")

运行结果:

[1] "both TRUE"

警告信息:

In if（x&y）print("both TRUE"):条件的长度大于1,因此只能用其第1个元素。

if语句中常见的控制条件如表3-1-1所示。

表3-1-1　if语句中常见控制条件

运算符	含义
x&&y	逻辑"与"(标量)
x‖y	逻辑"或"(标量)
x&y	逻辑"与"(向量)
x‖y	逻辑"或"(向量)
!x	逻辑非
x==y	判断是否相等
x<=y	判断是否小于或等于
x>=y	判断是否大于或等于

下面是一个简单的例子:

代码段 3.1.2.1.8

x<-1

```
y<-if(x>1) x else -x
y
```

运行结果：

[1] -1

代码段 3.1.2.1.9

```
x<-3
y<-if(x>1) x else -x
y
```

运行结果：

[1] 3

在更复杂的情况下，statement1 和 statement2 可以是函数调用。

3.1.2.2 ifelse 结构

R 提供了更为紧凑的向量形式的函数 ifelse，它的形式为：

ifelse(condition，statemen1，statement2)

若 condition 为真，则执行语句 1；否则，执行语句 2。例如：

代码段 3.1.2.2.1

```
x<-1:3
y<-ifelse(x>1, x, -x)
y
```

运行结果：

[1] -1 2 3

其作用原理为：如果 condition 为真，则对应执行 statement1；反之，则执行 statement2。根据这个原理函数返回 1 个由 statement1、statement2 中相应元素组成的向量，向量的长度和最长的参数等长。

3.1.2.3 switch 结构

switch()函数根据表达式的值来选择语句执行。其形式为：

switch(statement，list)

switch()函数会根据判断条件的不同而执行不同的分支语句。首先执行 statement，如果其值是一个 1 到 list 长度之间的数，则返回 list 中对应的元素；如果 statement 的值太大或者太小，则返回值为 NULL。举个例子：

代码段 3.1.2.3.1

```
for(i in c(-1:3, 9))  print(switch(i, 1, 2, 3, 4))        #其中 list 的长度为 4
NULL
NULL
```

运行结果:

[1] 1

[1] 2

[1] 3

NULL

我们经常碰到的情况是,statement 的值是字符串向量,此时如果 list 中存在与 statement同名的值,则返回对应元素;否则,返回NULL。例如,我们若要在一串股票代码中找到所需的几只股票,则可以用switch()函数来进行条件选择。

代码段 3.1.2.3.2

```
stock<-c("600292", "600116")
for(i in stock)
print(
switch(i,
"600292" = "九州龙电",
"600116" = "三峡水利",
"600452" = "涪陵电力",
"600098" = "广州控股",
"601991" = "大唐发电",
"000958" = "东方热电")
)
```

运行结果:

[1] "九州龙电"

[1] "三峡水利"

这个例子看上去似乎毫无意义,但是它展示了switch的主要功能。

[本节数字资源]

所在章节	二维码	内容	目标
3.1		课程资料链接(PPT)	获得该节线上课程PPT资料
		课程资料链接(代码)	获得该节线上课程代码资料

所在章节	二维码	内容	目标
3.1		随堂训练	练习循环、条件语句
		随堂训练参考答案	

3.2　编写函数

3.2.1　泛型函数

一个对象的类决定了它会如何被一个泛型函数处理。相反,一个泛型函数由参数自身类的种类来决定如何完成特定工作或者事务。如果参数缺乏任何类属性,或者在该问题中有一个不能被任何泛型函数处理的类,那么泛型函数就会有一种默认的处理方式。

下面的一个例子可以使这个问题变得清晰。类机制为用户提供了为特定问题设计和编写泛型函数的便利。在众多泛型函数中,plot( )用于图形化显示对象,summary( )用于各种类型的概述分析,anova( )用于比较统计模型。

能以特定方式处理类的泛型函数的数目非常庞大。可以用函数methods( )得到当前对某个类对象可用的泛型函数列表。例如,methods(class="data.frame")可以得到在类对象"data.frame"中被广泛使用的函数,包括plot( )、merge( )、dim( )、as.matrix( )、split<-( )、na.exclude( )、merge( )等函数。

同样,一个泛型函数可以处理的类也很多。例如,plot( )有默认的方法和变量来处理对象类"data.frame""density""factor"等。一个完整的列表同样可以通过函数methods( )得到,格式如下:

methods(plot)

许多泛型函数的主体部分非常短,例如:

coef

function(object,…)

UseMethod("coef")

UseMethod的出现暗示着这是一个泛型函数。为了查看可以使用哪些方法,用户可以使用函数methods( )。

代码段 3.2.1.1

methods(coef)

运行结果:

[1] coef.aov*　coef.Arima*　coef.bcnPowerTransform*　coef.corAR1*

[5]coef.corARMA*　coef.corCAR1*　coef.corCompSymm*　　coef.corIdent*

[9] coef.corLin*　coef.corNatural*　coef.corSpatial*　　coef.corSpher*

[13] coef.corStruct*　coef.corSymm*　coef.default*　　coef.fitdistr*

[17] coef.gls*　　coef.gnls*　　coef.lda*　　coef.listof*

[21] coef.lme*　coef.lmList*　coef.loglm*　　coef.maov*

[25] coef.modelStruct*　coef.nls*　coef.pdBlocked*　coef.pdCompSymm*

[29] coef.pdDiag*　coef.pdIdent*　coef.pdMat*　　coef.pdNatural*

[33] coef.pdSymm*　coef.powerTransform*　coef.reStruct*　　coef.ridgelm*

[37]coef.summary.gls*　coef.summary.lme*　coef.summary.nlsList*　coef.varComb*

[41] coef.varConstPower*　coef.varConstProp*　coef.varExp*　　coef.varFixed*

[45] coef.varFunc*　　coef.varIdent*　　coef.varPower*

see '?methods' for accessing help and source code

这个例子中有47个方法,不过其中任何一个都不能简单地通过键入名字来查看。用户可以通过下面2种方式查看这些方法。

其一,运用代码:

代码段 3.2.1.2

getAnywhere("coef.aov")

运行结果为:

A single object matching 'coef.aov' was found

It was found in the following places

　　registered S3 method for coef from namespace stats

　　namespace:stats

with value

function (object,complete=FALSE, ...)

{

　　cf <- object$coefficients

　　if (complete)

　　　　cf

　　else cf[!is.na(cf)]

}

```
<bytecode: 0x000001ec126c1c08>
```

```
<environment: namespace:stats>
```

其二,读者可以参考文档R语言定义以得到关于这种机制更完整的讨论。

3.2.2 函数构建

R语言允许用户创建自己的函数(Function)对象。R中有一些内部函数可以用在其他的表达式中。通过这个方式,R在程序的功能性、便利性和优美性上得到了拓展。学习这些有用的函数是用户轻松、有创造性地使用R的最主要的方式。

需要强调的是,大多数函数作为R系统的一部分而被提供,如mean()、var()、postscript()等。这些函数都是用R写的,因此在本质上和用户写的没有差别。

3.2.2.1 函数构成

一般一个函数包括4个部分:函数名称、函数声明、函数主体、函数参数。函数名称,即要编写的函数的名称,这一名称就作为将来调用R函数的依据。函数声明,包括Function,即声明该对象的类型为函数。函数主体是用户自己编写的一条或者一组语句。函数参数是调用函数时需要输入的参数,既可以是多个参数,也可以不采用参数。函数参数是一个虚拟出来的对象,是指在函数体内部将要处理的值,或者对应的数据类型。对函数体内部的程序语句进行数据处理,就是对参数的值进行处理,这种处理只在调用函数的时候才会发生。

一个函数是通过下面的语句形式来定义的:

name<-function(arg_1,arg_2,…) {expression}

其中,name为函数名称,function为函数声明,“arg_1,arg_2”…为函数参数,expression为函数主体,该表达式的值就是函数的返回值。可以在任何地方以name(expr1,expr2,…)的形式调用函数。

3.2.2.2 函数名称

函数名称可以根据用户的习惯加以命名,但是如果是原先定义过的函数名称,那么就需要小心使用,因为后来定义的函数会覆盖之前的函数。一旦用户定义了函数名称,可以像调用R的其他函数一样使用它。一个简单的例子:

代码段3.2.2.2.1

```
library(pedquant)          #加载pedquant包
stock <- function(x) {
xx <- md_stock(x, from = '2019-01-01', to = '2022-01-14', source = "163") }
                    #构建函数,函数主体:从网站读取数据
xx1 <- stock("600820")   #调用函数
```

首先将函数取名为stock,函数主体中就一个语句,即利用pedquant包的md_stock()

函数下载数据,输入参数 x,然后调用 stock 函数。函数名称可以省略,即可以编写匿名函数,但是匿名函数的调用和函数主体必须在同一行,且函数必须用小括号封闭。例如:

代码段 3.2.2.2.2

```
(function(x) x^2 ) (10)
```

运行结果:

[1] 20

3.2.2.3　函数参数

用户可以根据具体情况设置为一个或者多个参数作为函数的输入值,也可以不设置。

(1)无参数

当每次返回的值都一样时,可编写无参数函数。而对于一些经常使用且较长的输入语句,可以通过编写无参数函数进行简化。

代码段 3.2.2.3.1

```
china <- function()print("中华人民共和国")
china()
```

运行结果:

[1] "中华人民共和国"

虽然括号中没有参数,但是在函数编写和调用时,依旧需要把空括号加上,函数调用时如果省略小括号,出来的则是函数说明,而不是函数调用。

(2)单参数

当用户需要对不同变量进行重复计算或者同样处理时,可以编写有输入参数的函数,进行批处理,从而大大地提高编程效率,降低出错率。

代码段 3.2.2.3.2

```
china.pro <- function(pro) print(paste("中华人民共和国", pro))
china.pro("浙江省")
```

运行结果:

[1] "中华人民共和国 浙江省"

(3)多参数

在构建函数时,用户可以根据需要设计多个参数作为输入量。在调用多参数函数时,首先根据参数名称完全一致的原则寻找函数参数,当输入参数名称不完整时,计算机将寻找前缀一致的函数参数。如果在函数调用时,没有输入函数参数名称,只给出输入值,则按照位置一致的顺序进行对应。例如:

代码段 3.2.2.3.3

```
f3 <- function(a123, b12, b13){list(a = a123, b1 = b12, b2 = b13)} #构建一
```

个函数,该函数为3个向量构成的列表,包括3个参数

```
f3(2, 3, a123 = 1)    #首先寻找相同名称的参数作为对应的函数参数
```

运行结果:

$a

[1] 1

$b1

[1] 2

$b2

[1] 3

计算机首先按照参数名称完全一致的原则,寻找名称一样的参数作为输入量。上例中 a123=1虽然在调用函数时,输入位置为第3个,但是由于其名称与函数构建中第1个函数的参数名称完全一致,因此该值作为函数的第1个输入参数。

代码段3.2.2.3.4

```
f3(2, 3, a = 1)
```

运行结果:

$a

[1] 1

$b1

[1] 2

$b2

[1] 3

当函数调用参数名称不完整时,计算机按照前缀一致的原则寻找输入值。上例中 a=1虽然在调用函数时,输入位置为第3个,其名称与函数参数名称也不完全一致,但是其前缀与函数构建中第1个函数参数前缀一致,因此该值作为函数的第1个输入参数。上例中不需要在调用函数中输入前缀为b的变量,因为函数参数中有2个参数的前缀为b。

代码段3.2.2.3.5

```
f3(1, 2, 3)
```

运行结果:

$a

[1] 1

$b1

[1] 2

$b2

[1] 3

当函数调用不给出函数参数名称时,计算机直接按照位置一致的原则分配输入值。

(4)默认参数

上面的china.pro函数在调用该函数时,必须输入参数,如果不输入,则会报错:

代码段 3.2.2.3.6

china.pro( )

运行结果:

Error in paste("中华人民共和国", pro) : argument "pro" is missing, with no default

运行结果显示缺少输入值,我们可以给函数设置默认值。R提供了一个简单的方法,允许给函数的参数设置默认值。

代码段 3.2.2.3.7

china.pro <- function(pro = "浙江省") print(paste("中华人民共和国", pro))

china.pro( )

运行结果:

[1] "中华人民共和国 浙江省"

在函数构建时,直接对函数参数进行赋值。

3.2.2.4　函数主体

函数主体是整个函数中最主要的部分。当函数主体中的语句多于1条时,需要用花括号封起来;如果两条语句写在同一行,则语句之间用分号分割;如果只有1条语句,则需要直接跟在函数参数后。函数主体的最后一条语句的运行结果默认为函数的返回值,也可以用return( )返回函数需要的结果。当需要返回多个结果时,一般建议用list形式返回。函数主体中必须有返回语句。

代码段 3.2.2.4.1

```
ll <- function(x) {
  y <- x^2
  z <- x+y
}
ll(10)
```

上段代码运行完后,计算机并不会给出结果,这是因为上段编码中没有设定函数的返回值,函数主体的最后一行也只是赋值,而不是返回值。上述编码可改为:

代码段 3.2.2.4.2

```
ll <- function(x) {
  y <- x^2
  z <- x+y

z
```

```
}
ll(10)
```

运行结果：

```
[1] 110
```

[本节数字资源]

所在章节	二维码	内容	目标
3.2		课程资料链接(PPT)	获得该节线上课程PPT资料
		课程资料链接(代码)	获得该节线上课程代码资料
		随堂训练	练习函数构建
		随堂训练参考答案	

3.3 常用R函数

3.3.1 统计分析函数

3.3.1.1 summary()函数

描述统计是一种从大量数据中压缩并提取信息的工具，最常用的就是summary命令。对于基础安装，可以使用summary()函数来获取描述性统计量，运行summary(data)得到结果，其对于数值变量计算了5个分位点和均值，对于分类变量则计算了频数。

summary()函数提供了最小值、最大值、四分位数和数值型变量的均值，以及因子向量和逻辑型向量的频数统计。

代码段3.3.1.1.1

```
price=c(20, 30, 40, 85)
summary(price)
```

运行结果：

Min.	1st Qu.	Median	Mean	3rd Qu.	Max.
20.00	27.50	35.00	43.75	51.25	85.00

3.3.1.2　数值型数据

（1）集中趋势和离散程度

对于数值型数据，经常要分析一个分布的集中趋势和离散程度。描述集中趋势的主要指标有均值、中位数；描述离散程度的主要指标有方差、标准差。R可以很简单地得到这些结果，只要一个命令就可实现。求均值、中位数、方差、标准差的函数分别是mean()、median()、var()、sd()。

代码段3.3.1.2.1

```
salary = c(2000, 2100, 2200, 2300, 2350, 2450, 2500, 2700, 2900, 2850,
3500, 3800, 2600, 3000, 3300, 3200, 4000, 3100, 4200)
mean(salary)  #求均值
```

运行结果：

[1] 2897.368

代码段3.3.1.2.2

```
median(salary) #求中位数
```

运行结果：

[1] 2850

代码段3.3.1.2.3

```
var(salary) #求方差
```

运行结果：

[1] 414853.8

代码段3.3.1.2.4

```
sd(salary) #求标准差
```

运行结果：

[1] 644.0915

（2）截尾

可以利用截尾均值来描述数据特征，而用R计算截尾均值只要在mean()函数里对trim参数进行设置就可以了。

代码段3.3.1.2.5

```
mean(salary, trim = 0.2)
```

运行结果：

[1] 2826.923

这是对该部门的工资截去两头 20% 后的均值。

代码段 3.3.1.2.6

```
mean(salary, 0.5)
```

运行结果：

[1] 2850

这是对该部门的工资截去两头 50% 后的均值,实际上这就是中位数。注意 trim 可以省略,直接写上要截尾的比例就可以了。

（3）偏度与峰度

对平安银行("000001")自 2010 年后每股收益进行偏度与峰度分析,在载入 timeDate 包后,可以直接调用偏度函数 skewness( )与峰度函数 kurtosis( )。

代码段 3.3.1.2.7

```
library(pedquant)    #载入 pedquant 包
dat2 <-md_stock_financials("000001", type = "fs0")  #获取平安银行的财务信息
dat2<-as.data.frame(dat2) #将其格式转换为数据框便于查看数据
dat22<-dat2[which(dat2$X000001.var_name == "基本每股收益"), c(2, 7, 8)] #获取其中的股票名称、日期与基本每股收益的数值
dat22<-dat22[which(dat22$X000001.date>"2010-01-01"), ]   #提取 2010 年之后的数据,如有缺失值,则用 na.omit( )
install.packages("timeDate") #下载 timeDate 包
library(timeDate) #加载 timeDate 包
skewness(dat22$X000001.value)  #计算偏度
kurtosis(dat22$X000001.value)   #计算峰度
```

当然也可以通过 psych 数据包的 describe( )同时计算多个描述性统计量,包括偏度与峰度。

代码段 3.3.1.2.8

```
library(psych)
describe(dat22$X000001.value)
```

运行结果：

	vars	n	mean	sd	median	trimmed	mad	min	max	range	skew	kurtosis	se
x1	1	47	1.11	0.56	1.09	1.07	0.55	0.31	2.62	2.31	0.6	-0.15	0.08

3.3.1.3 分组进行描述性统计

使用 aggregate(x,by,FUN),其中,x 是待分析的数据对象,by 是一个由变量名组成的列表。这些变量将形成新的观测;而 FUN 则是用来计算描述性统计量的标量函数,它将被用来计算新观测中的值。构造一组数据 score 如下：

代码段 3.3.1.3.1

```
ID <- c(1:11)

score1 <- c(96:106)

score2 <- c(73:83)

Gender <- c("male", "male", "male", "female", "male", "female", "female",
"female", "male", "female", "female")

score <- data.frame(ID, score1, score2, Gender)

score
```

然后根据第4列的性别对其进行分组统计,求均值。

代码段 3.3.1.3.2

```
aggregate(score[, c(2, 3)], list(score[, 4]), mean)
```

运行结果:

```
    Group.1    score1      score2
1   female     102.6667    79.66667
2   male       99.0000     76.00000
```

score[, c(2, 3)] 表示对 score1 和 score2 列进行分组统计。

list(score[, 4])表示根据 score 第4列也就是性别列进行分组统计。

mean 表示统计平均值。

也可以用 sapply()函数进行分组统计,这在以后的课程中会讲到。

3.3.1.4 相关性分析

R语言中的 cor()函数用于计算相关系数,形式为:cor(x,y=NULL,use="everything", method=c("pearson","kendall","spearman")))。其中,x、y 可以是向量、矩阵或数据框;use 指的是在计算相关性系数时如何处理缺失值,默认值是 everything,即对所有数据均进行 计算,如果数据有缺失值,则用 use="complete.obs";method 指的是采用什么方法计算相关 系数,默认 method="pearson"。

下面我们利用 WDI 数据库下载的中国 GDP、广义货币占 GDP 比例和股票总市值的数据进行相关性分析。

代码段 3.3.1.4.1

```
library(WDI)    #加载WDI包

state1 <- WDI(country = "CN", indicator = c("NY.GDP.MKTP.CN", "FM.LBL.
BMNY.GD.ZS", "CM.MKT.LCAP.GD.ZS"), start = 2003, end = 2020)   #赋值中国
2003—2020年的GDP、广义货币占GDP比例、股票总市值

colnames(state1)[4:6] <- c("GDP", "M2/GDP", "stock")   #修改列名

cor(state1[, c(4:6)])   #求相关系数
```

运行结果：

	GDP	M2/GDP	stock
GDP	1.0000000	0.9279586	0.3266046
M2/GDP	0.9279586	1.0000000	0.3224997
stock	0.3266046	0.3224997	1.0000000

我们可以看到GDP,和广义货币之间存在很强的正相关关系,相关系数达到0.9279586,而GDP和股票总市值之间相关性不强,相关系数仅为0.3266046。

cor()只能计算出相关系数,无法给出显著性水平p-value,可以用调cor.test()函数给出2个变量间相关系数的显著性水平,其形式为:cor.test(x,y,alternative=c("two.sided", "less","greater"),method=c("pearson","kendall","spearman"),exact=NULL,conf.level=0.95, continuity=FALSE,…)。其中,*x*和*y*是向量,默认情况下alternative="two.side",即总体相关系数不等于0。总体相关系数若小于0,则取"less";若大于0,则取"greater"。

代码段3.3.1.4.2

```
cor.test(state1[, 4], state1[, 5])    #两变量相关系数的显著性检验
```

运行结果：

Pearson's product-moment correlation

data:state1[,4]and state1[,5]

t=9.9598,df=16,p-value=2.905e-08

alternative hypothesis: true correlation is not equal to 0

95 percent confidence interval:

  0.8135461   0.9732023

sample estimates:

      cor

0.9279586

检验2个变量的显著性,概率p-value为2.905e-08,故拒绝原假设(原假设为两变量的相关系数为0),这表明两者是显著相关的。

cor.test()函数每次只能检验一种相关关系。而Hmisc包里的rcorr()函数能够同时给出相关系数及显著性水平p-value。 rcorr()函数形式为:rcorr(*x*,type=c("pearson", "spearman"))。其中,*x*、*y*是矩阵,*x*必须大于5行、2列。

代码段3.3.1.4.3

```
library(Hmisc)
rcorr(as.matrix(state1[, c(4:6)]))    #求多变量间相关系数的显著性水平
```

运行结果:

	GDP	M2/GDP	stock
GDP	1.00	0.93	0.33
M2/GDP	0.93	1.00	0.32
stock	0.33	0.32	1.00

n=18

P

	GDP	M2/GDP	stock
GDP		0.0000	0.1859
M2/GDP	0.0000		0.1918
stock	0.1859	0.1918	

上半个矩阵是相关系数,下半个矩阵是显著性检验 p 值(参数选择不校正)。

psych 包 corr.tesr()函数可以同样实现多变量的相关性检验,corr.test(data, use="complete")中的 use 取值有"pairwise"和"complete"2 种,其中"complete"是用于处理缺失值的。

代码段 3.3.1.4.4

```
library(psych)
corr.test(state1[, c(4:6)], adjust = "none")
```

运行结果:

Call:corr.test(x = state1[, c(4:6)], adjust = "none")

Correlation matrix

	GDP	M2/GDP	stock
GDP	1.00	0.93	0.33
M2/GDP	0.93	1.00	0.32
stock	0.33	0.32	1.00

Sample Size

[1] 18

Probability values (Entries above the diagonal are adjusted for multiple tests.)

	GDP	M2/GDP	stock
GDP	0.00	0.00	0.19
M2/GDP	0.00	0.00	0.19
stock	0.19	0.19	0.00

To see confidence intervals of the correlations, print with the short=FALSE option

假设总体的相关度为0,则预计GDP和广义货币在极小的概率下会有机会见到0.93这样大的样本相关度。由于这种情况几乎不可能发生,所以拒绝原假设,从而支持了要研究的猜想,即GDP和广义货币之间的相关度显著不为0。

3.3.2 回归分析

在统计学中,线性回归(Linear Regression)是指利用线性回归方程的最小平方函数对一个或多个自变量和因变量之间关系进行建模的一种回归分析。这种函数是一个或多个称为回归系数的模型参数的线性组合。只有一个自变量的线性回归称为一元线性回归,有多于一个自变量的线性回归叫作多元线性回归。

在R语言中,如果把自变量(Independent Variable)和因变量(Dependent Variable)画在二维坐标上,则每条记录对应一个点。线性回归最常见的应用场景则是用一条直线去拟合已知的点,建立变量之间的线性关系。其数据类型可分为时间序列数据、横截面数据和面板数据,我们在此主要阐述横截面数据和时间序列数据的回归分析,前者在一元线性回归和多元线性回归分析中进行解释。

3.3.2.1 简单回归

(1)一元线性回归:lm()函数

一元线性回归模型形式为:

$$y_i = \alpha_0 + \alpha_1 x_i + \varepsilon_i \qquad (i = 1,2,3,\cdots,N) \tag{3-3-1}$$

其中,N、x、y分别为样本数、解释变量(自变量)、被解释变量(因变量)。ε为误差项(或扰动项),它反映了y的变化中没有被x所解释的部分,即除了x以外其他所有对y产生影响的因素的综合体现。α_0、α_1分别为常数项和x对y的影响系数。

在R中,拟合线性回归模型最基本的函数是lm(),形式为:

myfit<-lm(formula,data)

其中,formula是指要拟合的模型形式;data是一个数据框,包含了用于拟合模型的数据。结果对象(本例中的myfit)存储在一个列表中,包含了所拟合模型的大量信息。表达式(formula)形式如下:

$$y \sim x \tag{3-3-2}$$

其中,"~"左边为因变量(被解释变量),右边为自变量(解释变量),自变量之间用"+"分隔。表3-3-1中的符号可以用不同方式来修改这一表达式。

表3-3-1 R表达式中常用的符号及其用途

符号	用途
~	分隔符号,左边为响应变量,右边为解释变量。例如,要通过x、z和w预测y,代码为y ~ x + z + w

符号	用途
+	分隔预测变量
:	表示预测变量的交互项。例如,要通过x、z及x与z的交互项预测y,代码为y ~ x + z + x:z
*	表示所有可能交互项的简洁方式。代码y ~ x * z * w可展开为y ~ x + z + w + x:z + x:w + z:w + x:z:w
^	表示交互项达到某个次数。代码y ~ (x + z + w)^2可展开为y ~ x + z + w + x:z + x:w + z:w
.	表示包含除因变量外的所有变量。例如,若一个数据框包含变量x、y、z和w,代码y~.可展开为y~x+z+w
−	减号,表示从等式中移除某个变量。例如,y~(x+z+w)^2-x:w可展开为y~x+z+w+x:z+z:w
−1	删除截距项。例如,表示y~x-1拟合y在x上的回归,并强制直线通过原点
I( )	从算术的角度来解释括号中的元素。例如,y~x+(z+w)^2将展开为y~x+z+w+z:w。相反,代码y~x+I((z+w)^2)将展开为y~x+h,h是一个由z与w的平方和创建的新变量
function	可以在表达式中用的数学函数。例如,log(y)~x+z+w表示通过x、z和w来预测log(y)

除了lm( ),表3-3-2还列出了其他一些对做简单或多元回归分析有用的函数。拟合模型后,将这些函数应用于lm( )返回的对象,可以得到更多额外的模型信息。

表3-3-2　对拟合线性模型非常有用的其他函数

函数	功能
summary( )	展示拟合的详细结果
coefficients( )	列出拟合模型的模型参数(截距项和斜率)
cofint( )	提供模型参数的置信区间(默认95%)
fitted( )	列出拟合模型的预测值
residuals( )	列出拟合模型的残差值
anova( )	生成一个拟合模型的方差分析,或者比较两个或更多拟合模型的方差分析表
vcov( )	列出模型参数的协方差矩阵
AIC( )	输出赤池信息统计量
plot( )	生成评价拟合模型的诊断图
predict( )	用拟合模型对新的数据集预测响应变量值

我们以 Feldstein 和 Horioka(1980)提出的 F-H 之谜为例,对各国投资率(I/Y)和国内储蓄率(S/Y)进行截面回归,检验模型如下:

$$\frac{I}{Y_i} = \alpha_0 + \alpha_1 \frac{S}{Y_i} + \varepsilon_i \qquad (i = 1,2,3,\cdots,T) \qquad (3-3-3)$$

其中,$\frac{I}{Y_i}$、$\frac{S}{Y_i}$ 分别代表 i 国的投资占 GDP 的比重、储蓄占 GDP 的比重,各变量均为本币表示的现价,T 为国家总和。我们先从世界银行的 WDI 数据库下载相关数据,关于世界银行数据的下载已在本书第 2 章中阐述过,在此不再赘述。由于 WDI 没有提供投资占 GDP 的比重,因此,我们先根据投资和 GDP 的数据,删除缺失值(第 3 行代码)后进行计算,储蓄占 GDP 的比重直接来自 WDI 数据库[①],并画出散点图。

步骤 1:数据下载及预处理

代码段 3.3.2.1.1

```
library("WDI")
dat1 <- WDI(indicator = c("NE.GDI.TOTL.CN", "NY.GDP.MKTP.CN", "NY.GNS.
ICTR.ZS"), country = "all", start = 2021, end = 2021)
#下载投资总额、GDP、储蓄占 GDP 比例的数据
dat1 <- na.omit(dat1)                               #删除缺失值
dat1$invr <- dat1$NE.GDI.TOTL.CN/dat1$NY.GDP.MKTP.CN*100
#计算投资占 GDP 比例
dat11 <- dat1[, c(-4, -5)]          #删除投资和 GDP 数据
dat11 <- na.omit(dat11)             #删除缺失值
colnames(dat11)[4] <- "sav"         #修改列名
dat11$lninvr <- log(dat11$invr)
dat11$lnsav <- log(dat11$sav) #在这一步中有的数据小于0,无法取对数导致缺失
值的产生,而且还会报错,可以在下一步删除缺失值
dat11 <- na.omit(dat11)
```

步骤 2:画图

代码段 3.3.2.1.2

```
plot(dat11$lninvr, dat11$lnsav, xlab = "投资占 GDP 比例", ylab = "储蓄占 GDP
比例")    #画投资占 GDP 比例和储蓄占 GDP 比例的关系图
```

运行结果如图 3-3-1 所示。

[①] 不同时间段从世界银行 WDI 下载的数据会有所差异,书中数据载于 2022 年 7 月。

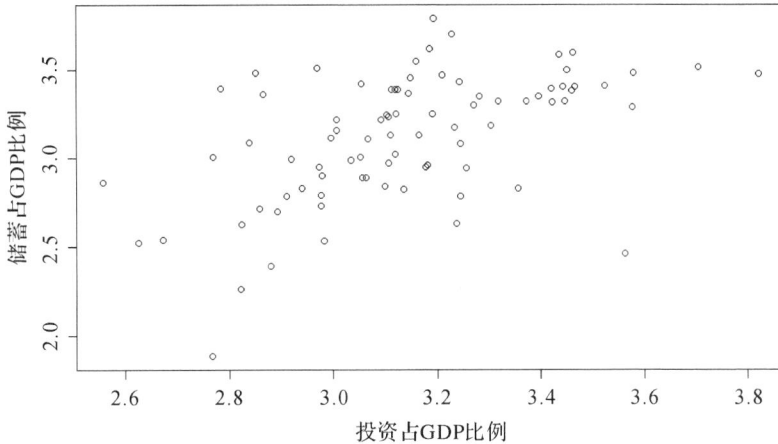

图 3-3-1 投资占 GDP 比例和储蓄占 GDP 比例的关系图

步骤3：描述性分析

接下来，对取完对数的两序列进行描述性分析。我们编写一个函数，要求给出样本量、标准差、均值、最大值、最小值，读者也可以根据需要增加函数。

代码段 3.3.2.1.3

```
f1 <- function(x){
c(sum = sum(!is.na(x)), sd = sd(x, na.rm = T), mean = mean(x, na.rm = T),
max = max(x, na.rm = T), min = min(x, na.rm = T))
}
fh0 <-  as.data.frame(rbind(f1(log(dat11$invr)), f1(log(dat11$sav))))
colnames(fh0) <- c("样本数", "标准差", "均值", "最大值", "最小值")  #修改
列名
rownames(fh0) <- c("invr", "sav")  #修改行名
write.csv(fh0, "D:/R Data class/fh0.csv")
```

运行结果如表 3-3-3 所示。

表 3-3-3　描述性分析

变量名	样本数	标准差	均值	最大值	最小值
invr	83	0.245779	3.142424	3.81981	2.557631
sav	83	0.35756	3.122564	3.789544	1.884409

步骤4：回归分析

对取完对数的两序列数据进行回归，代码如下：

代码段 3.3.2.1.4

```
reg1 <- lm(lninvr ~ lnsav, data = dat11) #回归
summary(reg1) #调出回归结果
```

第1行代码表示将数据框 dat11 中的 lninvr 变量作为因变量，将数据框 dat11 中的 lnsav 作为自变量，该回归有截距项，如果没有截距则在自变量前加0。例如上面的代码可改为：

```
reg1 <- lm(dat11$lninvr~0+dat1$lnsav)
```

运行结果如下：

Call:

lm(formula=lninvr~lnsav,data=dat11)

Residuals:

Min	1Q	Median	3Q	Max
−0.49223	−0.12189	−0.01261	0.13034	0.65758

Coefficients:

	Estimate	Std. Error	t value	Pr(>|t|)
(Intercept)	2.01407	0.20418	9.864	1.57e−15***
lnsav	0.36136	0.06497	5.562	3.34e−07***

———

Signif. codes: 0 '***' 0.001 '**' 0.01 '*' 0.05 '.' 0.1 ' ' 1

Residual standard error: 0.2104 on 81 degrees of freedom

Multiple R-squared: 0.2764，Adjusted R-squared: 0.2674

F-statistic: 30.93 on 1 and 81 DF，p-value: 3.338e−07

根据上面运行结果，RESIDUALS 是残差的五分位数；回归结果包括回归系数、标准误、t 值、P 值，根据这个回归结果可以给出回归方程如下：

$$ln\frac{\hat{I}}{Y_L} = 2.01407^{***} + 0.36136\ln\frac{S}{Y_i}^{***} \tag{3-3-4}$$

$$t = (9.864) \quad (5.562)$$

$$P = (0.0000) \quad (0.0000)$$

$$调整\ R^2 = 0.2764 \quad F = 30.93[0.0000]$$

从回归结果看，截距项显著不为零（P 值接近0），储蓄占 GDP 比例对投资占 GDP 比例的影响系数为正，且显著（P 值接近0），意味着储蓄占 GDP 比例上升增加1%，将导致投资

占GDP比例增加0.36136%,方程总体显著性也通过检验,F检验值的P值也很小,但拟合优度并不是很高(0.2764)。

我们可以将拟合的回归线放在图3-3-2中看拟合效果,命令如下:

代码段3.3.2.1.5

```
plot(dat11$lninvr, dat11$lnsav, xlab = "投资占GDP比例", ylab = "储蓄占GDP比例")    #画投资占GDP比例和储蓄占GDP比例的关系图
abline(lsfit(dat11$lninvr, dat11$lnsav))
```

运行结果如图3-3-2所示。

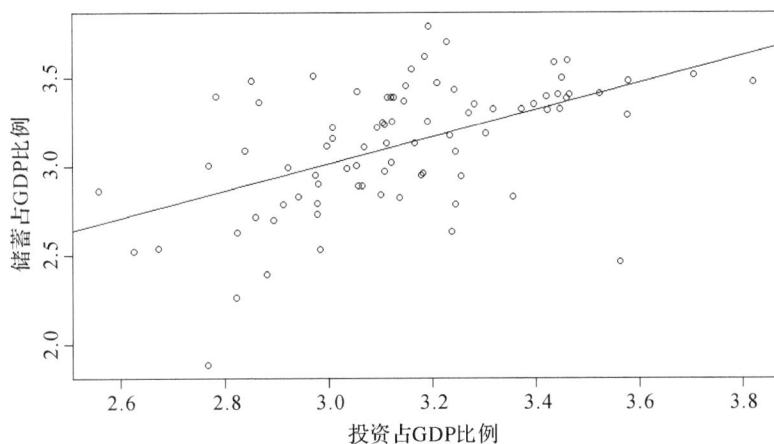

图3-3-2　拟合线与投资占GDP比例、储蓄占GDP比例散点图

以上是R做回归模型的过程,接下来我们讲一下如何进行回归诊断。还是基于原来的那个模型,因为lm( )函数中有一些对结果评价的内容,因此我们用plot( )函数将回归结果画出来,命令如下:

代码段3.3.2.1.6

```
par(mfrow = c(2, 2)) #画出回归诊断图
plot(reg1)
```

运行结果如图3-3-3所示。

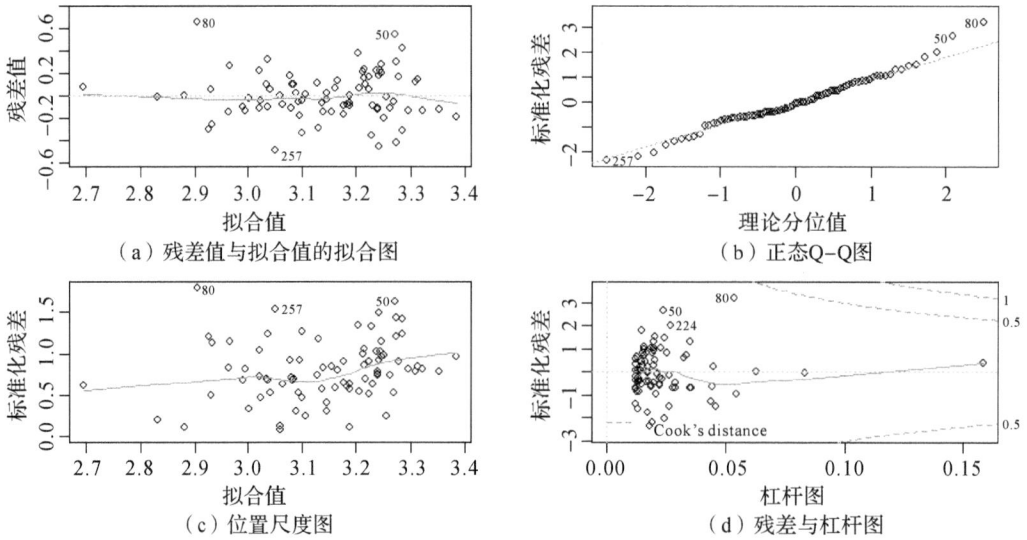

(a) 残差值与拟合图的拟合图

(b) 正态Q-Q图

(c) 位置尺度图

(d) 残差与杠杆图

图 3-3-3   回归结果诊断图

图 3-3-3(a)代表的是残差值和拟合值的拟合图,如果模型的因变量和自变量是线性相关的话,残差值和拟合值是没有任何关系的,它们的分布应该在0左右随机分布,但是从结果上看,这是一个曲线关系,因此我们可能需要加一项非线性项。另外,拟合图显示有3个异常点。图 3-3-3(b)代表正态 Q-Q 图,是标准化后的残差分布图,如果满足正态假定,那么点应该都在45°的直线上,若不是就违反了正态性假定。图 3-3-3(c)是位置尺度图,主要检验是否同方差的假设,如果是同方差,则周围的点应该随机分布。图 3-3-3(d)主要是影响点的分析,又叫残差与杠杆图,鉴别离群值、高杠杆值和强影响点。

步骤 5:异方差检验及处理

古典线性回归模型的一个重要假设是总体回归方程的随机扰动项同方差,如果随机扰动项的方差随观察值的不同而异,那么就是异方差。异方差性在许多应用中都存在,但主要出现在截面数据分析中。计量经济学模型一旦出现异方差性,如果仍采用普通最小二乘法来估计模型参数,则会产生参数估计量非有效、变量的显著性检验失去意义、模型的预测失效等问题(李子奈等,2010)。因此,我们对截面数据进行异方差检验和处理。检验异方差的方法很多,如图示检验法、G-Q 检验、怀特检验等。我们在此只介绍布罗特—帕甘检验(BP检验),该检验的原假设是同方差。

代码段 3.3.2.1.7

```
install.packages("lmtest")
library("lmtest")
bptest(reg1)
```

运行结果：

Breusch-Pagan test

data: reg1

BP = 0.048421, df = 1, p-value = 0.8258

BP检验原假设为同方差,检验结果接受原假设,不存在异方差。截面数据分析还需要考虑内生性等问题,在此我们不再赘述。

car包中提供了大量可用于拟合和评价回归模型的函数,如表3-3-4所示。

表3-3-4 car包里的回归诊断函数

函数	功能
qqPlot( )	画出分位数比较图
durbinWastonTest( )	对误差自相关性做Durbin-Waston检验
crPlots( )	画出成分与残差图
ncvTest( )	对非恒定的误差方差做得分检验
spreadLevelPlot( )	表示分散水平检验
outlierTest( )	表示Bonferroni离群点检验
avPlots( )	画出添加的变量图形
inluencePlot( )	画出回归影响图
scatterplot( )	画出增强的散点图
scatterplotMatrix( )	画出增强的散点图矩阵
vif( )	表示方差膨胀因子

(2)多元线性回归

如果回归分析中包括2个及以上的自变量,且因变量和自变量之间存在线性关系,则称为多元线性回归分析。以储蓄率(S/Y)的影响因素分析为例,由于数据的可获得性,我们只选取了其中的3个变量对各国国内储蓄率(S/Y)进行截面回归,检验模型如下:

$$\frac{S}{Y_i} = b_0 + b_1 G_i + b_2 AGE_i + b_3 DEP_i + \varepsilon_i \qquad (i = 1,2,3,\cdots,T) \qquad (3-3-5)$$

其中,$\frac{S}{Y_i}$、G_i、AGE_i、DEP_i分别代表i国储蓄占GDP的比例、人均收入(用人均GDP替代,采用本币表示的现价)、65岁及以上人口占比除以16—64岁人口占比、15岁及以上总就业人口比率,T为国家总和。我们先从世界银行的WDI数据库下载相关数据,由于WDI数据库没有现成的65岁及以上人口占比除以16—64岁人口占比的数据,我们是根据 65 岁及以上的人口(占总人口的百分比)(指标代码:SP.POP.65UP.TO.ZS)除以 16—64 岁的人口(占总人口的百分比)(指标代码:SP.POP.1564.TO.ZS),对下载的数据进行预处理,包括删除缺失值及进行取自然对数处理[①],具体命令如下:

步骤 1:数据下载和预处理

代码段 3.3.2.1.8

```
#多元线性回归:储蓄影响因素分析
#下载数据
library(WDI)
dat <- WDI(indicator = c("SP.POP.65UP.TO.ZS", "SP.POP.1564.TO.ZS",
    "SL.EMP.TOTL.SP.ZS", "NY.GDP.PCAP.KD", "NY.GNS.ICTR.ZS"), country =
"all", start = 2021, end = 2021)
#下载 65 岁及以上人口(占总人口的百分比)、16—64 岁人口(占总人口的百分比)、
15 岁及以上总就业人口比率、人均GDP(固定美元价)、储蓄占GDP比例等数据
dat <- na.omit(dat) #删除缺失值
dat$AGE <- dat$SP.POP.65UP.TO.ZS/dat$SP.POP.1564.TO.ZS*100
#计算 65 岁及以上人口与 16—64 岁人口的比值
dat <- dat[-c(1:5), ]  #删除前几个国际性组织的数据,只保留国家数据
dat1 <- na.omit(dat)
dat1 <- dat1[, c(-4, -5)]  #删除没用的2个指标
colnames(dat1) <- c("国家代码", "country", "year", "DEP", "G", "sav", "AGE")
                          #修改变量名
```

步骤 2:画图

我们先画一下各解释变量和被解释变量间的两变量图。

代码段 3.3.2.1.9

```
layout(matrix(c(1, 3, 2, 3), 2, 2))
par(mai = c(0.8, 0.8, 0.1, 0.8))
plot(x = dat1$sav, y = dat1$DEP, type = "p", col = 1, xlab = "储蓄率/%",
cex.lab = 1.5, ylab = "就业率/%")
plot(x = dat1$sav, y = dat1$G, type = "p", col = 1, xlab = "储蓄率/%", cex.
lab = 1.5, ylab = "人均收入/元")
plot(x = dat1$sav, y = dat1$AGE, type = "p", col = 1, xlab = "储蓄率/%",
cex.lab = 1.5, ylab = "65 岁及以上人口占比/%")
```

[①] 不同时间段从世界银行WDI下载的数据会有所差异,书中数据载于 2022 年 7 月。

运行结果如图3-3-4所示。

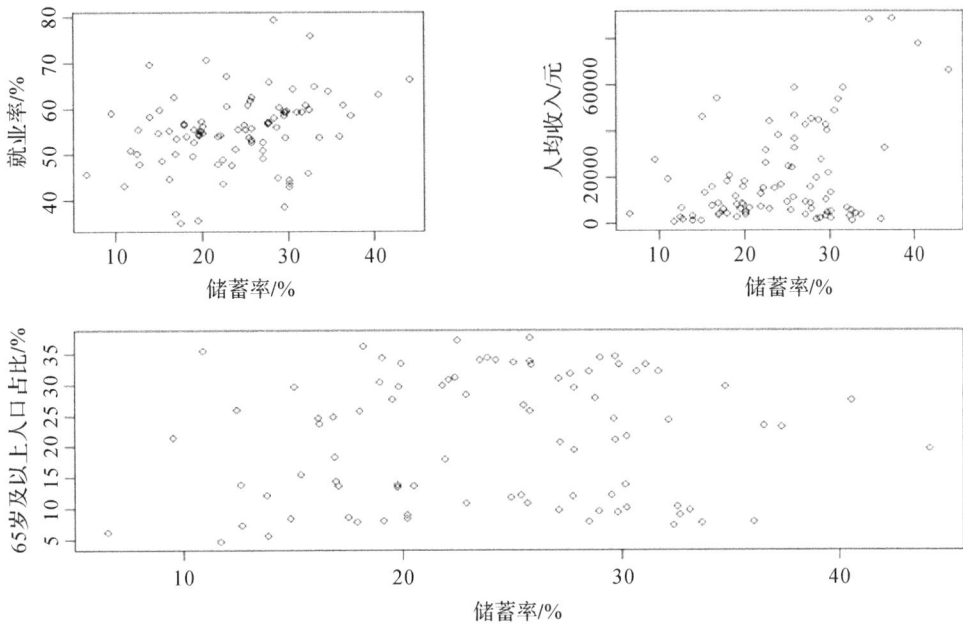

图 3-3-4 储蓄率和各变量图

从散点图很难看出各变量和储蓄率间的关系,接下来对各变量进行描述性分析,在此我们只是选择了几个简单的函数来进行分析,读者可以自行增加函数。

步骤3:描述性分析

代码段 3.3.2.1.10

```
dat1 <- data.frame(dat1, apply(dat1[, 4:7], 2, log))   #对变量取对数
dat1 <- na.omit(dat1)
colnames(dat1)[8:11] <- paste("ln", colnames(dat1)[4:7], sep = "")
f1 <- function(x){
    c("样本量" = sum(!is.na(x)), "均值" = mean(x, na.rm = T),
      "标准差" = sd(x, na.rm = T), "最大值" = max(x, na.rm = T),
      "最小值" = max(x, na.rm = T))
}
dat1.sum <- as.data.frame(apply(dat1[, 8:11], 2, f1))
write.csv(t(dat1.sum), "D:/R Data class/dat1.sum.csv")
```

运行结果如表3-3-5所示。

表3-3-5　描述性分析

变量名	样本量	均值	标准差	最大值	最小值
lnDEP	89	3.996063	0.148795	4.371901	3.558998
lnG	89	9.278407	1.182986	11.39176	6.566743
lnsav	89	3.127932	0.343681	3.789544	1.884409
lnAGE	89	2.900082	0.574003	3.62135	1.544634

步骤4：回归分析

代码段3.3.2.1.11

```
reg <- lm(lnsav~lnG+lnAGE+lnDEP,data=dat1)        #回归
summary(reg)                                       #调出回归结果
```

运行结果：

Call:

lm(formula=lnsav~lnG+lnAGE+lnDEP,data=dat1)

Residuals:

Min	1Q	Median	3Q	Max
−1.11150	−0.16092	0.03756	0.17703	0.59087

Coefficients:

	Estimate	Std. Error	t value	Pr(>|t|)
(Intercept)	0.38962	0.94335	0.413	0.6806
lnG	0.08938	0.05135	−1.741	0.0854.
lnAGE	−0.03950	0.10380	−0.381	0.7044
lnDEP	0.50640	0.24344	2.080	0.0405*

Signif. codes: 0 '***' 0.001 '**' 0.01 '*' 0.05 '.' 0.1 ' ' 1

Residual standard error: 0.3242 on 85 degrees of freedom

Multiple R-squared: 0.1403, Adjusted R-squared: 0.1099

F-statistic:4.622 on 3 and 85 DF, p-value: 0.004814

根据这个回归结果可以给出回归方程如下：

$$\ln\frac{\hat{I}}{Y_l} = 0.38962 + 0.08938\ln G_i^* - 0.0395\ln AGE_i + 0.05064\ln DEP_i^{**} \qquad (3-3-6)$$

$$t = (0.413) \qquad (1.741) \qquad (-0.381) \qquad (2.080)$$

$$P = (0.6806) \quad (0.0854) \quad (0.7044) \quad (0.0405)$$

$$R^2 = 0.3242 \quad 调整 R^2 = 0.1403 \quad F = 4.622[0.0048]$$

步骤5:增加变量提高拟合优度

从回归结果看,人均收入的增加和15岁及以上总就业人口比率的提高能促进储蓄占比增加,老年人口占比对储蓄占比的影响并不显著,但模型的整体解释力度不足,调整 R^2 仅为0.1403,可能存在变量遗漏的问题。我们可以在上模型中增加上一期的储蓄率(2020年各国储蓄率)和永久性收入(用各国2016—2020年这5年的人均GDP均值来表示)[①],具体命令如下:

代码段3.3.2.1.12

```
#增加前5年平均收入(2016—2020年人均GDP的平均值)和前1年储蓄率(2020年
储蓄率)
dat20 <- WDI(indicator = "NY.GDP.PCAP.KD", country = "all", start = 2016,
        end = 2020)          #下载2016—2020年人均GDP数据
dat20 <- na.omit(dat20)          #删除缺失值
dat21 <- reshape(dat20[ ,2:4], timevar = "year", idvar = "country", direction =
"wide")          #将长数据转换成宽数据
dat21$Gm <- apply(dat21[ ,2:6], 1, mean, na.rm = T)          #计算5年均值
dat31 <- merge(dat1[ , c(1:2, 4:11)], dat21[ , c(1, 7)])          #将前面处理完的变量
和滞后一期的储蓄率变量合并
dat2 <- WDI(indicator = "NY.GNS.ICTR.ZS", country = "all", start = 2020,
        end = 2020)          #下载2020年储蓄占GDP比重数据
dat2 <- na.omit(dat2)          #删除缺失值
dat32 <- merge(dat31, dat2[ , c(2, 3)])          #数据合并
colnames(dat32)[12] <- "sav2"          #修改列名
dat32$lnsav2 <- log(dat32$sav2)          #对前·年储蓄率取对数
dat32$lnGm <- log(dat32$Gm)          #对平价人均收入取对数
dat32 <- na.omit(dat32)
reg32 <- lm(lnsav~lnG+lnAGE+lnsav2+lnDEP+lnGm, data = dat32)          #回归
summary(reg32)          #调出回归结果
```

dat20下载的是2016—2020年各国的人均GDP,删除缺失值,利用reshape()函数将长数据转换成宽数据,计算每一行的均值以获得人均GDP的均值,并取自然对数,再将该指标与前面的数据框合并。dat2下载的是2020年各国储蓄率,删除缺失值后取自然对数,

[①] 不同时间段从世界银行WDI下载的数据会有所差异,书中数据载于2022年7月。

然后与所有数据合并、回归。调出回归结果如下：

Call:

lm(formula=lnsav~lnG+lnAGE+lnsav2+lnDEP+lnGm, data=dat32)

Residuals:

Min	1Q	Median	3Q	Max
−0.91611	−0.09347	0.00051	0.08064	0.81414

Coefficients:

	Estimate	Std. Error	t value	Pr(>|t|)
(Intercept)	0.20867	0.52908	0.394	0.694
lnG	0.23388	0.38649	0.605	0.547
lnAGE	0.04577	0.06266	0.730	0.467
lnsav2	0.81388	0.06341	12.836	<2e-16***
lnDEP	0.02414	0.14196	0.170	0.865
lnGm	−0.21443	0.37724	−0.568	0.571

Signif. codes: 0 '***' 0.001 '**' 0.01 '*' 0.05 '.' 0.1 ' ' 1

Residual standard error: 0.1815 on 83 degrees of freedom

Multiple R-squared: 0.737, Adjusted R-squared: 0.7211

F-statistic:46.51 on 5 and 83 DF, p-value: <2.2e-16

根据这个回归结果可以给出回归方程如下：

$$\ln\frac{\hat{I}}{Y_i} = 0.20867 + 0.23388\ln G_i + 0.04577\ln AGE_i + 0.81388\ln sav2^{***} \tag{3-3-7}$$
$$+0.02414\ln DEP_i - 0.21443\ln Gm_i$$

$$t = (0.394)\quad(0.605)\quad(0.730)\quad(12.836)\quad(0.170)\quad(-0.568)$$
$$P = (0.694)\quad(0.547)\quad(0.467)\quad(0.000)\quad(0.865)\quad(0.571)$$
$$R^2 = 0.737\quad 调整 R^2 = 0.7211\quad F = 46.51[0.0000]$$

上模型中 $\ln sav2$ 和 $\ln Gm$ 分别表示上一期储蓄率和 5 年人均 GDP 均值取自然对数后的值。从回归结果看，模型整体解释力度增加，调整拟合优度上升为 0.7211；从影响因素看，影响当期储蓄率的主要是上一期储蓄率、人均收入、长期人均收入，老年人口占比和 16—64 岁总就业人口比率对储蓄占比的影响并不显著。

步骤 6：异方差检验及处理

同样我们对截面数据进行异方差检验和处理。

代码段 3.3.2.1.13

```
install.packages("lmtest")
```

```
library("lmtest")
bptest(reg32, studentize = FALSE)
```

运行结果：

Breusch-Pagan test

data: reg32

BP =17.901, df = 5, p =0.003073

BP检验原假设为同方差,检验结果可见拒绝原假设,说明确实存在异方差,需要对其进行修正,修正异方差最常用的方法是加权最小二乘法和异方差稳健标准误法。如果加权最小二乘法中的权重是估计出来的,那么这一加权二乘法也称为可行的广义最小二乘法(Feasible GLS,FGLS),由可行的广义最小二乘法得到的原模型中的估计量称为可行的广义最小二乘估计量,广义最小二乘估计量具有BLUE的特征(李子奈等,2010)。

FGLS估计

我们采用广义最小二乘法来解决异方差问题。该方法分4个步骤:第1步,直接回归得出残差;第2步,计算残差平方项取对数后的值;第3步,将残差平方项取对数后的值作为被解释变量,将原模型的所有解释变量作为解释变量回归;第4步,根据第3步得到的回归模型计算拟合值,将自然常数e的x次方的倒数作为权重,进行加权最小二乘回归。具体命令如下:

代码段 3.3.2.1.14

```
reg32_1 <- lm(log(resid(reg32)^2)~lnG+lnAGE+lnsav2+lnDEP+lnGm,
    data=dat32)    #将残差平方取对数后的值作为被解释变量进行回归
reg32_2 <- lm(lnsav~lnG+lnAGE+lnsav2+lnDEP+lnGm, weights = 1/exp(fitted(reg32_
1)), data = dat32)    #可行的广义最小二乘回归
summary(reg32_2)
```

运行结果：

Call:

lm(formula=lnsav~lnG+lnAGE+lnsav2+lnDEP+lnGm,data=dat32,

weights=1/exp(fitted(reg32_1)))

Residuals:

Min	1Q	Median	3Q	Max
−5.7527	−1.1160	−0.0839	0.8565	6.9850

Coefficients:

	Estimate	Std. Error	t value	Pr(>|t|)
(Intercept)	−0.27117	0.42312	−0.641	0.523

lnG	−0.14419	0.22774	−0.633	0.528
lnAGE	−0.05078	0.03671	−1.383	0.170
lnsav2	0.95722	0.05238	18.276	<2e−16***
lnDEP	0.07394	0.10737	0.689	0.493
lnGm	0.17758	0.22448	−0.791	0.431

\---

Signif. codes: 0 '***' 0.001 '**' 0.01 '*' 0.05 '.' 0.1 ' ' 1

Residual standard error:2.029 on 83 degrees of freedom

Multiple R-squared: 0.8777 Adjusted R-squared: 0.8704

F-statistic:119.2 on 5 and 83 DF，p-value: <2.2e−16

根据以上输出结果，加权最小二乘的 R^2 为 0.8704，而普通最小二乘估计的 R^2 为 0.7211。这说明，对该例子中的数据进行加权最小二乘估计的拟合效果好于普通最小二乘估计的效果。但模型并没有改变影响当期储蓄率的主要因素是人均收入、上一期储蓄率、长期人均收入这一结论。

异方差稳健标准误法

当回归模型随机扰动项出现异方差时，普通最小二乘法只是影响了参数估计量方差或标准差的正确估计，从而无法保证普通最小二乘估计量的有效性，但并不影响估计量的无偏性与一致性。因此，另一种针对异方差修正的估计方法是：仍采用普通最小二乘估计量，但修正相应的方差（李子奈等，2010）。R语言的 sandwich 包中的 coeftest( ) 函数提供异方差稳健标准误估计。

代码段 3.3.2.1.15

```
library(sandwich)
neweywest<- coeftest(reg32，vcov = NeweyWest(reg32))
print(neweywest)
```

运行结果：

t test of coefficients:

	Estimate	Std. Error	t value	Pr(>|t|)
(Intercept)	0.208668	0.414115	0.5039	0.6157
lnG	0.233882	0.504210	0.4639	0.6440
lnAGE	0.045767	0.084160	0.5438	0.5880
lnsav2	0.813877	0.109129	7.4580	7.725e−11***
lnDEP	0.024139	0.141549	0.1705	0.8650
lnGm	−0.214430	0.517689	−0.4142	0.6798

\---

Signif. codes: 0 '***' 0.001 '**' 0.01 '*' 0.05 '.' 0.1 ' ' 1

可以看出,异方差稳健标准误法估计的参数与普通最小二乘法的结果相同,只是由于参数的标准差得到修正,t检验值与普通最小二乘法的结果不同。异方差稳健标准误法得到的结论并没有改变影响当期储蓄率的主要因素是上一期储蓄率这一结论。

(3)时间序列数据的回归分析

我们仍然以 Feldstein 和 Horioka(1980)的 F-H 之谜为例,检验中国投资率(I/Y)和国内储蓄率(S/Y)间的关系,检验模型如下:

$$\frac{I}{Y_t} = \alpha_0 + \alpha_1 \frac{S}{Y_t} + \varepsilon_t \qquad (t = 1,2,3,\cdots,T) \qquad (3.3.2.8)$$

其中,$\frac{I}{Y_t}$、$\frac{S}{Y_t}$ 分别代表中国 t 期投资占 GDP 的比例、储蓄占 GDP 的比例,各变量均为本币表示的现价。数据的下载和处理说明同前面的简单回归。

我们将从世界银行的 WDI 数据库下载这 2 个变量数据,取自然对数,并画出原序列数据的时序图,具体代码如下:

步骤1:数据下载和预处理

代码段 3.3.2.1.16

```
library("WDI")
datcn <- WDI(indicator = c("NE.GDI.TOTL.CN","NY.GDP.MKTP.CN","NY.GNS.
ICTR.ZS"), country = "CN", start = 1980, end = 2016)
#下载投资总额、GDP、储蓄占 GDP 比例等数据
datcn <- na.omit(datcn)                          #删除缺失值
datcn$invr <- datcn$NE.GDI.TOTL.CN/datcn$NY.GDP.MKTP.CN*100
#计算投资占 GDP 比例
datcn$lninvr <- log(datcn$invr)              #对投资占 GDP 比例取自然对数
datcn$lnsav <- log(datcn$NY.GNS.ICTR.ZS)     #对储蓄占 GDP 比例取自然对数
colnames(datcn)[4:6] <- c("Tin","GDP","sav")
```

步骤2:画图

代码段 3.3.2.1.17

```
plot(datcn$year,datcn$sav,type = "o", xlab = "年份", ylab = "占比")   #储蓄率
时序图
lines(datcn$year,datcn$invr)                  #投资率时序图
legend(1985, 52, c("储蓄占比", "投资占比"), box.col = 0, pch = c(1,NA),
lty = 1, cex = 1) #修改图例
```

运行结果如图 3-3-5 所示。

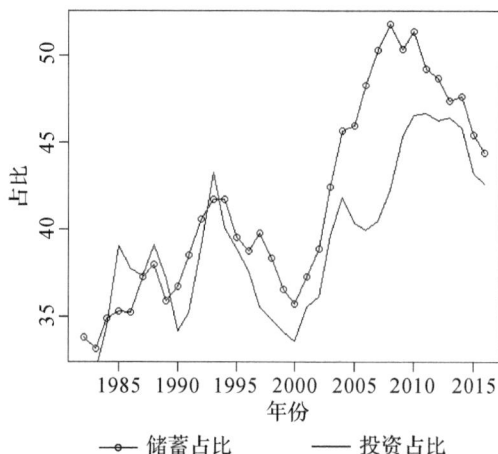

图 3-3-5　储蓄占比和投资占比时序图

步骤 3:单位根检验

由于时间序列数据收集的是变量在不同时点的值,如果两个平稳变量是由独立的随机序列产生的,当用其中一个变量对另一变量进行回归时,我们预测其斜率系数的 t 比率将显著为 0,并且 R^2 的值将非常小。对于互不相关的变量,这似乎是显而易见的,但是,如果两个变量存在随时间变化的趋势,即使两者不相关,其中一个变量对另一个变量的回归也会产生较大的 R^2。所以,如果把标准的回归技术应用到非平稳数据中,得到的最终结果是在标准测定下,回归"看起来"很好,系数估计显著,R^2 也会很大,但事实上它是毫无意义的,这样的模型被称为"谬误回归"(克里斯·布鲁克斯,2005)。

因此,在对时间序列的数据进行回归之前,需要对各序列数据进行单位根检验。我们使用 R 中 urca 包的 ur.df( )函数,读者也可以采用 fUnitRoots 包的 urdfTest( )和 tseries 包的 adf.test( )函数。ur.df( )函数的形式如下:

ur.df(y,type=c("none","drift","trend"),lags=1,selectlags=c("Fixed","AIC","BIC"))

其中,**y** 指的是需要检验的向量,type 需要输入的是 ADF 检验的形式,"none""drift""trend"分别代表无截距无趋势、有截距无趋势和有截距有趋势 3 种检验方法,selectlags 指的是选择最佳滞后的依据,"Fixed""AIC""BIC"分别表示滞后期固定(即根据 lags 所输入的滞后期数)、根据 AIC 和 BIC 准则选择最佳滞后期,选择后 2 种准则时,lags 不需要输入参数。

具体命令如下:

代码段 3.3.2.1.18

```
#对原序列进行单位根检验
library(urca)   #载入 urca 包
adf.lninvr <- ur.df(datcn$lninvr, type = "trend", selectlags = "AIC")
```

```
#对投资占比原序列数据进行单位根检验
summary(adf.lninvr)          #调出检验结果
adf.lnsav <- ur.df(datcn$lnsav, type = "trend", selectlags = "AIC")
#对储蓄占比原序列数据进行单位根检验
summary(adf.lnsav)                  #调出检验结果
```

我们以投资率单位根检验结果为例加以说明,其运行结果为:

```
###############################################
# Augmented Dickey-Fuller Test Unit Root Test #
###############################################

Test regression trend
Call:
lm(formula=z.diff~z.lag.1+1+tt+z.diff.lag)
Residuals:
```

Min	1Q	Median	3Q	Max
−0.076142	−0.047834	−0.004724	0.032875	0.078675

Coefficients:

	Estimate	Std. Error	t value	Pr(>|t|)
(Intercept)	1.322658	0.405901	3.259	0.00286**
z.lag.1	−0.371519	0.115339	−3.221	0.00314**
tt	0.002473	0.001276	1.937	0.06251.
z.diff.lag	0.449199	0.163100	2.754	0.01005*

———

Signif. codes: 0 '***' 0.001 '**' 0.01 '*' 0.05 '.' 0.1 ' ' 1

Residual standard error: 0.04686 on 29 degrees of freedom

Multiple R-squared: 0.3277, Adjusted R-squared: 0.2582

F-statistic: 4.713 on 3 and 29 DF, p-value: 0.008463

Value of test-statistic is: −3.2211 3.7898 5.4025

Critical values for test statistics:

	1pct	5pct	10pct
tau3	−4.15	−3.50	−3.18
phi2	7.02	5.13	4.31
phi3	9.31	6.73	5.61

首先给出的是检验所采用的回归模型,然后给出回归结果,最后给出 ADF 检验值及各显著性水平下的临界值,投资率序列的 ADF 检验值为−3.2211,1%、5%、10%的临界值

分别为-4.15、-3.50、-3.18,ADF检验值的绝对值小于1%、5%临界值的绝对值,表明投资率序列非平稳。储蓄率序列的ADF检验值为-2.0297,ADF检验值的绝对值小于各临界值的绝对值,表明储蓄率序列也非平稳。

接下来我们需要对2个变量一阶差分后的序列进行单位根检验,以便判断能否进一步进行协整和回归分析,我们利用diff()函数获取各变量的一阶差分值,具体命令如下:

代码段3.3.2.1.19

```
#对一阶差分后序列进行单位根检验
adf.dlninvr <- ur.df(diff(datcn$lninvr), type = "none", selectlags = "AIC")
#对投资占比一阶差分后序列数据进行单位根检验
summary(adf.dlninvr)          #调出检验结果
adf.dlnsav <- ur.df(diff(datcn$lnsav), type = "none", selectlags = "AIC")
#对储蓄占比一阶差分后序列数据进行单位根检验
summary(adf.dlnsav)          #调出检验结果
```

投资率序列一阶差分后的ADF检验值为-4.6434,1%、5%、10%的临界值分别为-2.62、-1.95、-1.61,ADF检验值绝对值大于各临界值绝对值,表明投资率序列一阶差分后平稳。储蓄率序列一阶差分后的ADF检验值为-3.0285,1%、5%、10%的临界值分别为-2.62、-1.95、-1.61,ADF检验值绝对值大于各显著性水平下的临界值的绝对值,储蓄率序列也平稳。在现实经济中的时间序列通常是非平稳的,我们可以对它进行差分使其变平稳,但这样会失去总量的长期信息。由于两序列都服从一阶单整,因此我们可以采用协整分析来判断两变量间的长期稳定关系。

将以上单位根检验结果汇总如表3-3-6所示。

表3-3-6 投资率和储蓄率的单位根检验

变量名	检验形式	ADF检验值	1%临界值	5%临界值	10%临界值
lninvr	(c,t,1)	-3.2211	-4.15	-3.50	-3.18
d(lninvr)	(0,0,1)	-4.6434***	-2.62	-1.95	-1.61
lnsav	(c,t,1)	-2.0297	-4.15	-3.50	-3.18
d(lnsav)	(0,0,1)	-3.0285***	-2.62	-1.95	-1.61

注:①(c,t,1)分别表示是否包括截距项、趋势项及滞后期数;②***、**、*分别表示1%、5%、10%显著性水平。

3.3.2.2 协整检验与误差修正:EG两步法

协整检验方法有2种:一种是EG两步法,另一种是Johansen-Juselius(JJ)协整检验法。前者先对模型进行OLS回归,然后检验残差项的平稳性,如果残差项平稳,即变量间存在协整关系,回归结果有效。后者将在后面的案例中进行阐述,由于在上一模型中,我

们只有2个变量,因此,EG两步法更加适合。下面以EG两步法为例解释协整检验,具体命令如下:

代码段3.3.2.2.1

```
#EG两步法
reg <- lm(datcn$lninvr~datcn$lnsav)              #回归
error <- residuals(reg)                          #将残差项赋值给error
adf.resid <- ur.df(error, type = "none", selectlags = "AIC")
#对残差项进行单位根检验
summary(adf.resid)                               #调出检验结果
summary(reg)                                      #调出回归结果
```

首先进行回归分析,然后将残差项赋值给error,对error进行单位根检验,检验结果表明残差项平稳,ADF检验值为-3.2187,1%、5%、10%的临界值分别为-2.62、-1.95、-1.61,表明投资率和储蓄率之间存在协整关系,因此回归有效。可以调出回归结果:

$$\ln \frac{\hat{I}}{Y_t} = 1.0098^{***} + 0.7136^{***}\ln \frac{S}{Y_t} \qquad (3-3-9)$$

$$t = (3.763) \qquad (9.898)$$

$$P = (0.000656) \qquad (0.000000)$$

$$R^2 = 0.748 \qquad 调整 R^2 = 0.7404 \qquad F = 97.97[0.0000]$$

协整结果显示,中国储蓄率与投资率间有长期稳定的关系,中国储蓄率的提高会带来投资率的增加。接下来我们将构建误差修正模型,用于分析储蓄率和投资率短期波动间的关系,具体命令如下:

代码段3.3.2.2.2

```
library(lmtest)
dlninvr <- diff(datcn$lninvr) #计算投资占比的一阶差分值
dlnsav <- diff(datcn$lnsav)
error.lagged <- error[1:(length(datcn[, 1])-2)]
#删掉残差项最后2项,赋给error.lagged
dat0 = data.frame(embed(cbind(dlninvr, dlnsav), 2))
#embed表示嵌入时间序列dlninvr、dlnsav到dat0
colnames(dat0) = c("dlninvr", "dlnsav", "dlninvr.1", "dlnsav.1") #给出变量名
ecm.reg = lm(dlninvr ~ error.lagged + dlnsav+ dlninvr.1 + dlnsav.1, data = dat0)
#构建误差修正模型
summary(ecm.reg)
```

运行结果:

Call:

lm(formula=dlninvr~error.lagged+dlnsav+dlninvr.1+dlnsav.1,

    data = dat0)

Residuals:

Min	1Q	Median	3Q	Max
−0.069852	−0.024435	0.003619	0.027179	0.089617

Coefficients:

	Estimate	Std. Error	t value	Pr(>|t|)	
(Intercept)	0.001383	0.007380	0.187	0.85269	
error.lagged	−0.446205	0.146677	−3.042	0.00506	**
dlnsav	0.422273	0.199815	2.113	0.04362	*
dlninvr.1	−0.154820	0.171205	−0.904	0.37356	
dlnsav.1	0.460018	0.225242	2.042	0.05064	.

Signif. codes: 0 '***' 0.001 '**' 0.01 '*' 0.05 '.' 0.1 ' ' 1

Residual standard error: 0.04061 on 28 degrees of freedom

Multiple R-squared: 0.5127, Adjusted R-squared: 0.443

F-statistic: 7.364 on 4 and 28 DF, p-value: 0.0003485

根据这些我们可以给出误差修正模型:

$$
ln\Delta\frac{\hat{I}}{Y_t} = 0.001383 + 0.422273^*ln\Delta\frac{S}{Y_t} - 0.15482ln\Delta\frac{I}{Y_{t-1}} \tag{3-3-10}
$$

$$
+ 0.460018ln\Delta\frac{S}{Y_{t-1}} - 0.446205^{**}ecm_{t-1}
$$

$$
t = (0.187)\quad(2.113)\quad\quad(-0.904)
$$

$$
(2.042)\quad\quad(-3.042)
$$

$$
P = (0.85269)\quad(0.04362)\quad\quad(0.37356)
$$

$$
(0.05064)\quad\quad(0.00506)
$$

$$
R^2 = 0.5127 \quad 调整 R^2 = 0.443 \quad F = 7.364[0.0003485]
$$

误差修正项的系数为负且显著,符合误差修正机制,反映了上一期偏离长期均衡的数量将在下一期得到0.446205的反向修正。

3.3.2.3 协整检验与误差修正:JJ检验

JJ检验是用向量自回归(VAR)模型进行检验的方法,适用于对多重一阶单整I(1)序列进行协整检验。JJ检验包括2种方法:特征值轨迹检验和最大特征值检验。我们可以调用urca包中的ca.jo命令完成这2种检验。其语法为：

ca. jo（x，type=c（"eigen"，"trace"），ecdet=c（"none"，"const"，"trend"），K=2，spec=c（"longrun"，"transitory"），season=NULL，dumvar=NULL）

其中，x为矩阵形式数据框，type用来设置检验方法，ecdet用于设置模型形式，none表示不带截距项，const表示带常数截距项，trend表示带趋势项，K表示自回归序列的滞后阶数，spec表示向量误差修正模型反映的序列间的长期或短期关系，season表示季节效应，dumvar表示哑变量设置。

我们以加拿大与美国的购买力平价为例进行说明，按照购买力平价理论构建如下模型：

$$EX_t = C_0 + C_1 CPI_t + C_2 CPI_t^* + \varepsilon_t \qquad (3-3-11)$$

其中，EX_t、CPI_t 和 CPI_t^* 分别表示加元兑美元汇率（一单位美元折合成多少加拿大元）、加拿大通货膨胀率（环比 CPI）、美国通货膨胀率（环比 CPI）。

第1步：下载数据，画时序图

我们先从世界银行的 WDI 数据库下载数据，画时序图，具体代码如下：

代码段 3.3.2.3.1

```
#JJ检验,美加购买力平价,三变量
library("WDI")        #加载WDI包
datEX <- WDI(indicator = "PA.NUS.FCRF", country = "CA", start = 1960,
 end = 2016)         #下载加元兑美元名义汇率平均价
datcpi <- WDI(indicator = "FP.CPI.TOTL.ZG", country = c("US", "CA"),
 start = 1960, end = 2016)         #下载加拿大和美国CPI年变化率
datEX$cpius <- datcpi[datcpi$country == "United States", ]$FP.CPI.TOTL.ZG
#提取出美国CPI
datEX$cpica <- datcpi[datcpi$country == "Canada", ]$FP.CPI.TOTL.ZG
#提取出加拿大CPI
colnames(datEX) <- c("ID", "country", "EX", "year", "cpius", "cpica")
#修改变量名
layout(matrix(c(1, 1, 2, 3), 2, 2, byrow = TRUE))
par(mai=c(0.8, 0.8, 0.1, 0.8))
plot(datEX$year, datEX$EX, type = "o", xlab = "年份", ylab = "汇率", cex.
lab = 2)
#储蓄率时序图
plot(datEX$year, datEX$cpius, type = "l", xlab = "年份", ylab = "美国CPI",
cex.lab = 2)
#美国CPI时序图
```

```
plot(datEX$year,datEX$cpica, type = "l", xlab = "年份", ylab = "加拿大CPI",
cex.lab = 2)    #加拿大CPI时序图
```

运行结果如图3-3-6所示。

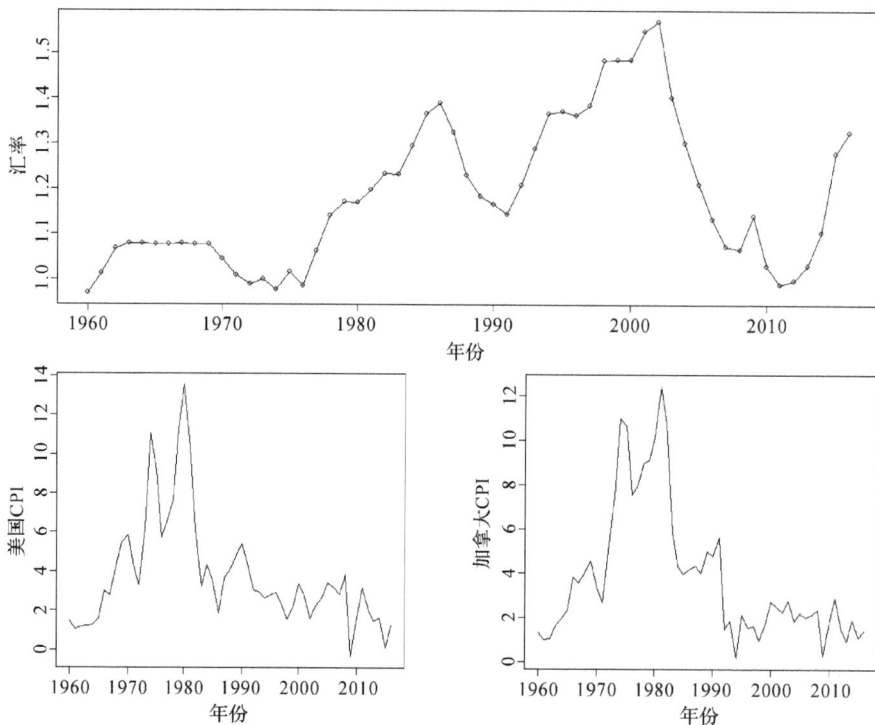

图3-3-6   加元汇率、加拿大CPI、美国CPI时序图

第2步：变量平稳性检验

对这3个变量的时间序列数据进行单位根检验，根据时序图选择ADF检验形式，由于在EG两步法中已经详细阐述了单位根检验的过程，因此，在此只给出检验结果汇总表，具体过程省略。具体命令如下：

代码段3.3.2.3.2

```
#单位根检验
#原序列单位根检验
library(urca)
attach(datEX)        #绑定数据框
adf.ex <- ur.df(EX, type = "trend", selectlags = "AIC")
#对名义汇率原序列数据进行单位根检验
summary(adf.ex)                #调出检验结果
adf.cpius <- ur.df(cpius, type = "trend", selectlags = "AIC")
```

```
#对美国CPI原序列数据进行单位根检验
summary(adf.cpius)                #调出检验结果
adf.cpica <- ur.df(cpica, type = "trend", selectlags = "AIC")
#对加拿大CPI原序列数据进行单位根检验
summary(adf.cpica)               #调出检验结果
#一阶差分序列单位根检验
adf.dex <- ur.df(diff(EX), type = "none", selectlags = "AIC")
#对名义汇率一阶差分后序列数据进行单位根检验
summary(adf.dex)    #调出检验结果
adf.dcpius <- ur.df(diff(cpius), type = "none", selectlags = "AIC")
#对美国CPI一阶差分后序列数据进行单位根检验
summary(adf.dcpius)               #调出检验结果
adf.dcpica <- ur.df(diff(cpica), type = "none", selectlags = "AIC")
#对加拿大CPI一阶差分后序列数据进行单位根检验
summary(adf.dcpica)               #调出检验结果
```

单位根检验结果如表3-3-7所示。

表3-3-7 加元兑美元汇率、加拿大CPI和美国CPI的单位根检验

变量名	检验形式	ADF检验值	1%临界值	5%临界值	10%临界值
EX	(c,t,1)	−2.4657	−4.04	−3.45	−3.15
d(EX)	(0,0,1)	−4.6492***	−2.6	−1.95	−1.61
CPI_{US}	(c,t,1)	−2.944	−4.04	−3.45	−3.15
d(CPI_{US})	(0,0,1)	−7.1556***	−2.6	−1.95	−1.61
CPI_{CA}	(c,t,1)	−1.9082	−4.04	−3.45	−3.15
d(CPI_{CA})	(0,0,1)	−5.5141***	−2.6	−1.95	−1.61

注:①(c,t,1)分别表示是否包括截距项、趋势项及滞后期数;②***、**、*分别表示1%、5%、10%显著性水平。

第3步:协整检验

从检验结果看,3个变量都在一阶差分后平稳,服从I(1),对上述变量进行JJ检验,以分析购买力平价长期和短期变动,JJ检验有2种方法:一是特征值轨迹检验;二是最大特征值检验。具体代码如下:

代码段 3.3.2.3.3

```
#JJ检验
#协整检验:特征值轨迹检验
pp.trace <- ca.jo(datEX[, c(3, 5, 6)], ecdet = "const", type = "trace", spec = "longrun")  #特征值轨迹检验
summary(pp.trace)          #调出检验结果
```

运行结果:

```
#####################
# Johansen-Procedure #
#####################
```

Test type : trace statistic , without linear trend and constant in cointegration

Eigenvalues(lambda)

[1] 4.537515e-01   9.965051e-02   7.422285e-02   1.375702e-17

Values of teststatistic and critical values of test :

test		10pct	5pct	1pct
r <= 2	4.24	7.52	9.24	12.97
r <= 1	10.02	17.85	19.96	24.60
r = 0	43.27	32.00	34.91	41.07

Eigenvectors, normalised to first column:

(These are the cointegration relations)

	EX.l2	cpius.l2	cpica.l2	constant
EX.l2	1.000000	1.00000000	1.00000000	1.00000000
cpius.l2	-2.477199	0.01008772	-0.01599882	-0.03246318
cpica.l2	2.030538	-0.1050193	0.19582168	0.06005722
constant	0.568343	-1.16805352	-1.84419342	-2.27303055

Weights w:

(This is the loading matrix)

	EX.l2	cpius.l2	cpica.l2	constant
EX.d	-0.004272386	-0.09222752	0.008369506	4.310928e-18
cpius.d	0.374471710	0.72262238	-0.361069054	-1.244070e-15
cpica.d	0.045023417	1.31580774	-0.666100248	5.273223e-16

上述运行结果可整理成如表3-3-8所示。

表 3-3-8　购买力平价检验:特征值轨迹检验

协整个数	迹统计量	1%临界值	5%临界值	10%临界值
$r \leqslant 2$	4.24	12.97	9.24	7.52
$r \leqslant 1$	10.02	24.60	19.96	17.85
$r = 0$	43.27	41.07	34.91	32.00

从检验结果看存在一个协整关系,当 $r = 0$ 时,迹统计量大于临界值,表明拒绝协整个数为0的原假设;当 $r \leqslant 1$ 时,迹统计量小于临界值,表明接受协整个数小于或等于1的原假设,因此,协整个数为1。根据上面的运行结果可以给出如下协整方程:

$$\hat{EX}_t = -0.568343 - 2.030538CPI_t + 2.477199CPI_t^{US} \qquad (3-3-12)$$

最大特征值检验法的具体命令如下:

代码段 3.3.2.3.4

```
#协整检验:最大特征值检验
pp.eigen <- ca.jo(datEX[, c(3, 5, 6)], ecdet = "const", type = "eigen", spec = "longrun")    #最大特征值检验
summary(pp.eigen)        #调出检验结果
```

运行结果可整理成如表 3-3-9 所示。

表 3-3-9　购买力平价检验:最大特征值检验

协整个数	统计量	1%临界值	5%临界值	10%临界值
$r \leqslant 2$	4.24	12.97	9.24	7.52
$r \leqslant 1$	5.77	20.20	15.67	13.75
$r = 0$	33.26	26.81	22.00	19.77

从最大特征值检验结果看,3个变量间存在一个协整关系。接下来将通过构建误差修正模型(VECM)来解释短期两国CPI波动对汇率波动的影响。

第4步:误差修正

具体代码如下:

代码段 3.3.2.3.5

```
vecm.r2 <- cajorls(pp.trace, r = 1)
vecm.r2
```

运行结果：

$rlm

Call:

lm(formula=substitute(form1),data=data.mat)

Coefficients:

	EX.d	cpius.d	cpica.d
ect1	−0.004272	0.374472	0.045023
EX,dl1	0.501256	1.316954	−1.502316
cpius.dl1	0.009008	−0.505754	−0.133593
cpica.l2	−0.001226	−0.596547	0.169504

$beta

	ect1
EX.l2	1.000000
cpuis.l2	−2.477199
cpica.l2	2.030538
constant	0.568343

可以给出如下模型

$$\Delta\hat{EX}_t = 0.5013\Delta EX_{t-1} - 0.0012\Delta CPI_{t-1} + 0.0090\Delta CPI^*_{t-1} - 0.0043VECM \quad (3-3-13)$$

式(3-3-13)将各数据按小数点后保留4位进行处理，误差修正项的系数为负，符合误差修正机制，反映了上一期偏离长期均衡的数量将在下一期得到0.43%的反向修正。另外，当期加元汇率波动受到上一期汇率波动和美国CPI的正向影响，即上期加元贬值或美国CPI上升都会导致当期加元贬值，而上期加拿大CPI上升会导致加元升值，这也和理论假设相反。

3.3.2.4 多重共线性

(1)多重共线性诊断

我们知道多重共线性会造成一些严重的后果，在建立多元线性回归模型时有必要检验样本是否存在多重共线性。多重共线性的检验方法有以下几个：①可决系数（亦称确定系数）法。若可决系数的值较大，则回归系数大多不显著。也就是说，当模型的R^2很大，F值也很大，但每个回归参数估计值的t值很小时，应该怀疑解释变量之间存在多重共线性。②Klein判别法。若2个解释变量间的相关系数大于可决系数，此时应该怀疑解释变量之间存在多重共线性。③特征值法。根据矩阵性质，矩阵的行列式等于其特征根的连乘积，因而当行列式$|X^{'}X| \to 0$，矩阵$X^{'}X$至少有一个特征根近似等于0时，解释变量之间存在多重共线性。④条件指数法（Conditional Index，CI）。条件指数$CI = \sqrt{(\lambda\_max/\lambda\_min)}$，其中

λ_max 和 λ_min 分别是矩阵 $X^{'}X$ 的最大和最小特征根。条件指数度量了矩阵 $X^{'}X$ 的特征根散布程度。一般而言,CI在10以下时,认为不存在多重共线性;CI在10—100之间,认为存在较强的多重共线性;CI大于100时,则认为存在严重的多重共线性,即其中的一个自变量可以用其他一个或几个自变量的线性表达式来表示。⑤方差膨胀因子(Variance Inflation Factors,VIF)。方差膨胀因子是容忍度的倒数,自变量 X_j 的方差膨胀因子 $VIF_j = C_{jj} = \dfrac{1}{1-R_j^2}$($j = 1,2,\cdots,p$),其中,$R_j^2$ 指的是以 X_j 作为因变量,以其余 X 变量为自变量进行回归分析时得到的回归平方和与总体回归平方和之比。VIF越大,则共线性的问题越大,一般认为VIF不应大于5,也可放宽至不大于10。一般而言,VIF在10以下时,认为不存在多重共线性;VIF在10—100之间时,认为存在较强的多重共线性;VIF大于100时,认为存在严重多重共线性。

我们利用第5种方法对上文中的模型(3-3-7)进行多重共线性检验,关于VIF的计算可以利用car包中的vif( )函数,命令如下:

代码段3.3.2.4.1

```
library(car)                        #载入 car 包
reg <- lm(lnsav~lnG+lnAGE+lnsav2+lnDEP+lnGm, data = dat32)    #回归
vif(reg)                            #计算 VIF
```

运行结果:

lnG	lnAGE	lnsav2	lnDEP	lnGm
555.875826	2.153034	1.291394	1.180863	540.245119

人均GDP和人均GDP均值的VIF很大,表明存在严重的多重共线性。如果存在较严重的多重共线性,则需要使用合适的方法尽量地减弱多重共线性,可以采用逐步回归或者岭回归来解决。

(2)多重共线性克服:逐步回归

逐步回归分为向前逐步回归、向后逐步回归、向后向前逐步回归3种方法。向前逐步回归的思路是在模型中逐个引入自变量,向后逐步回归的思路是先在模型中引入全部自变量,然后逐个剔除不重要的变量;向后向前逐步回归的思路是先逐步剔除变量,但是可以在后面的步骤中重新引入原先被剔除的变量,而向后逐步回归的自变量一旦被剔除后,在后面的步骤中就不再被重新引入。在R中逐步回归可以用函数step( )来实现,其语法为:step(object,scope,scale=0,direction=c("both","backward","forward"),trace=1,keep=NULL,steps=1000,k=2,…),object表示回归结果对象,direction表示逐步回归的3种方法。我们先采用向前逐步回归,命令如下:

代码段3.3.2.4.2

```
step(reg32, direction = "forward") #向前逐步回归
```

运行结果：

Start: AIC=-297.98

lnsav~lnG+lnAGE+lnsav2+lnDEP+lnGm

Call:

lm(formula=lnsav~lnG+lnAGE+lnsav2+lnDEP+lnGm,data=dat32)

Coefficients:

（Intercept）	lnG	lnAGE	lnsav2	lnDEP	lnGm
0.20867	0.23388	0.04577	0.81388	0.02414	-0.21443

向前逐步回归结果表明，最优模型是将所有自变量引入模型中，即不剔除任何自变量。

· 代码段 3.3.2.4.3

```
step(reg32,direction="backward") #向后逐步回归
```

运行结果：

Start: AIC=-297.98

lnsav~lnG+lnAGE+lnsav2+lnDEP+lnGm

		Df	Sum of Sq	RSS	AIC
-	lnDEp	1	0.0010	2.7350	-299.94
-	lnGm	1	0.0106	2.7446	-299.63
-	lnG	1	0.012	2.7461	-299.58
-	lnAGE	1	0.0176	2.7516	-299.40
<none>				2.7340	-297.98
-	lnsav2	1	5.4273	8.1613	-202.64

Step:AIC=-299.94

lnsav~lnG+lnAGE+lnsav2+lnGm

		Df	Sum of Sq	RSS	AIC
-	lnGm	1	0.0100	2.7450	-301.62
-	lnG	1	0.0115	2.7464	-301.57
-	lnAGE	1	0.0168	2.7517	-301.40
<none>				2.7350	-299.94
-	lnsav2	1	5.9262	8.6612	-199.35

Step:AIC=-301.62

lnsav~lnG+lnAGE+lnsav2

		Df	Sum of Sq	RSS	AIC
-	lnG	1	0.0098	2.7548	-303.30

−	lnAGE	1	0.0328	2.7778　−302.56
<none>				2.7450　−301.62
−	lnsav2	1	6.6463	9.3913　−194.15

Step:AIC=−303.3

lnsav~lnAGE+lnsav2

		Df	Sum of Sq	RSS	AIC
<none>				2.7458	−303.30
−	lnAGE	1	0.1979	2.9527	−299.13
−	lnsav2	1	7.2798	10.0346	−190.25

Call:

lm(formula=lnsav~lnAGE+lnsav2,data=dat32)

Coefficients:

(Intercept)	lnAGE	lnsav2
0.32028	0.08276	0.83509

向后逐步回归结果也表明,最优模型是将所有自变量引入模型中,因此,该模型的 AIC 最小。

(3)多重共线性克服:岭回归

R 里 MASS 包中的 lm.ridge()函数可以用来估计岭回归,其用语为:lm.ridge(formula, data,subset,na.action,lambda=0,model=FALSE,x=FALSE,y=FALSE,contrasts=NULL,…)。 其中,formula 为模型等式,当不指定 lambda 时,系统默认 lambda=0,这时岭回归结果与普 通最小二乘回归估计结果一致。下面我们生成 lambda 序列 seq(0,0.4,0.001),即从 0 到 0.4、间隔为 0.001 的序列。同时,把不同的 lambda 时参数估计值估计出来,画在图上,即 形成一个岭迹图,命令如下:

代码段 3.3.2.4.4

```
library("MASS")
plot(lm.ridge(lnsav~lnG+lnAGE+lnsav2+lnDEP+lnGm, data = dat32, lambda = seq
(0, 0.4, 0.001)))
```

运行结果如图 3-3-7 所示。

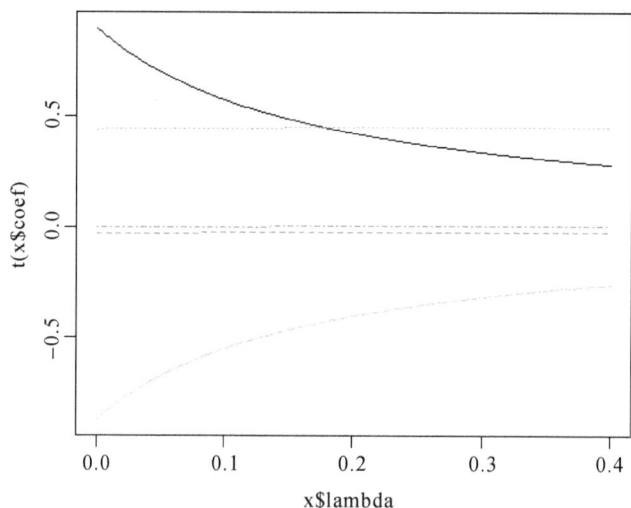

图 3-3-7　岭迹图[①]

从岭迹图上看,当 lambda 取 0.3 左右时,参数的估计大致趋于稳定。但是通过图形判定不够准确,我们可以利用函数 select(lm.ridge(y~.,longley,lambda=seq(0,0.1,0.0001))) 来选取岭参数。该函数提供了 HKB、L-W 和 GCV 共 3 种方法,具体命令如下:

代码段 3.3.2.4.5

```
select(lm.ridge(lnsav~lnG+lnAGE+lnsav2+lnDEP+lnGm, data = dat32, lambda =
seq(0, 0.4, 0.001)))
```

运行结果:

modified HKB estimator is 0.1086335

modified L-W estimator is 0.9045053

smallest value of GCV   at 0.054

3 种估计结果有所差异,在此我们取 lambda 为 0.4 带入岭回归函数中,可以得到相应的岭回归结果。具体命令如下:

代码段 3.3.2.4.6

```
lm.ridge(lnsav~lnG+lnAGE+lnsav2+lnDEP+lnGm, data = dat32, lambda = 0.4)
```

运行结果:

lnG	lnAGE	lnsav2	lnDEP		lnGm
0.48900836	0.20744734	-0.03360772	0.80463348	0.01824916	-0.19268574

----

① 本图中所使用的数据集是由 R 自身所提供的,横、纵坐标名称也是已有变量的名称,若修改为中文可能会影响读者阅读,故横、纵坐标及标题均维持 R 运行结果原样。特此说明。

3.3.3 lapply()系列函数

在了解了 R 基本操作对象之后,我们需要学习一些基本的 R 函数来更好地使用这些对象。用 R 内建的这些基本函数,往往能起到避免循环(for 和 while)的作用,使程序更紧凑,便于阅读和修改。lapply()系列函数就起到了这一作用,该系列函数均在 reshape2 包中。

3.3.3.1 apply()函数

函数 apply()可以将任意函数应用于矩阵、数组、数据框等对象,且可用于该对象的任意维度。其语法为:apply(X,MARGIN,FUN,…)。其中,X 是所要处理的对象,MARGIN 是维度编号,FUN 是所制定的函数,而"…"包括函数 FUN 的可选参数。如果 apply()函数的对象是矩阵或者数据框,那么 MARGIN 取值为 1 则代表对每一行运用函数,取值为 2 则代表对每一列运用函数。如果 apply()函数的对象是数组,则可以通过 c(x1,x2)对数组中的第 x1 维和第 x2 维向量使用函数生成值得到列表、向量或者矩阵。

(1)对矩阵进行操作

例如,对矩阵 *a* 的每一列应用函数 mean():

代码段 3.3.3.1.1

```
a<-matrix(c(1, 4, 7, 2, 5, 8, 3, 6, 9), nrow = 3, byrow = "T")
a
```

运行结果:

```
     [,1]  [,2]  [,3]
[1,]   1    4    7
[2,]   2    5    8
[3,]   3    6    9
```

代码段 3.3.3.1.2

```
apply(a, 2, mean)
```

运行结果:

```
[1] 2 5 8
```

因为 apply()函数的()里也可以使用我们自己定义的函数,所以 apply()是一个很强大的机制。例如,当我们在处理和分析股票价格数据时,可能会遇到某些股票的价格存在缺失值的问题,为了不影响对该只股票的分析,同时要得到其均值和方差,我们可以编写如下函数:

```
f<-function(x){c(n=sum(!is.na(x)),mean=mean(x,na.rm=TRUE),sd=sd(x,na.rm=TRUE))}   #可选参数 na.rm=TRUE 表示移除 NA,计算其余值。
```

假设现在有由 3 只股票价格序列组成的数据框,其中 1 只股票存在 1 个缺失值,我们可以对该数据框运用函数 f(),具体过程如下:

代码段 3.3.3.1.3

```
sp1<-c(2.0, 3.3, 4.0, 2.3, 2.3, 3.3)
sp2<-c(3.3, 2.0, 4.0, NA, 1.0, 3.7)
sp3<-c(4.0, 3.7, 4.0, 3.3, 3.3, 4.0)
d<-data.frame(sp1, sp2, sp3)
d
```

运行结果：

	sp1	sp2	sp3
1	2.0	3.3	4.0
2	3.3	2.0	3.7
3	4.0	4.0	4.0
4	2.3	NA	3.3
5	2.3	1.0	3.3
6	3.3	3.7	4.0

代码段 3.3.3.1.4

```
f<-function(x) {c(n = sum(!is.na(x)), mean = mean(x, na.rm = TRUE), sd =
sd(x, na.rm = TRUE))}
x<-apply(d, 2, f)
t(x)
```

运行结果：

	n	mean	sd
sp1	6	2.866667	0.7814516
sp2	5	2.800000	1.2629331
sp3	6	3.716667	0.3430258

由此可以发现，apply()函数能够以非常清楚的语法结构处理矩阵、数据框，并对其输出结果进行合理的命名。这在我们以后处理复杂的综合性数据中能发挥巨大的作用。

（2）对数组进行操作

apply()能够把函数运用到数组的任意维度上，维度和维度之间用c连接。

首先创建数组：

代码段 3.3.3.1.5

```
dim1 <- c("A1", "A2")                 #第一维名称
dim2 <- c("B1", "B2", "B3")           #第二维名称
dim3 <-c ("C1", "C2", "C3", "C4")     #第三维名称
zz<-array(1:24, c(2, 3, 4), dimnames = list(dim1, dim2, dim3))
```

zz

运行结果：

, , C1

　　　B1 B2 B3

A1　1　3　5

A2　2　4　6

, , C2

　　　B1 B2 B3

A1　7　9　11

A2　8　10　12

, , C3

　　　B1 B2 B3

A1　13　15　17

A2　14　16　18

, , C4

　　　B1 B2 B3

A1　19　21　23

A2　20　22　24

对所有维度下的第一维度向量进行求和：

代码段 3.3.3.1.6

```
zz1 <- apply(zz, 1, sum)   #对第一维度进行求和
zz1
```

运行结果：

　A1　　A2

144　156

对所有维度下的第二维度向量进行求和：

代码段3.3.3.1.7

```
zz2 <- apply(zz, 2, sum)   #对第二维度进行求和
zz2
```

运行结果：

B1   B2   B3

84   100   116

对处于第一维度和第二维度的向量进行求和：

代码段3.3.3.1.8

```
zz3 <- apply(zz, c(1, 2), sum) #对第一、第二维度进行求和
zz3
```

运行结果：

　　B1 B2 B3

A1 40 48 56

A2 44 52 60

apply()能够把函数运用到数组的任意维度上，而下面介绍的lappy()和sapply()则能够将函数运用到列表上。

3.3.3.2 lapply（）函数

函数lapply()(代表list apply)与矩阵的apply()的用法十分类似，对列表(或强制转换成列表的向量)运用给定的函数，同时返回另一个列表。lapply()的语法为：

lapply(X,FUN,…)

其中，X代表要处理的列表或者向量，FUN代表指定的函数。例如：

代码段3.3.3.2.1

```
lapply(list(1:3, 3:5, 5:7), mean)
```

运行结果：

[[1]]

[1] 2

[[2]]

[1] 4

[[3]]

[1] 6

在上述例子中，R分别对1:3、3:5和5:7求均值，返回由2、4、6组成的列表。

3.3.3.3　sapply()函数

函数sapply()与lapply()的不同之处在于,有些时候我们需要将lapply()返回的列表转化为矩阵或向量的形式,此时sapply()可以做到这一点,simplify=TRUE代表能将输出结果进行转换,simplify=FALSE则代表不转换,此时sapply()等价于lapply(),默认值为TRUE。sapply()的语法为:

sapply(X,FUN,…,simplify=TRUE,USE.NAMES=TRUE)

对于前例,如果运用sapply(),我们可以得到:

代码段 3.3.3.3.1

```
sapply(list(1:3, 3:5, 5:7),mean)
```

运行结果:

```
[1] 2 4 6
```

此时sapply()将返回的列表转化为向量形式。

如果调用的函数返回的是一个向量,则sapply()会将结果转换为一个矩阵。例如:

代码段 3.3.3.3.2

```
x2<-function(x) return(c(x, x^2))
sapply(2:5, x2)
```

运行结果:

```
     [,1] [,2] [,3] [,4]
[1,]    2    3    4    5
[2,]    4    9   16   25
```

3.3.3.4　tapply()函数

函数tapply()常被用于对组数据的处理中。当数据元素以小组为单位呈现时,我们需要分组处理数据,例如,按组求和或者按组求平均值,在组内对数据使用指定的函数来运算,就可以使用tapply()函数。其语法为:

tapply(X,INDEX,FUN)

其中,X是一个向量,INDEX代表因子或者因子列表,FUN代表作用的函数。在INDEX中每个因子需要与X具有相同的长度。

tapply()执行的原理是,首先将X分组,每组对应一个因子水平(或在多重因子的情况下对应一组因子水平的组合),得到X的子向量,然后对这些子向量运用函数FUN。

例如,我们有一个关于股民年龄的向量X和一个表明这些股民的性别(如男性、女性)的因子INDEX,我们希望研究X中不同性别的平均年龄。

代码段 3.3.3.4.1

```
age<-c(43, 24, 38, 56, 19, 33, 21)
gender<-c("M", "M", "F", "F", "F", "M", "F")
```

tapply(age, gender, mean)

运行结果：

      F   M

33.50000   33.33333

我们发现，在向量 X 中，男性股民的平均年龄为33.33岁，女性股民的平均年龄为33.50岁。一般而言，tapply()常用于方差分析中对各个组别进行mean、var(sd)的计算。

3.3.3.5 table()函数

函数table()用于创建频数表和列联表。单个因子将各部分数据分为不同组，一对因子可以实现交叉分组。运用table()可以从不同的因子中计算出对应的频率表。如果有n个因子，那么我们可以得到一个n维的频率分布数组，这对高维的分组分析是极为有用的。一般地，对n个类别变量(因子)创建一个n维列联表，其表达式为：

table(factor1,factor2,…,factorN)

显然，table()函数可以得到一维的频数表，也就是每个因子的频数：

代码段3.3.3.5.1

```
table(c(3, 4, 6, 7, 6, 4, 3, 3))
```

运行结果：

3 4 6 7

3 2 2 1

返回结果表明，因子3、4、6、7的频数分别为3、2、2、1。我们可以简单地将table(x)记作x的频数表。

很多时候，我们需要得到关于2个因子x、y之间的交叉列联表，具体函数为table(x, y)，例如：

代码段3.3.3.5.2

```
x<-c("b", "ab", "ab", "a", "a", "b")
y<-c(4, 6, 7, 2, 2, 4)
table(x, y)
```

运行结果：

   y

x   2 4 6 7

a   2 0 0 0

ab   0 0 1 1

b   0 2 0 0

函数table()的第1个参数是因子或者因子的列表。此例中，2个因子是("b","ab","ab","a","a","b")和(4,6,7,2,2,4)。在这种情况下，一个能够被当作因子的对象的频数就为1。

下面还有一个三维表的例子,涉及投资人的性别、地区(包括东部、西部、南部、北部等)及年龄(年轻、年长)。

代码段 3.3.3.5.3

```
gender<-c("M", "M", "F", "M", "F", "F")
region<-c("E", "E", "W", "N", "S", "S")
age<-c("Y", "Y", "O", "Y", "Y", "O")
iv<-data.frame(gender, region, age, stringsAsFactors = FALSE)
iv
```

运行结果:

	gender	region	age
1	M	E	Y
2	M	E	Y
3	F	W	O
4	M	N	Y
5	F	S	Y
6	F	S	O

代码段 3.3.3.5.4

```
ivt <- table(iv)
ivt
```

运行结果:

```
, , age = O


region
gender  E  N  S  W
F       0  0  1  1
M       0  0  0  0


, , age = Y


region
gender  E  N  S  W
F       0  0  1  0
M       2  1  0  0
```

R把三维表以一系列的二维表的形式打印出来,例如,第1个二维表表明存在一个来自西部的女性投资人。

列联表可以告诉我们组成表格的各种变量组合的频数或者比例关系,基于此我们可以对列联表中的变量是否相关或者独立展开研究,在此不进一步展开。

[本节数字资源]

所在章节	二维码	内容	目标
3.3		课程资料链接(PPT)	获得该节线上课程PPT资料
3.3		课程资料链接(代码)	获得该节线上课程代码资料
		课程资料链接(数据)	获得该节线上课程数据资料
		随堂训练	学会用R进行计算
		随堂训练参考答案	

3.4　R与金融时间序列建模

3.4.1　金融时间序列建模基础

近年来,金融时间序列引起了人们的广泛关注,尤其是在2003年Robert Engle和Clive Granger教授获得诺贝尔经济学奖之后,微观金融计量经济学得以快速发展。R作为统计领域的开源语言,为金融时间序列建模提供了大量可用的函数和程序包。本节先回顾金融时间序列建模的基础知识,然后通过实例来说明如何使用R语言对单变量金融时间序列建模。

3.4.1.1　几个概念

（1）弱平稳性（Weakly Stationary）

在时间序列分析中，弱平稳性是统计推断的基础。如果一个时间序列 x_t 的一阶矩（均值）和自协方差不随时间而改变，即 $E(x_t) = \mu$，μ 是一个常数，$Cov(x_t, x_{t-l}) = \gamma_l$，$\gamma_l$ 只依赖于 l 而不依赖于时间 t。在实践中，假定有 T 个观测值，观察时序图是否在一个常数范围内波动来判断其平稳性。当然，也可以使用 ADF 等方法定量检验时间序列的平稳性。

（2）白噪声（White Noise）

如果时间序列 x_t 具有有限均值和有限方差的独立同分布随机变量序列，则 $\{x_t\}$ 称为白噪声序列。白噪声为弱平稳时间序列。

（3）随机游走（Random Walk）

如果时间序列 x_t 满足

$$x_t = x_{t-1} + a_t \tag{3-4-1}$$

其中，a_t 为白噪声，则称 x_t 为随机游走序列。可见，随机游走为非弱平稳序列，我们称之为单位根非平稳时间序列。

（4）带漂移项的随机游走

如果时间序列 x_t 满足

$$x_t = \mu + x_{t-1} + a_t \tag{3-4-2}$$

其中，常数项 μ 表示 x_t 的时间趋势，通常被称为漂移项，则称 x_t 为带漂移项的随机游走。此时，x_t 同样为非平稳时间序列。

（5）趋势平稳时间序列

趋势平稳时间序列模型为：

$$p_t = \beta_0 + \beta_1 t + x_t \tag{3-4-3}$$

其中，x_t 为平稳时间序列，时间序列具有时间趋势，故而也是非平稳时间序列。该序列通过简单的回归移除时间趋势后为平稳时间序列。

3.4.1.2　单变量时间序列模型

（1）自回归模型（AR模型）

AR(p)模型的一般形式为：

$$x_t = \phi_0 + \phi_1 x_{t-1} + \phi_2 x_{t-2} + \cdots + \phi_p x_{t-p} + a_t \tag{3-4-4}$$

使用滞后算子表示为：

$$(1 - \phi_1 L - \phi_2 L^2 - \cdots - \phi_p L^p) x_t = \phi_0 + a_t \tag{3-4-5}$$

AR(p)模型的识别和定阶可以由自相关函数和偏自相关函数来确定。其自相关（ACF）函数为拖尾，偏自相关函数（PACF）为 p 步截尾。

（2）移动平均模型（MA模型）

MA(q)模型可表示为：

$$x_t = a_t + \theta_1 a_{t-1} + \theta_2 a_{t-2} + \cdots + \theta_q x_{t-q} \tag{3-4-6}$$

MA(q)模型的识别和定阶可以由自相关函数和偏自相关函数来确定。其自相关（ACF）函数为 q 步截尾，偏自相关函数（PACF）为拖尾。

（3）自回归移动平均模型（ARMA 模型）

ARMA(p,q)模型可表示为：

$$x_t = \phi_0 + \sum_{i=1}^{p} \phi_i x_{t-i} + a_t + \sum_{i=1}^{q} \theta_i a_{t-i} \tag{3-4-7}$$

ARMA 模型自相关函数和偏自相关函数均拖尾，故无法通过 ACF 和 PACF 定价。在实践中需要通过反复比较不同阶数模型的其他信息，如残差平方差、显著性、AIC 及 BIC 信息准则来确定最优阶数。

对资产收益率均值方程建模的步骤：

第 1 步，对资产收益率进行单位根检验，判断其是否平稳，只能根据平稳的时间序列建模。如果原序列不平稳，则可使用 ARIMA 模型建模。

第 2 步，根据 ACF 和 PACF 进行模型识别与定阶，在识别与定阶过程中，同时可根据 AIC 和 BIC、参数显著性和残差是否为平稳时间序列来进行选择。

第 3 步，参数估计。使用 OLS 或 ML 方法进行参数估计。

第 4 步，检验残差是否符合白噪声，特别要注意残差是否平稳。如果残差不平稳，则需要从第一步开始重新进行模型识别与定阶。

第 5 步，样本外预测。将样本分为建模子样本和预测子样本，从而比较不同模型的预测精度，主要比较模型的平均绝对误差（MAFE）和偏差（Bias）。

3.4.1.3 条件异方差模型（ARCH）

（1）ARCH 模型

在实际中，除关注金融资产收益预测之外，资产风险亦是投资者关注的一个重要方面，资产波动率是衡量资产风险的一个重要指标。Engle(1982)提出的条件异方差模型就是以资产收益率的条件标准差来衡量风险的波动率模型，其基本思想为：资产收益率的扰动序列 a_t 前后不相关，但不是独立的，其非独立性可以使用其滞后项的简单二次函数来描述。因此，ARCH(m)模型可设定为：

$$a_t = \sigma_t \varepsilon_t \tag{3-4-8}$$

$$\sigma_t^2 = \alpha_0 + \alpha_1 a_{t-1}^2 + \alpha_2 a_{t-2}^2 + \cdots + \alpha_m a_{t-m}^2 \tag{3-4-9}$$

其中，ε_t 是均值为 0，方差为 1 的独立同分布序列，$\alpha_0 > 0$，对 $i > 0$ 有 $\alpha_i \geqslant 0$。系数 α_i 必须满足一些条件以保证 α_i 的无条件方差有限。实际中，ε_t 服从标准正态分布、标准学生 t 分布或广义误差分布（Generalized Error Distribution，GED）。

（2）GARCH 模型

Bolldrslev(1986)为解决 ARCH 需估计的参数过多的问题，提出了广义条件异方差模

型(GARCH),即若 a_t 服从 GARCH(m,s)模型,则 a_t 满足正式:

$$a_t = \sigma_t \varepsilon_t \tag{3-4-10}$$

$$\sigma_t^2 = \alpha_0 + \sum_{i=1}^{m} \alpha_i a_{t-1}^2 + \sum_{i=1}^{s} \beta_j \sigma_{t-j}^2 \tag{3-4-11}$$

若 $s = 0$,则简化为 ARCH 模型。α_i 和 β_j 分别为 ARCH 和 GARCH 的待估参数。

(3)均值 GARCH 模型

如果资产收益率依赖于其波动率,则在均值方程中加入流动率项,我们称之为均值 GARCH 模型,即 GARCH—M 模型。一个简单的 GARCH—M(1,1)为:

$$\gamma_t = \mu + c\sigma_t^2 + a_t \tag{3-4-12}$$

$$a_t = \sigma_t \varepsilon_t \tag{3-4-13}$$

$$\sigma_t^2 = \alpha_0 + \alpha_1 a_{t-1}^2 + \beta_1 \sigma_{t-1}^2 \tag{3-4-14}$$

(4)指数 GARCH 模型

Nelson(1991)为了反映金融市场中正向和负向随机冲击对资产收益率的非对称效应(杠杆效应),提出了指数 GARCH 模型,即 EGARCH 模型。EARCH(m,s)模型设定为:

$$a_t = \sigma_t \varepsilon_t \tag{3-4-15}$$

$$\ln(\sigma_t^2) = \alpha_0 + \frac{1 + \beta_1 B + \cdots + \beta_{s-1} B^{s-1}}{1 - \alpha_1 B - \cdots - \alpha_{m-1} B^{m-1}} g(\varepsilon_{t-1}) \tag{3-4-16}$$

$$g(\varepsilon_t) = \theta \varepsilon_t + \gamma \left[\left| \varepsilon_t - E(|\varepsilon_t|) \right| \right] \tag{3-4-17}$$

EARCH(m,s)模型的另外一种表示形式为:

$$a_t = \sigma_t \varepsilon_t \tag{3-4-18}$$

$$\ln(\sigma_t^2) = \alpha_0 + \sum_{i=1}^{m} \alpha_i \frac{|a_{t-i}| + \gamma_i a_{t-i}}{\sigma_{t-i}} + \sum_{i=1}^{s} \beta_j \sigma_{t-j}^2 \tag{3-4-19}$$

可见,正的 a_{t-i} 对对数波动率的贡献为 $a_i(1 + \gamma_i)|\varepsilon_{t-i}|$,负的 a_{t-i} 对对数波动率的贡献为 $a_i(1 - \gamma_i)|\varepsilon_{t-i}|$,其中 $\varepsilon_{t-i} = a_{t-i}/\sigma_{t-i}$,参数 γ_i 表示 a_{t-i} 的杠杆效应。R软件包采用这一模型形式。

(5)门限 GARCH 模型

Glosten、Jagannathan 和 Runkle(1993)给出了处理杠杆效应的另外一种模型,即门限 GARCH 模型(TGARCH),也被称为 GJR 模型。TARCH(m,s)为:

$$\sigma_t^2 = \alpha_0 + \sum_{i=1}^{m} (\alpha_i + \gamma_i N_{t-i}) a_{t-j}^2 + \sum_{i=1}^{s} \beta_j \sigma_{t-j}^2 \tag{3-4-20}$$

其中,N_{t-i} 为虚拟变量,设定为:

$$N_{t-i} = \begin{cases} 1 & a_{t-i} < 0 \\ 0 & a_{t-i} \geq 0 \end{cases} \tag{3-4-21}$$

使用0作为门限来区分扰动的影响，$\gamma_i > 0$表示负向冲击对波动率的影响大于正向冲击。

除上述GARCH模型之外，还有IGARCH、APGARCH等拓展形式，读者可参考相关教材。GARCH模型建模步骤为：

第1步，建立充分的均值模型，即ARMA类模型。

第2步，对均值方程残差进行ARCH检验。若存在ARCH效应，则可使用GARCH模型建模；若无ARCH效应，则不用建立GARCH模型。

第3步，确定GARCH类模型的阶。若第2步确定存在ARCH效应，根据研究目标选定GARCH模型的类型、阶数，以及随机项的分布，再与均值方程一起进行参数估计。

第4步，模型检验。对模型标准化残差进行平稳性检验，对标准化残差进行ARCH效应检验，以验证模型的充分性。

第5步，预测性检验。对于一个时间序列而言，拟合的模型可能不止一个，这就需要进行模型比较。如果建模的目的是研究时间序列的动态结构，可以使用样本内比较，如信息准则和残差方差的比较。如果模型分析是为了预测，则重点考虑模型的预测能力，即样本外比较，在金融文献中也叫回测（Backtesting），一般使用预测误差的均方（MSFE）来量化，也可用平均绝对误差（MAFE）。

3.4.2　ARMA模型实例

下面用实例说明如何进行金融时间序列建模。分析对象为美国普通汽油周零售价格，数据来源于美国信息管理局（http://www.eia.gov），时间区间为2016年1月21日—2021年2月1日，数据文件为"gas.txt"，保存在C盘ado目录。该部分需要使用函数backtest.R、archTest.R和backtestGarch.R，下载地址为：https://faculty.chicagobooth.edu/ruey-s-tsay/research/an-introduction-to-analysis-of-financial-data-with-r。

3.4.2.1　数据处理

代码段3.4.2.1.1

```
gas_price=read.table("c:/ado/gas.txt", header = T)    #打开gas.txt数据文件
head(gas_price)                                       #显示前6行数据
dim(gas_price)                                        #显示数据维度
price=ts(gas_price, frequency = 52, start = c(2016,1))    #转化为时间序列,每年52周
plot(price, xlab = "年份", ylab = "价格/美元")         #绘制时序图
```

运行结果如图3-4-1所示。

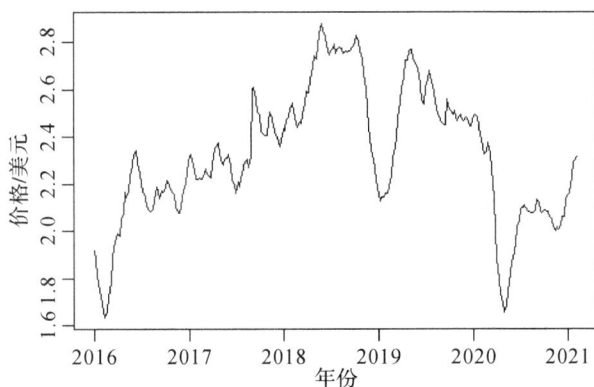

图 3-4-1 美国汽油价格时序图

图 3-4-1 显示了美国汽油价格时序图,反映了汽油价格在样本期 2016—2018 年间总体上呈现上升趋势,随后呈现下降趋势。为了判断其是否平稳,需要进行单位根检验。

3.4.2.2 单位根检验(ADF检验)

代码段 3.4.2.2.1

```
x<-data.frame(gas_price)        #无法对包含时间的数据进行单位根检验,先去掉时间
x$date<-rownames(x)
rownames(x)<-NULL
gas_price = x$gas        #生成要处理的数据
library(fUnitRoots)        #装载平稳性检验包
adf1=ar(gas_price, method = "mle")        #确定滞后期
adf1$order                #显示最优滞后期
```

上述单位根检验结果显示,最优滞后期为 3,据此可以进行单位根检验。单位根检验原假设为随机变量为单位根过程,非平稳。若 p 值小于显著性水平,则拒绝原假设。

代码段 3.4.2.2.2

```
adfTest(gas_price, lags = 3, type = ("ct"))    #参数 type 表示数据包括截距项和时间趋势项
```

运行结果:

Title:

Augmented Dickey-Fuller Test

Test Results:

PARAMETER:

Lag Order: 3

STATISTIC:

Dickey-Fuller: -3.0634

P VALUE: 0.128

结果显示,ADF统计量为-3.0634,伴随概率为0.128,不能拒绝单位根的原假设,即时间序列非平稳。对数据取对数并进行一阶差分,得到汽油价格的对数收益率(或增长率)。

代码段 3.4.2.2.3

```
r=diff(log(gas_price))    #计算对数收益率
head(r)
tail(r)
r=ts(r, frequency = 52, start = c(2016,1))
plot(r,type="l", xlab = "年份", ylab = "价格增长率")
```

运行结果如图3-4-2所示。

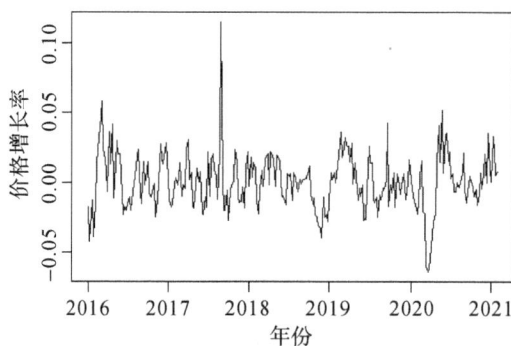

图3-4-2　汽油价格的对数收益率

图3-4-2显示汽油价格增长率为平稳的时间序列。下一步进行收益率是否为0和单位根检验。

代码段 3.4.2.2.4

```
t.test(r)      #检验对数收益率是否为0
m2=ar(r, method = "mle")    #确定最优滞后项,以解决残差自相关的问题
m2$order        #显示最优滞后项为2
#对数收益率的单位根检验,结果显示为平稳的时间序列
adfTest(r, lags = 2, type = ("c"))
```

收益率为0的假设检验结果为:

One Sample t-test

data: r

t=0.57124,df=264,p-value=0.5683

结果显示,不能拒绝收益率为0的原假设。

ADF检验结果为:

PARAMETER:

Lag Order: 2

STATISTIC:

Dickey-Fuller: −6.6306

P VALUE:　0.01

结果显示,ADF统计量为−6.6306,伴随概率为0.01。故拒绝原假设,汽油价格增长率为平稳的时间序列,检验结果与图形判断一致。

3.4.2.3　模型识别与定阶

下面使用自相关函数(ACF)和偏相关函数(PACF)进行模型识别与定阶。

代码段 3.4.2.3.1

```
par(mfcol=c(1,2))
acf(r, lag=20, xlab = "滞后阶数", main=NA, sub = "残差自相关检验", font.sub = 2)
#自相关图
pacf(r, lag=20, xlab = "滞后阶数", ylab = "PACF", main = NA, sub = "残差偏自相关检验", font.sub = 2)    #偏自相关图
```

运行结果如图3-4-3所示。

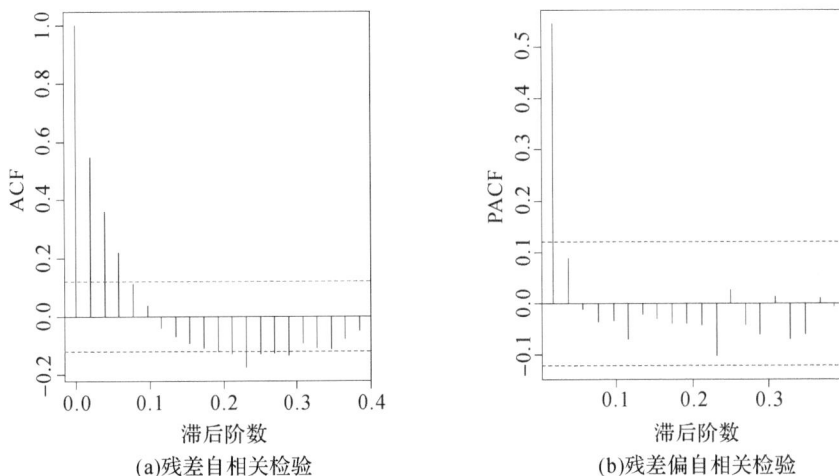

(a)残差自相关检验　　　　　(b)残差偏自相关检验

图3-4-3　模型识别与定阶

结果显示,ACF为拖尾过程,而PACF为1阶截尾,故而可以建立AR(1)模型,同时为了便于样本内比较,建立AR(6)模型。

3.4.2.4 模型估计与检验

R软件中,可以使用arima( )函数进行参数估计。其中,order第1个参数为AR的阶,第2个参数为平稳性的阶,第3个参数为MA的阶。由于数据为平稳时间序列,故第2个参数为0,又由于建立AR模型,故第3个参数亦取0。include.mean=F表示AR模型不包括常数项。

代码段3.4.2.4.1

```
m1=arima(r, order = c(1, 0, 0), include.mean = F)        #估计ar(1)模型
m1
m2=arima(r, order = c(6, 0, 0), include.mean = F)        #估计ar(6)模型
m2
```

AR(1)模型估计结果为:

Call:

arima(x = r, order = c(1, 0, 0), include.mean = F)

Coefficients:

　　　　　ar1

　　　0.5459

s.e.　0.0513

sigma^2 estimated as 0.0002811: log likelihood = 707.23, aic = −1410.47

模型表示为:

$$\gamma_t = 0.5459\gamma_{t-1} + a_t$$
$$\sigma_a^2 = 0.00028, AIC = -1410.47$$

（3-4-22）

代码段3.4.2.4.2

```
res = m1$residuals        #提取AR(1)模型的残差进行自相关性检验
acf(res, lag = 20, xlab = "滞后阶数", main = NA, sub = "残差自相关检验",
font.sub = 2)
#自相关图
pacf(res, lag = 20, xlab = "滞后阶数", ylab = "PACF", main = NA, sub =
"残差偏自相关检验", font.sub = 2)    #偏自相关图
```

自相关和偏自相关结果如图3-4-4所示。

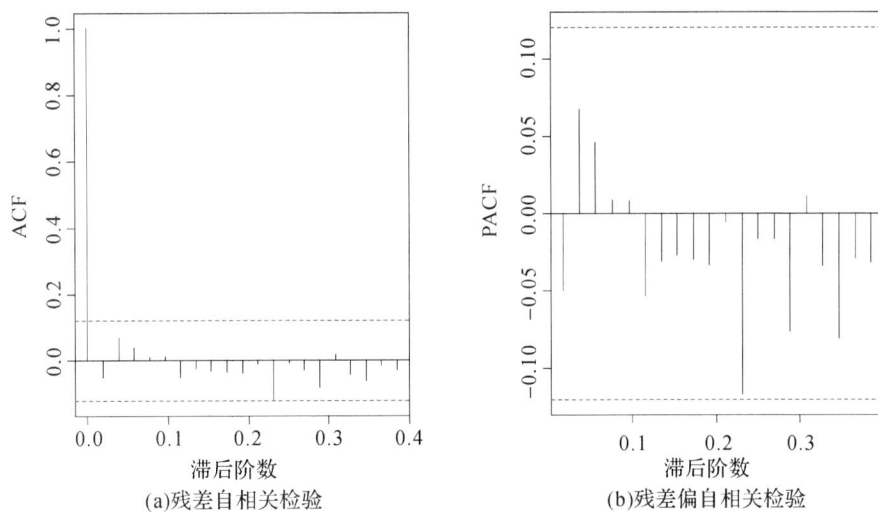

(a)残差自相关检验　　　　　　　　(b)残差偏自相关检验

图3-4-4　残差自相关检验

图3-4-4显示,残差不存在自相关性。也可以使用tsdiag( )函数对模型进行检验。

代码段3.4.2.4.3

```
tsdiag(m1, gof = 20)
```

运行结果如图3-4-5所示。

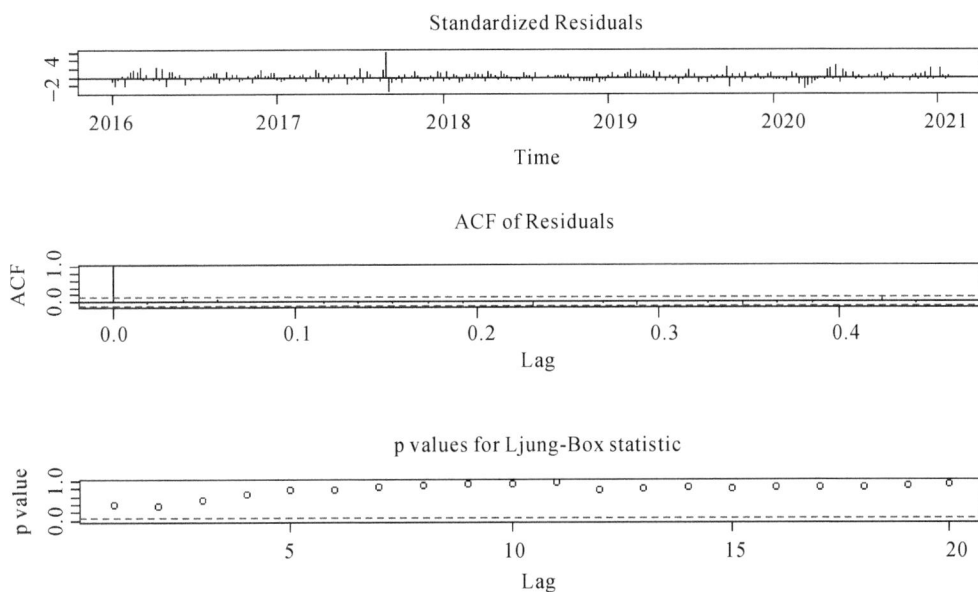

图3-4-5　模型残差检验[①]

---

① 本图中所使用的数据集是由R自身所提供的,横、纵坐标名称也是已有变量的名称,若修改为中文可能会影响读者阅读,故横、纵坐标及标题均维持R运行结果原样。特此说明。

图3-4-5中第1个图形反映了标准化残差的时序图,结果显示,除个别时点残差异常外,其他时点均比较平稳,这说明残差倾向于满足白噪声的要求。第2个图形反映了残差的自相关情况,除12阶自相关系数在边界线左右外,其他自相关系数均在2倍标准差以内,这说明不能拒绝自相关系数为0的原假设。第3个图形反映了残差自相关系数的伴随概率,所有的伴随概率均大于0.1,说明残差的Ljung Box检验均不能拒绝原假设,即残差不存在自相关。

AR(6)模型估计结果为:

Call:

arima(x = r, order = c(6, 0, 0), include.mean = F)

Coefficients:

	ar1	ar2	ar3	ar4	ar5	ar6
	0.4917	0.1008	0.0127	−0.0133	0.0041	−0.0709
s.e.	0.0611	0.0685	0.0688	0.0691	0.0692	0.0621

sigma^2 estimated as 0.0002766: log likelihood = 709.36, aic = −1404.72

模型表示为:

$$(1 - 0.4917B - 0.1008B^2 - 0.0127B^3 + 0.0133B^4 - 0.041B^5 + 0.0709B^6)\gamma_t = a_t$$
$$\sigma_a^2 = 0.0028, AIC = -1404.72 \tag{3.4.2.2}$$

从2个模型的比较来看,AR(1)模型的AIC比AR(6)模型的小。同时,从模型参数显著性来看,AR(6)模型从第2项开始均不显著。因此,AR(1)模型是可行的。

3.4.2.5 模型回测

模型估计后,可使用backtest()函数进行回测检验。将汽油价格增长率数据分为建模子样本和预测子样本,建模子样本为最近200个样本点,并进一步预测。

代码段3.4.2.5.1

```
source("c:/ado/backtest.R")    #装载回测包
pm1=backtest(m1, r, 200, 1, inc.mean = F)    #AR(1)预测原点为第200
```

AR(1)模型回测运行结果为:

"RMSE of out-of-sample forecasts"

0.016399

"Mean absolute error of out-of-sample forecasts"

0.012381

模型回测结果显示,预测误差的均方根(RMSE)和平均绝对误差(MAFE)分别为0.016399和0.012381。如果想进一步分析回测结果,则可以选择不同的预测原点和不同的模型进行比较。模型预测误差结果越小,说明模型预测精度越高。

3.4.3 ARMA-GARCH模型实例

上述单纯的ARMA模型虽能反映时间序列平均值的变化情况,但不能反映模型的聚集波动特征,而GARCH模型不仅能分析波动集聚现象,有时还能减少预测误差。

3.4.3.1 ARCH效应检验

下面以汽油价格增长率为例说明如何建立ARMA-GARCH模型。先装载fGarch包,再使用archTest()函数进行ARCH效应检验。

代码段 3.4.3.1.1

```
library(fGarch)
source("c:/ado/archTest.R")
archTest(r,5)    #ARCH效应检验
```

部分运行结果:

	Estimate	Std. Error	t value	Pr(>|t|)	
(Intercept)	2.625e-04	7.427e-05	3.534	0.0004	***
x1	1.474e-01	6.248e-02	2.359	0.0190	*
x2	1.154e-01	6.310e-02	1.828	0.0687	.
x3	1.807e-02	6.348e-02	0.285	0.7761	
x4	−2.532e-02	6.289e-02	−0.403	0.6875	
x5	6.356e-02	6.225e-02	1.021	0.3082	

F-statistic: 2.508 on 5 and 254 DF, p-value: 0.03077

结果显示,残差平方的1阶滞后系数的伴随概率为0.0190,小于5%的显著性水平;残差平方2阶滞后系数的伴随概率为0.0687,说明在10%显著性水平条件下显著。同时,联合显著性检验的F统计量为2.508,伴随概率为0.03077,说明在5%显著性水平下拒绝不存在异方差的原假设,故残差存在ARCH效应。

3.4.3.2 模型识别与估计

由于AR(1)模型存在ARCH效应,故需要建立GARCH簇模型。在R语言中可使用garchFit()函数进行ARMA-GARCH模型的参数估计,其中,参数data为数据对象;tarce表示是否显示优化过程;include.mean表示是否包括常数项;F表示不带常数项;cond.dist表示随机项的分布,默认为正态分布。经过反复比较选择,最终确定可以使用ARCH(1)模型来拟合数据,故建立ARMA(1,0)+GARCH(1,0)模型。其中,ARMA(1,0)即前述均值方程,GARCH(1,0)表示ARCH项的阶为1,而GARCH项的阶为0,即ARCH(1)。

代码段 3.4.3.2.1

```
m3=garchFit(~arma(1, 0)+garch(1, 0), data = r, trace = F, include.mean = F)
summary(m3)
```

运行结果主要分为3个部分。第1部分是参数估计结果:

	Estimate	Std.Error	t value	Pr(>|t|)	
ar1	6.609e-01	5.169e-02	12.786	2e-16	***
omega	1.823e-04	2.325e-05	7.840	4.44e-15	***
alpha1	3.544e-01	1.163e-01	3.048	0.0023	**

回归结果第1列为估计对象:ar1表示均值方程AR(1)的自1阶自回归系数,omega项表示方差方程中的常数项,alpha1表示方差方程中ARCH的1阶滞后系数项,beta1表示方差方程中GARCH的1阶滞后系数项。由于上述回归中没有包含GARCH项,故没有显示结果。第2列(Estimate)为参数估计值,第3列(Std.Error)为估计参数标准误,第4列为t统计量,第5列为伴随概率,标星表明所有的估计系数均显著。回归模型为:

$$\gamma_t = 0.6609\gamma_{t-1} + a_t, a_t = \sigma_t \varepsilon_t$$
$$\sigma_t^2 = 0.00018 + 0.3544a_{t-1}^2$$

(3-4-24)

3.4.3.3 模型检验

回归结果的第2部分为标准化残差检验结果:

Standardised Residuals Tests:

			Statistic	p-Value
Jarque-Bera Test	R	Chi^2	32.2449	9.9562e-08
Shapiro-Wilk Test	R	W	0.9834	0.0036
Ljung-Box Test	R	Q(10)	6.4387	0.7771
Ljung-Box Test	R	Q(15)	12.441	0.6453
Ljung-Box Test	R	Q(20)	14.477	0.8054
Ljung-Box Test	R^2	Q(10)	2.9744	0.9820
Ljung-Box Test	R^2	Q(15)	5.172639	0.9905611
Ljung-Box Test	R^2	Q(20)	6.120545	0.9987246
LM Arch Test	R	TR^2	4.013743	0.9831871

标准化残差检验结果中第1—2行显示正态分布检验结果,伴随概率小于5%,说明随机项不具有正态分布性。第3—5行显示残差自相关检验结果,结果表明残差不存在自相关性。第6—8行为残差平方的自相关检验,表明残差平方不存在自相关,即不再存在ARCH效应。LM Arch Test显示的是ARCH效应检验结果,伴随概率为0.9987246,表明模型不再存在ARCH效应。

第三部分为信息准则:

Information Criterion Statistics:

AIC	BIC	SIC	HQIC
-5.4319	-5.3913	-5.4321	-5.4156

代码段 3.4.3.3.1

v3=volatility(m3)　#模型 m3 的条件波动率

plot(v3, type = "l", xlab = "时期", ylab = "波动率")

计算出模型的波动率,并绘制时序图,如图 3-4-6 所示。

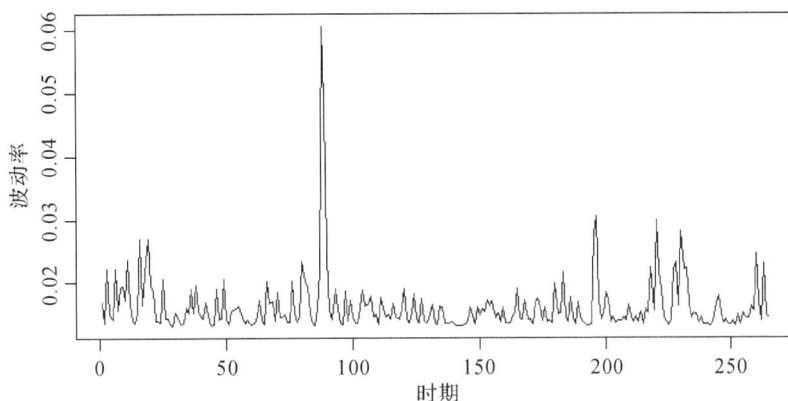

图 3-4-6　拟合波动率

3.4.3.4　偏 t 分布信息的参数估计

考虑到随机项的非正态分布特征,为了处理非正态性,我们使用偏 t 分布("sstd")信息重新进行参数估计。

代码段 3.4.3.4.1

m4=garchFit(~arma(1, 0)+garch(1, 0), data = r, trace = F, include.mean = F, cond.dist = "sstd")

summary(m4)

运行结果为:

Coefficient(s):

ar1	omega	alpha1	skew	shape
0.5927	0.0002	0.2142	1.1833	8.3686

Error Analysis:

	Estimate	Std. Error	t value	Pr(>|t|)	
ar1	0.5927	0.0052	11.314	2e-16	***
omega	2.012e-04	2.763e-05	7.282	3.28e-13	***
alpha1	0.214	0.094	2.273	0.0230	*
skew	1.183	0.1118	10.585	2e-16	***
shape	8.369	3.646	2.295	0.0217	*

Standardised Residuals Tests:

			Statistic	p-Value
Jarque-Bera Test	R	Chi^2	79.4868	0.00
Shapiro-Wilk Test	R	W	0.9739	9.236e-05
Ljung-Box Test	R	Q(10)	5.0955	0.8847
Ljung-Box Test	R	Q(15)	11.9457	0.6831
Ljung-Box Test	R	Q(20)	14.2422	0.8180
Ljung-Box Test	R^2	Q(10)	3.3584	0.9716
Ljung-Box Test	R^2	Q(15)	5.3219	0.9890
Ljung-Box Test	R^2	Q(20)	6.26475	0.9984
LM Arch Test	R	TR^2	4.25988	0.9782

Information Criterion Statistics:

AIC	BIC	SIC	HQIC
−5.4672	−5.3997	−5.4679	−5.4401

模型为:

$$\gamma_t = 0.5927\gamma_{t-1} + a_t, a_t = \sigma_t\varepsilon_t$$
$$\sigma_t^2 = 0.0002 + 0.2142a_{t-1}^2$$

(3-4-25)

从运行结果来看,参数均具有统计显著性。

3.4.3.5 使用偏t分布新息的模型检验

标准化残差的 Ljung-Box 统计量和伴随概率有: $Q(10) = 5.0955(0.8847)$, $Q(15) = 11.9457(0.6831)$, $Q(20) = 14.2422(0.8180)$。这说明,残差无序列相关。残差平方(代表方差)的 Ljung-Box 统计量和伴随概率有: $Q(10) = 3.3584(0.9416)$, $Q(15) = 5.3219(0.9890)$, $Q(20) = 6.2647(0.9984)$。这说明不再存在 ARCH 效应。m4 模型 AIC(-5.4672)小于 m3 模型 AIC(-5.4319),故 m4 模型比 m3 模型要充分。

下面绘制 m4 模型的波动率与残差时序图。

代码段 3.4.3.5.1

```
v4=volatility(m4)   #模型 m4 波动率
resi=residuals(m4, standardize = T) #标准化残差
vol=ts(v4, frequency = 52, start = c(2016,1))   #定义时间序列
res=ts(resi, frequency = 52, start = c(2016,1))
par(mfcol = c(2,1))   #波动率与残差图
plot(vol, xlab = "年份", ylab = "波动率", type = 'l')      #绘制波动率时序图
plot(res, xlab = "年份", ylab = "标准化残差", type = 'l') #绘制残差时序图
```

运行结果如图 3-4-7 所示。

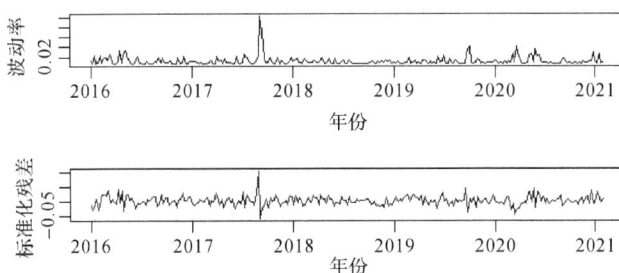

图 3-4-7　波动率与标准化残差时序图

图 3-4-7 显示,除 2017—2018 年金融危机期间波动较大外,其他时点具有随机性,但从波动幅度来看,异常值较多,存在厚尾现象。

除上述检验方法外,也可以使用 ACF 和 PACF 对标准化残差及平方进行自相关检验。

代码段 3.4.3.5.2

```
par(mfcol = c(2, 2)) # 绘制残差ACF & PACF
acf(resi, lag = 24, xlab = "滞后阶数", sub = "残差自相关图", font.sub=2, main = NA)
pacf(resi, lag = 24, xlab = "滞后阶数", sub = "残差偏自相关图", font.sub = 2 main = NA)
acf(resi^2, lag = 24, xlab = "滞后阶数", sub = "残差平方自相关图", font.sub = 2, ylab = "PACF", main = NA)
pacf(resi^2, lag = 24, xlab = "滞后阶数", sub = "残差平方偏自相关图", font.sub = 2, ylab = "PACF", main = NA)
```

运行结果如图 3-4-8 所示。

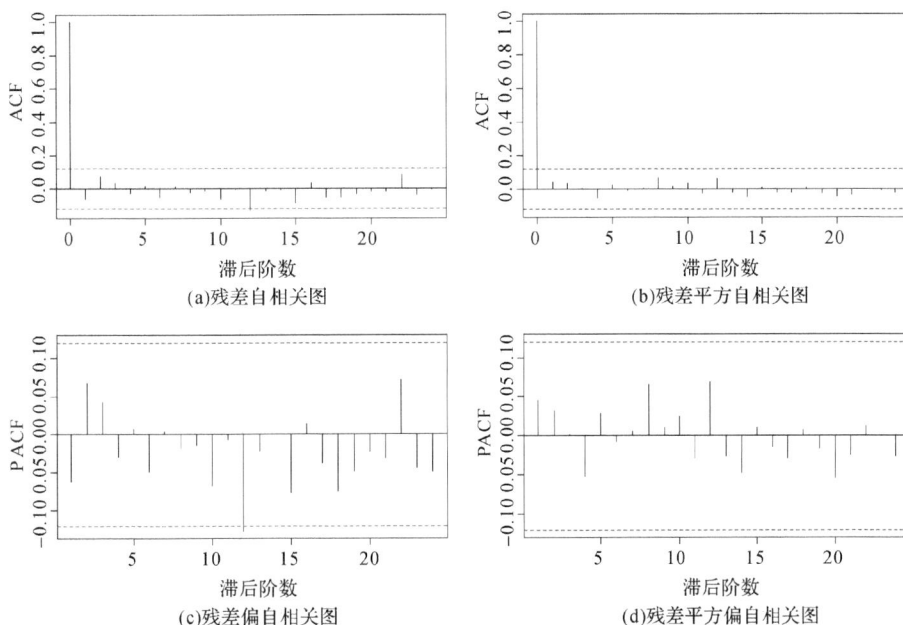

图 3-4-8　标准化残差及平方 ACF 和 PACF

图3-4-8显示,标准化残差自相关和偏自相关系数(除滞后11期存在异常外)均在2倍标准差之内,说明不存在低阶自相关。

R软件还提供了简便的图形检验方法,运用plot(m4)可显示一个选项通道,在"Selection"输入"1—12"可进行相应检验,输入"0"则退出。

Make a plot selection(or 0 to exit):

1: Time Series   2: Conditional SD

3: Series with 2 Conditional SD Superimposed   4: ACF of Observations

5: ACF of Squared Observations   6: Cross Correlation

7: Residuals   8: Conditional SDs

9: Standardized Residuals   10: ACF of Standardized Residuals

11: ACF of Squared Standardized Residuals   12: Cross Correlation between r^2 and r

13: QQ-Plot of Standardized Residuals

Selection:

若分别输入1、10、11和13,得到汽油价格增长率、标准化残差ACF、标准化残差平方的ACF及标准化残差的Q-Q图,如图3-4-9所示。前面3个图形与上述分析一致,第4个Q-Q图为检验标准化残差分布图。Q-Q图显示除个别值异常外,标准化残差分布较为合理。

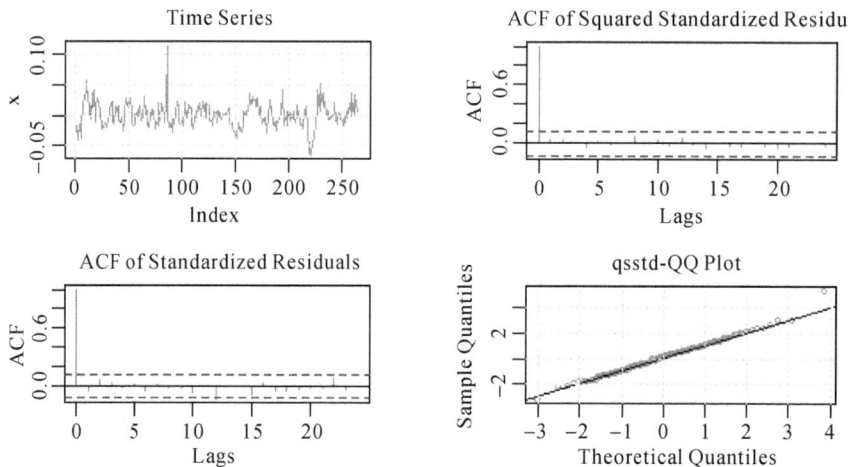

图3-4-9   plot(m4)组合图形[①]

[①] 本图中所使用的数据集是由R自身所提供的,横、纵坐标名称也是已有变量的名称,若修改为中文可能会影响读者阅读,故横、纵坐标及标题均维持R运行结果原样。特此说明。

3.4.3.6 模型回测

除了上述样本内比较外,还可以调用函数backtestGarch()对模型进行回测。

代码段 3.4.3.6.1

```
source("c:/ado/backtestGarch.R")
M4F=backtestGarch(r, 200, 1, inc.mean = F, cdist = "sstd")
M4F
```

运行结果显示,AR(1)+GARCH(1,0)模型 RMSE 和 MAFE 分别为 0.0161 和 0.0122,而 AR(1)模型 RMSE 和 MAFE 分别为 0.0163 和 0.0123,说明预测误差有所减小。

除了标准的 GARCH 模型之外,读者还可以根据分析目的使用其他类型的 GARCH 模型来建模,具体过程基本相同。

[本节数字资源]

所在章节	二维码	内容	目标
3.4		课程资料链接(PPT)	获得该节线上课程 PPT 资料
		课程资料链接(代码)	获得该节线上课程代码资料
		课程资料链接(数据)	获得该节线上课程数据资料
3.4		随堂训练	了解时间序列建模的相关知识
		随堂训练参考答案	

【本章小结】

■主要术语

循环结构　条件结构　函数构成　回归　多重共线性　条件异方差模型　ARMA模型

■数字资源

所在章节	二维码	内容	二维码	内容
第3章		自测题目		自测题目答案
第3章		自选题目		自选题目答案
		案例分析		案例分析答案

4　R作图基础

教学说明

导入语

　　作图是R语言最强大的功能之一,是R语言数据可视化的主要途径之一。本章介绍了一些最基本的函数和ggplot2包,包中的函数与参数看似简单,却能便捷地绘出一些高品质的图形,为我们今后学习更为复杂的绘图方法奠定良好的基础。

学习目标

　　(1)了解图形文件的保存和创建,学会使用初级和高级绘图函数。
　　(2)了解常见的图形参数,学会通过函数设置来设置图形参数。
　　(3)学会使用图形工具来展示数据,掌握绘出简单和高级图形的方法。
　　(4)学会修饰和整合图形,实现多图组合。
　　(5)从qplot()入门,掌握ggplot()函数的绘图步骤,学会使用ggplot2包。

4.1　初建图形

4.1.1　图形文件保存和创建

4.1.1.1　图形文件保存

　　当绘制完图形后,可以通过编写代码或者图形用户界面来保存图形文件。要通过代码保存图形,必须将绘制图形的语句夹在开启目标图形设备的语句和关闭图形设备的语句之间。

　　代码段4.1.1.1.1

```
#图形保存
pdf("D://R  Data//graph1.pdf")
#开启目标图形设备,将图形以pdf格式保存在D://R  Data//graph1.pdf
plot(c(1, 3, 5, 7, 9), c(2, 4, 6, 8, 10), main = "The Title",
```

```
        xlab = "X-axis Label", ylab = "Y-axis Label")        # 画散点图
dev.off()                    #关闭图形设备
```

上段代码的第1句意味着开启了目标图形设备,将图形保存成pdf格式,还可以使用png()、jpeg()、bmp()、tiff()、xfig()、postscript()等函数将图形保存为其他格式;第2句语句为画散点图;第3句为关闭图形设备语句,该语句必须写,否则图形文件将无法输出。

也可以通过R或者RStudio用户界面完成图形的保存,保存的方法因系统不同而有所差异。在Windows系统下,利用R界面左上角的"文件",选择"另存为",然后在弹出的对话框中选择想要的格式和保存的路径;在Mac上,当Quartz图形窗口处于高亮状态时,单击菜单栏的"文件",选择"另存为",也可以保存图形,但其输出格式仅为PDF。在UNIX系统中,必须使用代码来保存图形。保存图形功能在RStudio用户界面的右下角文件功能区,绘制完图后,在图的上方单击"Export"按钮,选择保存为png文件或PDF文件等,或者粘贴到剪贴板,单击其中一项,选择输出的格式、路径、文件等即可。

4.1.1.2　图形创建

可以使用plot()等函数创建图形,但是调用这些函数创建完新图形后,会覆盖掉先前的图形,如果需要同时创建多个图形窗口,并能随时查看任何一个图形,则可以采用以下3种方法。

方法1:利用dev.new()函数

代码段4.1.1.2.1

```
#图形创建
dev.new()
plot(c(1, 3, 5, 7, 9), c(2, 4, 6, 8, 10), main = "The Title",
        xlab = "X-axis Label", ylab = "Y-axis Label")        # 画散点图
dev.new()
plot(c(1:10), c(2:11), main = "The Title",
        xlab = "X-axis Label", ylab = "Y-axis Label")        # 画散点图
```

以上代码运行的结果是出现2个图形窗口,每一幅新图形将出现在最近一次打开的窗口中。

方法2:利用R或者RStudio用户界面

在Windows系统下,利用R界面绘制完一幅图后,单击图窗口,左上角的菜单栏将随之变化,选择菜单栏中的"历史"(History)，在"记录"(Recording)处打钩,然后再绘制其他图形,绘制完后利用"历史"菜单中的"上一个"(Previous)和"下一个"(Next)来逐个查看已经绘制的图形。

在RStudio用户界面中,可以利用右下角的文件功能区,选择图上方的左右箭头来查看前一页和后一页的图形。

方法3:利用dev.cur( )系列函数

可以使用dev.cur( )系列函数中的dev.new( )、dev.next( )、dev.prev( )、dev.set( )和dev.off( )等函数来同时打开多个图形窗口,并选择将图形发送到对应的窗口中。

4.1.2　高级绘图函数

R可以产生二维或者三维图形,本部分主要介绍二维图形的绘制。在R中有2种绘图函数:一种是高级绘图函数;另一种是低级绘图函数。前者是创建一个新图形(同时覆盖先前的图形,如果有的话),在初始化的图形窗口中设置标度,添加装饰,最后呈现图形。后者是在已经存在的图形上添加更多元素。高级绘图函数中较为常见的是plot( )和hist( )函数。

4.1.2.1　散点图:plot( )函数

(1)plot( )函数

plot( )函数是R语言中最简单也是最重要的作图函数,它是一个泛型函数,生成图形的对象取决于所绘制对象的类型,相同数据的不同形式在plot( )函数下得到同样的结果,以最简单的散点图为例。

如果数据在2个向量 x 和 y 中,那么plot(x, y)得到的结果与数据在一个(2列)数据框中得到的结果plot(data.frame)相同,将x置于横轴,y置于纵轴,绘制点集(x,y),然后使用线段将点连接。

首先,以虚拟数据为例,介绍plot( )函数创建散点图的用法。

代码段4.1.2.1.1

```
#画散点图
plot(c(1, 3, 5, 7, 9), c(2, 4, 6, 8, 10),
     xlab = "X轴", ylab = "Y轴")
```

运行结果如图4-1-1所示。

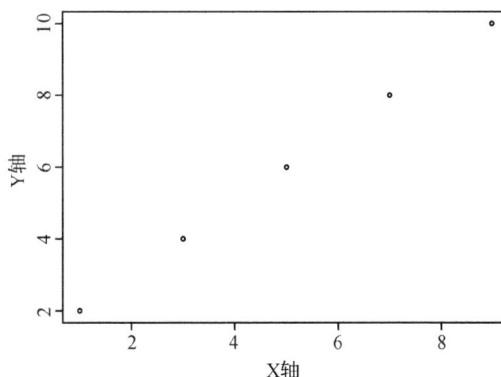

图4-1-1　plot( )函数散点图

这一命令将绘制散点(1,2)、(3,4)、(5,6)、(7,8)、(9,10),并且画出 x 轴和 y 轴。

(2)不同对象下图形

对比上面两图,我们发现 plot(x,y)和 plot(data.frame)得到的结果是一样的,这是因为我们绘制的是相同的数据,只是两者的数据格式不同。然而,当数据类型本身发生变化时,作为泛型函数,plot( )函数会得到不同的图形。例如,当 plot( )函数面对的对象是"lm"时,得到的是回归诊断图。我们以最简单的一元线性回归为例:

代码段 4.1.2.1.2

```
#针对不同对象时,plot()函数生成的图形不同
x <- c(1, 2, 3)
y <- c(1, 4, 8)
lmout <- lm(y ~ x)
plot(lmout)
```

运行结果如图 4-1-2 所示。

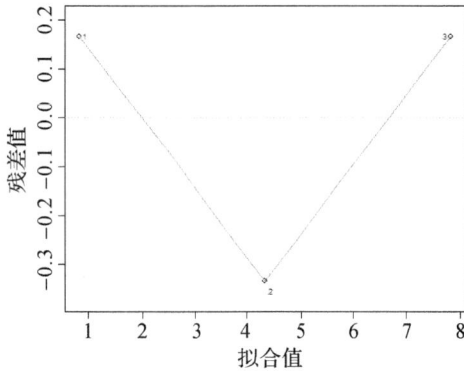

(a)残差值与拟合值的拟合图

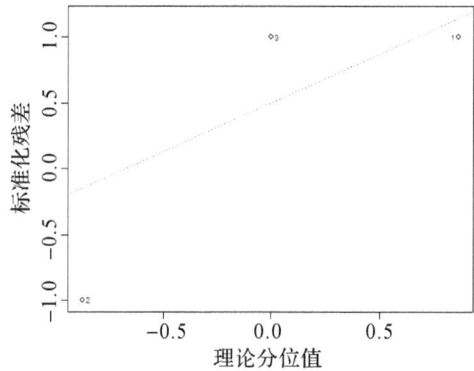

(b)正态Q-Q图

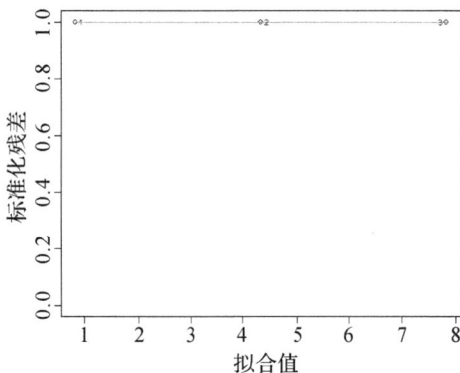

(c)位置尺度图

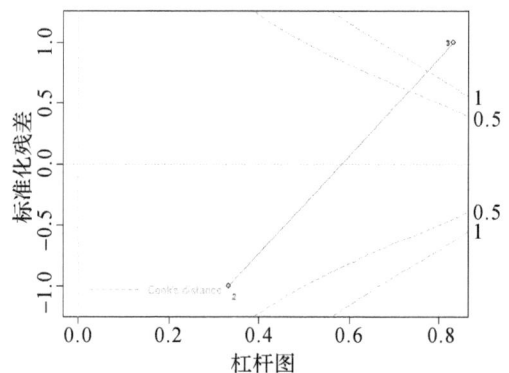

(d)残差与杠杆图

图 4-1-2 plot( )函数生成的回归诊断图

上图是用plot()函数作出"lm"对象的图,plot()函数下的lm类得到的是一个回归诊断图,想要进一步了解,可以使用help(plot.lm)进行查询。

plot()除了能显示回归诊断图外,还可以有其他几种变形,如表4-1-1所示。

表4-1-1　plot()函数变形及其功能

函数	功能
plot(x)	以x值为纵坐标,序号为横坐标绘图
plot(x,y)	以x值为横坐标,y值为纵坐标绘制散点图
plot(f)	f是一个因子(factor)对象,绘制f的直方图
plot(f,y)	f是一个因子(factor)对象,y是数值向量,绘制y在f各个水平下的箱线图
plot(data.frame)	绘制数据框中各变量的分布图
plot(~x1+x2+x3)	对于形如x1+x2+x3的表列,绘制各对象的分布图
plot(y~x1+x2+x3)	y可以是任何对象,分别产生y对于x1、x2、x3各对象的图

4.1.2.2　直方图:hist()函数

直方图通过在x轴上建立一定数量的组别,在y轴上显示对应组别的频数来展示数值向量的分布。可以通过下列表达式绘制直方图:

hist(x,breaks="Sturges",

　　　　freq=NULL,probability=!freq,

　　　　include.lowest=TRUE,right=TRUE,

　　　　density=NULL,angle=45,col=NULL,border=NULL,

　　　　main=paste("Histogram of",xname),

　　　　xlim=range(breaks),ylim=NULL,

　　　　xlab=xname,ylab,

　　　　axes=TRUE,plot=TRUE,labels=FALSE,

　　　　nclass=NULL,warn.unused=TRUE,…)

其中,*x*是一个数值向量。

代码段4.1.2.2.1

```
#直方图:hist()函数
par(mfrow = c(1,2))   #在一行中产生2幅图
x <- rnorm(1000)      #生成1000个服从正态分布的数
hist(x, breaks = 10, xlim = range(x), ylab = "频数")
hist(x, breaks = 30, xlim = range(x), ylab = "频数")
```

运行结果如图4-1-3所示。

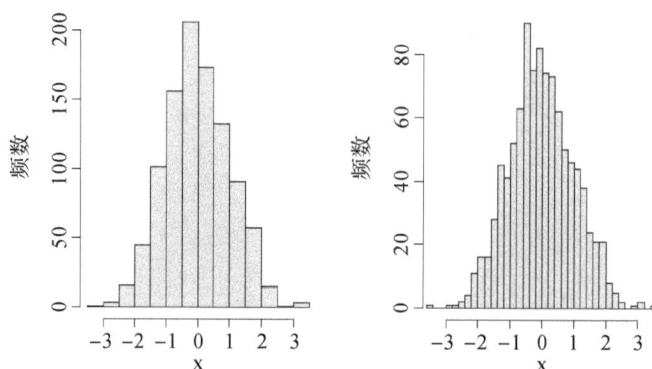

图4-1-3 hist()函数画正态分布直方图

上列中产生2个直方图,左图的breaks为10,右图的为30,右图的柱形间距小,breaks越大,柱形间距越小,hist()函数的其他参数说明如表4-1-2所示。

表4-1-2 hist()函数中的参数说明

参数	说明
breaks	设置每个柱形的间距
freq	若为FALSE,则表示y轴(柱形高度)为密度而不是频率
probability	若为FALSE,则表示y轴是频率而不是频数
xlim	设置横轴范围
ylim	设置纵轴范围
axes	是否需要画坐标轴
plot	是否需要画图
nclass	改变分类数
density和angle	设置柱形上的斜线密度和角度
border	设置柱形边界的颜色

除了plot()函数和hist()函数外,R中还有pie()函数用于绘制饼图,boxplot()函数绘制箱线图,barplot()函数绘制条形图,qqnorm()函数绘制Q-Q图,curve()函数绘制函数图。这些函数将在后面的高级绘图中加以说明。

4.1.3 低级绘图函数

相对于高级绘图指令,低级绘图指令不能创建新图形,只能在已经创建的图形之上

添加要素,如点、线、文本、图案等。具体例子包括:

points( )　　　#添加点

lines( )　　　#添加线

abline( )　　　#添加直线

segments( )　#添加线段

arrows( )　　#添加带箭头线段

polygon( )　　#添加封闭多边形

text( )　　　#添加文字

需要指出的是,在执行低级绘图指令之前,必须先执行一个高级绘图指令,否则将出现错误。例如:

代码段 4.1.3.1

lines(c(1:3), c(2:4), type = "l")

运行结果:

Error in plot.xy(xy.coords(x, y), type = type, ...) :

　　plot.new has not been called yet

报错的原因十分容易理解,高级绘图指令相当于画布,没有画布,无法绘图,故低级绘图指令就无法执行。

例如,当我们要画出 2 个函数图时,这里会涉及绘制多条线。我们希望用不同的颜色把 2 条线区分开来,如图 4-1-4 所示。这时我们可以这么做:

代码段 4.1.3.2

curve(sin, -2, 2, col = "red")

abline(a = 0, b = 1, col = "blue", lty = "dashed", lwd = 2)

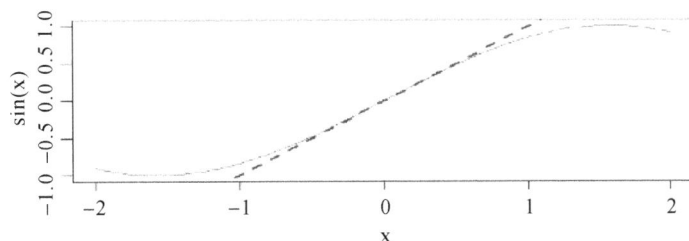

图 4-1-4　point( )函数和 abline( )函数[①]

即首先描绘-2—2之间的sin( )函数图,再在此基础上用abline( )画出 y=1+x 的图形。

___
① 根据代码段 4.1.3.2 的运行结果,图 4-1-4 中的虚线是蓝色,实线是红色。

[本节数字资源]

所在章节	二维码	内容	目标
4.1		课程资料链接(PPT)	获得该节线上课程PPT资料
		课程资料链接(代码)	获得该节线上课程代码资料
		随堂训练	练习简单绘图
		随堂训练参考答案	

4.2　图形参数

在了解了plot()最基本性质的基础上,我们需要对图做进一步处理,最常见的图形参数处理方法包括调整符号和线条,改变颜色,添加文本及标注,改变尺寸,等等。下面我们将一一介绍。

4.2.1　图形类型

plot()函数中的type参数用于调整图形的类型,其含义如表4-2-1所示。

表4-2-1　type参数指定的图形类型

参数	含义
p	指定图形类型为点
l	指定图形类型为线
b	指定图形类型为点线式
o	指定图形类型为点线式,且线在点上
h	指定图形类型为垂直线
s	指定图形类型为阶梯式,垂直线顶端显示数据
S	指定图形类型为阶梯式,垂直线底端显示数据
n	指定不显示图形,只画出坐标轴,常与低级绘图函数一起使用

代码段4.2.1.1

```
par(mfrow = c(2, 4))
graph <- function(x){
    plot(c(1:3), c(2:4), type = x, main = paste("typr=", x, sep = "") )
}
graph("p" )
graph("l")
graph("b")
graph("o")
graph("h")
graph("s")
graph("S")
graph("n")
```

运用mfrow()函数定义一个2行4列一共8图的图形分布,构建一个绘图函数,输入值为type类型,并在标题上显示type类型,然后以不同type类型输入值调用函数,如图4-2-1所示。

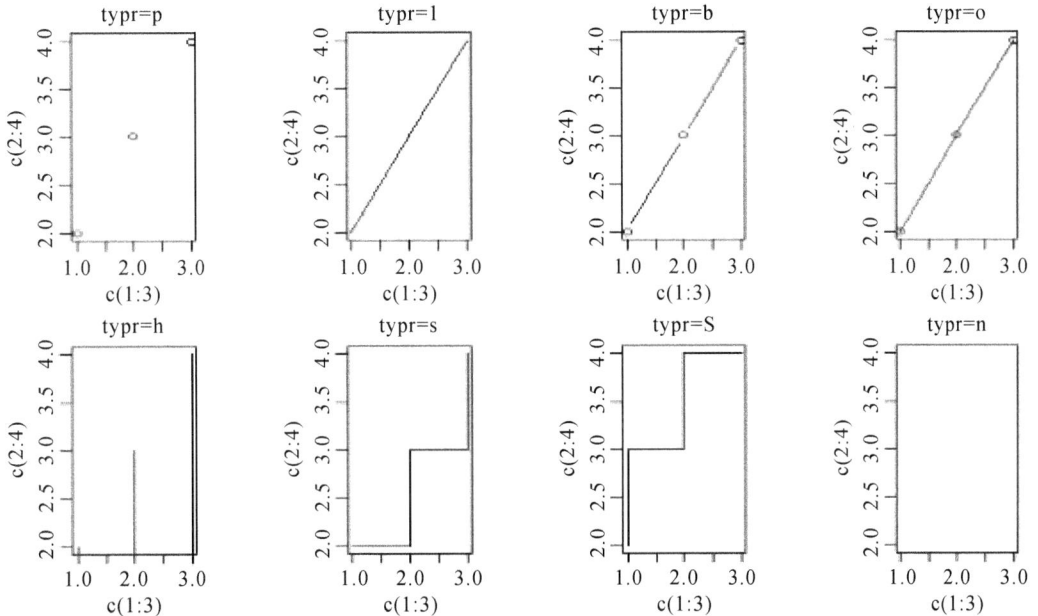

图4-2-1　type参数指定的图形类型

4.2.2 符号参数

4.2.2.1 符号类型:pch参数

plot( )及其他的作图函数含有调整点、线等符号类型的参数。其中,参数pch用于控制点,pch可能的值如图4-2-2所示。

pch=

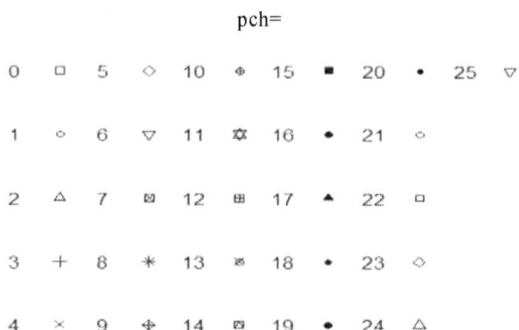

图4-2-2 参数pch可指定的绘图符号

生成图4-2-2的命令如下:

代码段4.2.2.1.1

```
plot(c(0, 5.5), c(0, 5), type = "n", main = "pch=", xlab = "", ylab = "",
axes = "FALSE")
i <- 0
while ( i <= 25 ){
  j <- trunc(i/5)        #i除5后取整
  n <- 5-i %% 5          #将5减去i除5的余数赋值给5
  points(j+0.5, n, pch = i); text(j, n, i)
  i <- i+1
}
```

首先绘制底图,将图形类型设置为只显示坐标轴,不显示图形内容,标题设为"pch=",x轴和y轴的标题均为空,并且axes="FALSE",即禁止坐标轴生成,这样底图中将不会显示坐标轴的任何内容。接着,设置一个条件循环,逐一显示0—25的pch参数的绘图符号。

4.2.2.2 符号和字符大小:cex参数

此外,参数cex改变符号大小,cex默认为1,数值表示相对于默认大小的缩放倍数;cex=2表明将原符号放大为默认值的2倍。如图4-2-3所示,画出形状为三角,大小为默认值3倍的点(1,1)和默认值的点。

代码段 4.2.2.2.1

```
par(mfrow = c(1, 2))
plot(1, 1, pch = 2, cex = 3)
plot(1, 1, pch = 2, cex = 1)
```

第1条语句是设计一个1行2幅图的图形,第1幅图在坐标轴(1,1)的位置绘制一个大小是默认值3倍的点,第2幅图在坐标轴(1,2)的位置绘制一个大小是默认值的点,如图4-2-3所示。

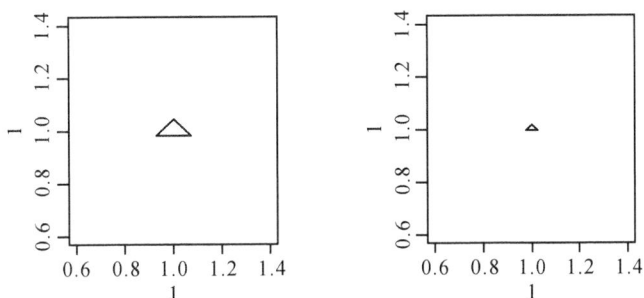

图4-2-3　参数cex为3和1时点大小对比

在添加文本的过程中,我们可以通过cex参数来指定文本的大小,通过font参数来指定使用的字样。这些参数及其相应变体在R制图中十分常见,它们的用法如表4-2-2所示。

表4-2-2　cex参数说明

参数	说明
cex	表示相对于默认大小的放大或者缩小的倍数,默认为1
cex.axis	表示坐标轴刻度文字的缩放倍数,默认为1
cex.lab	表示坐标轴名字的缩放倍数,默认为1
cex.main	表示标题的缩放倍数,默认为1
cex.sub	表示副标题的缩放倍数,默认为1

4.2.3　线条参数

4.2.3.1　线条类型:lty参数

得到线图之后,读者或许还想改变线条的类型及宽度。参数lty用于指定线条类型,如表4-2-3所示。

表4-2-3　参数lty指定的图形类型

参数	说明
lty="solid"或lty=1(默认值)	————————————
lty="dashed"或lty=2	- - - - - - - - - - - - - -
lty="dotted"或lty=3	··································
lty="dotdash"或lty=4	·-·-·-·-·-·-·-·-·-·-·
lty="longdash"或lty=5	— — — — — — — — —
lty="twodash"或lty=6	-·· -·· -·· -·· -·· -·· -··
lty="blank"或lty=0	

4.2.3.2　线条宽度:lwd参数

参数lwd用于指定线条宽度,lwd默认为1。例如,要在图4-2-3的基础上得到线型为"dashed"、线宽为2的图形,如图4-2-4所示,我们可以这样做:

代码段4.2.3.2.1

```
plot(c(1:3), c(2:4), type = "l", lwd = 2, lty = "dashed")
```

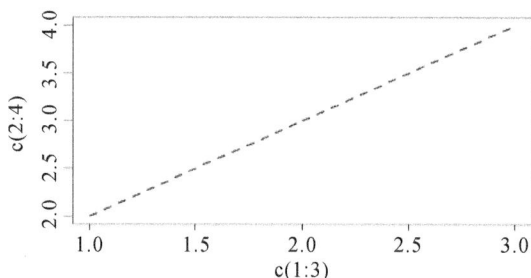

图4-2-4　添上参数lwd后的图

4.2.3.3　线条和字符颜色:col参数

在学会对线图进行最基本的操作之后,我们很多时候会碰到在一个图中添加多条线的情况,有时候需要用不同颜色来区分线条。另外,为了醒目,我们可能对标题或者坐标轴等文字部分指定颜色,此时可以用参数col,col默认为"black",具体的参数设置如表4-2-4所示。

表 4-2-4 col 参数说明

参数	说明
col	设置绘图的颜色
col.axis	设置坐标轴刻度文字的颜色
col.lab	设置坐标轴标签的颜色
col.main	设置标题的颜色
col.sub	设置副标题的颜色
fg	设置图的前景颜色
bg	设置图的背景颜色

画一个包括 10 个彩虹色的饼图,每一部分的颜色名称用一个大写字母来表示,我们可以这样做:

代码段 4.2.3.3.1

```
n<-10

mycolors<-rainbow(10)

pie(c(1:10), labels = LETTERS[1:10], col = mycolors) #彩虹色
```

运行结果如图 4-2-5 所示。

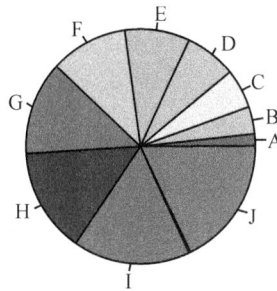

图 4-2-5 画彩虹色的饼图

4.2.4 坐标轴设定与调整

4.2.4.1 添加标题与坐标轴标签

使用 main 参数添加标题,使用 xlab 参数添加横坐标轴标签,使用 ylab 参数添加纵坐标轴标签,如图 4-2-6 所示。

代码段 4.2.4.1.1

```
curve(sin, -2, 2, col = "red", main = "sinx", xlab = "x", ylab = "sin(x)")
```

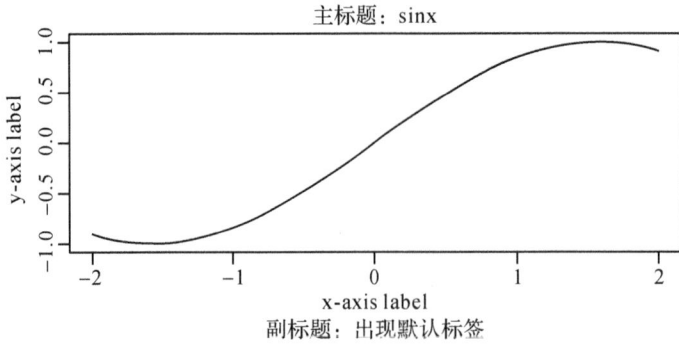

图 4-2-6   对 sin(x) 函数图添加标题和坐标轴标签

可以利用 title() 函数为图形添加标题和坐标轴标签：

代码段 4.2.4.1.2

```
curve(sin, -2, 2, col = "red")
title(main = "主标题:sinx", col.main = "red",
      sub = "副标题:出现默认标签", col.sub = "blue",
      xlab = "x-axis label", ylab = "y-axis label",
      col.lab = "green", cex.lab = 1.75)
```

以上代码首先生成一个[-2,2]之间的 sin 函数曲线,然后用 title() 函数可给其添加红色的主标题名称,蓝色的副标题名称,以及横坐标和纵坐标的标签、颜色,横坐标和纵坐标标签字体是默认值的 1.75 倍。由于很多高级绘图函数已经包含了默认的标题和标签,在上例中 curve() 函数已经包含默认横坐标和纵坐标标签,因此,在以上语句运行后,横坐标和纵坐标标签会出现重叠(见图 4-2-7 和图 4-2-8),默认值横坐标标签为 x,纵坐标标签为 sin(x),用 title() 函数定义的分别为"x-axis label"和"y-axis label",新旧标签出现重叠,这时可以通过在 curve() 函数中添加"ann=FALSE"或者用单独的 par() 语句来移除默认标签名。

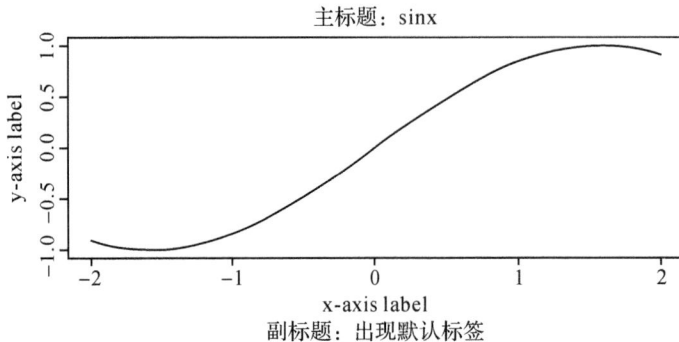

图 4-2-7   title() 函数

代码段 4.2.4.1.3

```
curve(sin, -2, 2, col = "red", ann = FALSE)
title(main = "主标题:sinx", col.main = "red",
      sub = "副标题:移除默认值", col.sub = "blue",
      xlab = "x-axis label", ylab = "y-axis label",
      col.lab = "green", cex.lab = 1.75)
```

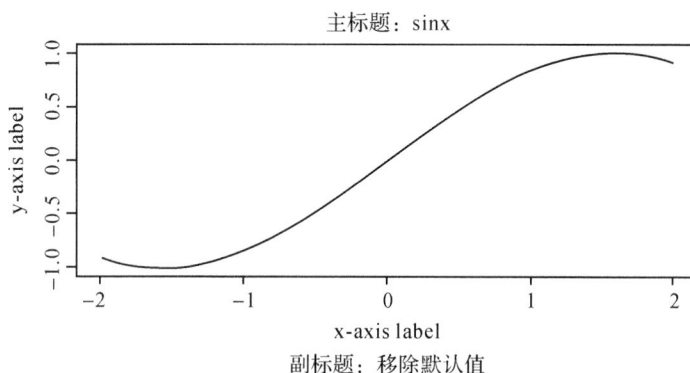

图 4-2-8   在 curve()函数中添加 ann=FALSE

4.2.4.2   自定义或者调整坐标轴

为了更好地展示画图内容,我们需要调整坐标轴或创建坐标轴以改变坐标轴与图形的相对大小,使图形能够更加合理、美观地得到呈现。

(1)自定义坐标轴:axis()函数

创建自定义的坐标轴需要用到低级绘图指令 axis()函数,此时必须禁用高级绘图指令为我们创建默认的坐标轴,参数 axex=FALSE 表示将禁用全部坐标轴,参数 xaxt=n 和参数 yaxt=n 分别表示禁用 x 轴或者 y 轴,详细参数说明如表 4-2-5 所示。axis()函数的使用方法如下:

```
axis(side,at=NULL,labels=TRUE,tick=TRUE,line=NA,
     pos=NA,outer=FALSE,font=NA,lty="solid",
     lwd=1,lwd.ticks=lwd,col=NULL,col.ticks=NULL,
     hadj=NA,padj=NA,…)
```

表 4-2-5　axis( )函数中的参数说明

参数	说明
side	一个整数,指定在图形的哪边绘制坐标轴(1=下边,2=左边,3=上边,4=右边)
at	一个数值型向量,表示刻度线绘制的位置
labels	一个逻辑值或向量,如果是逻辑值,则设置刻度上是否要加上数值注释;如果是向量,则其中的每个值就是一个刻度的标签
tick	一个逻辑值,表示是否画出坐标轴线和刻度线,默认为TRUE
line	设置坐标轴距离边距的行数(用于改变所画的图和坐标轴之间的间隔),line=NA 表示没有间隔
pos	设置坐标轴绘制位置的坐标
outer	一个逻辑值,设置坐标轴是否画在外部边距中,"outer=FALSE"表示把坐标轴画在标准边距中
font	设置文本的字体样式
lty	设置坐标轴线和刻度线的线型
lwd	设置坐标轴线的线宽
lwd.ticks	设置刻度线的线宽
tck	设置坐标轴刻度线长度,以相对于绘图区域大小的值表示。若小于 0.5,则 x 轴和 y 轴的刻度线将统一到相同的长度;若取 1,则绘制网格线;若取负值,则刻度线在绘图区域的外边。默认为 -0.01
col	设置坐标轴线的颜色
col.ticks	设置刻度线的颜色
las	设置坐标刻度标签的方向。0 表示总是平行于坐标轴,1 表示总是水平,2 表示总是垂直于坐标轴
……	其他参数

代码段 4.2.4.2.1

```
x <- c(1:10)

y <- 10/x

z <- 2*x

par(mar = c(5,4,2,5))   #设置图边界

plot(x, z, type = "b", pch = 21, col = "red", yaxt = "n", lty = 3, ann =
```

FALSE）#将纵坐标禁用

　　axis(2, at = z, labels = z, col.axis = "red", las = 1)

　　par(new=T)　#表示新图画在原图上

　　plot(x, y, yaxt = "n", ylab = "", ann = F, type = "l", col = "blue", lty = 2,
lwd = 2)　#再画另一个散点图,yaxt="n"表示禁用y轴

　　axis(4,at = seq(0,1,0.1), labels = seq(0,1,0.1), col.axis = "blue",

　　　　las = 1, cex.axis = 1, tck = −0.02)

　　mtext("y=10/x", side = 4, line = 2, cex.lab = 1, las = 2, col = "blue")

　　xlab = "x", ylab = expression(y ==2*x))

第1步,对x、y、z赋值;第2步,通过添加no.readonly=TRUE参数来生成可以修改的当前图形参数列表,同时设置图边界;第3步,画x与y的散点图,yaxt="n"表示将y轴禁用,即不自动产生,再通过ann=FALSE,移除默认的坐标轴标签;第4步,加上x与z的线条;第5步,画y轴,y轴的值为z向量的值;第6步,画右边的纵坐标;第7步,在离右边纵坐标2行的位置添加文本"y=10/x";第8步,添加主标题、横坐标和纵坐标标签。运行结果如图4-2-9所示。

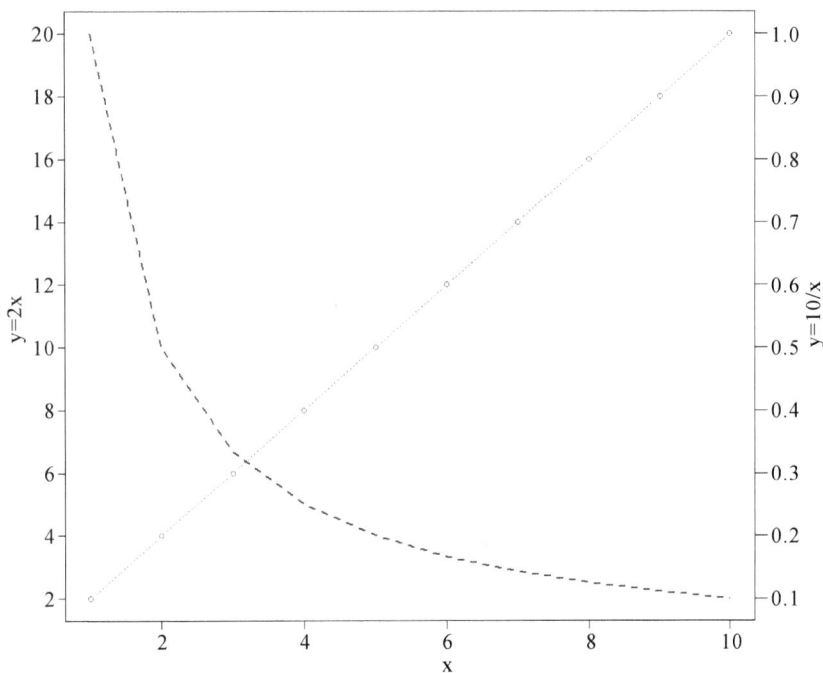

图4-2-9　An Example of C reative Axes

对于本例而言,我们可以这样做:

代码段 4.2.4.2.2

```
setwd("C:/Users/Administrator/Documents")
marketvalue <- read.csv("market value.csv", header = T, stringsAsFactors = F)
marketvalue$sh <- as.numeric(gsub(",", "", marketvalue$sh))
marketvalue$sz <- as.numeric(gsub(",", "", marketvalue$sz))
s <- as.Date("2001-06-1")
e <- as.Date("2015-08-1")
time <- seq(from = s, to = e, by = "month")
time1 <- rev(time)
plot(time1, marketvalue$sh, type = "0", cex = 0.5, xlab = "日期", ylab = "总
市值", axes = FALSE)
lines(time1, marketvalue$sz)
axis(2, at = seq(0, 400000, by = 50000), label = seq(0, 400000, by = 50000),
las = 2, cex.axis = 0.7, line = 0.3)
axis(1, at = seq(from = s, to = e, by = "year"), label = seq(from = s, to =
e, by = "year"), line = 1, cex.axis = 0.7)
legend("topleft", c("上海", "深圳"), box.col = 0, pch = c(1, NA), lty = 1,
cex = 0.7)    #修改图例
```

我们得到了自定义坐标轴下的图像,如图4-2-10所示,其中参数 las=2 表示坐标轴的标签垂直于坐标轴,参数 line=1 表示将图像与坐标轴保持1单位的间隔。

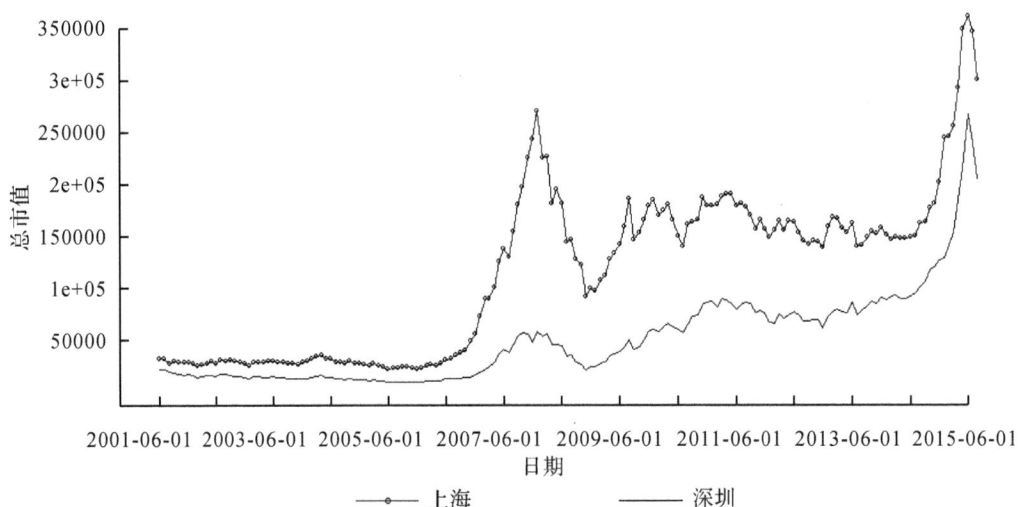

图4-2-10　2001—2015年沪深交易所上市公司总市值

（2）调整坐标轴参数

改变坐标轴较为常用的方法是通过 xlim、ylim 等参数来调整。下面我们以一个实际例子进行说明，例子中的数据是 2001 年 5 月—2015 年 7 月上海和深圳交易所上市的公司股票的总市值，数据来源于 Wind 数据库。

代码段 4.2.4.2.3

```
setwd("C:/Users/Administrator/Documents")
marketvalue <- read.csv("market value.csv", header = T, stringsAsFactors = F)
marketvalue$sh <- as.numeric(gsub(",", "", marketvalue$sh))
marketvalue$sz <- as.numeric(gsub(",", "", marketvalue$sz))
s <- as.Date("2001-06-1")
e <- as.Date("2015-08-1")
time <- seq(from = s, to = e, by = "month")
time1 <- rev(time)
plot(time1, marketvalue$sh, type = "0", col = "red", xlab = "年份", ylab = "总市值")
lines(time1, marketvalue$sz)
legend(locator(1), c("上海", "深圳"), box.col = 0, pch = c(1, NA), lty = 1, cex = 1)   #修改图例
```

首先需要介绍日期数据的转化，在从 csv 文件导入数据时，日期数据的默认格式为 character（文本型），一般我们会用 Date 类的函数将 character（文本型）转换为 Date（日期型），但是由于其默认的格式需要同时包含年、月、日，而本例中的数据只有年、月，因此我们采用创建日期序列的方式来创建日期：

代码段 4.2.4.2.4

```
s <- as.Date("2001-06-1")
e <- as.Date("2015-08-1")
time <- seq(from = s, to = e, by = "month")
```

seq()是一个泛型函数，对于 Date 对象，它能够生成对应的日期序列，其用法如代码段 4.2.4.2.4 所示，from 表示起始日期，to 表示结束日期，by 表示增量日期。这样我们得到了日期序列，可以进一步画图（见图 4-2-11）。

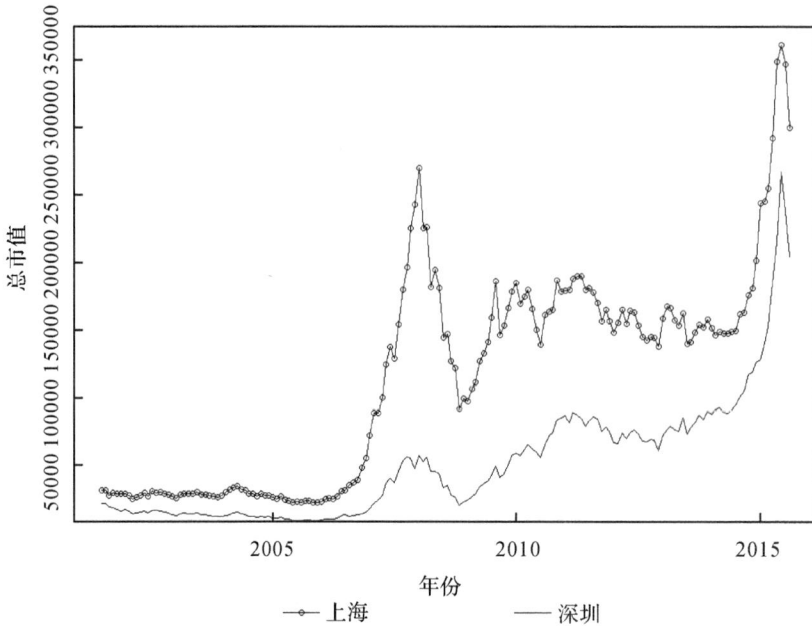

图4-2-11 2001—2015年沪深交易所上市公司总市值图调整坐标轴1

在图4-2-11中,我们发现深圳证券交易所股票的市值图线已经被压缩得变形了,问题在于我们先画出的是上海证券交易所股票的市值图线,此时的画布是根据上海的数据绘制的,而我们发现该画布的尺寸对深圳的数据并不适合。为了解决这个问题,我们有2种方法:一是调节原坐标轴的参数;二是改变图片大小。下文着重介绍第一种方法。

坐标轴的参数分为xlim、ylim,分别制定x轴、y轴的范围,其参数形式为c(x1,x2)、c(y1,y2),其中,x1、x2、y1、y2为数值。

应用坐标轴参数xlim,ylim可以指定坐标轴的上下限,也可以在绘图时使用:

xlim=c(min(…),max(…))

当绘图命令中的变量存在缺失值的时候,我们可以运用选项na.rm=TRUE来补充min、max等参数,如:

xlim=c(min(…,na.rm=TRUE),max(…,na.rm=TRUE))

在本例中,由于不存在缺失值,且x轴是日期数据,所以只需要对y轴参数ylim进行调整,具体命令如下:

代码段4.2.4.2.5

```
setwd("C:/Users/Administrator/Documents")
marketvalue <- read.csv("market value.csv", header = T, stringsAsFactors = F)
marketvalue$sh <- as.numeric(gsub(",", "", marketvalue$sh))
marketvalue$sz <- as.numeric(gsub(",", "", marketvalue$sz))
s <- as.Date("2001-06-1")
```

```
e <- as.Date("2015-08-1")
time <- seq(from = s, to = e, by = "month")
time1 <- rev(time)
ylim <- c(min(marketvalue$sh, marketvalue$sz),
          max(marketvalue$sh, marketvalue$sz))
plot(time1, marketvalue$sh, type = "0", xlab = "年份", ylab = "总市值",
ylim = ylim)
lines(time1, marketvalue$sz, col = "blue")
legend(locator(1), c("上海", "深圳"), box.col = 0, pch = c(1, NA), lty = 1,
cex = 1)   #修改图例
```

运行结果如图4-2-12所示。

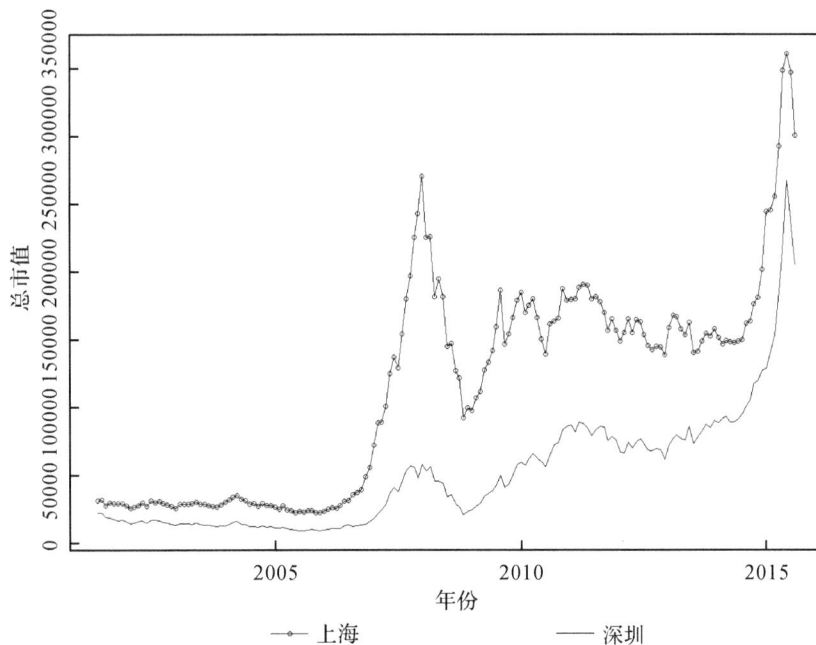

图4-2-12　2001—2015年沪深交易所上市公司总市值图调整坐标轴2

4.2.4.3　添加参考线

函数 abline()可以用来添加图形的参考线。其具体的使用格式为:abline(h=yvalues, v=xvalues)。除此之外,函数 abline()中也可以指定其他图形参数(如线条的类型、颜色和宽度等)。举个例子:代码 abline(h=5,lty=2,col="blue")的含义是在 y=5 的位置上添加 1条水平的虚线。下面用一个具体的例子来演示,命令如下:

代码段 4.2.4.3.1

```
A <-c(10, 20, 30, 40, 50)

B <-c(16, 20, 25, 27, 30)

C <-c(15, 18, 25, 28, 30)

opar <-par(no.readonly = TRUE)

plot(A, B, type = "b", pch = 15, lty = 1, col = "red", ylim = c(9, 31),
xlab = "分组", ylab = "数值")

lines(A, C, type = "b", pch = 17, col = "blue")

abline(h = c(10, 15, 20, 25, 30), lwd = 1.5, lty = 2, col = "gray")

par(opar)
```

运行结果如图 4-2-13 所示。

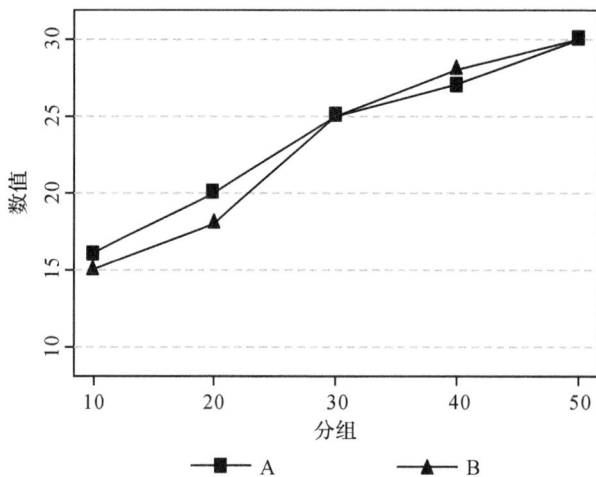

图 4-2-13   添加水平参考线图

4.2.5   添加文本

利用 text() 函数可以在图形的任意位置加上一些文字。其使用格式为：

text(location, "labels", pos, …)

mtext("labels", side, line=n, …)

其中，location 是文本的位子参数，可以是一对 (x, y) 的坐标，也可以通过 location() 和 locator(n) 使用鼠标交互式确定摆放位置。labels 是所要添加的文本，通常为字符向量；pos 为文本相对于位置参数的方位，即 1=下，2=左，3=上，4=右；side 为指定用于放置文本的边，即 1=下，2=左，3=上，4=右；设定参数"line="可以内移或者外移文本，随着值的增加，文本将外移，也可以使用"adj=0"将文本左下对齐，或者使用"adj=1"将文本右上对齐。具体命令如下：

代码段 4.2.5.1

```
curve(sin, -2, 2, col = "red", xlab = "x", ylab = "y")
text(-1.5, -0.8, "y = sin(x)")
```

运行结果如图 4-2-14 所示。

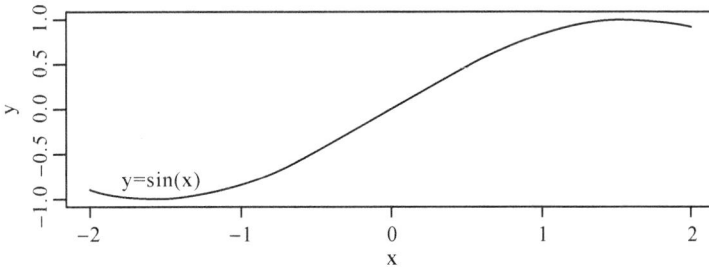

图 4-2-14 用 text( )添加文字

为了确定一个合适的文字坐标,我们往往需要多次设定 x、y 的参数值。很多时候,为了避免这样的麻烦,我们可以利用 locator( )函数来进行快速定位,其基本用法为:

locator(n, type, …)

其中,参数 n 表示定位点的个数,每单击一次,用户将获得一个点的位置,单击 n 次则获得 n 个位置。参数 type 表示在选择的点绘制指定的图形,默认不绘制。locator( )函数将所选点的坐标返回到一个列表中,列表包含 x、y 共 2 个组件。为了达到快速定位并且添加文本的目的,我们可以这样做:

代码段 4.2.5.2

```
curve(sin, -2, 2, col = "red", main = "My Figure", xlab = "x", ylab = "y")
text(locator(1), "y = sin(x)")
```

运行完代码后,会出现光标指示,移动鼠标即可移动需要放置文本的位置,确定位置后点击鼠标左键,即可确定文本添加位置。

需要指出的是,locator( )函数是一种交互语句,是 R 语言中 3 种基本指令之一,另外 2 种是前文介绍的高级绘图指令和低级绘图指令。与前两者不同,交互指令一般通过鼠标一类的设备向已有图形交互地添加信息,类似的函数还有 identify( ),用于识别图形上的点。

在添加文本的过程中,我们可以通过 cex 参数来指定文本的大小,通过 font 参数来指定使用的字样,通过 col 参数来指定文本的颜色。关于 cex 和 col 参数前文已经阐述,在此不再赘述,font 参数的用法如表 4-2-6 所示。

表 4-2-6　font 参数说明

参数	说明
font	用于指定使用的字体样式,1=常规,2=粗体,3=斜体,4=粗斜体,5=Adobe Symbol字体
font.axis	设置坐标轴刻度的字体
font.main	设置标题的字体
font.sub	设置副标题的字体
col.sub	设置副标题颜色
fg	设置图的前景颜色
bg	设置图的背景颜色

本例中,我们可以对添加的文本进行修改,命令如下:

代码段 4.2.5.3

```
curve(sin, -2, 2, col = "red", xlab = "x", ylab = "y")
text(-1.5, -0.8, "y = sin(x)", cex = 1.1, font = 2, family = "mono", col = "green")
```

运行结果如图 4-2-15 所示。

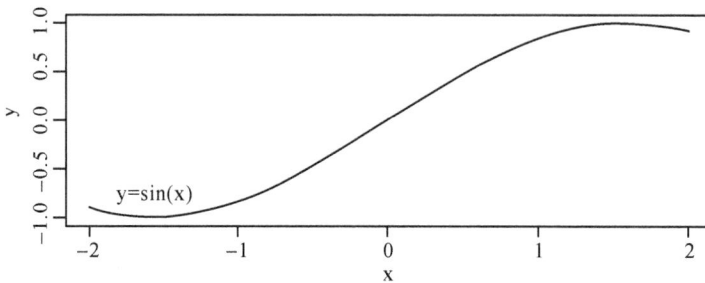

图 4-2-15　用 text( )添加文字,对字体进行修改

如图 4-2-15 所示,我们运用 cex 对坐标轴字体进行了放大,放大为默认值的 1.1 倍,用 font 选择粗体作为文本文字的字样,用 family 选择字体,用 col 选择字体颜色。

可以利用 expression( )函数来添加数学符号,具体命令如下:

代码段 4.2.5.4

```
plot(1:10, 1:10)
text(4, 9, expression(hat(beta) == (X[t] ^i * X[t])^{-1} * X[t]^i * y[t]))
```

运行结果如图 4-2-16 所示。

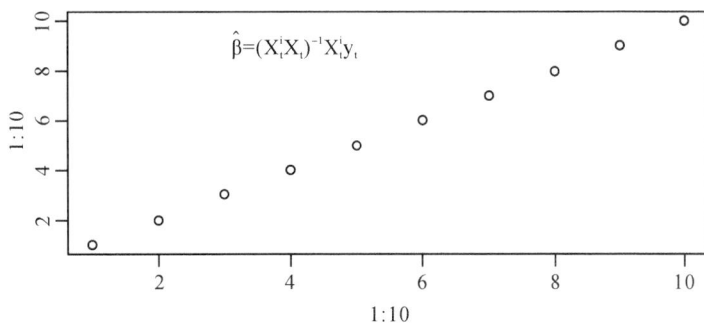

图 4-2-16　添加数学表达式

4.2.6　添加图例

图例是图形的解释元素,用于在当前图形的指定位置,一般以小方框的形式出现。其使用格式为:legend(x,y,legend,…)。legend()函数的具体参数说明如表 4-2-7 所示。

表 4-2-7　legend()函数的具体参数说明

参数	说明
x,y	设置图例的位置坐标,也可用关键词 bottomright、bottom、bottomleft、left、topleft、top、topright、right 和 center
legend	设置图例内容的字符向量
fill	字符向量,设置每个图例标签的颜色
col	设置图例中线条的颜色
lty	设置图例中线条的类型
lwd	设置图例中线条的宽度
pch	设置图例中点的类型
angle	设置阴影线的角度
density	设置阴影线的密度
bty	设置图例边框的类型
bg	设置图例边框的背景色
box.lwd	设置边框线的宽度
box.lty	设置边框线的类型
box.col	设置边框线的颜色

需要指出的是,绘制的字符、线条类型、颜色等由字符向量 legend 指定,其他给出的

参数值应该与字符向量相对应。例如：

代码段 4.2.6.1

```
curve(sin, -2, 2, col = "red", xlab = "x", ylab = "y")
abline(a = 0, b = 1, col = "blue", lty = "dashed", lwd = 2)
legend(-2, 1, c("y = sin(x)", "y = x"), lty = c("solid", "dashed"), col =
c("red", "blue"), lwd = c(1, 2))
```

运行结果如图 4-2-17 所示。

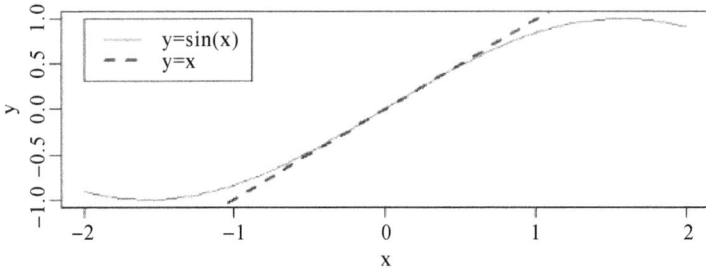

图 4-2-17　给图形添加图例

上例中,首先在(-2,1)的位置添加图例,然后定义了图例的内容,以及图例中线的形状、颜色和宽度。上例中图例位置也可以通过 locator() 函数来确定:

代码段 4.2.6.2

```
curve(sin, -2, 2, col = "red", main = "My Figure", xlab = "x", ylab = "y")
abline(a = 0, b = 1, col = "blue", lty = "dashed", lwd = 2)
legend(locator(1), c("y = sin(x)", "y = x"), lty = c("solid", "dashed"), col =
c("red", "blue"), lwd = c(1, 2)) #locator(n)使用鼠标交互式确定摆放位置
```

4.2.7　添加网格和标记

很多时候,我们需要对图形添加网格,使用 grid() 函数可以在绘图的基础上添加网格。其主要参数有 nx(垂直网格的数目)和 ny(水平网格的数目),当设置为 NA 时表示不绘制网格。运用 points() 函数可以在绘图的基础上添加标记点,具体命令如下:

代码段 4.2.7.1

```
curve(sin, -2, 2, col = "red", xlab = "x", ylab = "y")
abline(a = 0, b = 1, col = "blue", lty = "dashed", lwd = 2)
points(0,0, pch = 1, cex = 2, lty = "dashed", lwd = 2)
grid(nx = 5, ny = 5, col = "grey", lty = 2, lwd = 2)
```

运行结果如图4-2-18所示。

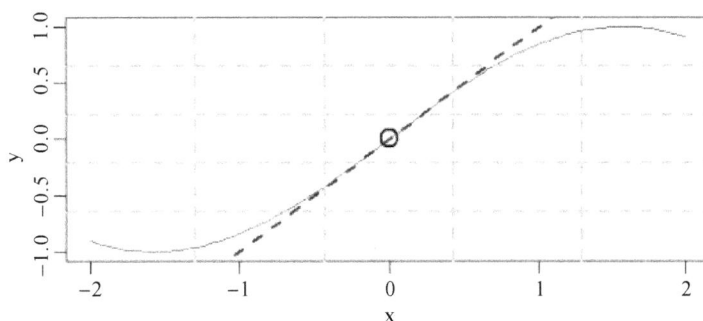

图4-2-18　添加网格线和标记点

上例中用points()函数添加标记点,标记点加在(0,0)位置,同时定义标记点的图形类型、大小、线类型及线宽度,用grid()函数定义网格线。

同样可以利用locator()函数来确定标记点的位置:

代码段4.2.7.2

```
curve(sin, -2, 2, col = "red", xlab = "x", ylab = "y")
abline(a = 0, b = 1, col = "blue", lty = "dashed", lwd = 2)
points(locator(1), pch = 1, cex = 2, lty = "dashed", lwd = 2)
grid(nx = 5, ny = 5, col = "grey", lty = 2, lwd = 2)
```

4.2.8　图尺寸调整

R绘图用par()可以定义图形尺寸和边界大小,用法为par(pin=,mai=,mar),其中,pin用来控制图形尺寸,输入用英寸表示的图形尺寸(宽和高);mai和mar用来控制图形边界。图4-2-19是一个描述两大区域的典型图。

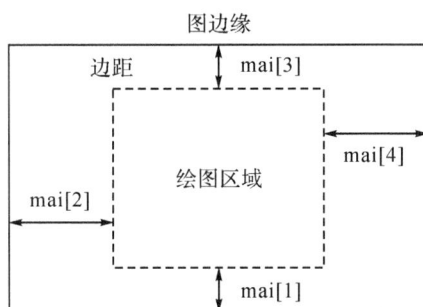

图4-2-19　图边界说明

对于图边缘的处理,我们一般使用参数 mai 和 mar,很多时候它们是等价的。2个参数都能控制图边缘的上、下、左、右共4个区域,其用法如表4-2-8所示。

表4-2-8 边界参数说明

参数	说明
mai	数值向量,分别是下、左、上、右边缘的大小,单位为英寸,默认为 c(1.02,0.82,0.82,0.42)
mar	数值向量,分别是下、左、上、右边缘的大小,单位以文本的行数表示,默认为 c(5.1,4.1,4.1,2.1)

参数的默认值都比较大,右边缘很少用到,如果没有标题,则上边缘也不需要,而左边缘和下边缘很多时候容纳不了坐标轴和标签,因而,许多时候需要调节图边缘的大小。

我们绘制2幅图表来进行比较,2幅图的尺寸和边界参数有所差别,具体命令如下:

代码段 4.2.8.1

```
par(mfrow = c(1, 2))
par(pin = c(2, 3), mai = c(1, 0.5, 1, 0.2))
curve(sin, -2, 2, col = "red", xlab = "x", ylab = "y")
par(pin = c(2, 3), mai = c(2, 1, 0.5, 1))
curve(sin, -2, 2, col = "red", xlab = "x", ylab = "y")
```

运行结果如图4-2-20所示。

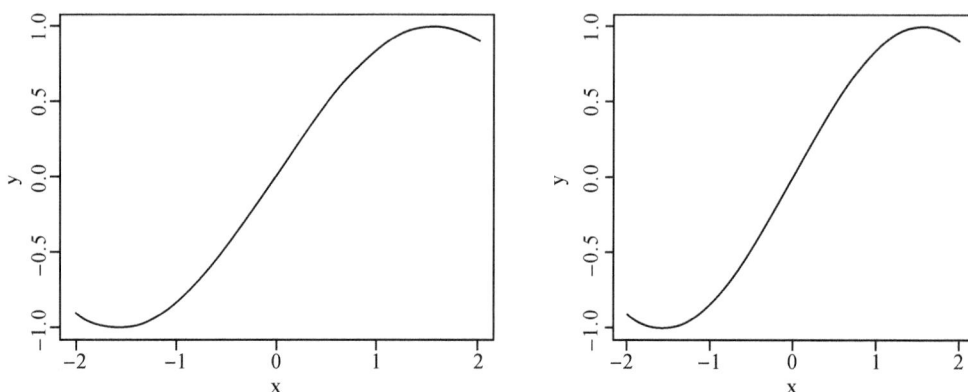

图 4-2-20 图边界参数设置效果差异

左图的第1个参数小,所以其离下边框距离近,左边距也小于右边图,但上边距大于右边的图。

例如,我们以1幅价格曲线图为例,利用图边缘处理美化图片。数据为中信证券(SH600030)和老白干(SH600559)2021年1月1日—2021年12月31日的收盘价,数据直接利用pedquant包下载。

首先我们画出没有经过边缘处理的图,命令如下:

代码段4.2.8.2

```
library(pedquant)
stock0 <- md_stock("600030", from = "2021-01-01", to = "2021-12-31",
source = "163")[[1]]
stock1 <- md_stock("600559", from = "2021-01-01", to = "2021-12-31",
source = "163")[[1]]
plot(stock0$date, stock0$close, type = "b", pch = 16, col = "green", xlab = "时
间", ylab = "股票价格", ylim = c(min(stock0$close, stock1$close, na.rm = T), max
(stock0$close, stock1$close, na.rm = T)))
points(stock1$date, stock1$close, type = "b", pch = 17, col = "red", lty = 2)
```

运行结果如图4-2-21所示。

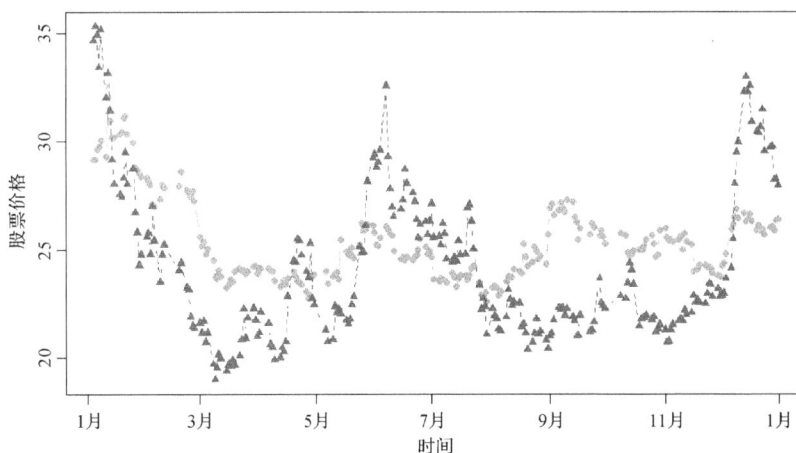

图4-2-21　中信证券和老白干收盘价

图4-2-21是R默认画出的图,我们发现上边缘和右边缘空白较多,左边缘和下边缘也可以进一步调整,命令如下:

代码段4.2.8.3

```
par(mai=c(1.2, 1.2, 0.2, 0.2))
plot(stock0$date, stock0$close, type = "b", pch = 16, col = "green", xlab = "时
间", ylab = "股票价格", ylim = c(min(stock0$close, stock1$close, na.rm = T), max
(stock0$close, stock1$close, na.rm = T)))
points(stock1$date, stock1$close, type = "b", pch = 17, col = "red", lty = 2)
```

运行结果如图4-2-22所示。

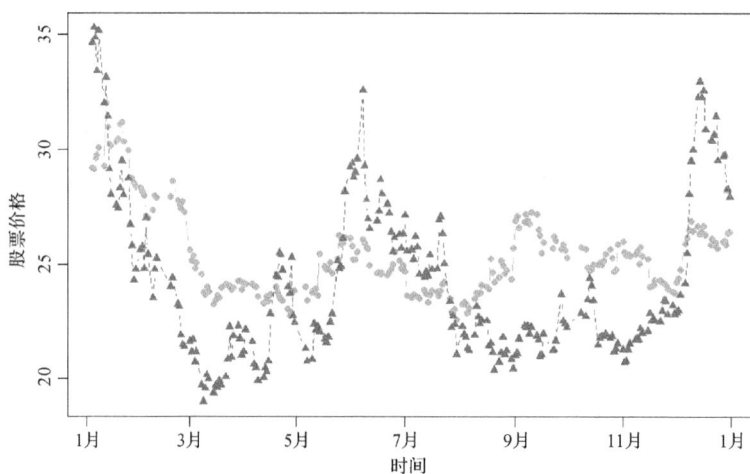

图4-2-22　图4-2-21的边缘处理图

如图4-2-22所示,par()函数用于改变图形的全局参数。我们前面学过的图形参数都是局部设定的,都只能对当前的一幅图产生影响,而par()函数设定的参数影响是全局的。在重新启动R之前,所有的图形都会受到par()函数设定的参数的影响。当然,我们也可以把这个改变再改回原来的默认值,其方法如下:

在绘图之初,先记录par()函数的默认参数:

ini.par<-par(no.readonly=TRUE)

在完成画图之后,改回原来默认值:

par(ini.par)

这样下一次画图的参数就不会受到影响。

我们通过par()函数中的mai参数调整了图边缘的大小,这个过程中需要反复试验,最终设定mai=c(1.2,1.2,0.2,0.2),由此得到了经过图边缘处理的图。

除了图边缘处理外,我们还可以通过参数pin来设定图形的尺寸,通过参数mgp来控制标题和标签周围的边距,通过参数pty来控制画图局域的类型。通过par()函数设定这些参数,我们可以更好地控制图形的分布,使其更加美观、高效地展示内容。读者若想要了解更多有关参数,可使用help(par)自行查阅。

[本节数字资源]

所在章节	二维码	内容	目标
4.2		课程资料链接（PPT）	获得该节线上课程PPT资料
		课程资料链接（代码）	获得该节线上课程代码资料
		课程资料链接（数据）	获得该节线上课程数据资料
		随堂训练	练习调整图形参数
		随堂训练参考答案	

4.3 图形工具

R语言提供了展示数据的图形工具,包括我们平时常见的散点图、直方图、饼图等,也包括并不常见但非常有用且直观的Q-Q图、盒形图、克里夫多图等。接下来,让我们一一学习。

4.3.1 高级散点图

前面已经介绍过散点图的基本做法,这里主要介绍散点图的其他常用做法。

4.3.1.1 多组散点图

当x、y这一对观测值还有一个平行因子f时,我们可以用f作为一个分组变量,来观察不同组别下x,y的散点图。例如,要研究A股上市公司中st组上市公司和非st组上市公司的财务比率的差异,我们可以画出以st为组别变量下财务比率的散点图。本例的数据来源于Wind数据库。具体命令如下:

代码段 4.3.1.1.1

```
setwd("C:/Users/Administrator/Documents")
```

```
FinRatio <- read.csv("financial ratio.csv", header = T, stringsAsFactors = F,
                na.strings = "")
FinRatio[,1] <- as.numeric(FinRatio[ ,1], na.rm = T)
FinRatio[,2] <- as.numeric(FinRatio[ ,2], na.rm = T)
FinRatio$group <- as.factor(FinRatio$group)
plot(FinRatio[ ,1], FinRatio[ ,2], xlim = c(0,120), ylim = c(0,50), xlab = "资
产负债率", ylab = "净资产收益率", pch = as.numeric(FinRatio$group), col = as.
numeric(FinRatio$group))
```

其原理是利用plot的参数pch来根据组进行绘制:

plot(x,y,pch=as.inter(f))

参数pch是一个整数向量,对应于(x,y)的值介于0—18之间,数据点的形状会根据其在pch向量中对应的值来描绘。

数据集FinRatio包含了配对变量Debt.to.Assets.Ratio和ROA,每家公司又同时被st或者非st(这里用normal表示)分类,如果一次性描绘所有的数据,则得到的图如4-3-1所示。

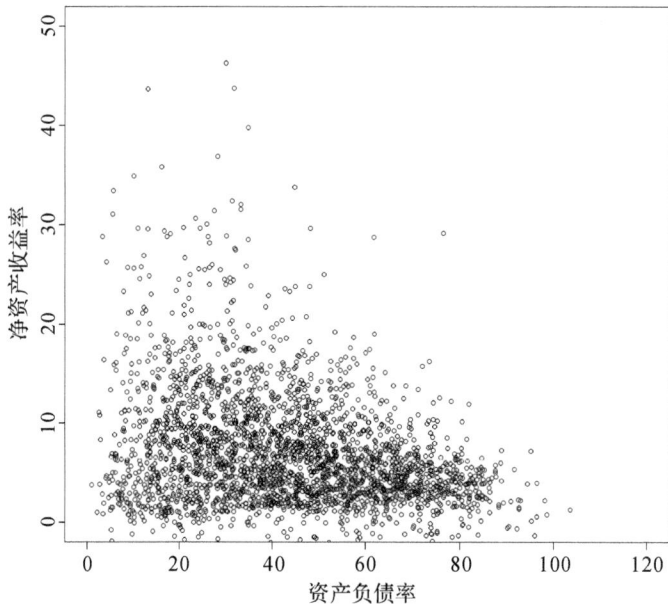

图4-3-1　多组散点图

通过分类变量group我们可以得到多组散点图,如图4-3-2所示。

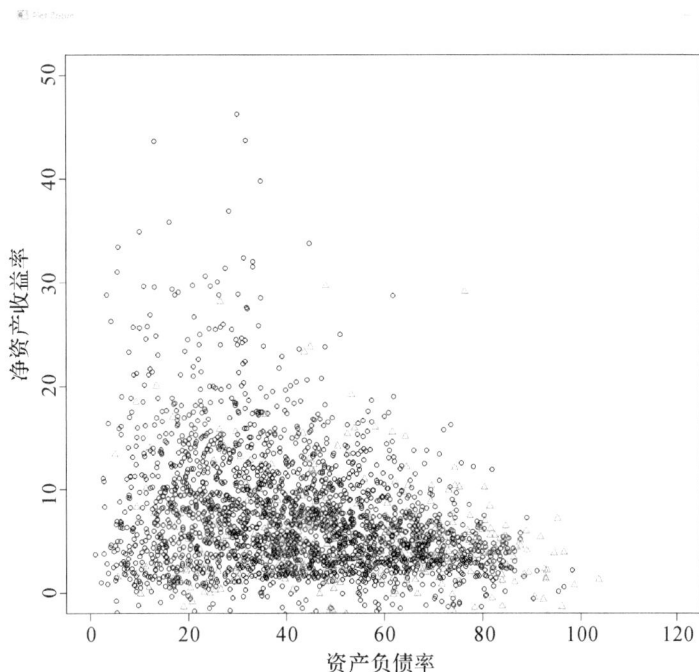

图 4-3-2　通过 group 得到的多组散点图

4.3.1.2　多变量散点图

当变量值多于 2 个时,要发现它们之间的关系比较困难,此时可以通过不同变量对之间的散点图来进行观察。R 提供了一个同时给出所有变量对之间关系的散点图的办法。接上例,数据集 FinRation 包含了 4 个数值型变量和 1 个分类变量。

代码段 4.3.1.2.1

```
head(FinRatio)
```

得到:

	Debt.to.Assets.Ratio	ROA	Total.Assets.Turnover	Cash.Ratio	group
1	76.3131	29.1217	11.8414	0.0424	st
2	37.0702	2.0340	0.5441	1.3388	st
3	63.4798	4.9645	0.4241	0.4017	st
4	31.4128	−9.1692	0.2514	1.9680	st
5	26.0040	2.1332	0.1772	0.7601	st
6	83.2123	4.6628	0.6517	0.1242	st

这些数值型变量之间的关系可以通过多变量散点图(见图 4-3-3)进行分析。

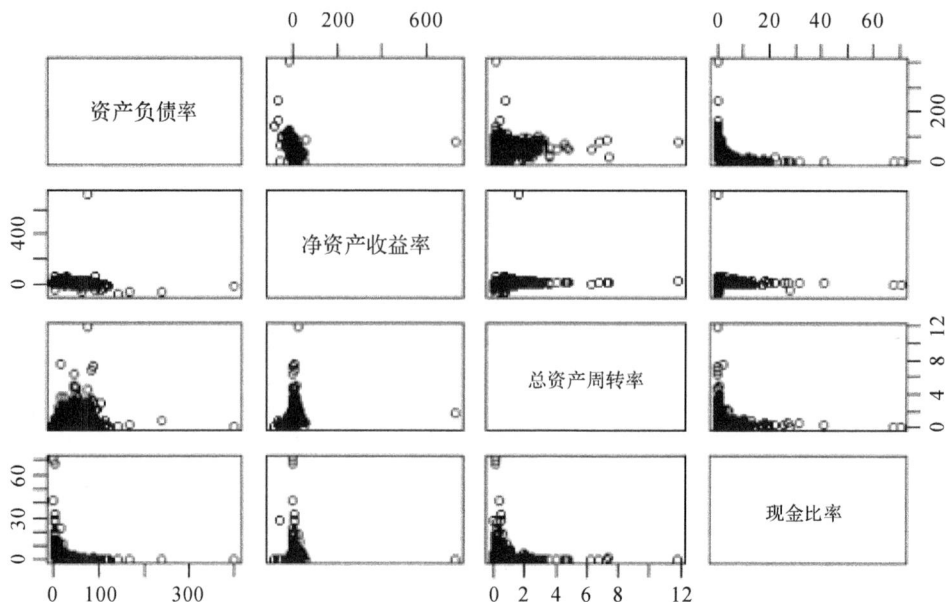

图 4-3-3　多变量散点图

　　在前面的例子中,我们采用的是 A 股 2780 家上市公司的全样本数据,部分极端值的出现使得图像效果过于密集。下面的例子中依旧使用该数据集,为了更好地展示图像,我们随机选取 100 家公司来进行分析。

　　代码段 4.3.1.2.2

```
FinRatio$a<-runif(2780, min = 0, max = 1)
m <-FinRatio[order(FinRatio[,6]),]
plot(m$Debt.to.Assets.Ratio[1:100], m$ROA.[1:100], pch = as.integer(m$group))
```

4.3.1.3　不同因子水平的散点图:coplot

　　要研究一个因子水平下 2 个或多个数值型变量之间的关系,可以创建该因子水平下的散点图。

　　其基本用法为:

coplot(y~x|f)

　　结合本例,其用法为:

　　代码段 4.3.1.3.1

```
coplot(m$ROA.[1:100]~ m$Debt.to.Assets.Ratio[1:100]|m$group[1:100], ylab = "资产回报率", xlab = "资产负债率")
```

　　运行结果如图 4-3-4 所示。

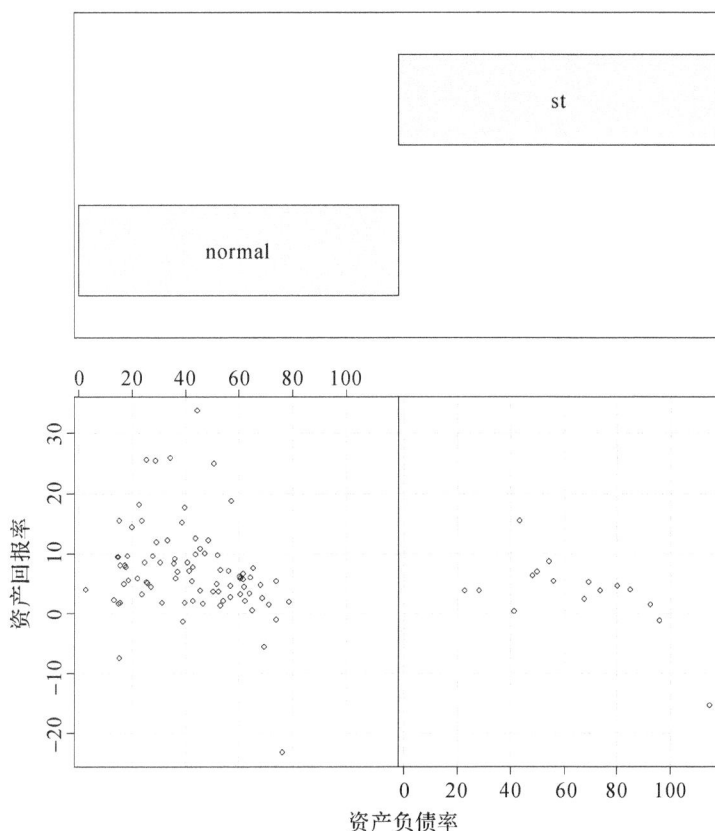

图 4-3-4　不同因子水平的散点图

我们可以由散点图分析ST或非ST因素对资产负债率和总资产回报率之间的关系的影响。在图4-3-4中,左边对应非ST公司,右边对应ST公司。该图向我们揭示了一些规律:平均而言,非ST公司的资产负债率要低,总资产回报率要高。

4.3.1.4　散点图的回归线和平滑线

我们可用散点图的回归线和平滑线对凌乱的散点进行回归和平滑,用于直观地判断数据集之间的关系,使图像的信息更加丰富。

(1)回归线

其基本用法为:

a <- lm(y~x)

plot(y~x)

abline(m)

结合本例,其用法为:

代码段 4.3.1.4.1

```
a <- lm(m$ROA.[1:100]~m$Debt.to.Assets.Ratio[1:100])
```

```
plot(m$ROA.[1:100]~m$Debt.to.Assets.Ratio[1:100]，xlab = "资产负债率"，ylab = "
资产回报率")
abline(a)
```

运行结果如图4-3-5所示。

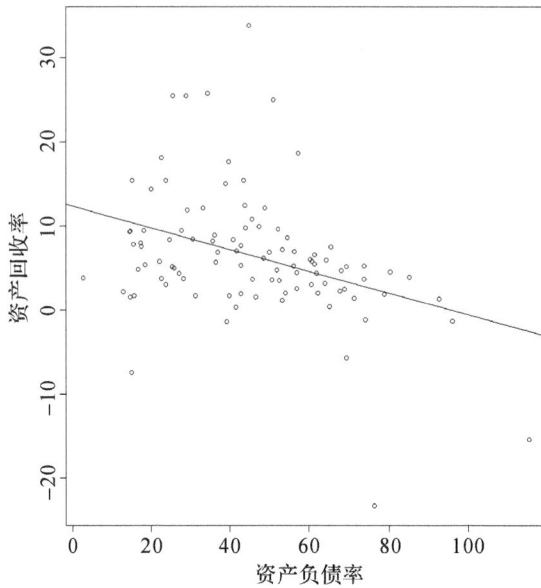

图4-3-5　散点图添加回归线

（2）平滑线

其基本用法为：

```
plot(x,y)
lines(lowess(x,y))
```

结合本例,其用法为：

代码段4.3.1.4.2

```
plot(m$Debt.to.Assets.Ratio[1:100]，m$ROA.[1:100]，xlab = "资产负债率"，ylab =
"资产回报率")
lines(lowess(m$Debt.to.Assets.Ratio[1:100]，m$ROA.[1:100]))
```

运行结果如图4-3-6所示。

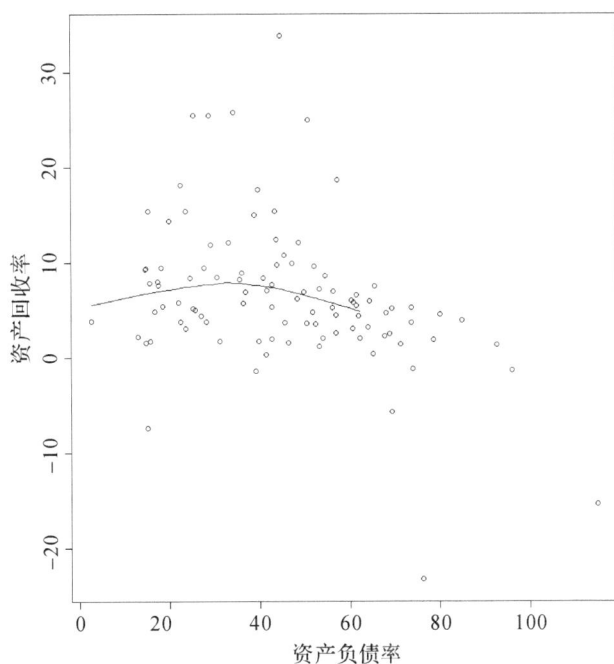

图 4-3-6　散点图添加平滑线

需要指出的是,平滑散点的函数一般有 lowess( )和 loess( ),两者比较类似,但是在默认参数和部分选项上有区别,感兴趣的读者可以进一步查阅相关统计书籍。本例中采用lowess( )的原因是其平滑效果更好。

4.3.2　直方图

4.3.2.1　简单直方图

直方图通过将值域分割成一定数量的组,在 y 轴上显示相应值的频数,从而展示连续型变量的分布,具体创建直方图的函数为 hist(x)。其中,*x* 是一个由数据值组成的数值向量。此外,参数 freq＝FALSE 表示根据概率密度而不是频数来绘制直方图。参数 breaks用于控制组的数量。在定义直方图中的单元时,默认生成等距切分,具体命令如下:

代码段 4.3.2.1.1

```
xx <- rnorm(1000, 0, 1)

hist(xx)
```

运行结果如图 4-3-7 所示。

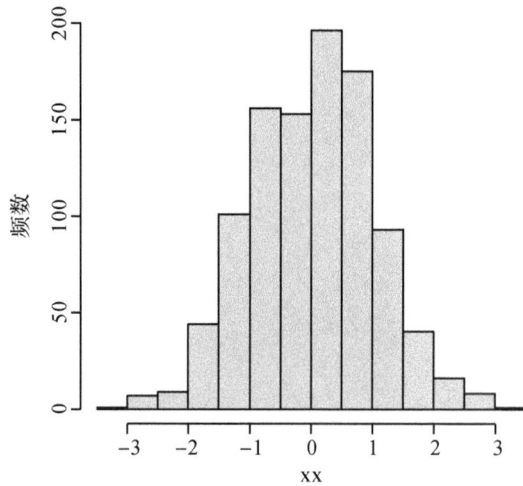

图 4-3-7　××的简单直方图

4.3.2.2　对直方图添加密度线

其基本方法为：

hist(x, prob=T)　　#绘制x的直方图，使用概率尺度

lines(density(x))　#描绘概率密度曲线

结合本例，命令如下：

代码段 4.3.2.2.1

```
hist(xx, freq = F) #必须保证 freq=F

lines(density(xx), col = "red", lwd = 3)
```

运行结果如图4-3-8所示。

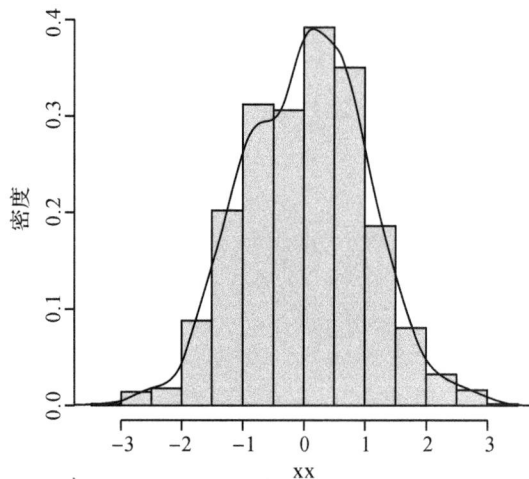

图 4-3-8　对直方图添加密度线

4.3.2.3　离散型直方图

给离散型变量绘制直方图,我们需要借助 table( )函数来计数,然后调用 plot( )函数中的参数 type="h"来绘制。其用法为:

plot(table(x),type="h")

以二项分布为例,rbinom( )函数用于模拟产生服从正态分布的二项分布数据,其用法为:

rbinom(n,size,prob)

其中,n 表示观察值的个数,size 表示试验的次数,prob 表示每次试验成功的概率。例如,要生成1000个服从 B(100,0.5)分布的随机数,命令为:

rbinom(1000,100,0.5)

如果要对生成的离散型数据画直方图,可以借助 table( )函数。具体命令如下:

代码 4.3.2.3.1

```
x <- rbinom(1000, 100, 0.5)

plot(table(x), ylab = "频数")
```

运行结果如图 4-3-9 所示。

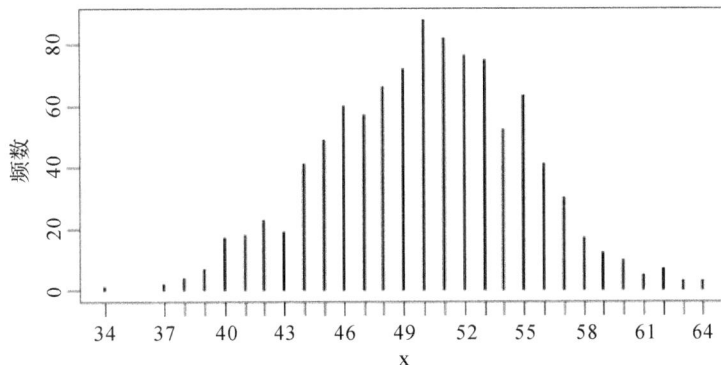

图 4-3-9　离散型直方图

如果想要得到相对于总试验次数的相对频率直方图,那么我们可以这样做:

代码 4.3.2.3.2

```
plot(table(x)/length(x), ylab = "相对频率")
```

运行结果如图 4-3-10 所示。

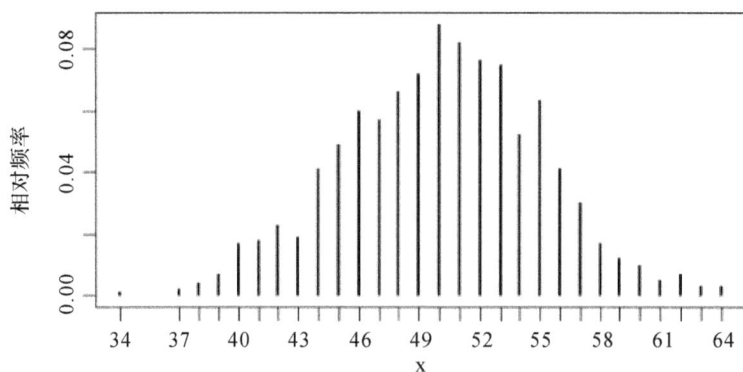

图 4-3-10　相对频率直方图

4.3.3　Q-Q 图

我们在进行经济、金融领域的数据分析时,理解数据的分布十分重要,观察其分布可以知道有没有极端值,以及模型是否适用于当前的数据。此外,通过分布图还可以简单地看出一定范围内的观察值数量。最简单的分布图是前面介绍的直方图和密度图。这里要介绍的是另外一种分布图,叫 Q-Q 图。

Q-Q 图(Quantile-Quantile)比较的是观察值分布和理论分布。Quantile 的意思是分位数、分位点,它表明 Q-Q 图的原理是通过比较观察值分位数的分布和理论值点的分布来判断两者的分布是否相同。如果两者分布一致,那么所有的点都会处于 45°的斜对角线上,对角线之外的数据用于判定观察值分布和理论分布之间的差异。

例如,人们常常假设股票价格服从对数正态分布,也即股票的对数收益率服从正态分布,实际当中是这样吗?我们以上证指数为例进行 Q-Q 图的分析。本例中数据为 2015 年 1 月 1 日—2021 年 12 月 31 日的上证指数收盘价,用户可直接利用 pedquant 包来下载该数据。具体命令如下:

代码段 4.3.3.1

```
library(pedquant)
szzs <- md_stock("^000001", from = "2015-01-01", to = "2021-12-31",
source = "163")[[1]]          #下载上证指数
plot(szzs$date, szzs$close, pch = 16, xlab = "年份", ylab = "股票价格", type = "l")
```

运行结果如图 4-3-11 所示。

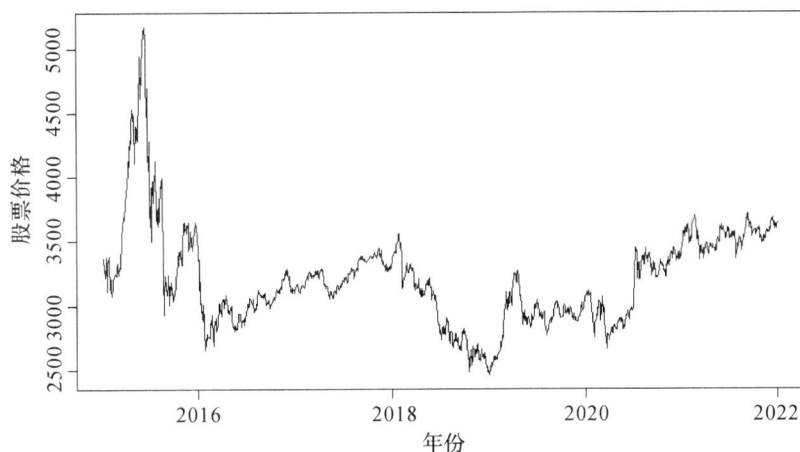

图 4-3-11 价格的时间序列图

在此基础上,生成价格的对数收益率序列,在这里,我们不用会计中的百分比收益率,对数收益率的优点在于满足可加性,便于金融建模,取对数能够使收益率序列更加平滑,同时克服了数据的异方差性(关于两者的具体差异,可以参见帮助文档)。对数收益率的数学表达式为:

$$R = \ln \frac{P_t}{P_{t-1}} = diff\left(\ln\left(P\right)\right)$$

对应的命令如下:

代码段 4.3.3.2

LogReturn<-diff(log(szzs$close))

由此我们得到了价格的对数收益率序列。利用 Q-Q 图判断数据是否服从正态分布的原理如下:

qqnorm(x)

qqline(x)

其中,*x* 为数值向量,qqline( )用于画出 45°对角线。

结合本例命令如下:

代码段 4.3.3.3

qqnorm(LogReturn)

qqline(LogReturn)

运行结果如图 4-3-12 所示。

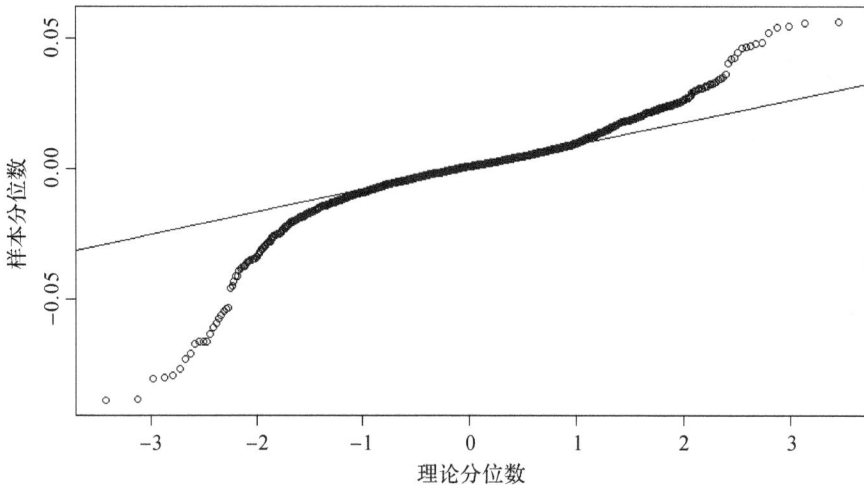

图4-3-12 上证指数价格对数收益率的正态Q-Q图

如图4-3-12所示,我们得到了上证指数价格对数收益率的Q-Q图。如果LogReturn服从一个完美的正态分布,那么点会完全地分布在对角线上。我们看到上图中间的部分点基本在对角线上,然而两个尾部的大量数据点并没有在对角线上,而是出现了很大程度的偏离,这表明上证指数价格对数收益率并不符合正态分布。

当判断两组数据是否为同一分布,或者数据分布是否为某一理论分布(可以是非正态分布)时,可以使用qqplot()函数。其用法为:

qqplot(x,y)

其中,x、y为需要检验的两组数据,或者x、y中一个为需检验的数据,另一个为某一理论分布(可以是非正态分布)。

例如,对于一组服从卡方分布的数据而言,要检验其是否服从卡方分布,我们可以这样做:

代码段4.3.3.4

```
y <- rchisq(500, df = 3)
qqplot(qchisq(ppoints(500), df = 3), y, xlab = "卡方分布")
abline(a = 0, b = 1)
```

ppoints()函数产生0—1之间的点序列,qchisq()函数表示产生服从卡方分布的分位数。虽然在这个例子中,我们已经知道y的准确分布,但通过比较图4-3-13中已有数据和理论数据之间的分布情况仍然是很有趣的。

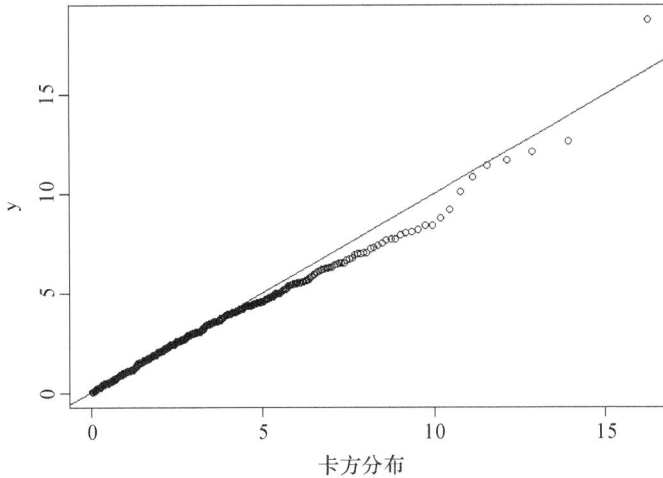

图4-3-13 检验卡方分布图

4.3.4 饼图

饼图能够直观地显示出各个部分的相对比例,虽然其精确度一直饱受统计学家诟病,但其固有的美观舒适性使得我们很多时候仍愿意用它来展示数据。饼图的用法如下:

pie(x,labels=names(x),edges=200,radius=0.8,

    clockwise=FALSE,init.angle=if(clockwise) 90 else 0,

    density=NULL,angle=45,col=NULL,border=NULL,

lty=NULL,main=NULL,…)

表4-3-1是pie()函数的参数介绍。

表4-3-1 pie()函数中的参数说明

参数	说明
x	非负数值向量
labels	字符串向量,生成标签的表达式
edges	数值,表示用多少条线段来绘制饼图边框
radius	数值,设置饼图的大小(当这个值大于1时,饼图的某个部分会被裁剪掉)
clockwise	逻辑值,设置分块绘制的方向是顺时针还是逆时针
init.angle	数值,设置分块的起始位置
density	数值,设置每英寸上阴影线的数量,默认为NULL
angle	数值,设置阴影线的角度

参数	说明
col	数值,设置每一块的颜色,默认为 NULL,此时使用的是一个6色调色板
border	传递给 polygon 函数的参数,用于画每个分块
lty	设置分块的线条类型
main	字符串,设置主标题

例如,当我们研究2014年中国GDP中三大产业占比,我们可以用饼图来形象展示(见图4-3-14)。数据来源于Wind数据库。

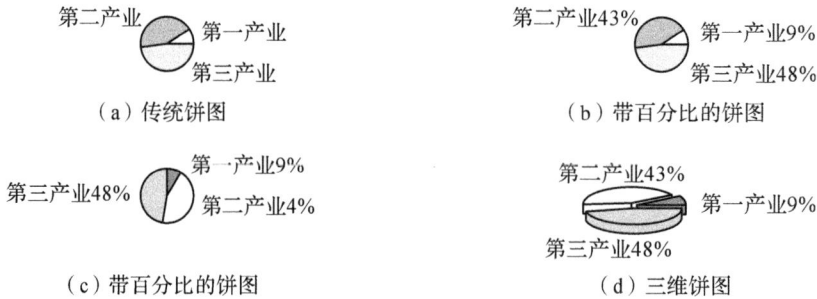

（a）传统饼图　　　　　　　　　　　（b）带百分比的饼图

（c）带百分比的饼图　　　　　　　　（d）三维饼图

图4-3-14　2014年中国GDP中三大产业占比饼图

图4-3-14由以下命令生成。

代码段4.3.4.1

```
par(mfrow = c(2, 2))
GDP_2014 <- c(58331.6, 271392.4, 306738.7)
names <- c("第一产业", "第二产业", "第三产业")
pie(GDP_2014, labels = names, main = "传统饼图")
percentage <- round(GDP_2014 / sum(GDP_2014)*100)
names_new <- paste(names, "", percentage, "%", sep= "")
pie(GDP_2014, labels = names_new,
    main = "带百分比的饼图")
percentage <- round(GDP_2014 / sum(GDP_2014)*100)
names_new <- paste(names, "", percentage, "%", sep= "")
pie(GDP_2014, labels = names_new, col = rainbow(6), clockwise = TRUE,
    main = "带百分比的饼图")
```

```
library(plotrix)
pie3D(GDP_2014, labels = names_new, col = rainbow(6), explode = 0.1,
    main = "三维饼图", labelcex = 0.8)
```

其中,par(mfrow=c(2,2))表示将画图的页面布局设置成2×2,使得一个画布可以展示4幅图,关于多图环境我们会在本章第4节进一步介绍。在第1幅图中,我们首先产生数据列和标签列,然后通过pie()函数画出饼图。在第2幅图中,我们为了产生百分比数据,首先用round()函数产生了百分比的整数值,然后通过paste()函数将原标签列、整数值及百分号进行粘连,产生了新的标签列,最后画出了含有百分比的饼图。在第3幅图中,我们在第2幅图的基础上,通过参数col=rainbow(6)将饼图的颜色设定成了彩虹色[与rainbow()类似,我们可以通过grey()生成灰色],同时通过参数clockwise=TRUE旋转了饼图。在第4幅图中,我们使用了plotrix包中的pie3D()函数创建了三维饼图,explode=0.1表示将三维饼图"爆炸"裂开,使得立体的效果更加明显;labelcex=0.8表示将标签列的字体设为原来的0.8倍,使其较为美观。

与饼图类似,plotrix包中还有另外一个使用较多的扇形图可以用于展示数据的相对比例,扇形图通过fan.plot()函数得到。以上面的例子为例,我们可以这样做:

代码段4.3.4.2

```
library(plotrix)
GDP_2014 <- c(58331.6, 271392.4, 306738.7)
names <- c("第一产业", "第二产业", "第三产业")
fan.plot(GDP_2014, labels = names, radius = 0.4, label.radius = 0.5)
```

如图4-3-15所示,三大产业的扇形区域会相互叠加,我们可以看到第三产业的扇形区域是最大的,其次是第二产业,最小的是第一产业,其中第一产业的区域面积约占第三产业的1/5。我们通过扇形的弧长来很容易地判断各个区域的相对大小,这相比于饼图而言,无疑简单得多了。

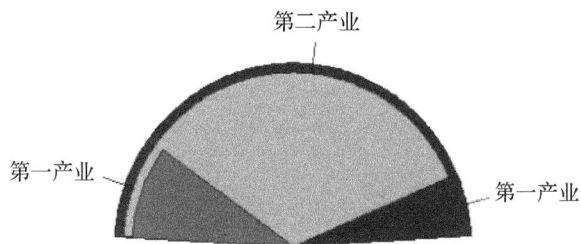

图4-3-15　2014年中国GDP中三大产业占比扇形图

4.3.5 条形图

条形图可以直观地展示变量(向量或矩阵)的分布。条形图的函数为 barplot( ),其用法为:

barplot(height,…)

其中,height 参数是一个向量或者矩阵。关于 barplot( )的更多参数说明如表 4-3-2 所示。

表 4-3-2   barplot( )函数中的参数说明

参数	说明
height	向量或矩阵,如果是矩阵,在矩阵前提下若 beside=FALSE,则分段画出条形;若 beside= TRUE,则依次画出条形
width	向量,设置条形的宽度
beside	逻辑值,设置列应该是分段显示在同一条形上还是依次画出,只有当 height 是矩阵时才有用
col	设置条形的颜色
border	设置条形边框的颜色
main	字符,设置标题
sub	字符,设置副标题
xlab	字符,设置 x 轴的标签
ylab	字符,设置 y 轴的标签
xlim	设置 x 轴的范围
ylim	设置 y 轴的范围
horiz	逻辑值,设置条形的方向,若 horiz=FALSE,则条形从左到右垂直排列;若 horiz=TRUE,则条形从下到上水平排列
legend	逻辑值,legend=FALSE 表示不添加图例;legend=TRUE 表示添加图例
cex.axis	数值,设置坐标轴标签相对于其他文字的大小
cex.names	数值,设置坐标名称相对于其他文字的大小
……	其他参数

我们以 AER 中的 ChinaIncome 数据为例,先下载 AER 包,并导出 ChinaIncome 数据。该数据为 1952—1988 年中国五大产业的收入数据[①],显示其前 5 行数据如下。

---

① 每个产业都将 1952 年的收入水平设置为 100,其他年份以此年份作为基期计算本年度收入。

代码段 4.3.5.1

```
library(AER)

data(ChinaIncome, package = "AER")

ChinaIncome[1:5,]
```

为了制作条形图,我们将该数据转置,并取出其年份作为新矩阵的列名,具体命令如下:

代码段 4.3.5.2

```
xx0 <- t(ChinaIncome)

colnames(xx0) <- index(ChinaIncome)
```

在得到新矩阵之后,我们利用以下命令画出中国各年份五大产业收入的条形图。

代码段 4.3.5.3

```
barplot(xx0, horiz = F, beside = T, legend = T, col = 1:5, axisnames = T,
        args.legend = list(x = "topleft"), xlab = "年份", ylab = "收入")
```

运行结果如图 4-3-16 所示。

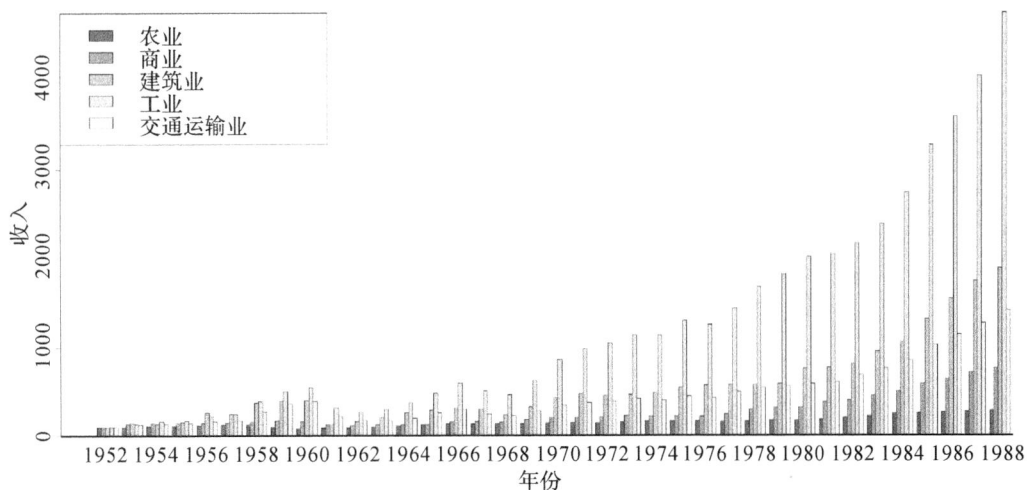

图 4-3-16　中国五大产业收入的条形图(horiz=F)

从图 4-3-16 可以看到,x 轴以列为单位显示每列下各个行的值,例如第一堆 5 个条形分别是第 1 列(1952 年)下五大产业(5 行)的值,参数 horiz=F 表示不是平行于 x 轴,该值改为 T 的话,图 4-3-16 就变成图 4-3-17 了。

代码段 4.3.5.4

```
barplot(xx0, horiz = T, beside = T, legend = T, axisnames = T,
        args.legend = list(x = "bottomright"), cex.names = 1.5,
        xlab = "收入", ylab = "年份")
```

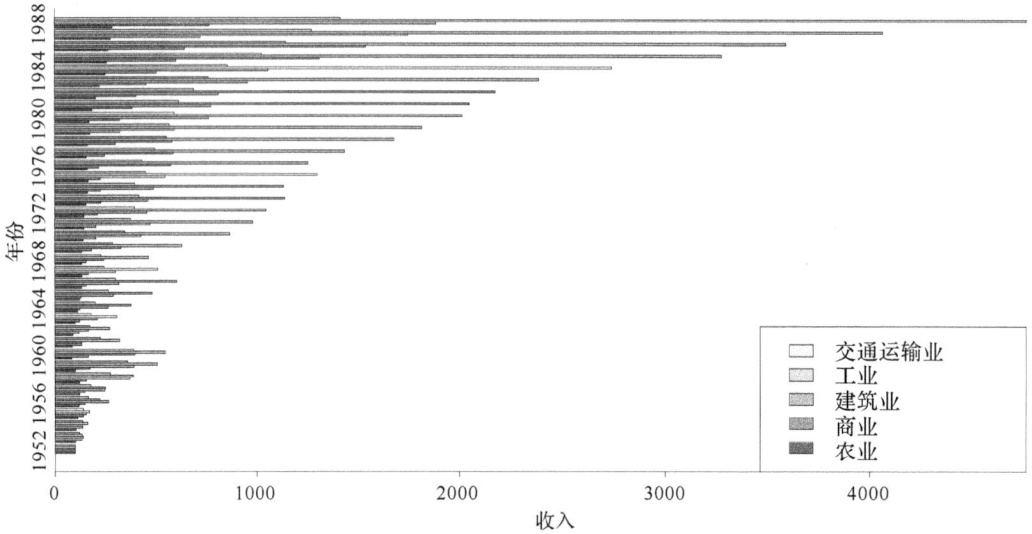

图 4-3-17　中国五大产业收入的条形图(horiz=T)

如图 4-3-17 所示,legend=TRUE 表示添加年份图例,cex.names=2 使得坐标名称能够同时显示放大,这里我们还单独设定了 x 轴的范围使得图例和条形图不会重叠。我们通过设置参数 beside=TRUE 给出非堆积型的条形图。该值也可设定为 FALSE,具体命令如下:

代码段 4.3.5.5

```
barplot(xx0, horiz = F, beside = F, legend = T, axisnames = T,
        args.legend = list(x = "topleft"), cex.names = 1.5,
        xlab = "年份", ylab = "收入")
```

运行结果如图 4-3-18 所示。

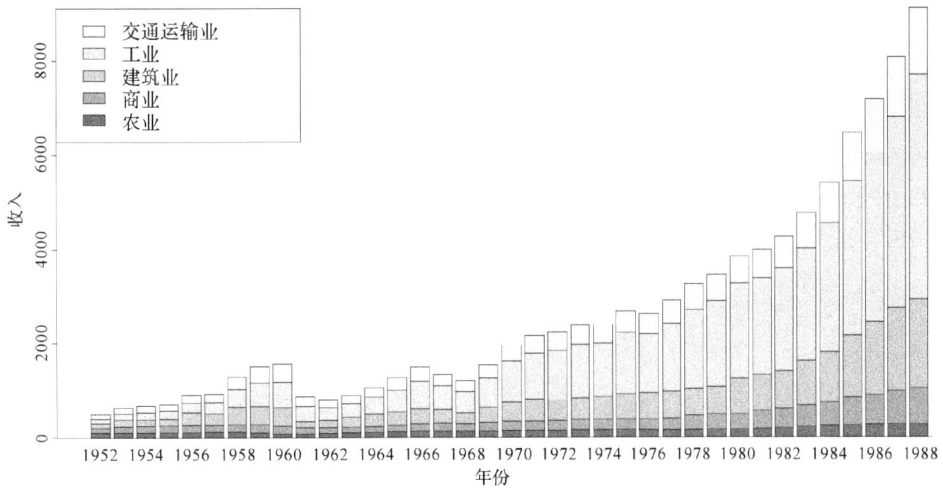

图4-3-18 中国五大产业收入的条形图(beside=FALSE)

在此基础上,我们也可以生成均值和标准差的条形图。这里我们以均值条形图为例,介绍如何对条形图添加置信区间。

首先是生成均值条形图(见图4-3-19),我们可以这样做:

代码段4.3.5.6

```
means <- sapply(ChinaIncome, mean)
barplot(means, legend = T, axisnames = T,
        args.legend = list(x = "topleft"), cex.names = 1.5,
        xlab = "产业", ylab = "平均收入)")
```

运行结果如图4-3-19所示。

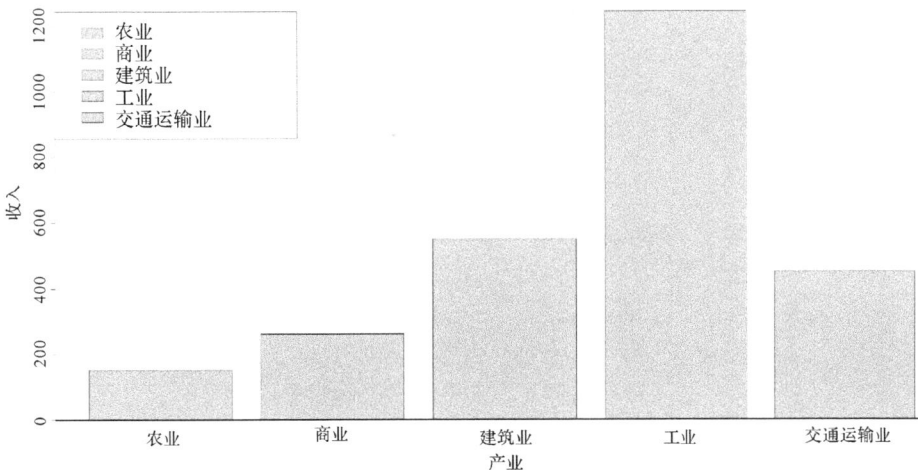

图4-3-19 中国五大产业收入均值条形图

在此基础上,我们对条形图添加置信区间,这里需要安装 gplots 包,使用该包中的 barplot2()函数,其用法为:

library(gplots)

barplot2(x,plot.ci=TRUE,ci.l=lower,ci.u=upper)

其中,*x* 是向量或矩阵,plot.ci 是一个逻辑值,plot.ci=TRUE 表示画出置信区间,ci.u 和 ci.l 分别表示置信区间的上下界。

在本例中,我们可以这样做:

代码段 4.3.5.7

```
library(gplots)
lower <- sapply(ChinaIncome, function(x) t.test(x)$conf.int[1])
upper <- sapply(ChinaIncome, function(x) t.test(x)$conf.int[2])
barplot2(means, plot.ci = TRUE, ci.l = lower, ci.u = upper,
         args.legend = list(x = "topleft"), cex.names = 1.5,
         xlab = "产业", ylab = "平均收入")
```

图 4-3-20 是包含置信区间的条形图,我们通过 t 检验来得到置信区间的上下界,分别赋给 upper 和 lower,在此基础上利用 barplot2 绘制置信区间。除此之外,我们通过设置 ylim、main、ylab 等参数使图形整体显得更加美观,布局更为合理。

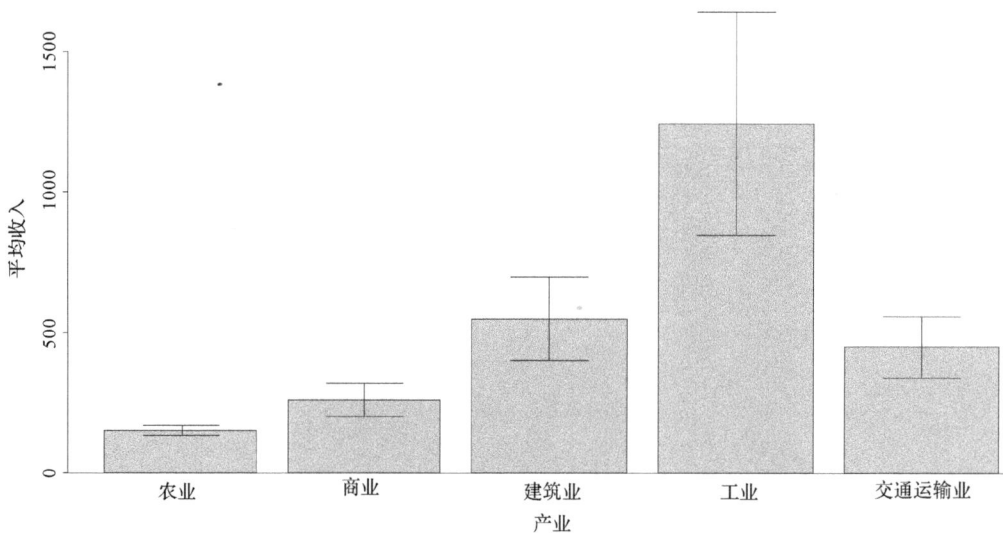

图 4-3-20 添加置信区间的条形图

最后简单地介绍一种特殊的条形图——脊柱图(Spinogram)。它对分段条形图进行了重新缩放,使得每个条形的高度都为1,每一段的高度表示其所占的比例。脊柱图可以通过 vcd 包中的 spine( )函数来绘制。如果我们只是想了解1978—1988年五大产业的占比情况,那么每个产业 GDP 的绝对值就不必通过条形的绝对高度体现出来,这样的原理与前面介绍的饼图十分类似。结合本例,我们可以这样做:

代码段 4.3.5.8

```
library(vcd)
spine(t(xx0[,27:37]), xlab = "年份", ylab = "产业", ylab_tol = 1)
```

运行结果如图4-3-21所示。

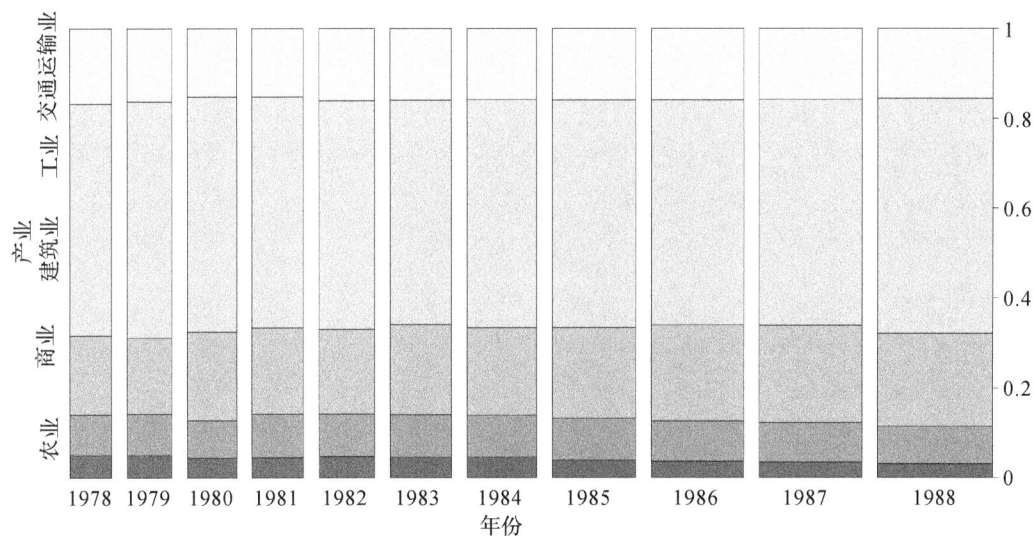

图 4-3-21　中国五大产业收入脊柱图

这里第1个参数是我们所描绘的对象,参数 ylab_tol=1 是为了使得 y 轴的标签能够同时显示。想要更多地了解 spine( )函数,可以查看帮助文件。

4.3.6　箱线图

4.3.6.1　创建箱线图

箱线图可以直观地呈现数据分布。我们可以在数据分析之初就使用箱线图,以更好地为数据分析提供依据。箱线图的样子如图4-3-22所示,其主体部分为一个盒子,盒子的上边沿为上四分位值(Q3),盒子的下边沿是下四分位值(Q1),盒子表示四分位差的范围(IQR=Q3-Q1),即盒子范围内的值位于25%—75%之间。盒子中间的粗线表示中位值。盒子的上边缘值=上四分位值+1.5×IQR,盒子的下边缘值=下四分位值-1.5×IQR。我们称超出上边缘值和下边缘值的数据为离群值,离群值会被单独画出。

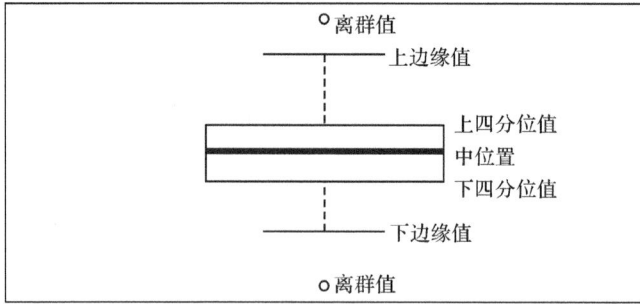

图4-3-22　箱线图示例

箱线图的基本用法为：

boxplot(x)

其中，*x*是一个数值向量。

我们以1427家中国公募基金（涵盖被动指数型、货币型、股票型、债券型等4类基金，分别用0、1、2、3表示，数据来源于Wind数据库，截止到2015年9月9日）的复权单位净值增长率为例，具体命令如下：

代码段4.3.6.1.1

```
setwd("C:/Users/Administrator/Documents")
POF <- read.csv("PublicOfferingFund.csv", header = T)
boxplot(POF$adjNAV, ylab = "调整的净资产值"
        )
```

运行结果如图4-3-23所示。

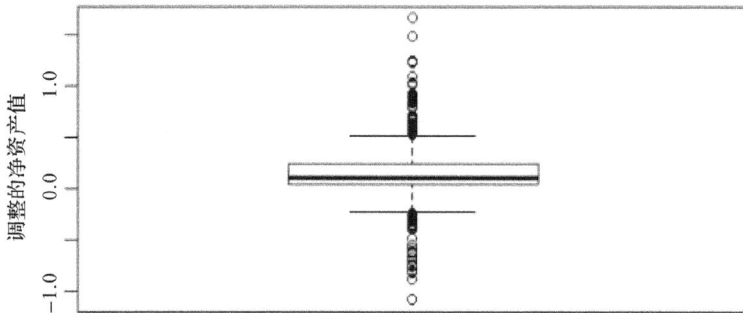

图4-3-23　公募基金复权单位净值增长率箱线图

总体而言，我们可以看到，在1427家公募基金过去52周的业绩中，存在相当一部分离群值，这表明不同基金之间的业绩差距较大；而中位值在10%—20%的收益范围内且靠近下四分位值，则表明处于该区间收益的基金比较集中。

4.3.6.2 不同因子的箱线图

我们既可以对单个变量创建箱线图,也可以创建不同分组下变量的箱线图。其用法如下:

plot(formula,data=dataframe,…)

其中,formula一般以x~f这样的公式呈现,x是要画的变量,f是因子(分组变量)。

如果我们要研究不同基金风格与基金业绩的关系,以我国公募基金的数据为例,则可以绘制出不同基金风格与基金业绩的关系箱线图,命令如下:

代码段4.3.6.2.1

```
POF$style<-as.factor(POF$style)

POF = na.omit(POF)

boxplot(adjNAV~style, data = POF, ylab = "调整的净资产值",
        xlab = "基金类型",
        )
```

运行结果如图4-3-24所示。

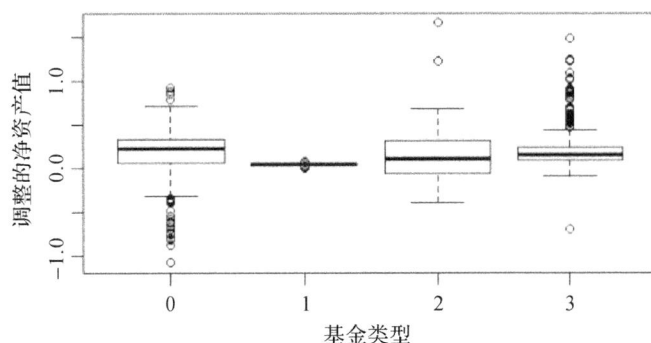

图4-3-24 不同基金风格与基金业绩的关系箱线图

如图4-3-24所示,我们得到了不同基金风格下以基金"复权单位净值增长率"表示的基金业绩,同时还添加了x、y轴的标签。我们不难发现,在不同分组下,基金业绩分布差别较为明显。被动指数型(0)基金存在较多的离群值,其中相当一部分离群值位于下边缘值之外,业绩非常糟糕,这与过去52周大盘的几次震荡调整不无关系;货币型(1)基金取得了较为稳健的收益,且不同货币型基金之间的业绩差别不大;股票型(2)基金的分布最为平均,除了2家明显跑赢指数的基金外,其他股票型基金的业绩分布基本在-50%—70%区间内,这与货币型基金形成了鲜明对比,充分表明在选择股票型基金时,基金经理的能力是重要的,而选择货币型基金时,则可以相对淡化对基金经理的选择;债券型(3)基金表现出了低收益、低风险的特征,然而也有部分债券型基金在上边缘值之外,取得了相当不俗的业绩。

最后,读者如果想要学习箱线图的其他参数,如col参数为箱线图着色,可以使用help (boxplot)进行查询,相关的参数前面已有类似的介绍,此处不再赘述。

4.3.7 克里夫兰点图

克里夫兰点图又叫点图,它提供了一种在水平刻度上描绘数值分布的方法。类似于箱线图,点图也常用于查看离群值、分组观察数据,同时还可以为观察的点添加标签与统计量(如均值、中位值)。其缺点是:当数据较多时,点图的显示效果不佳。

其基本用法如下:

dotchart(x,labels=,groups=,…)

其中,**x**是一个数值向量,**labels**是一个标签向量,groups是因子(分组变量)。

仍然以我国公募基金的数据为例,这里随机抽取20家公募基金,为其分组并添加标签(标签对应的名字是公募基金的编号,感兴趣的读者可以查看原始数据,找一找分别对应哪几家公募基金),我们可以画出克里夫兰点图,具体命令如下:

代码段 4.3.7.1

```
setwd("C:/Users/Administrator/Documents")
POF <- read.csv("PublicOfferingFund.csv", header = T)
par(mfrow = c(1, 2))
POF1<-POF[sample(1427, 20),]
dotchart(POF1$adjNAV, groups = factor(POF1$style), title = "(a)")
dotchart(POF1$adjNAV, groups = factor(POF1$style), title = "(b)",
         labels = POF1$name, cex = 0.7)
```

运行结果如图4-3-25所示

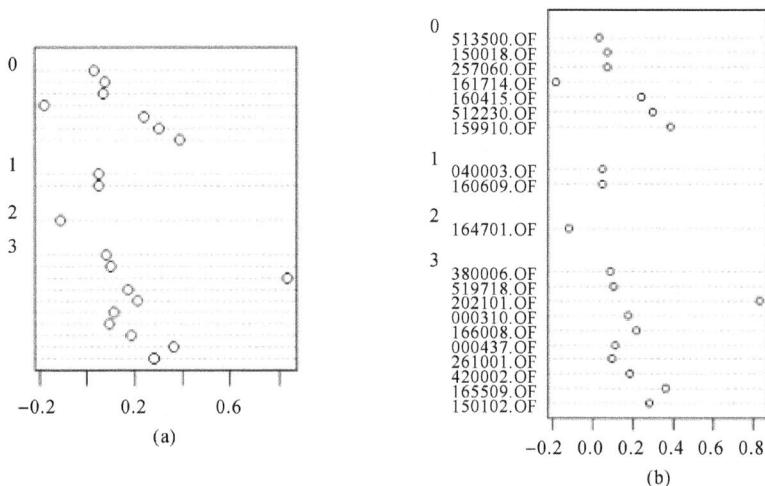

(a)

(b)

图 4-3-25 克利夫兰点图

其中,sample(1427,20)表示从1427家基金公司中随机抽取20家基金公司,sample()函数在这里的具体原理是:先得到一个代表20家基金公司序号的随机序列,再将其赋给POF的横坐标,利用取子集的方式得到代表20家基金公司的数据集POF1。par(mfrow=c(1,2))表示在一行生成2个窗口,groups=factor(POF1$style)表示以公募基金风格分组,labels=POF1$name表示添加公募基金的名字作为标签。在图4-3-25中,图(a)是单纯分组的点图,图(b)是分组后添加标签的点图,添加标签后使我们对每家基金公司的业绩有了直观的认识。

我们还可以在不同组别中添加统计量,以更好地观察数据分布的规律。这里以均值为例,在每组(0、1、2、3)中随机选取20家基金公司来分析比较不同组下基金业绩的差异。

以被动指数型(0)基金为例,每组随机抽取20家基金公司的方法如下:

a0<-POF[POF$style==0,]

a00<-a0[sample(sum(POF$style==0),20),]

通过POF$style==0得到一个逻辑向量,将其赋值给POF的横坐标,得到满足组别=0的一个子数据集a0,在子数据集a0的基础上,利用sample()函数,从被动指数型基金总数(这里用sum(POF$style==0)求得)中随机选取20家,将其值赋值给a0的横坐标,利用取子集的方式得到代表随机抽取的20家被动指数型公司的数据集。以同样的方式,我们可以得到其他3种类型的基金公司。

利用rbind()函数,合并4个数据框,得到分组随机抽取的80家基金公司数据集POF2,具体过程如下:

代码段4.3.7.2

```
a0<-POF[POF$style == 0,]

a00<-a0[sample(sum(POF$style == 0), 20),]

a1<-POF[POF$style == 1,]

a11<-a1[sample(sum(POF$style == 1), 20),]

a2<-POF[POF$style == 2,]

a22<-a2[sample(sum(POF$style == 2), 20),]

a3<-POF[POF$style == 3,]

a33<-a3[sample(sum(POF$style == 3), 20),]

POF2<-rbind(a00, a11, a22, a33)

POF2 = na.omit(POF2)
```

数据集POF2是绘图的基础,接下来我们可以利用tapply()函数计算各组的均值,具体如下:

代码段4.3.7.3

```
adjNAV.mean<-tapply(POF2$adjNAV, POF2$style, mean)
```

adjNAV.mean是一个包含了各组均值的向量。最后，我们可以得到添加均值的点图：

代码段 4.3.7.4

```
dotchart(POF2$adjNAV, groups = factor(POF2$style),
         xlab = "调整后的净资产",
         ylab = "基金类型",
         title = "(c)")
dotchart(POF2$adjNAV, groups = factor(POF2$style),
         gdata = adjNAV.mean, gpch = 20,
         xlab = "调整后的净资产",
         ylab = "基金类型", title = "(d)")
legend("topright", c("mean", "value"), pch = c(20, 1), bg = "transparent",
       box.lty = 0)
```

图 4-3-26 对两者进行了对比，在点图（d）中，我们利用参数 gdata 描绘了均值向量 adjNAV.mean，用参数 gpch 指定了点的类型，在点图（d）上我们还添加了背景色为"透明色"、图例线型为"空"的图例。

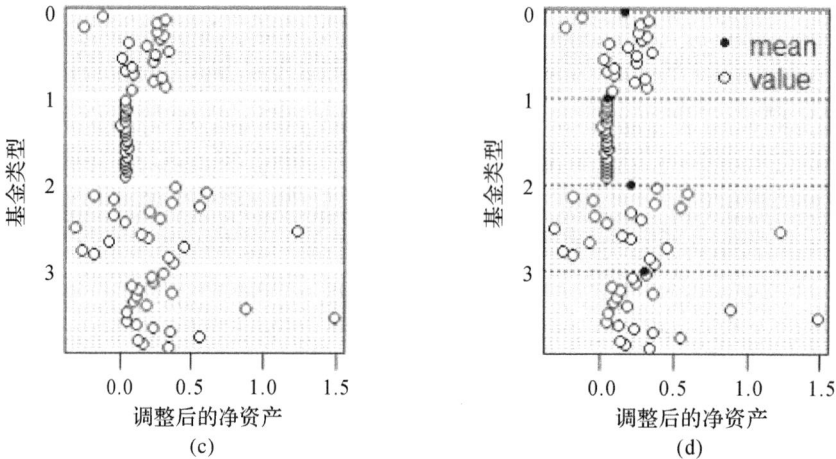

图 4-3-26　克利夫兰点图对比

4.3.8　三维图

三维图用于描述 3 个变量之间的关系，可以立体地展示数据，给人以深刻的印象。R 中有多种绘制三维图的软件包和函数，它们各有特点。这里仅以 scatterplot3d（）函数和 persp（）函数为例，介绍三维散点图和三维曲面图。

4.3.8.1　三维散点图

我们以 scatterplot3d 包中的 scatterplot3d（）函数为例，简单地介绍三维散点图的绘制。

其基本用法为：

scatterplot3d(x,y,z,⋯)

x、y、z分别代表x轴、y轴、z轴的值。

下面是一个关于scatterplot3d()函数的示例。使用的数据是银行间国债数据集,生成了一个三维散点图,用来表示266个国债收盘到期收益率、收盘价修正久期、票面利率的关系,具体命令如下：

代码段4.3.8.1.1

```
library(scatterplot3d)
c<-read.csv("BondPricing.csv", header = T)
scatterplot3d(c$YieldToMaturity, c$CouponRate, c$Duration,
            pch = 16, xlab = "收盘到期收益率", ylab = "票面利率",
            zlab = "收盘价修正久期")
```

运行结果如图4-3-27所示。

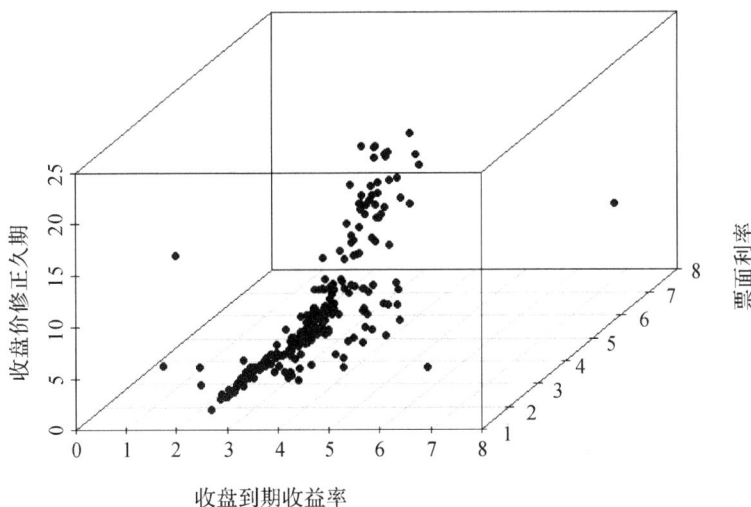

图4-3-27　三维散点图

其中,pch参数用于指定散点的类型,xlab、ylab、zlab分别用于指定x、y、z轴的坐标名,main用于指定标题。除了scatterplot3d()之外,R中还有cloud()、plot3d()、scatter3d()等函数可以绘制三维散点图,感兴趣的读者可以自行查阅相关数据。

4.3.8.2　三维曲面图

绘制三维曲面图的函数主要有persp()、wireframe()、mage()等函数,我们以persp()函数为例介绍三维曲面图,其用法为：

persp(x=seq(0,1,length.out=nrow(z)),

y=seq(0,1,length.out=ncol(z)),

z,xlim=range(x),ylim=range(y),

zlim=range(z,na.rm=TRUE),

xlab=NULL,ylab=NULL,zlab=NULL,

main=NULL,sub=NULL,

theta=0,phi=15,r=sqrt(3),d=1,

scale=TRUE,expand=1,

col="white",border=NULL,ltheta=-135,lphi=0,

shade=NA,box=TRUE,axes=TRUE,nticks=5,

ticktype="simple",…)

三维曲面图参数的含义如表4-3-3所示。

表4-3-3 三维曲面图参数

参数	含义
x,y	数值向量,x中的值表示z中每一行的x轴值,y中的值表示z中每一列的y轴值,其中x、y必须是递增的
z	矩阵,表示z中包含用于画图的值
xlim,ylim,zlim	分别表示x、y、z轴的范围
xlab,ylab,zlab	分别表示x、y、z轴的标签
main	字符,设定标题
sub	字符,设定副标题
theta	数值,设定视角方向的角度
phi	数值,设定视角方向的余纬度
r	数值,设定观察点到图中心的距离
d	数值,用于增强或减弱透视效果;d大于1会减弱透视效果,d小于1会增强透视效果
scale	逻辑值,若为TRUR,则x、y、z轴坐标独立转换;若为FALSE,则x、y、z轴保持固定比率
expand	数值,当大于1时,z坐标轴扩大;当小于1时,z坐标轴缩小
col	设定曲面表面的颜色
border	设定曲面边缘的颜色
ltheta	一旦设定该值,曲面的光源根据ltheta设定视角方向的角度

参数	含义
iphi	一旦设定该值,曲面的光源根据iphi设定视角方向的余纬度
shade	表示曲面阴影的参数
box	逻辑值,表示曲面表面的边框是否呈现
axes	逻辑值,表示是否画出坐标轴及标记
ticktype	字符,表示坐标轴标记的类型。等于"simple"表示按箭头方向递增,等于"detailed"表示简单标记
nticks	数值,表示坐标轴上标记的数量
……	其他参数

我们以一个最简单的三维曲面图为例(见图4-3-28),介绍persp()函数的具体用法。

代码段4.3.8.2.1

```
x<-seq(-1, 1, 0.05)
y<-seq(1, 3, 0.05)
f<-function(x, y){
 x^2+y
}
z<-outer(x, y, f)
persp(x, y, z, theta = 30, phi = 30, expand = 0.7, col = "red")
```

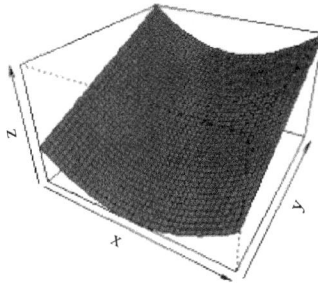

图4-3-28　三维曲面图

其中,x产生从-1到1、间隔为0.05的序列,同理y产生从1到3、间隔为0.05的序列。f是一个简单的函数,其结果为x^2+y。outer()是一个矩阵式泛函,它的输入参数可以是多个,输出形式一般为矩阵或者数组,对于输入的函数f而言,outer()会对每个输入参数(这里是 x,y)的组合执行函数 f,并得到输出结果。在本例中,outer()得到的 z 是矩阵。这里我们分别将图片旋转 30°(theta=30),将视角改变为 30°(phi=30),z 轴缩小为原来的 7/10,曲面颜色为红色。当然,读者还可以根据自己的偏好调整设定其他参数。

除此之外,我们还可以用 contour()函数画出等高线图,用 heatmap()函数画出热力图。

[本节数字资源]

所在章节	二维码	内容	目标
		课程资料链接(PPT)	获得该节线上课程 PPT 资料
		课程资料链接(代码)	获得该节线上课程代码资料
4.3		课程资料链接(数据)	获得该节线上课程数据资料
		随堂训练	练习绘制高级图形
		随堂训练参考答案	

4.4 多图环境

在得到基本图形之后,我们需要对图形进行进一步的修饰与整合,实现多图组合。在 R 中,使用函数 par()或者函数 layout()可以很容易地完成图形区域的分割,并组合多幅图形为一幅总括图形。

4.4.1 利用 par()函数

函数 par()可以将绘图区域分割成规则的几部分,例如,par(mfow=c(2,4))将图形区域分割成 2 行 4 列的多重图框,每块显示 1 个图形,按行显示;mfcol=(c(nrows,ncols))可以实现按列填充矩阵。具体分割方式有 2 种,代码规则如下。

4.4.1.1　par()函数的规则分割组合

第1步：opar＝par(no.readonly=TRUE)，复制当前图形设置。

第2步：par(mfrow=c(nrows,ncols))或者par(mfcol=c(nrows,ncols))。

第3步：画m×n个图。

第4步：par(opar)。

例子如下：

代码段4.4.1.1.1

```
attach(mtcars)

opar<-par(no.readonly = TRUE)

par(mfrow = c(2,2))

plot(wt, mpg, main = "散点图")

plot(wt, disp, main = "散点图")

hist(wt, main = "直方图")

boxplot(wt, main = "wt箱线图")

par(opar)

detach(mtcars)
```

运行结果如图4-4-1所示。

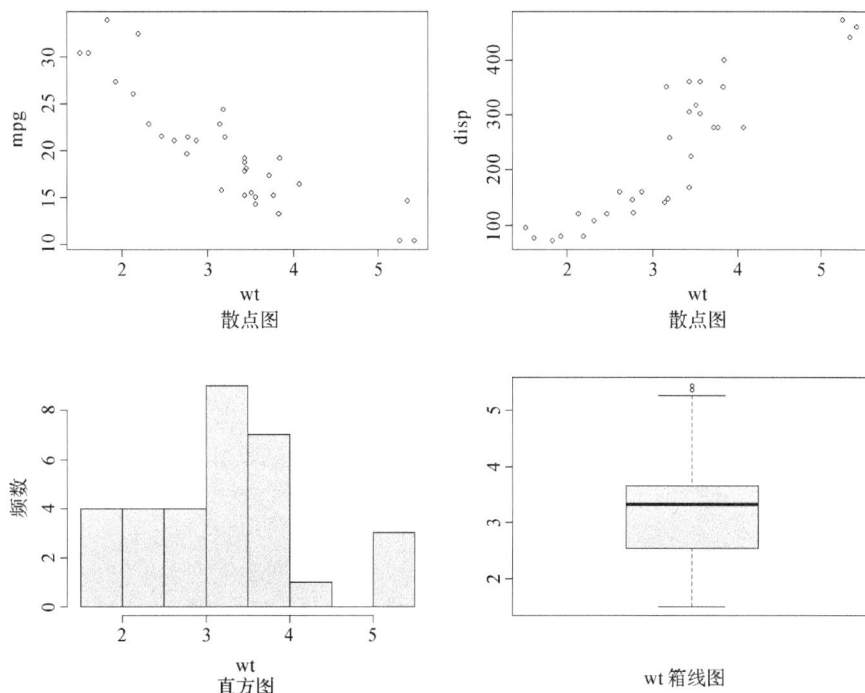

图4-4-1　用par()函数进行图形分割

4.4.1.2 利用 fig( )函数进行 par( )函数的精细布局

第1步:opar=par(no.readonly=TRUE)。

第2步:par(fig=c(x1,x2,y1,y2))。

运行结果如图4-4-2所示。

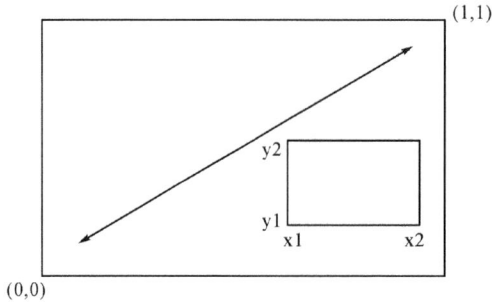

图 4-4-2　用 fig( )函数图例

第3步:在不同位置画任意一个图。

第4步:par(opar)。

例子如下:

代码段 4.4.1.2.1

```
opar<-par(no.readonly = TRUE)

par(fig = c(0, 0.8, 0, 0.8))

plot(mtcars$wt, mtcars$mpg, xlab = "每英里耗油/加仑", ylab = "车重")

par(fig = c(0, 0.8, 0.35, 1), new = TRUE)

boxplot(mtcars$wt, horizontal = TRUE, axes = FALSE)

mtext("Enhanced Scatterplot", side = 3,outer = TRUE, line = -3)

par(opar)
```

运行结果如图4-4-3所示。

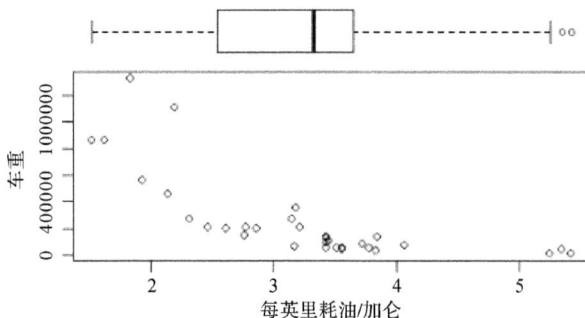

图 4-4-3　用 fig( )函数进行精细布局

4.4.2　利用 layout()函数

　　layout()内部的参数是一个矩阵,调用形式为 layout(matrix),它指定了所要组合的多个图形的所在位置,通过定义矩阵灵活地将图形区域进行分割,默认按列输入。矩阵的 0 元素表示该位置不画图,非 0 元素必包括从 1 开始的连续整数值,比如 1、2、…、N,按非 0 元素的大小设置图形的顺序。比如:

　　layout(matrix(1:4,2,2)),将绘图区域分成如下 2×2 的多重图框:

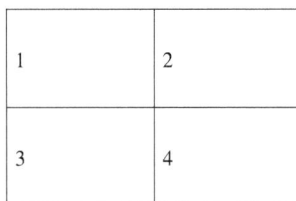

1	2
3	4

　　layout(matrix(c(1,3,2,3),2,2)),将图形区域分成 3 个规则的区域:

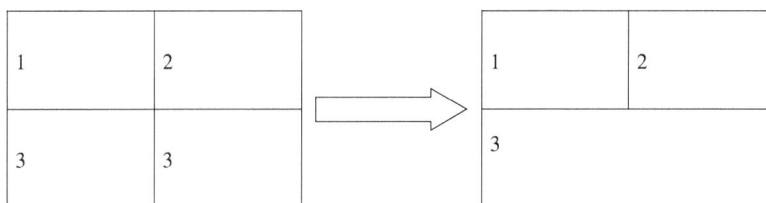

1	2
3	3

⟹

1	2
3	

　　Layout(matrix(c(1,1,2,3,2,3),2,3)),将图形区域分成不规则区域:

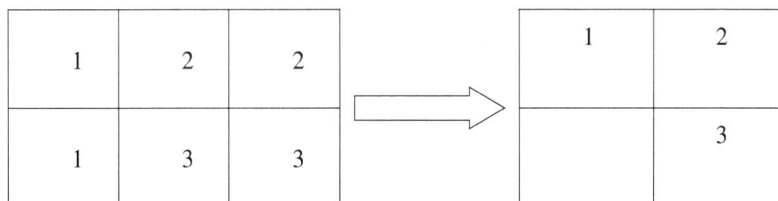

1	2	2
1	3	3

⟹

1	2
	3

　　例子如下:

　　代码段 4.4.2.1

```
attach(mtcars)
layout(matrix(c(1, 1, 2, 3), 2, 2, byrow = TRUE))
hist(wt, sub = "直方图",font. sub = 2, main = NA)
hist(mpg, su b= "直方图", font.sub = 2, main = NA)
hist(disp, sub = "直方图", font.sub = 2, main = NA)
detach(mtcars)
```

　　运行结果如图 4-4-4 所示。

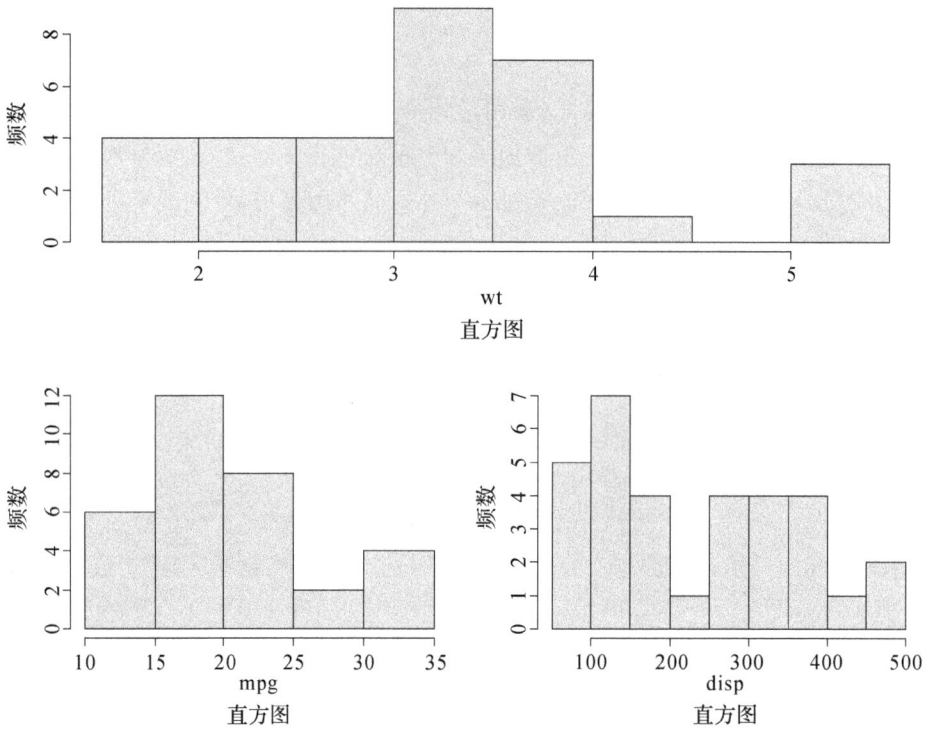

图 4-4-4　用 layout( )函数进行图形布局

为了更精确地控制每幅图形的大小,可以有选择地在 layout( )函数中使用"widths＝"和"heights＝"2 个参数,形式为:

widths＝各列宽度值组成的一个向量;

heights＝各行高度值组成的一个向量。

综合起来的形式为:

layout(matrix(c(1,1,2,3),2,2,byrow=TRUE,width=c(3,1),heights=c(1,2)),表示第 1 列图形的宽度是第 2 列的 2 倍,第 1 行图形的高度是第 2 行图形高度的 1/2。

例子如下:

代码段 4.4.2.2

```
attach(mtcars)
layout(matrix(c(1, 1, 2, 3), 2, 2, byrow = TRUE), widths = c(2, 1),
heights = c(1, 2))
hist(wt, sub = "直方图", font.sub = 2, main = NA)
hist(mpg, sub = "直方图", font.sub = 2, main = NA)
hist(disp, sub = "直方图", font.sub = 2, main = NA)
detach(mtcars)
```

运行结果如图4-4-5所示。

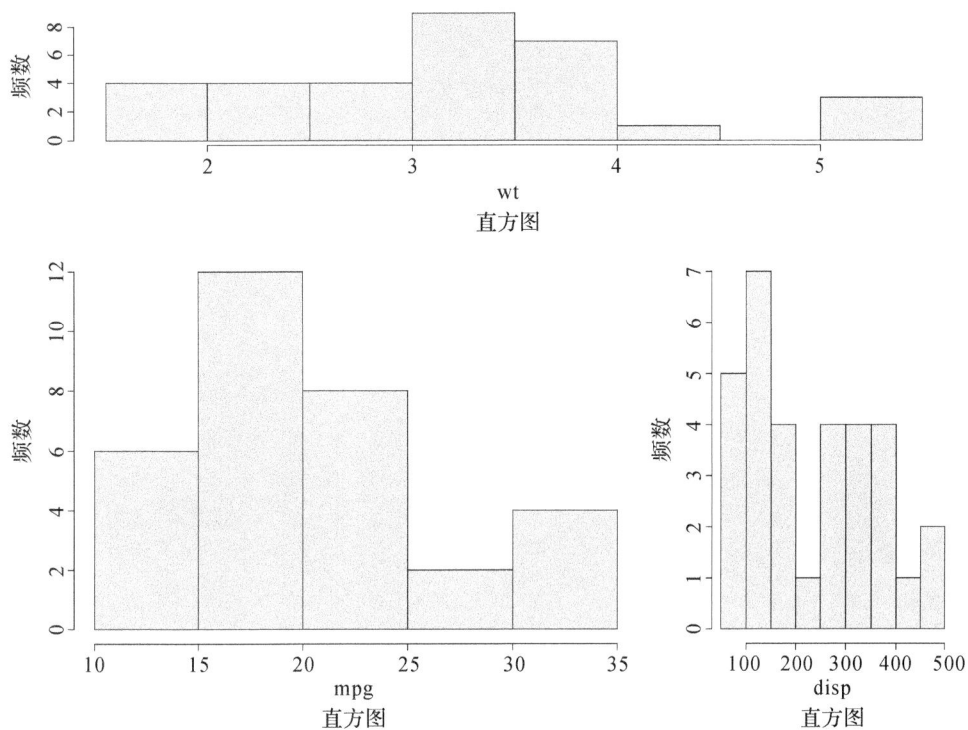

图 4-4-5　用 layout( )函数进行精细布局

[本节数字资源]

所在章节	二维码	内容	目标
4.4		课程资料链接（PPT）	获得该节线上课程PPT资料
		课程资料链接（代码）	获得该节线上课程代码资料
		随堂训练	练习创建多图环境
		随堂训练参考答案	

4.5 使用高级制图包(ggplot2 package)

4.5.1 从qplot()快速入门

ggplot2里最简单的绘图方式是利用快速制图函数,即qplot()。格式为:qplot(x, y, data=, color=, shape=, size=, alpha=, geom=, xlim=, ylim=, xlab=, ylab=, main=, sub=, …)

用ggplot2中自带的数据画图,命令如下:

代码段4.5.1.1

```
library(ggplot2)
attach(diamonds)          #选取自带的diamonds数据
set.seed(1000)            #让样本可重复
dsmall<-diamonds[sample(nrow(diamonds), 100),]       #随机选取100行
```

4.5.1.1 条形图

代码段4.5.1.1.1

```
qplot(color, data = dsmall, geom = "bar", xlab = "颜色", ylab = "频数")
#按颜色(离散变量)分组,画条形图
```

运行结果如图4-5-1所示。

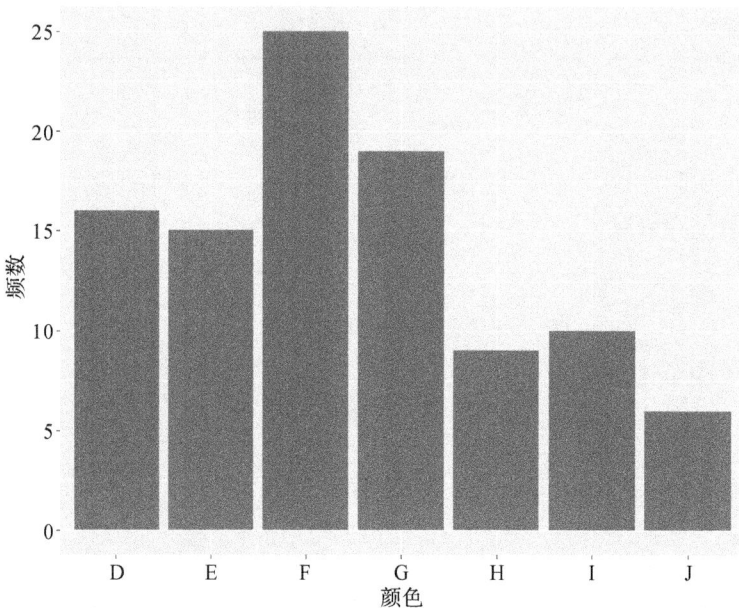

图4-5-1 按颜色分组画条形图

4.5.1.2　直方图

代码段 4.5.1.2.1

qplot(carat, data = dsmall, geom = "histogram", binwidth = .1, xlim = c(0,3), ylab = "频数", xlab = "切工")

#按切工(连续变量)分组

运行结果如图4-5-2所示。

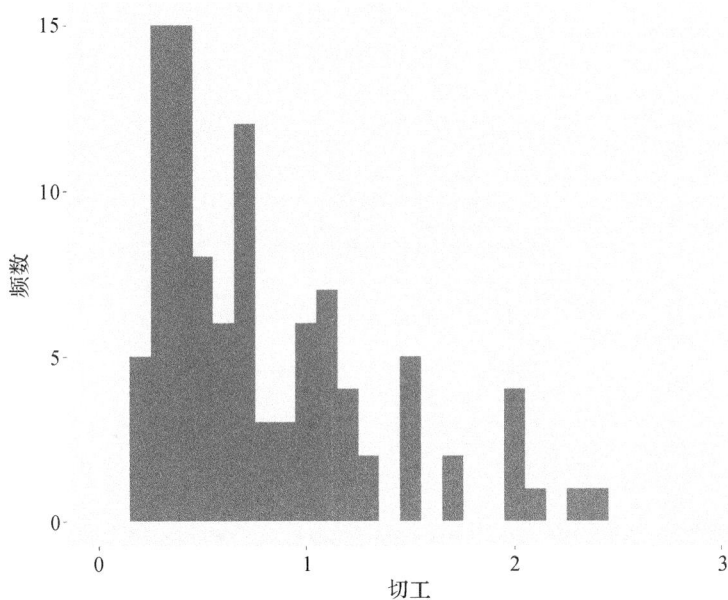

图 4-5-2　按切工分组画直方图

4.5.1.3　密度图

代码段 4.5.1.3.1

qplot(carat, data = dsmall, geom = "密度", xlim = c(0,3), xlab = "切工", ylab = "密度")

运行结果如图4-5-3所示。

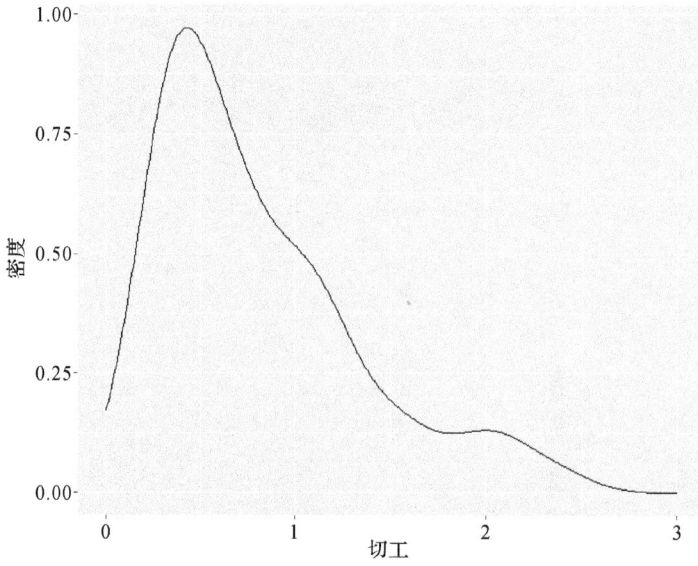

图 4-5-3　按切工分组画密度图

4.5.1.4　散点图加平滑曲线

代码段 4.5.1.4.1

```
qplot(carat, price, data = dsmall, geom = c("point", "smooth"), xlab = "切工",
ylab = "价格")
```

运行结果如图 4-5-4 所示。

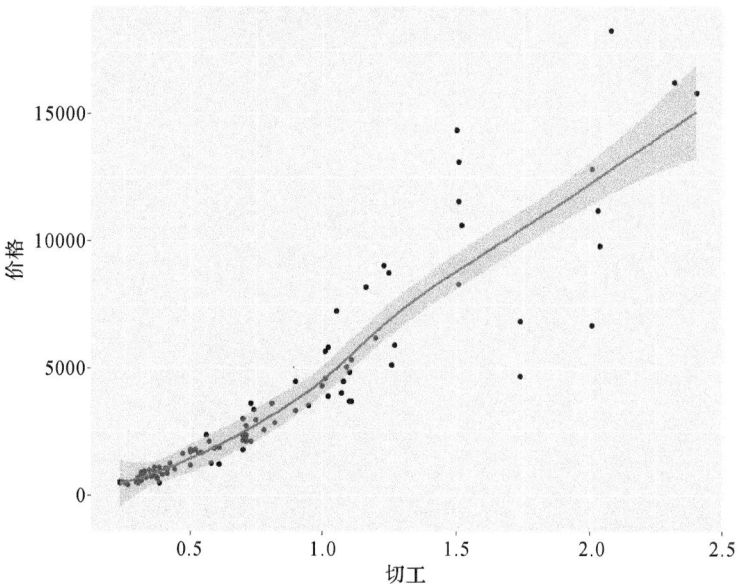

图 4-5-4　散点图添加平滑曲线

4.5.1.5 扰动点图

代码段 4.5.1.5.1

```
qplot(color, price/carat, data = diamonds, geom = "jitter", alpha = I(1/5),
xlab = "颜色", ylab = "价格/切工")
```

运行结果如图 4-5-5 所示。

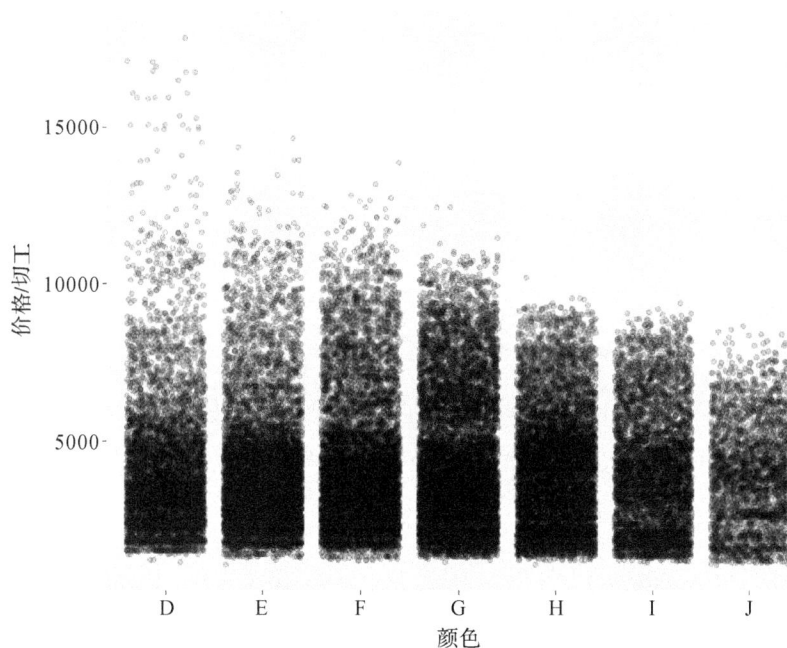

图 4-5-5 按颜色分组画扰动点图

4.5.1.6 箱线图

代码段 4.5.1.6.1

```
qplot(color, price/carat, data=dsmall, geom="boxplot", xlab = "颜色", xlab = "价格/
切工")
```

运行结果如图 4-5-6 所示。

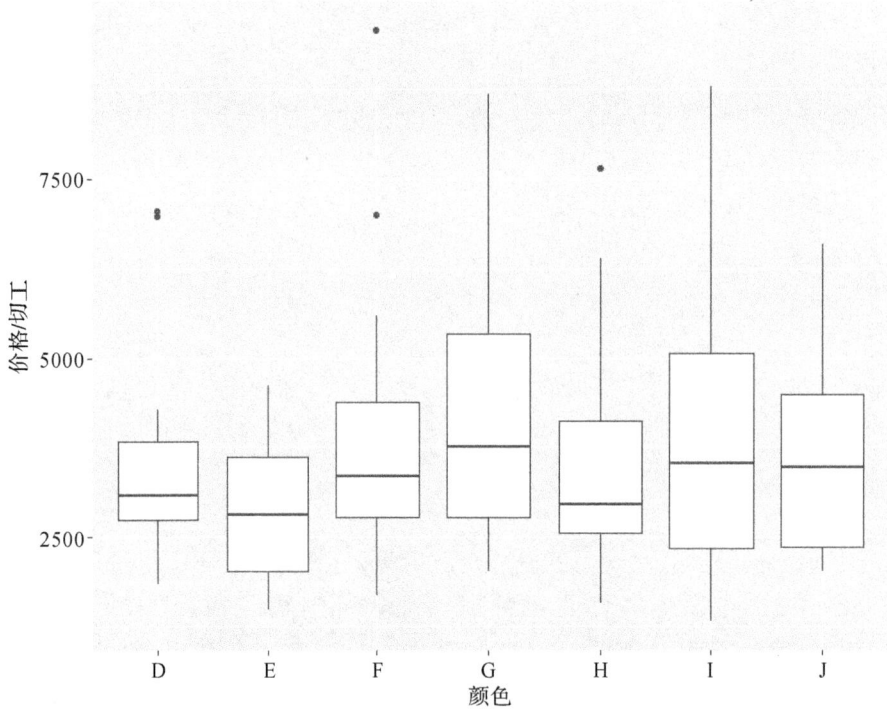

图 4-5-6　按颜色分组画箱线图

4.5.2　从 qplot( )到 ggplot( )

　　ggplot( )为 ggplot2①包中的函数,ggplot2 包是 R 语言里面一个比较重要的绘图包,是由 Hadley Wickham 于 2005 年创建的,2012 年 4 月作者对包进行了更新。ggplot2 的核心理念是将绘图与数据分离,数据相关的绘图与数据无关的绘图分离,是按图层作图,有利于结构化思维,同时它保有命令式作图的调整函数,使其更具灵活性,绘制出来的图形又美观,同时避免烦琐细节。ggplot2 中的重要概念有映射(Mapping)、几何对象(Geom)、统计变换(Stat)、位置调整(Position)、标度(Scale)、分面(Facet)、坐标系统(Coord)。用 ggplot( )函数绘图遵循如下一般步骤。

4.5.2.1　底层绘图函数:ggplot( )

　　ggplot( )函数是底层绘图函数,主要支持数据框格式的数据集。语句格式为 ggplot(data=,mapping=aes(x=,y=)),即载入数据空间、选择数据及选择默认的 aes。data 就是载入所画数据的数据框,aes( )可以用来指定 x 轴和 y 轴。

4.5.2.2　绘制图层

　　图层的绘制主要包括映射、几何对象、统计变换和位置调整,语句格式为 geom_xxx(mapping=aes( ),stat,…,position)或者 stat_xxx(mapping=aes( ),geom,…,position),具体

----

① ggplot2 官方手册:https://ggplot2.tidyverse.org/reference/index.html。

如表4-5-1所示。

表4-5-1 常用几何对象图形属性及默认的统计变换

变量数	类型	函数	常用表格类型
1	连续型	geom_histogram()、geom_density()、geom_dotplot()、geom_freqpoly()、gemo_qq()、geom_area()	统计直方图、核密度估计曲线图等
	离散型	geom_bar()	柱形图系列
2	x-连续型 y-连续型	geom_point()、geom_area()、geom_line()、geom_jitter()、geom_smooth()、geom_label()、geom_text()、geom_2d()、geom_hex()、geom_density2d()、geom_map()、geom_step()、geom_quantile()、geom_rug()	散点图系列、面积图系列、折线图系列,包括抖动散点图、平滑曲线图、标签、文本、二维统计直方图、二维核密度图、地理空间图表等
	x-离散型 y-连续型	geom_boxplot()、geom_violin()、geom_dotplot()、geom_col()	箱形图、小提琴图、点阵图、统计直方图
	x-离散型 y-离散型	geom_count()	二维统计直方图
3	x,y,z-连续型	geom_contour()、geom_raster()、geom_tile()	等高线图、热力图

其中,进行stat=identity统计变换时,表示不对数据进行统计变换。而在进行stat=bin统计变换时,会生成统计变量如表4-5-2所示。

表4-5-2 统计变换种类

名称	描述
count	返回每个组观测值的数目
density	返回每个组观测值的密度(占整体的百分数/组宽)
x	返回组的中心位置

position用于这一图层的位置调整,多见于处理离散型数据,常用于条形图(bar)和直方图(histogram),一般不用于连续型数据,因为连续型数据很少出现完全重叠的问题,位置调整种类如表4-5-3所示。

表 4-5-3　位置调整种类

名称	描述
dodge	避免重叠,并排放置
fill	堆叠图形元素并将高度标准化为1
identity	不做任何调整
jitter	给点增加扰动避免重合,常用于散点图
stack	将图形堆叠起来

4.5.2.3　图形调整

图形调整主要包括标度(Scale)、坐标系统(Coord)和分面(Facet)。标度控制着从数据到图形属性的映射,主要包括坐标轴刻度、修改颜色取值等,也可以手动修改。每个标度都可将数据变量转化成图形属性,如位置、颜色、形状、大小和线条类型等。使用标度的函数,相当于添加一个图层,依然用"+"连接函数。标度比较常用的有4种:位置标度、颜色标度、手动标度和同一型标度。

位置标度常用函数以 scale_x 或者 scale_y 开头, scale_x_discrete()设置离散型标度, scale_x_continuous()设置连续型标度, scale_x_date 设置日期型标度,它们的内部参数是一致的,如表4-5-4所示。

表 4-5-4　位置标度的参数

参数	含义
names	更改坐标轴
limits	设置坐标轴范围
breaks	设置坐标的刻度线
labels	手动标记刻度的名称
trans	对坐标轴进行数学变换

颜色标度函数分为离散型数据和连续型数据。通常以 scale_color 开头,离散型数据默认的配色方案为 scale_color_hue(),hue(色相)是一个0—360之间的值,将一种颜色赋予颜色属性,如红、橙、蓝等,另外还有 scale_color_gradient、scale_color_grey 等。

手动标度是用来将离散型变量映射到我们选择的符号大小、线条类型、形状或颜色等中,分别对应的函数为 scale_size(values)、scale_linetype(values)、scale_shape(values)和 scale_color(values)。

同一型标度直接将变量值绘制为图形属性,而不是去映射它们。

坐标系统可以对坐标轴进行一些变换以满足不同的绘图需要,主要的函数种类如表4-5-5所示。

表4-5-5 坐标系统函数种类及功能

函数	功能
coord_flip( )	互换x、y轴
coord_polar( )	转换成极坐标
coord_cartesian( )	生成笛卡尔坐标系
exp_trans( )	变换坐标轴,如对数、指数变换

如果通过颜色、形状等特征无法准确直观地分析某一变量对数据的影响时,则需要借助于分面函数facet( ),根据变量的不同取值进行分组,再分别绘图。ggplot2提供2种分面的类型:网格型(facet_grid)和封装型(facet_wrap)。网格分面生成的是一个二维的面板网络,面板的行和列通过变量来定义;封装分面则先生成1个一维的面板条块,再封装到二维中。常用的网格分面类别有3种,如表4-5-6所示。

表4-5-6 网格分面常用类型

类型	语句	描述
一行多列	facet_grid(.~a)	按a分组,纵坐标相同
一列多行	facet_grid(b~.)	按b分组,横坐标相同
多行多列	facet_grid(a~b)	按a和b分组

4.5.3 用ggplot( )例子演示

4.5.3.1 柱形图

代码段4.5.3.1.1

```
library(WDI)  #加载WDI包

library(ggplot2)  #加载ggplot2包

CNGDP<-WDI(country = "CN", indicator = "NY.GDP.PCAP.CD", start = 2010,
end = 2020)  #从WDI读取中国人均GDP数据

ggplot(data = CNGDP, mapping = aes(x = 年份, y = NY.GDP.PCAP.CD))+
geom_bar(stat = "identity") + scale_y_continuous(name = "人均GDP")
```

#先映射出坐标轴,再在此基础上画柱形图,并做密度统计变换

运行结果如图4-5-7所示。

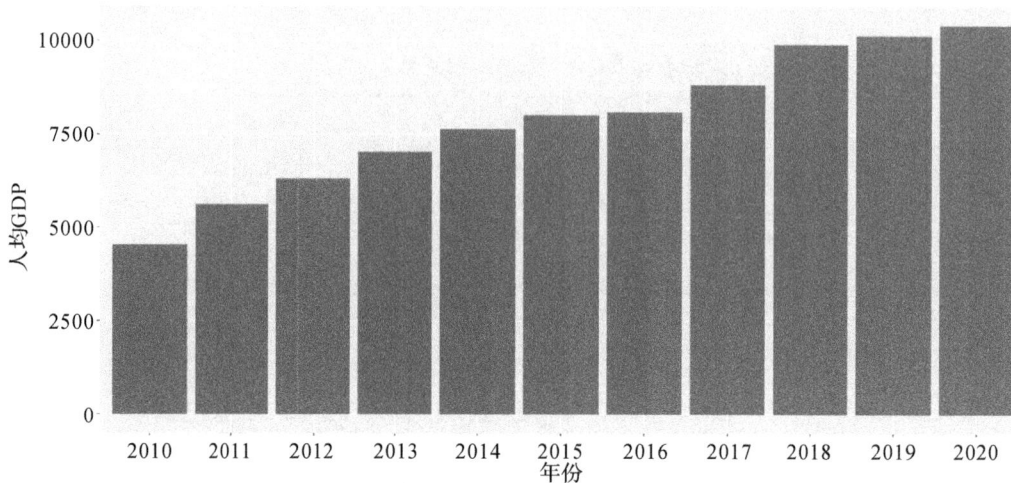

图 4-5-7　ggplot( )做柱形图

4.5.3.2　箱线图

代码段 4.5.3.2.1

```
library(pedquant)        #加载pedquant包
library(ggplot2)         #加载ggplot2包
#读取上证指数、深圳综指、沪深300和中小板指
data <- read.csv("Index_3.csv")
data$date <- as.Date(data$date)
value1 <- data[which(data$symbol == "000001.ss"),]
value1 <- pq_freq(value1, freq = "yearly")
value1_ret < -pq_return(value1, 'close')


value2 <- data[which(data$symbol == "399106.sz"),]
value2 <- pq_freq(value2, freq = "yearly")
value2_ret <- pq_return(value2, 'close')


value3 <- data[which(data$symbol == "000300.ss"),]
value3 <- pq_freq(value3, freq = "yearly")
value3_ret <- pq_return(value3, 'close')
```

```
value4 <- data[which(data$symbol == "399329.sz"),]

value4 <- pq_freq(value4, freq = "yearly")

value4_ret <- pq_return(value4, 'close')


data1 = list(value1_ret[[1]], value2_ret[[1]], value3_ret[[1]], value4_ret[[1]])

data1 = data.table::rbindlist(data1)
#合并为一列
colnames(data1)[c(1, 4)] = c("指数名称","年收益率")

ggplot(data1, aes(x = 指数名称, y = 年收益率)) + geom_boxplot()
#设置坐标轴,加上箱线图的图层
```

运行结果如图4-5-8所示。

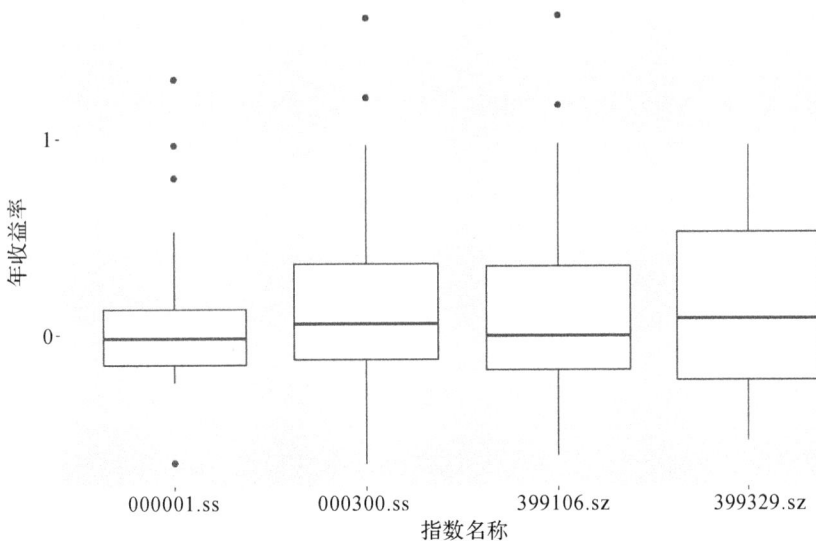

图4-5-8 ggplot()做箱线图

4.5.3.3 扰动点图

代码段4.5.3.3.1

```
library(pedquant)      #加载pedquant包#

library(ggplot2)       #加载ggplot2包
#获取上证指数自2000年以来的数据#
value1 <- read.csv("Index_000001.csv")

quarter <- pq_freq(value1, freq = "quarterly")

quarter_ret <- data.frame(pq_return(quarter, 'close'), quarterly = rep(c("Q1",
```

```
"Q2", "Q3", "Q4")))
    colnames(quarter_ret)[c(4, 5)] = c("收益率", "季度")
    ggplot(data = quarter_ret, mapping = aes(季度, 收益率)) + geom_jitter()
    #以季度为x轴,以指数季度收益率为y轴绘制扰动点图#
```

运行结果如图4-5-9所示。

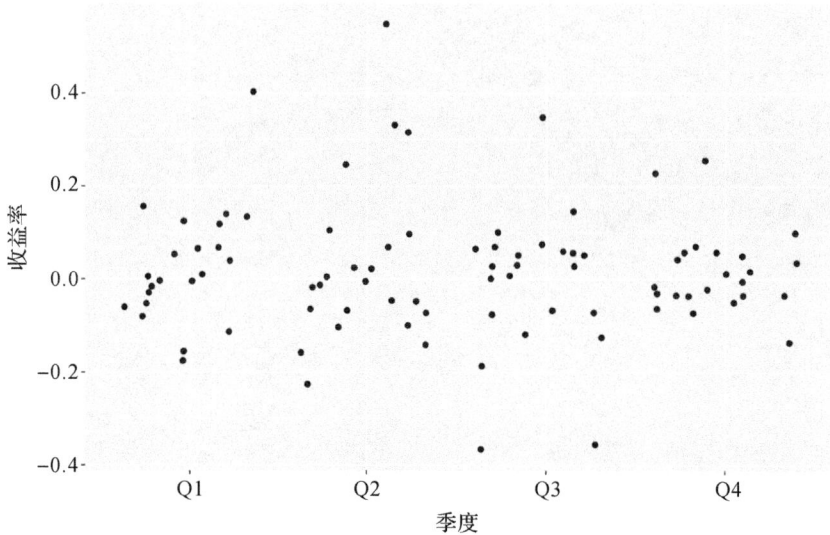

图 4-5-9　ggplot( )做扰动点图

4.5.3.4　散点图

代码段 4.5.3.4.1

```
capitaladequacyratio<-read.csv("商业银行资本充足率.csv", header = T)
    #读取路径文件#
    d <- ggplot(data = ratio, mapping = aes(日期, 资本充足率)) + geom_point(aes
(shape = 银行类型))+theme(legend.title = element_blank())

    d
    #读取数据,设置坐标轴,绘制散点图,并按银行类型将点设置成不同形状进行区分
```

运行结果如图4-5-10所示。

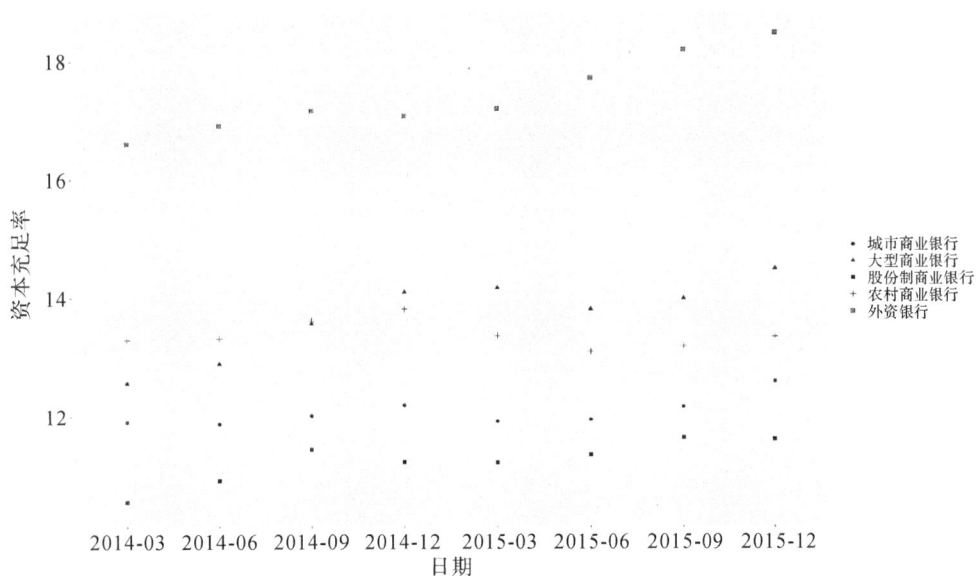

图4-5-10 ggplot( )做散点图

[本节数字资源]

所在章节	二维码	内容	目标
4.5		课程资料链接(PPT)	获得该节线上课程PPT资料
		课程资料链接(代码)	获得该节线上课程代码资料
		课程资料链接(数据)	获得该节线上课程数据资料
4.5		随堂训练	练习使用ggplot2包
		随堂训练参考答案	

【本章小结】

■主要术语

绘图函数　图形参数　多图组合　ggplot( )函数

■数字资源

所在章节	二维码	内容	二维码	内容
第4章		自测题目		自测题目答案
		自选题目		自选题目答案
		案例分析		案例分析答案

5　债券相关计算

教学说明

导入语

固定收入证券是金融学的一个重要组成部分。作为 R 在金融中具体运用的开篇章节,本章的探讨将限制于定期付息的固定利率债券(Plain Vanilla Bonds,又称为芳草型债券)。本章主要涉及债券内在价值、到期收益率、久期和凸性等指标的计算和图形展示。相关计算仅仅利用 R 基本包和作者编写的自定义函数,读者无须加载其他贡献包。

本章学习目标

(1)了解债券交易惯例。
(2)掌握如何计算债券的内在价值和收益率。
(3)了解债券风险管理常用指标。
(4)掌握 R 中如何编写自定义函数。
(5)掌握 if 等控制结构函数及 for 等循环函数。

5.1　债券应计利息的计算

目前大多数国家和地区的债券市场采用"净价报价、全价结算"的制度,我国的债券市场也从 2002 年开始采用该制度。

净价(Clean Price 或 Flat Price)交易是指债券报价中没有包含从上一次付息日至结算日所累积的利息,即应计利息(Accrued Interest),而全价(Full Price 或 Dirty Price)交易的市场报价则包含了这部分利息。全价、净价和应计利息的关系为:

$$全价 = 净价 + 应计利息 \tag{5-1-1}$$

应计利息的计算是将利息(每年或每期)在一定时期间进行分配,但相关时期日子的计数,不同的市场、不同的债券工具存在不同的惯例,即日计数惯例(Day Count Convention)。根据交易所债券交易细则等相关规定,我国债券银行间市场的国债现券交易目前采用"实际/实际"的惯例,上海证券交易所采用"实际/365"的惯例,深圳证券交易所则采用"nl/365"的惯例,其中nl表示"不包含闰日"(Not Include Leap Day)。具体请参见《中国人民银行关于完善全国银行间债券市场债券到期收益率计算标准有关事项的通知》(银发〔2007〕200号)、《上海证券交易所债券交易实施细则》(上证发〔2014〕)第3条和《深圳证券交易所债券交易细则(2016年修订)》第12条等相关内容。

注意,某种惯例名称的具体内容并不存在统一的权威定义,同一市场同一证券品种在不同时期的日计数惯例也可能发生变化。

为方便读者的阅读,这里简单介绍3种惯例下应计利息的计算方法。银行间债券市场的"实际/实际"(Act/Act)惯例下应计利息的计算公式为:

$$应计利息 = \frac{交割日 - 上一利息支付日实际天数}{下一利息支付日 - 上一利息支付日实际天数} \times \frac{年利息}{付息频率} \quad (5-1-2)$$

上海证券交易所的"实际/365"(Act/365)惯例下应计利息的计算公式为:

$$应计利息 = \frac{交割日 - 上一利息支付日实际天数}{365} \times 年利息 \quad (5-1-3)$$

深圳证券交易所的"nl/365"惯例与上海证券交易所的"实际/365"惯例类似,主要区别为分子中"上一利息支付日实际天数"不包含闰日。

由上述分析可知,应计利息的计算看似简单,实际上包含了许许多多的细节问题,如平闰年的判断、大小月或平月的天数和不同日计数惯例下日期的处理等。由于这是债券分析中不可回避的问题,下文先探讨R中相关的日期处理。

5.1.1　日期处理相关函数

5.1.1.1　平闰年的判断

判断某一年份是否为闰年(Leap Year),可以采用如下标准:

(1)若某一年份不能被4整除,则该年份为平年;

(2)若某一年份能够被4整除,但不能被100整除,则该年份为闰年;

(3)若某年份能够被400整除,则该年份为闰年。

例如:2015年不能被4整除,所以2015年为平年;2016年能被4整除,但不能被100整除,所以2016年为闰年;1900年能够被4整除,并且也能够被100整除,但不能被400整除,所以1900年为平年;2000年能够被400整除,所以2000年为闰年。

代码段5.1.1.1.1 判断平闰年的函数isLeapYear()

```
1   isLeapYear <- function(yyyy) {
2     yyyy <- as.integer(yyyy)
3     yyyy %% 4 == 0 & (yyyy %% 100 != 0 | yyyy %% 400 == 0)
4   }
```

代码段5.1.1.1.1的第3行中的"yyyy %% 4"计算年份数yyyy整除4后的余数(模),

"&"为"逻辑与"运算,"|"为"逻辑或"运算,"!="表示为"不等于",双等号"=="表示逻辑判断的相等关系。函数 isLeapYear( )返回 TRUE 或 FALSE,如 isLeapYear(1998)返回 FALSE。

5.1.1.2　月最后日期

若某债券到期日为 2021 年 8 月 31 日,每半年支付 1 次利息。根据惯例,该债券一般在每年的 2 月 28 日(闰年为 2 月 29 日)和 8 月 31 日支付利息。因此,我们首先需要获取每个月份的最后日期。由于二月份较为特殊,我们也经常需要判断某一具体日子是否为二月份的最后日子(2 月 28 日或 2 月 29 日)。

代码段 5.1.1.2.1　获取月最后日期的函数 lastDayOfMonth( )

```
1   lastDayOfMonth <- function(mm, yyyy){
2       c(31, 28, 31, 30, 31, 30, 31, 31, 30, 31, 30, 31)[mm] +
3           if(isLeapYear(yyyy) & mm == 2) 1 else 0
4   }
```

代码段 5.1.1.2.1 的第 2 行是长度为 12 的平年每月天数的向量 c(31,28,31,30,31, 30,31,31,30,31,30,31),取该向量的第 mm 个数值即为平年第 mm 个月的天数。第 3 行的 if 判断返回长度为 1、取值为 1(闰年 2 月)或 0(其他)的向量,两者相加即为任意年份某一月份的天数。例如,函数 lastDayOfMonth(2,2016)返回 29。

代码段 5.1.1.2.2　判断某日期是否为二月最后日子的函数 isLastDayOfFeb( )的用法如下:

```
1   isLastDayOfFeb <- function(x){
2       if(class(x) == 'character') {x = as.Date(x)}
3       x.lt <- as.POSIXlt(x)
4       yy.x <- x.lt$year + 1900
5       mm.x <- x.lt$mon + 1
6       dd.x <- x.lt$mday
7       mm.x == 2 & dd.x == lastDayOfMonth(2, yy.x)
8   }
```

代码段 5.1.1.2.2 的第 2 行先判断输入的参数是否为"文本型"(这是实际输入的一般情况),若是,则将之转化为"日期型"。第 3 行代码将日期值转化为"POSIXlt"格式,该格式下的日期为一个列表,包含该日期年、月、日、时、分和秒等信息,具体请看相关帮助文件。注意"年份"为 1900 年时取值为 0,因此,我们应该在 year 分量基础上再加 1900(第 4 行),月份分量中用 0—11 表示一年中的 12 个月,因此需要再加 1(第 5 行)。第 7 行判断是否为 2 月份并且是否为该月的最后一天。比如,函数 isLastDayOfFeb('2016-05-13')返回逻辑值 FALSE。

5.1.1.3 某日期前后若干个月的日期

一般来说,债券利息支付日为到期日前的若干个月(若债券每年支付1次,利息支付日一般则为到期日前12的倍数个月;若债券每半年支付1次利息,则为6的倍数)。

代码段5.1.1.3.1 获取某日期加减若干个月后新的日期的函数 addMonths( )

```
1    addMonths <- function(fromDate, months) {
2      fromDate <- as.POSIXlt(fromDate)
3      yyyy.from <- fromDate$year + 1900
4      mm.from <- fromDate$mon + 1
5      dd.from <- fromDate$mday
6
7      mm <- mm.from + months
8      yyyy.to <- yyyy.from + mm %/% 12
9      mm.to <- mm %% 12
10     lastDay <- lastDayOfMonth(mm.to, yyyy.to)
11     dd.to <- if(dd.from > lastDay) lastDay else dd.from
12     as.Date(ISOdate(yyyy.to, mm.to, dd.to))
13   }
```

代码段5.1.1.3.1的第2—5行将初始日期转化为POSIXlt格式,并提取年、月和日的信息。months为正值,则表示初始日期后的若干个月;months为负值,则表示初始日期前的若干个月。第8行计算加上或减去若干个月后的年份数,其中,"%/%"计算整除的商。第9行计算加减若干个月后新的月份数.第11行为加减若干个月后所得新日期的所在日(如3月21日的21)。第12行是新日期的结果输出。

比如,初始日期为2022年5月31日,6个月后应该为2022年11月30日,6个月前应该为2021年11月30日。

有了上述准备后,我们可以正式开始进行债券的分析了。

5.1.2 剩余利息支付次数的计算

剩余利息支付次数表示从结算日到债券到期日还有几次利息支付,它决定了债券的相关现金流。计算剩余利息支付次数,需要知道债券到期日、付息频率及交易结算日等信息。由于国内定期支付利息债券大多每年或每半年支付1次利息,在这里付息频率仅包含每年付1次息(频率为1)和每半年支付一次利息(频率为2)这2种情景。

代码段5.1.2.1 债券剩余利息支付次数函数 ncoups( )

```
1    ncoups <- function(settlementDate, maturityDate, frequency){
2      frequency <- match.arg(as.character(frequency), choices = 1:2)
```

```
3      if (class (settlementDate) == 'character') settlementDate <- as. Date
(settlementDate)  #将文本格式的日期改为可用的日期格式
4      if(class(maturityDate) == 'character') maturityDate <- as.Date(maturityDate)
5      j<-c( )
6      for (i in 0:( (as. integer ( (maturityDate – settlementDate ) / 365+1 ) )
*frequency)) {
    j<-append(j, addMonths(maturityDate, -(i* 12/frequency)))
  }
7      for (i in 1:(length(j)-1)) {
    if(settlementDate <= j[i] && settlementDate > j[i+1])break;
  }
8  return(list("期数" = i, "上一利息支付日" = j[i+1], "下一利息支付日" = j[i]))
9  }
```

本函数类似Excel工作表函数coupnum( )。参数settlementDate为结算日,既可以是日期型,也可以是能转化为日期型的文本型,如"2022-06-15"。maturityDate为债券到期日,其数据类型和settlemtDate相同。Frequency为付息频率,取值为1则表示一年付息1次,取值为2则表示半年付息1次,取值为4则表示一季度付息1次。

代码段5.1.2.1第2行中的match.arg(arg, choices)函数是在choices中寻找与arg一样的重复项。在本例中,如果frequency取2,与choices中的2刚好一样,则将2赋值给frequency。至于as.character(frequency),因为choices是候选值的字符向量,所以只有将frequency改为字符型向量后才可与choices中的字符匹配,最后将数值型向量2赋值给frequency。

第6行中的as.integer((maturityDate−settlementDate)/365+1)可以得到长于settlementDate的年数,再乘以frequency得到该年数所对应的付息次数;j<-append(j, addMonths(maturityDate, -(i*12/frequency)))可以得到每一次付息的时间,且是按降序排列。读者可将第6行的maturityDate、settlementDate、frequency赋值后,查看j的结果以便于理解。

示例:

代码段5.1.2.2

```
1  maturityDate <- as.Date("2022-5-31")
2  settlementDate <- as.Date("2021-4-30")
3  frequency <- 2
4  j<-c( )
5  for (i in 0:( (as.integer((maturityDate – settlementDate ) / 365+1 ) )*frequency))
{j <- append(j, addMonths(maturityDate, -(i* 12/frequency)))}
```

```
6    j
```

运行结果：

[1] "2022-05-31" "2021-11-30" "2021-05-31" "2020-11-30" "2020-05-31"

第7行是将settlementDate的"2021-4-30"与j中的各个日期进行比对，当i运行到7的时候是将"2021-4-30"与j[7]/j[8]进行比对，刚好处于2个之间时退出循环。

第八行返回计算结果。

5.1.3 上一次利息支付日的获取

上一次利息支付日（Previous Coupon Payment Date）为结算日前且距离结算日最近的利息支付日，若结算日刚好为利息支付日，则上一次利息支付日就是结算日。

代码段 5.1.3.1　上一次利息支付日函数 previousCouponDate( )

```
1    previousCouponDate <- function(settlementDate, maturityDate, frequency){
2        if (class(settlementDate) == "character"){settlementDate = as.Date(settlementDate)}
3        if (class(maturityDate) == "character"){maturityDate = as.Date(maturityDate)}
4        frequency <- match.arg(as.character(frequency), choices = 1:2)
5        n <- ncoups(settlementDate, maturityDate, frequency)
6        addMonths(maturityDate, -n[[1]] * 12/frequency)
7    }
```

该函数与Excel工作表函数couppcd( )类似。代码段5.1.3.1的第2—3行首先判断输入的参数结算日（settlementDate）和到期日（maturityDate）是否为文本格式，若是，则转化为日期格式。第4行设定利息支付频率参数frequency的可取值为1和2，分别表示每年支付一次利息和每半年支付1次利息。注意match.arg( )函数要求参数arg为文本格式[本例中as.character(frequency)，参数名称arg忽略]。第5行通过前述ncoups函数计算了从结算日开始直到债券到期时总共将发生的利息支付次数。由于上一次利息支付日发生在结算日的前 $\dfrac{利息支付次数}{付息频率}$ 年，第6行利用前面的addMonths( )函数计算了该日期。

5.1.4 下次利息支付日的获取

下次利息支付日（Next Coupon Payment Date）为结算日之后并且距离结算日最近的利息支付日。

代码段 5.1.4.1　下次利息支付日函数 nextCouponDate( )

```
1    nextCouponDate <- function(settlementDate, maturityDate, frequency){
2        # Check to make sure we have a standard Date format
3        if (class(settlementDate) == "character"){settlementDate = as.Date(settlementDate)}
```

```
4    if (class(maturityDate) == "character"){maturityDate = as.Date(maturityDate)}

5    frequency <- match.arg(as.character(frequency), choices = 1:2)

6    n <- ncoups(settlementDate, maturityDate, frequency)

7    addMonths(maturityDate, -(n[[1]]- 1)/frequency * 12)

8    }
```

该函数与 Excel 工作表函数 couppcd（）类似。计算过程与上一次利息支付口 previouisCouponDate（）类似，这里不再赘述。

5.1.5　计息期是否包含闰日的判断

计息期（Accrual Period）是从上次利息支付日到债券结算日所形成的时期，计息期是否包括闰日关系到"nl/365"日计数惯例计息期天数的计算等问题。

代码段 5.1.5.1　判断计息期是否包含闰日的函数 includeLeapday（）

```
1    includeLeapday <- function(settlementDate, maturityDate, frequency){

2      if(class(settlementDate) == 'character') settlementDate <- as.Date(settlementDate)

3      if(class(maturityDate) == 'character') maturityDate <- as.Date(maturityDate)

4      frequency <- match.arg(as.character(frequency), choices = 1:2)

5

6      previouscpd <- previousCouponDate(settlementDate, maturityDate, frequency)

7      if(settlementDate != previouscpd) {

8        accrualPer <- seq(from = previouscpd, to = settlementDate - 1, by = 'day')

9        md.accrualPer <- substr(accrualPer, 6, 10)  # mm-dd

10       feb29.accrualPer <- sapply(md.accrualPer, function(x) {x == '02-29'})

11       return(any(feb29.accrualPer))

12     } else {

13       return(FALSE)

14     }

15   }
```

代码段 5.1.5.1 的第 6 行利用 5.1.3 中的 previousCouponDate（）来计算债券的上一次利息支付日。第 7—14 行利用 if-else 控制语句判断结算日是否为上一次付息日，若否，则第 8 行生成计息期序列（"算头不算尾"，从上一次利息支付日到结算日前一日）。第 9 行提取该日期序列的月和日信息，默认格式为"mm-dd"，即 2 位数表示的月和 2 位数表示的日中间用"-"分割。比如，若日期为"2022-10-20"，则 md.accrualPer 为"10-20"。

第 10 行利用 sapply（）函数遍历整个计息期序列，判断每个日子是否为 2 月 29 日，若是,则返回 TRUE;否则为 FALSE。因此,向量 feb29.accrualPer 长度与 accrualPer 相等,取值只有 TRUE 或 FALSE。

如果向量 feb29.accrualPer 中至少存在 1 个真值,则 any()函数返回 TRUE;否则返回 FALSE。因此,代码段的第 11 行判断向量 feb29.accrualPer 是否包含 2 月 29 日,并返回结果。

第 12—13 行表示,如果结算日就是上一次付息日,那么计息期为空,因此返回 FALSE。

5.1.6 日计数因子的计算

日计数因子(Day Count Factor)乘以年利息额即为应计利息。日计数因子的计算涉及日计数惯例。本函数仅仅包括"实际/实际""实际/365F""nl/365""30U/360"和"30E/360"这 5 种惯例。

对于上述 5 种惯例中的前 3 种,本节在开始部分已经做了介绍。接下来我们简单地介绍余下 2 种惯例。为方便讲述,设月 y1、m1 和 d1 分别为上一次利息支付日所对应的年、月和日,y2、m2 和 d2 分别为结算日对应的年、月和日。

5.1.6.1 30U/360

30U/360 或 30/360 惯例主要应用于美国的公司债券和机构债券。其主要的日期计数规则如下:

(1)若 d2 为 2 月份的最后一天(平年的 28 日或闰年的 29 日)并且 d1 也是 2 月份的最后一天,则 d2 设为 30;

(2)若 d1 为 2 月份最后一天,则 d1 设为 30;

(3)若 d2 等于 31 并且 d1 等于 30 或 31,则 d2 设为 30;

(4)若 d1 等于 31,则 d1 设为 30。

5.1.6.2 30E/360

"30E/360"惯例又称为"欧洲债券基准"(Eurobond Basis),该惯例下的日计数规则如下:

(1)若 d1 等于 31,则 d1 设为 30;

(2)若 d2 等于 31,则 d2 设为 30。

上述 2 种惯例下的日计数因子的计算公式为:

$$num = (y2 - y1) \times 360 + (m2 - m1) \times 30 + (d2 - d1) \tag{5-1-4}$$

$$dcc = \frac{num}{360} \tag{5-1-5}$$

代码段 5.1.6.2.1 日计数因子函数 dcFraction()

```
1  dcFraction <- function(settlementDate, maturityDate, frequency,
```

```
2                    dcc = c('act/act', 'act/365f', 'nl/365', '30u/360', '30e/360')){
3     if (class(settlementDate) == "character") settlementDate <- as.Date(settlementDate)
4     if (class(maturityDate) == "character") maturityDate <- as.Date(maturityDate)
5     frequency <- match.arg(as.character(frequency), choices = 1:2)
6     dcc <- match.arg(dcc)
7
8     previouscpd <- ncoups(settlementDate, maturityDate, frequency)[[2]]
9     nextcpd <- ncoups(settlementDate, maturityDate, frequency)[[3]]
10    settle.lt <- as.POSIXlt(settlementDate)
11    precpd.lt <- as.POSIXlt(previouscpd)
12
13    yy.settle <- settle.lt$year + 1900
14    mm.settle <- settle.lt$mon + 1
15    dd.settle <- settle.lt$mday
16    yy.pre <- precpd.lt$year + 1900
17    mm.pre <- precpd.lt$mon + 1
18    dd.pre <- precpd.lt$mday
19
20    # act/act
21    dcf1 <- as. integer (settlementDate-previouscpd)/as. integer (nextcpd-
previouscpd)/ frequency
22
23    # act/365f
24    dcf2 <- as.integer(settlementDate - previouscpd) / 365
25    # nl/365
26    pre2settle <- as.integer(settlementDate - previouscpd)
27    days. numerator <- if (includeLeapday (settlementDate, maturityDate,
frequency)){(pre2settle -1) }else pre2settle
28
29    dcf3 <- days.numerator / 365
30    # 30u/360
31    if (isLastDayOfFeb (settlementDate) && isLastDayOfFeb (previouscpd)) dd.
settle <- 30
32    if(isLastDayOfFeb(previouscpd)) dd.pre <- 30
```

```
33      if(dd.settle == 31 && (dd.pre == 30 || dd.pre == 31)) dd.settle <- 30
34      if(dd.pre == 31) dd.pre <- 30
35      dcf4 <- ((yy.settle - yy.pre) * 360 + (mm.settle - mm.pre) * 30 + (dd.settle - dd.pre)) / 360
36      # 30e/360
37      d1 <- if(dd.pre == 31) 30 else dd.pre
38      d2 <- if(dd.settle == 31) 30 else dd.settle
39      dcf5 <- ((yy.settle - yy.pre) * 360 + (mm.settle - mm.pre) * 30 + (d2 - d1)) / 360
40
41      if(dcc == 'act/act') return(dcf1)
42      if(dcc == 'act/365f') return(dcf2)
43      if(dcc == 'nl/365') return(dcf3)
44      if(dcc == '30u/360') return(dcf4)
45      if(dcc == '30e/360') return(dcf5)
46    }
```

代码段5.1.6.2.1的第8—9行利用函数previousCouponDate()和nextCouponDate()分别计算债券上一次利息支付日和下一次利息支付日。第10—18行提取上一次利息支付日和结算日对应的年、月、日信息。第20—40行分别计算5种日计数惯例下的日计数因子。第41—45行利用if()函数报告最终结果。调用示例：dcFraction("2021-4-30","2023-5-31",2,dcc='30u/360')。

5.1.7 应计利息的计算

根据上述定义,应计利息的计算公式如下：

$$应计利息 = 日计数因子 \times 年利息 \qquad (5-1-6)$$

利用日计数因子函数dcFraction()和式(5-1-6),我们很方便地得到如下的应计利息函数accruedInt(),该函数类似于Excel工作表函数accrint()。

代码段5.1.7.1 应计利息函数accruedInt()

```
1     accruedInt <- function(settlementDate, maturityDate, couponRate, frequency,
2       dcc = c('act/act', 'act/365f', 'nl/365', '30u/360', '30e/360')){
3       if (class(settlementDate) == "character") settlementDate <- as.Date(settlementDate)
4       if (class(maturityDate) == "character") maturityDate <- as.Date(maturityDate)
5       frequency <- match.arg(as.character(frequency), choices = 1:2)
6       dcc <- match.arg(dcc)
```

```
7    accrint <- dcFraction(settlementDate, maturityDate, frequency, dcc) * 100 *
couponRate

8    return(accrint)

9    } #couponRate为年利率,例如0.07;100指的是债券的面值
```

[本节数字资源]

所在章节	二维码	内容	目标
5.1		课程资料链接(PPT)	获得该节线上课程PPT资料
		课程资料链接(代码)	获得该节线上课程代码资料
		随堂训练	学会如何使用R计算债券的应计利息
		随堂训练参考答案	

5.2　债券内在价值的计算

在债券合理收益率水平(Required Rate of Yield)给定的情况下,债券的内在价值(Intrinsic Value)就是利用该利率对债券未来现金流(利息和本金)进行贴现的现值之和。由于国内债券一般采用净价报价,我们也应该提供理论的净价,即理论的全价减去应计利息。

要计算内在价值,首先要计算结算日(即估值日,记为0期)后第一笔利息支付距离结算日还有几期。代码段5.2.1为计算定期支付利息的固定利率债券内在价值(即理论净价)的函数,该函数类似于Excel工作表函数price()。

代码段5.2.1　债券内在价值函数bondIV()

```
1    bondIV <- function(settlementDate, maturityDate, couponRate, frequency,
requiredYld, dcc = c('act/act', 'act/365f', 'nl/365', '30u/360', '30e/360')){

2
```

```
3        if (class (settlementDate) == 'character')  settlementDate  <-  as. Date
(settlementDate)

4        if(class(maturityDate) == 'character') maturityDate <- as.Date(maturityDate)

5        frequency <- match.arg(as.character(frequency), choices = 1:2)

6        dcc <- match.arg(dcc)

7

8        t0 <- 1 - dcFraction(settlementDate, maturityDate, frequency, dcc) * frequency

9        n <- ncoups(settlementDate, maturityDate, frequency) [[1]]

10       tt <- t0 + 0:(n -1)

11       cfs <- 100 * (rep(couponRate/frequency, n) + c(rep(0, n - 1), 1))

12       dirtyPrc <- sum(cfs * (1 + requiredYld/frequency)^(-tt))

13       dirtyPrc - accruedInt(settlementDate, maturityDate, couponRate, frequency,
dcc)

14    }
```

代码段5.2.1的第8行计算了从结算日到下一次利息支付还有几期,它等于1减去日计数因子乘以利息支付频率。第9行利用ncoups()函数计算剩余利息支付次数,由此第10行可计算出各期现金流距离估值日的期数,即$\{t_0, t_0 + 1, t_0 + 2, \cdots, t_0 + n - 1\}$。

第11行计算了各期的现金流,第12行用要求的收益率对各期现金流进行贴现并加总,由此得到理论的全价。第12行将理论的全价减去应计利息,得到理论的净价,即债券的内在价值。

[本节数字资源]

所在章节	二维码	内容	目标
5.2		课程资料链接(PPT)	获得该节线上课程PPT资料
		课程资料链接(代码)	获得该节线上课程代码资料
		随堂训练	学会如何使用R计算债券的内在价值

所在章节	二维码	内容	目标
5.2		随堂训练参考答案	

5.3　债券收益率的计算

常用债券的投资收益率指标主要包括当期收益率（Current Yield）、持有其收益率（Holding Period Yield）和到期收益率（Yield to Maturity）。当期收益率为年利息收入除以当期价格时，持有其收益率可以看作当期收益率和资本利得收益率之和，它们的计算比较简单，故没有必要专门编写计算函数。

债券的到期收益率是使债券未来的现金流的现值之和与债券当前的价格相等的利率。对于定期支付利息的固定利率债券而言，其计算公式如下：

$$P = \frac{Mi/m}{(1 + \dfrac{y}{m})^{t_0}} + \frac{Mi/m}{(1 + \dfrac{y}{m})^{t_0 + 1}} + \cdots + \frac{M(1 + i/m)}{(1 + \dfrac{y}{m})^{t_0 + n - 1}} \tag{5-3-1}$$

其中，P 为债券在估值日（结算日）的全价，M 为债券的面值，i 为年票面利率，m 为付息频率，t_0 为下一次利息支付日距离结算日的期数大小，n 为剩余利息支付次数。

5.3.1　到期收益率

根据公式（5-3-1），我们可以方便地编写 R 的债券到期收益率函数（见代码段 5.3.1.1）。函数 bondYTM（）的参数 price 为债券在结算日的净价，dcc 为日计数惯例。该函数类似于 Excel 工作表函数 yield（）。

代码段 5.3.1.1　债券到期收益率函数 bondYTM（）

```
1    bondYTM <- function(settlementDate, maturityDate, couponRate, frequency,
price, dcc = c('act/act', 'act/365f', 'nl/365', '30u/360', '30e/360')){
2
3       if (class(settlementDate) == "character") settlementDate <- as.Date(settlementDate)
4       if (class(maturityDate) == "character") maturityDate <- as.Date(maturityDate)
5       frequency <- match.arg(as.character(frequency), choices = 1:2)
6       dcc <- match.arg(dcc)
7
8       t0 <- 1 - dcFraction(settlementDate, maturityDate, frequency, dcc) *
```

frequency

```
9      n <- ncoups(settlementDate, maturityDate, frequency)[[1]]
10     tt <- t0 + 0:(n -1)
11     cfs <- 100 * (rep(couponRate/frequency, n) + c(rep(0, n - 1), 1))
12     ai <- accruedInt(settlementDate, maturityDate, couponRate, frequency,
dcc)
13     funs <- function(yld){sum(cfs * (1 + yld/frequency)^(-tt)) - price - ai}
14     uniroot(funs, interval = c(0, 1), tol = 1e-8)$root
15    }
```

代码段 5.3.1.1 的第 8—11 行与代码段 5.2.1 的第 8—11 行的含义相同。第 12 行根据前述 accruedInt() 函数计算债券于结算日的应计利息,据以计算债券的全价。第 13 行构造债券到期收益率的计算函数 $\sum_t PV_t - P$,其中 $\sum_t PV_t$ 为公式(5-3-1)右边的现值和(到期收益率 YTM 的函数),P 为债券的全价。第 14 行利用 stats 包(默认安装)的 uniroot() 函数计算债券的到期收益率。

5.3.2 实现的收益率

到期收益率的计算需要有如下条件:第一,投资者能够将债券持有到到期日;第二,前面得到的利息收入能够以到期收益率再投资若干年(到到期日为止)。违背第一个条件的债券主要为接近或已经超过赎回价格的可赎回债券,它们存在非常大的可能性会被债券发行方赎回,因此,根据持有到期假设为基础计算出来的到期收益率没有什么参考价值。但赎回收益率的计算方法类似于到期收益率,两者主要的区别在于现金流序列的不同。由于计算方法的类同,我们没有必要单独计算赎回收益率的函数。

违背第二个条件主要发生在市场预期未来利率将下降的情景下。在这种预期下,假设前面得到的利息以到期收益率再投资显然没有什么现实意义。在这种情况下,我们可以计算实现的收益率(Realized Return)。

实现的收益率是指债券的利息收入按事先给定的、用其他方法估计得到的收益率再投资的复利收益率,其计算过程可以分为2步:

步骤1:将债券的利息收入按事先给定的利率再投资,计算其于到期日的终值。此时,该债券的现金流等价于这样的债券。期末的现金流为利息收入终值之和加期末的本金偿还 FV,期初的现金流为债券于结算日的全价。

步骤2:利用零息债的方法计算债券的到期收益率,就是该债券实现的收益率。

代码段 5.3.2.1 实现的收益率函数 realizedRet()

```
1    realizedRet <- function(settlementDate, maturityDate, couponRate, frequency,
```

```
price, reinvestRet, dcc = c('act/act', 'act/365f', 'nl/365', '30u/360', '30e/360')){

2

3    if (class(settlementDate) == "character") settlementDate <- as.Date(settlementDate)

4    if (class(maturityDate) == "character") maturityDate <- as.Date(maturityDate)

5    frequency <- match.arg(as.character(frequency), choices = 1:2)

6    dcc <- match.arg(dcc)

7

8    t0 <- 1 - dcFraction(settlementDate, maturityDate, frequency, dcc) * frequency

9    n <- ncoups(settlementDate, maturityDate, frequency)[[1]]

10   coups <- 100 * (rep(couponRate/frequency, n - 1))

11   tt <- (n -1):1

12   fvs <- sum (coups * (1 + reinvestRet/frequency)^tt) + 100 * (1 + couponRate/frequency)

13   dirtyPrc <- price + accruedInt(settlementDate, maturityDate, couponRate, frequency, dcc)

14   tn <- t0 + n - 1

15   (exp(log(fvs/dirtyPrc)/tn) - 1) * frequency

16   }
```

该函数的参数 price 为债券于估值日的净价,参数 reinvestRet 为长度等于剩余付息次数减1的向量,每一个分量表示各期利息的再投资收益率,dcc 为日计数惯例的类型。

关于代码段前9行的含义,前文已经讲述。第10行不包括到期日支付的利息和本金偿还在内的债券未来各期的现金流。第11行计算了利息再投资的期数。第12行计算了包括到期日现金流在内的债券未来所有现金流按预先给定的收益率再投资的终值之和。第13行计算了债券在估值日的全价。第14行计算了债券的剩余期限(以期为单位)。

第15行报告了该债券按如下方法计算实现的收益率:

$$\left(\sqrt[tn]{\frac{\text{现金流终值}}{\text{债券当前全价}}} - 1 \right) \times \text{付息频率} \tag{5-3-2}$$

[本节数字资源]

所在章节	二维码	内容	目标
5.3		课程资料链接(PPT)	获得该节线上课程PPT资料

所在章节	二维码	内容	目标
5.3		课程资料链接(代码)	获得该节线上课程代码资料
		随堂训练	学会如何使用R计算债券的到期收益率和实现的收益率
		随堂训练参考答案	

5.4　债券久期的计算

利率风险是债券投资者必须面对的日常风险。所谓利率风险是指债券未来利率变动对债券价格的不利影响。久期和凸性是债券衡量利率的2个重要工具。本节介绍如何利用R计算债券的久期,关于凸性的计算将在下一节展开。

对于普通型债券(Plain Vanilla)来说,常用的久期有Macaulay久期(MacD,国内债券投资者通常称之为麦氏久期,下文我们也沿用这种称法)、修正久期(Modified Duration, ModD)和货币久期(Money Duration,也称为Dollar Duration)。

麦氏久期是一个加权平均期限,其权重为现金流现值占总现值的比重。可以通过如下步骤计算麦氏久期。

步骤1:根据估值日债券的到期收益率,计算债券各期现金流的现值。如果没有提供债券到期收益率信息,则可以利用债券的价格先计算其到期收益率。设债券各期现金流为 $C_1, C_2, \cdots, C_n$,其在到期收益率为 y 时对应的现值为 $PV_1, PV_2, \cdots, PV_n$,各期现金流发生的时间分别为 $t_1, t_2, \cdots, t_n$,单位为年。

步骤2:计算各期现金流现值之和,即债券的现价(全价),记为 P。

步骤3:计算权重,即每期现金流现值除以债券的现价,记权重为 $w_1, w_2, \cdots, w_n$。

步骤4:求 $t_1, t_2, \cdots, t_n$ 的加权平均数,即麦氏久期。

修正久期为债券的价格对到期收益率求一阶导数。在数值上,修正久期可以通过麦氏久期除以(1 + 每期的到期收益率)来调整,即

$$ModD = \frac{MacD}{1 + y/m} \tag{5-4-1}$$

其中,ModD 表示修正久期,MacD 表示麦氏久期,m 表示利息支付频率。若使用连续复利,则麦氏久期在数值上等于修正久期。

修正久期衡量一定的利率变化下,债券价格的变化百分比,即

$$\frac{\Delta P}{P} \approx -\text{ModD} \times \Delta y \qquad (5\text{-}4\text{-}2)$$

式(5-4-2)中的负号表示债券价格变化方向与利率变化方向刚好相反。

货币久期用来衡量一定的利率变化所带来的债券价格以货币来衡量的大小,即

$$\Delta P \approx \text{MoneyD} \times \Delta y \qquad (5\text{-}4\text{-}3)$$

其中,MoneyD 表示货币久期。在数值上,货币久期等于修正久期乘以债券的现价,即

$$\text{MoneyD} = \text{ModD} \times P \qquad (5\text{-}4\text{-}4)$$

通常报告的货币久期是指利率每变化一个百分点或一个基点所带来的价格变化,本节的货币久期为利率每变化一个百分点所带来的价格变化。在债券实务中,更常用的货币久期被称为基点价值(Dollar Value One Base Point, DV01),指的是对于利率每变化一个基点所带来的价格变化,读者只要在此基础上再除以 100 即可。

本节的久期函数可同时报告上述 3 个久期工具,类似于 Excel 工作表函数 duration() 和 mduration()。

代码段 5.4.1 债券久期函数 duration()

```
1   duration <- function (settlementDate, maturityDate, couponRate, frequency,
price = NULL, yield = NULL, dcc = c('act/act', 'act/365f', 'nl/365', '30u/360', '
30e/360')){

2

3   if (class(settlementDate) == "character") settlementDate <- as.Date(settlementDate)

4   if (class(maturityDate) == "character") maturityDate <- as.Date(maturityDate)

5   frequency <- match.arg(as.character(frequency), choices = 1:2)

6   dcc <- match.arg(dcc)

7

8   if(is.null(yield)) {yield <- bondYTM(settlementDate, maturityDate, couponRate,
frequency, price, dcc)}

9

10   t0 <- 1 - dcFraction(settlementDate, maturityDate, frequency, dcc) * frequency

11   n <- ncoups(settlementDate, maturityDate, frequency)[[1]]

12   tt <- t0 + 0:(n -1)

13   cfs <- 100 * (rep(couponRate/frequency, n) + c(rep(0, n - 1), 1))

14   pvcfs <- cfs * (1 + yield/frequency)^(-tt)
```

```
15    prc <- sum(pvcfs)

16

17    macDur <- sum(tt * pvcfs/prc)/frequency

18    modDur <- macDur/(1 + yield/frequency)

19    moneyDur <- modDur * prc/100

20

21    res <- list(macDur, modDur, moneyDur)

22    names(res) <- c("Macaulay's duration", "Modified duration",

23                    "Money duration（1 percent changes in yield)")

24    return(res)

25  }
```

Duration()函数同时提供了债券净价(Price)和到期收益率(Yield)2个参数,这2个参数必须并且只能输入一个。如果到期收益率参数为默认的NULL,则通过提供的债券净价参数计算到期收益率。代码段5.4.1的第8—9行首先判断到期收益率是否为NULL,若是,则利用前述bondYTM()函数计算其到期收益率。第10—12行计算各期现金流发生的时间,单位为期而不是年。第13行获取债券各期的现金流,第14行计算其现值,第15行计算现价。

第17—19行分别计算债券的麦氏久期、修正久期和以每一个百分点利率变化报告的货币久期。第21—24行以列表的形式输出债券的3个久期计算结果。

［本节数字资源］

所在章节	二维码	内容	目标
5.4		课程资料链接（PPT）	获得该节线上课程PPT资料
		课程资料链接（代码）	获得该节线上课程代码资料
		随堂训练	学会如何使用R计算债券的3种久期
		随堂训练参考答案	

5.5 债券凸性的计算

用久期来衡量债券价格的变动,实际上就是用债券价格收益率曲线上的切线(一阶导数)来代替曲线本身。当利率变化不大时,这种替代的误差不会太大。但当利率变化较大时,仅仅用久期来衡量债券价格变化会存在比较大的误差。图5-5-1展示了这种误差。

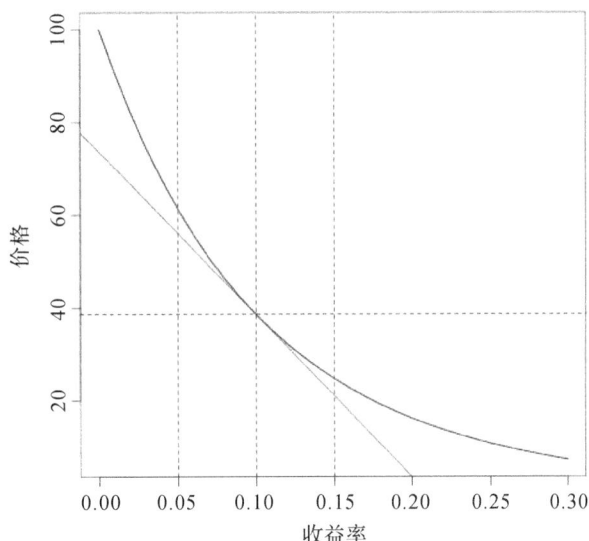

图 5-5-1 单独用久期来衡量债券价格变化所带来的误差

图5-5-1中债券原收益率为10%,当利率从10%下降到5%时,久期低估了价格上升的幅度;而当利率上升,比如从10%上升到15%时,用久期来衡量则低估了价格的下跌幅度。

因此,可以利用凸性来降低这种误差的程度。债券的凸性为债券价格对收益率求二阶导数,再除以债券的价格,即

$$\text{convexity} = \frac{\partial^2 P}{\partial y^2} / P \qquad (5-5-1)$$

引进凸性后,债券价格的变化率可以由式(5-5-2)来近似。

$$\frac{\Delta P}{P} \approx -\text{ModD} \times \Delta y + \frac{C}{2} \times (\Delta y^2) \qquad (5-5-2)$$

可以通过如下步骤计算债券的凸性:

步骤1:计算债券各期现金流的现值 PV_s。

步骤2:计算权重,即各期现金流现值占总现值的比重w_s。

步骤3:计算$t_s \times (t_s + 1) \times w_s$,并求和。

步骤4:将步骤3的结果除以$(1 + y/m)^2 \times m^2$,得到凸性的最终结果。这里,y为到期收益率,m为利息支付频率。

本节的凸性函数convexity()就是按照上述步骤计算债券凸性的,该函数所用的参数和久期函数duration()相同。整个计算过程的R代码也与久期函数类似,相信读者能够轻松地理解整个计算过程。

代码段5.5.1 债券凸性函数convexity()

```
1    convexity <- function(settlementDate, maturityDate, couponRate, frequency,
price = NULL, yield = NULL, dcc = c('act/act', 'act/365f', 'nl/365', '30u/360', '
30e/360')){

2

3    if (class(settlementDate) == "character") settlementDate <- as.Date
(settlementDate)

4    if (class(maturityDate) == "character") maturityDate <- as.Date(maturityDate)

5    frequency <- match.arg(as.character(frequency), choices = 1:2)

6    dcc <- match.arg(dcc)

7

8    if(is.null(yield)) {yield <- bondYTM(settlementDate, maturityDate,

9    couponRate, frequency, price, dcc)}

10    t0 <- 1 - dcFraction(settlementDate, maturityDate, frequency, dcc) *
frequency

11    n <- ncoups(settlementDate, maturityDate, frequency)[[1]]

12    tt <- t0 + 0:(n -1)

13    cfs <- 100 * (rep(couponRate/frequency, n) + c(rep(0, n - 1), 1))

14    pvcfs <- cfs * (1 + yield/frequency)^(-tt)

15    prc <- sum(pvcfs)

16

17    sum(tt * (tt + 1) * pvcfs/prc) / (1 + yield/frequency)^2 / frequency^2

18    }
```

[本节数字资源]

所在章节	二维码	内容	目标
5.5		课程资料链接（PPT）	获得该节线上课程PPT资料
		课程资料链接（代码）	获得该节线上课程代码资料
		随堂训练	学会如何使用R计算债券的凸性
		随堂训练参考答案	

5.6 债券相关计算举例

5.6.1 债券基本信息

债券基本信息是指相关债券的如票面价值、票面利率、利息支付频率、发行日、起息日和到期日等估值时所必需的信息。债券基本信息获取相对比较容易，读者在债券发行主体或债券交易场所的官方网站、主要财经网站都可以方便地得到债券的基本信息。现在，我们从上海证券交易所官方网站(http://www.sse.com.cn)得到在其交易的某债券基本信息。

打开上海证券交易所的网站，将光标移至"数据"条目下，可以看到第2栏为"债券信息"，如图5-6-1所示。

图 5-6-1 上海证券交易所官方网站"数据"条目

点击其下的"债券基本信息",得到债券列表,如图5-6-2所示。

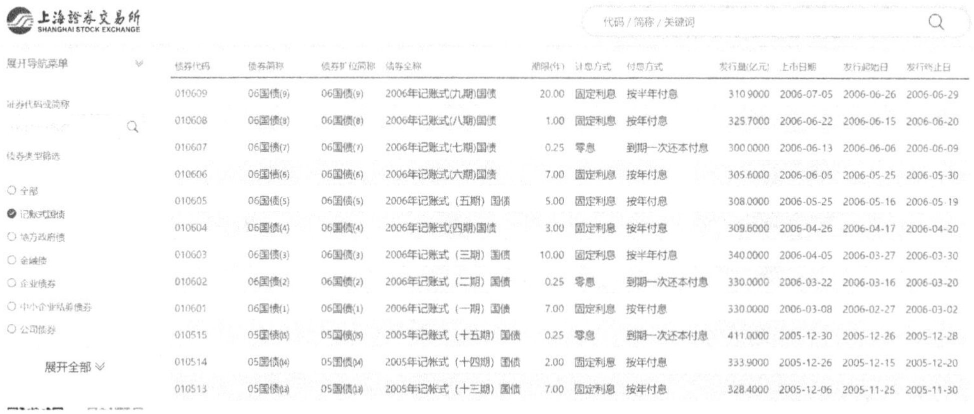

图5-6-2　上海证券交易所债券列表一部分

在查询框里输入需要查询的债券代码,如"010504"(2005年发行的第4期国债),单击出现的代码"010504",出现如图5-6-3所示的债券"010504"的基本信息。

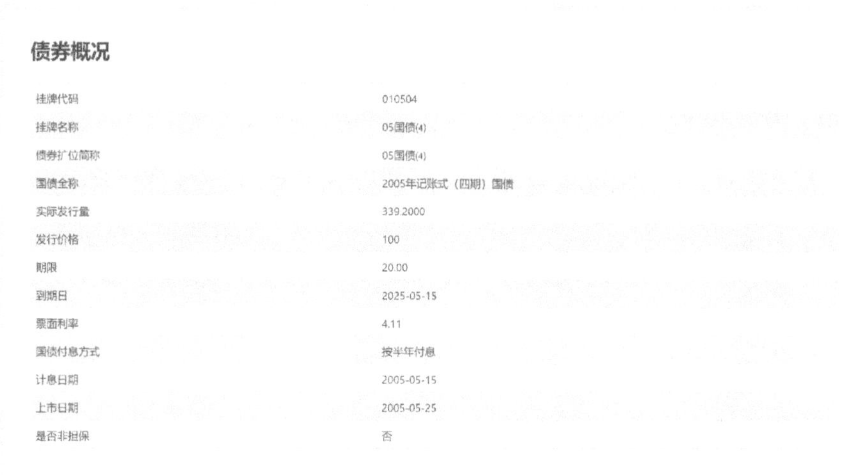

图5-6-3　上海证券交易所05国债(4)基本信息

05国债(04)于2016年6月16日的收盘价为108.65。我们利用该债券的信息,计算其应计利息、全价、到期收益率、久期和凸性等相关指标,计算过程参见代码段5.6.1.1。

假设本章所用函数保存于E盘的"doc"文件夹下,文件名为fixedRateBond.R。

代码段 5.6.1.1 国债010504相关指标计算

```
1    bondInfo <- list(rate = 0.0411,  freq = 2,    s
```

```
2      maturity = as.Date('2025-05-15'),
3      settle = as.Date('2016-06-16'), prc = 108.65)
4      source('E:/doc/fixedRateBond.R')
5      accrInt <- accruedInt(bondInfo$settle, bondInfo$maturity,
6                              bondInfo$rate, bondInfo$freq, 'act/365f')
7      dirtyPrc <- bondInfo$prc + accrint
8      yield <- bondYTM(bondInfo$settle, bondInfo$maturity,
9                          bondInfo$rate, bondInfo$freq,
10                         bondInfo$prc, 'act/365f')
11     dur <- duration(settlementDate = bondInfo$settle,
12                     maturityDate = bondInfo$maturity,
13                     couponRate = bondInfo$rate, frequency = bondInfo$freq,
14                     price = bondInfo$prc, dcc = 'act/365f')
15     convxt <- convexity(settlementDate = bondInfo$settle,
16                         maturityDate = bondInfo$maturity,
17                         couponRate = bondInfo$rate,
18                         frequency = bondInfo$freq,
19                         price = bondInfo$prc,
20                         dcc = 'act/365f')
21     res <- list('basic info of bond' = bondInfo,
22                 'accrued interest（20160606）' = accrInt,
23                 'full price' = dirtyPrc,
24                 'yield to maturity' = yield,
25                 'duration' = dur,
26                 'convexity' = convxt)
27     res
```

代码段 5.6.1.1 的前 2 行以列表的形式存储了国债 010504 的基本信息。第 4 行加载了本章债券计算相关函数。第 5—20 行利用这些函数计算债券的应计利息、全价、到期收益率、久期和凸性等指标。最后，第 21—27 行以列表的形式输出了计算结果。注意：列表组成部分中有些名称中间有空格，需要使用单引号和双引号。

计算结果如下：

```
$`basic info of bond`
$`basic info of bond`$rate

[1] 0.0411
```

$`basic info of bond`$freq

[1] 2

$`basic info of bond`$maturity

[1] "2025-05-15"

$`basic info of bond`$settle

[1] "2016-06-16"

$`basic info of bond`$prc

[1] 108.65

$`accrued interest（20160606）`

[1] 0.3603288

$`full price`

[1] 109.0103

$`yield to maturity`

[1] 0.02996576

$duration

$duration$`Macaulay's duration`

[1] 7.593967

$duration$`Modified duration`

[1] 7.481867

$duration$`Money duration（1 percent changes in yield）`

[1] 8.156008

$convexity

[1] 65.59985

[本节数字资源]

所在章节	二维码	内容	目标
5.6		课程资料链接（PPT）	获得该节线上课程PPT资料
		课程资料链接（代码）	获得该节线上课程代码资料

5.7 应用

作为本章收尾之节,我们结合一个假想中的债券来分析在未来利率不变的情况下,债券的净价、全价和应计利息是如何随着时间的变化而变化的。

假设债券在上海证券交易所交易,其面值为100元,票面利率为4%,每半年支付1次利息,于2021年8月25日到期。现分析该债券于2015年8月25日—2017年8月25日期间的净价、全价和应计利息的变化,假设在这期间债券的收益率维持在3%的水平不变。

代码段5.7.1 债券小应用代码

```
1   source('e:/doc/fixedRateBond.R')
2   t1 <- as.Date('2015-08-25')
3   t2 <- as.Date('2017-08-25')
4
5   anaPer <- seq(from = t1, to = t2, by = 'day')
6   cleanPrc <- function(x) bondIV(x, maturityDate = '2021-08-25',
7                           couponRate = 0.04, frequency = 2,
8                           requiredYld = 0.03, dcc = 'act/365f')
9   ai <- function(x) accruedInt(x, maturityDate = '2021-08-25',
10                          couponRate = 0.04, frequency = 2,
11                          dcc = 'act/365f')
12  dirtyPrc <- function(x) cleanPrc(x) + ai(x)

13  cleans <- sapply(anaPer, cleanPrc)
14  ais <- sapply(anaPer, ai)
15  dirties <- sapply(anaPer, dirtyPrc)
```

```
16
17    res <- data.frame(anaPer, cleanPrcs = cleans,
18                      dirtyPrcs = dirties)
19    require('ggplot2')
20    p <- ggplot(data = res, aes(x = anaPer, y = dirtyPrcs)) +
21                geom_line()
22    p1 <- geom_line(mapping = aes(y = cleanPrcs), data = res, color = I("red"))
23    p + p1 + xlab("日期") + ylab("净价或全价")
```

代码段5.7.1的第1行加载本章函数文件。第2—5行得到分析周期向量。

在这个问题中,应计利息、净价和全价仅仅随着结算日的变化而变化,因此,代码段5.7.1的第6—12行,首先利用本章函数bondIV()和accruedInt(),构造债券应计利息、净价和全价随着结算日的变化而改变的函数。然后,在第13—15行,利用sapply()函数,将应计利息、净价和全价的计算遍历整个分析周期。

第17—18行将展示的结果放在数据框res中。第19—23行代码利用ggplot2包的ggplot()函数,用图形展示:在收益率不变时,债券的净价和全价如何随着时间的改变而改变。从图5-7-1可以看出,如果利率不变,随着时间的变化,净价变化较小,而债券的全价呈锯齿形变化,即从计息期开始,全价逐步上升,到了下次付息日,全价突然下降,然后在下一个计息周期,重复前面的模式。因此,使用净价报价能够让债券价格更好地反映利率的变化。

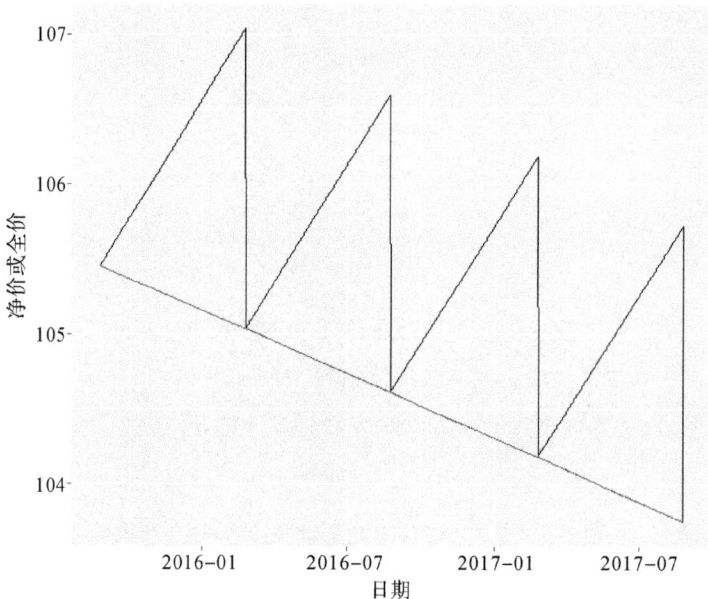

图5-7-1 利率不变时债券的净价与全价

[本节数字资源]

所在章节	二维码	内容	目标
5.7		课程资料链接（代码）	获得该节线上课程代码资料

【本章小结】

■主要术语

日计数因子　应计利息　内在价值　到期收益率　久期　凸性

■数字资源

所在章节	二维码	内容	二维码	内容
第5章		自测题目		自测题目答案
		自选题目		自选题目答案
		案例分析		案例分析答案

6 R与商业银行风险管理

教学说明

导入语

金融市场中高风险与高收益并存,但绝大多数的投资人都属于风险厌恶者,希望能够将风险控制在一定程度下以实现稳定的盈利。事实上,风险管理是金融工程中的核心技术。本章将从风险的各个维度来讲解其中的模型和方法,重点讨论与R软件应用相关的问题。

学习目标

(1)了解金融风险的4个方面,即市场风险、信用风险、操作风险和流动性风险的定义。

(2)掌握以VaR和CVaR为核心的市场风险度量方法。

(3)掌握以Merton模型、KMV模型及各类统计分类算法为基础的违约率估计和预测模型。

(4)掌握与操作风险和流动性风险相关的一些简单方法。

(5)可以模仿书中的例子,结合网上的数据集,自行编程解决一些问题。

6.1 市场风险度量

市场风险是指金融市场中资产价格下跌或价格波动增加所导致的可能损失。市场风险包含2种类型:绝对风险和相对风险。绝对风险关注的是整个资产收益的波动率,而相对风险关注的是资产收益与某一基准(比如某个市场指数或投资组合)相比较的跟踪误差。市场风险也可以按照与经济和金融变量(比如利率、股票指数)的关联性分为直接风险和间接风险:直接风险指的是与这些基准经济金融变量线性相关的风险(比如债券、股票、期货),而间接风险则是指与这些变量有非线性关联成分的风险(比如期权、复杂衍生品)。度量市场风险目前最常用的工具是在险价值(Value at Risk,VaR)。

6.1.1　VaR 的定义与计算方法

VaR 度量的是在一段时间内某种置信水平下某风险资产的可能损失。比如,某个投资组合在95%置信水平下的日度 VaR 是10万元,表示在任何交易日,该资产的损失只有5%的可能会超过10万元。VaR 在金融机构中使用非常普遍,很多机构设置内部 VaR 进行止损,如果某天损失超过内部 VaR,就需要马上清空仓位进行止损。从统计角度来讲,VaR 其实是在求解资产价值分布的下分位点,而资产价值可以通过初始头寸价值乘以收益率来计算,所以常见的 VaR 是定义在收益率的分布上的,其严格的定义如下:

$$P(re < -\text{VaR}) = 1 - \alpha \qquad (6\text{-}1\text{-}1)$$

其中,re 表示资产的收益率,而 $1-\alpha$ 表示置信水平。图 6-1-1 是标准正态分布的密度图,其95%下分位点是-1.65,即在收益率水平满足标准正态分布的情况下,其95%置信水平的 VaR 就是1.65。

估计 VaR 的关键在于估计收益率的分布函数,而估计分布函数的方法无外乎两大类:参数方法和非参数方法。参数方法需要事先假定分布函数的类型,然后通过估计分布函数中的参数来得出最终的分布函数,并通过分布函数来求取分位点;非参数方法则不需要假定分布函数的形式,直接通过数据拟合出分布函数的序列值,在不需要明确知道分布函数形式的情况下就可以求得分位点。参数类方法所选的分布常用的有正态分布、威布尔分布、Beta 分布等,事先需要对收益率数据进行描述性统计分析以确定大概的函数形式;非参数方法常用的有历史数据排序法、核密度估计法、时间序列加权法。下面我们来逐步学习这些方法。

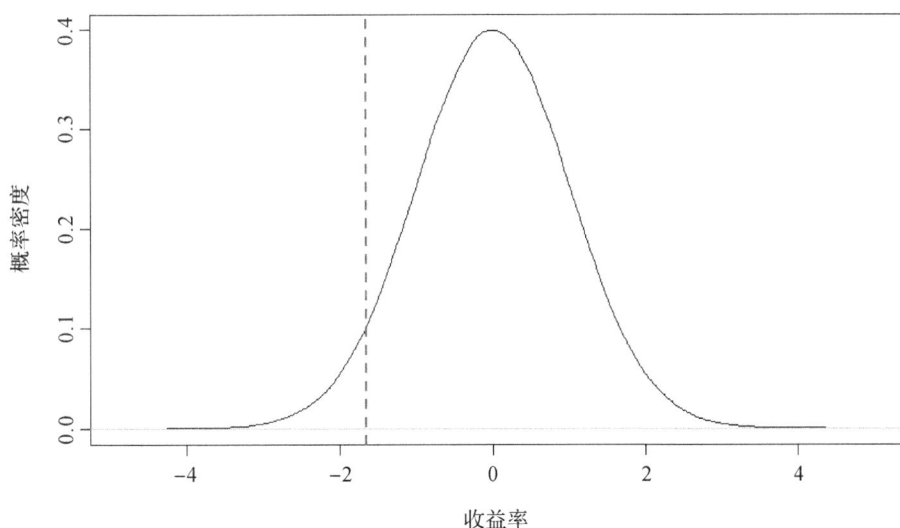

图 6-1-1　标准正态分布密度图及 VaR 定义

6.1.1.1　正态分布法

正态分布法的基本算法形式为：

$$\mu = \frac{1}{n}\sum_{i=1}^{n} re_i \qquad\qquad \sigma = \sqrt{\frac{1}{n-1}\sum_{i=1}^{n}(re_i - \mu)^2} \qquad (6-1-2)$$

此时所求的在置信水平 $1-\alpha$ 下的 VaR 就是：

$$VaR(1-\alpha) = \mu + z_\alpha \cdot \sigma \qquad (6-1-3)$$

其中，z_α 表示标准正态分布的下 α 分位点，$z_{1\%} = -2.33$, $z_{5\%} = -1.65$, $z_{10\%} = -1.28$。实际中由于收益率的漂移项常常是 0，上式中的 μ 常省略。

例 6.1　假设某银行的风险管理部门希望以正态分布法计算日度的 VaR，其资产的标准差为 1.4%，且资产当前市值为 5300 万元，请计算其 95% 置信水平下的 VaR。

答：标准正态的下 5% 分位点为 -1.65，则其收益率的 VaR 为：-1.65×1.4%=-2.31%。其总资产的 VaR 为：2.31%×5300 万元=122430 元。这意味着单日损失超过 122430 元的可能性仅有 5%。

因为日度的标准差可以简单地通过变换来得到月度、季度或年度的标准差，在正态分布法的框架下，VaR 也可以由此进行变换得到其他期限状况下的 VaR：

$$VaR(1-\alpha)_{J\,days} = z_\alpha \cdot \sigma\sqrt{J} \qquad (6-1-4)$$

例 6.1 中的日度损失换算成年度：$122430 \times \sqrt{250} = 1935788$ 元。

例 6.2　用 R 编程实现正态分布法非常简便，以 2014 年 HS300 指数的日数据为例，其 99% 置信水平下的单日 VaR 可以通过以下一段 R 代码来计算。

首先画出 HS300 指数在 2014 年的时序图和日收益率图，其 R 代码和图表如下（见代码 datasummarize.R）：

#代码段 6.1.1.1.1

```
setwd("C:/Users/Administrator/Desktop/R procedures") #设定工作空间的路径,并将
数据'HS2014.csv'放入该文件夹中。

HS300<-read.csv('HS2014.csv', head = T, stringsAsFactors = F) #读入数据

HS300$date<-as.Datc(HS300$datc) #将导入数据中的日期识别为日期格式的序列

n<-nrow(HS300)    #计算样本的观测数

re<-log(HS300$close[2:n]/HS300$close[1:(n-1)]) #计算日收益率

par(mfrow = c(1, 2)) #将图表工作区分为2列画图区

plot(HS300$date,HS300$close, type = "l", col = "blue", xlab = "日期", ylab =
"收盘价")

plot(HS300$date[2:n], re, type = "l", col = "red", xlab = "日期", ylab = "收益率")
#画出日收盘价和日收益率的时序图
```

运行结果如图6-1-2所示。

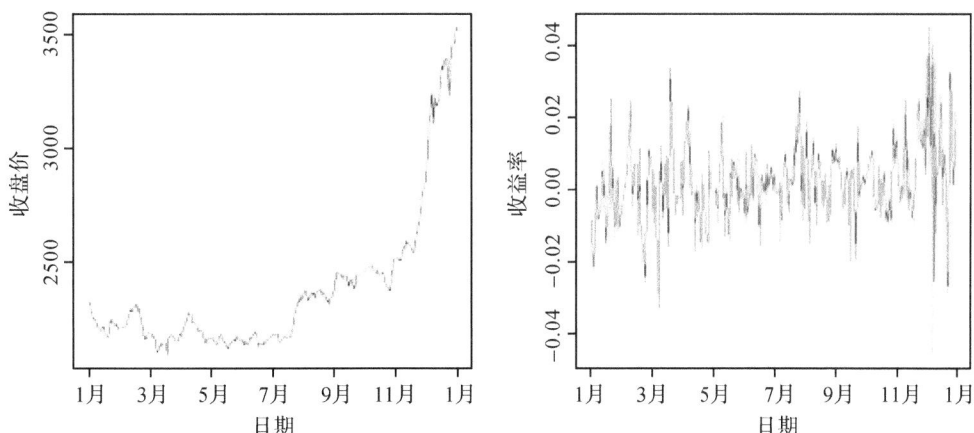

图6-1-2 HS300指数2014年的日收盘价和日收益率时序图

然后针对收益率序列估计其均值和方差,并计算VaR(见代码VaRmethods.R):

#代码段6.1.1.1.2

```
#正态分布法
alpha<-0.99   #设定置信水平
s0<-HS300$close[n]   #设定初始资产价值
mu<-mean(re)   #计算均值
sigma<-sd(re)   #计算标准差
dVaR<-(mu-sigma*qnorm(alpha, 0, 1))   #计算每日VaR
VaR<-s0*sigma*qnorm(alpha, 0, 1)*sqrt(252)   #计算全年VaR,假设日收益率为0
```

最终的计算结果为:在99%置信水平下,持有HS300股指的每日最大可能损失为2.64%,在2014年末预计明年最大可能损失为1542.94点。

针对某些衍生品或投资组合,如果其资产价值与某个风险因子S呈线性关系,则可以通过正态分布法来计算VaR,此时该方法称被为Delta-Normal法:

$$\mathrm{d}V = \Delta_0 \mathrm{d}S \qquad \mathrm{VaR}_{V,1-\alpha} = |\Delta_0| \times (z_\alpha \sigma S_0) \qquad (6\text{-}1\text{-}5)$$

针对期权产品,这里的Δ_0就是希腊参数中的Delta;针对固定收益类产品,这里的Δ_0就是久期。

6.1.1.2 厚尾分布法

实际中虽然正态分布法使用最多,但有时也需要考虑到收益率分布不是正态的情形。事实上,资产收益率在实证中已经被发现大多数时候有尖峰厚尾的现象,即尾部的分布密度较正态分布要大,从而导致实际收益分布的下分位点大于正态分布的下分位点。此时就需要考虑采用一些对于厚尾分布有所度量的分布。

Weibull分布可以对厚尾性质有所度量。当然其他类型的如 Beta 分布、对数正态、Gumbel分布等也可以度量厚尾,具体的思路和计算方法与此相同,这里主要以 Weibull 分布为例进行介绍。Weibull 分布密度函数形式如下:

$$f(x;\lambda,k) = \begin{cases} \dfrac{k}{\lambda}\left(\dfrac{x}{\lambda}\right)^{k-1}e^{-(x/\lambda)^k} & x \geq 0 \\ 0 & x < 0 \end{cases} \tag{6-1-6}$$

Weibull分布函数要求随机变量大于0,实际中可以通过指数变换得到。使用这些厚尾分布估计收益率的分布时,大多数采用极大似然估计法,用 R 中的 mle 函数或者 optim 函数可以很方便地实现。同样考虑例 6.2 中的 HS300 指数日度数据,其采用 Weibull 分布法计算VaR的R代码如下(见代码 VaRmethods.R):

#代码段 6.1.1.2.1

```
#weibull分布法
redata<-exp(re)  #将收益率数据指数化,使其保持大于0
lgwbull<-function(params){    #写出对数似然函数
  lambda<-params[1]  #规模参数(scale parameter)
  k<-params[2]     #形状参数 (shape parameter)
  n<-length(redata)
  lgw<-0
  for(i in 1:n){      #用循环计算对数似然函数之和
lgw<-lgw+log((k/lambda)*((redata[i]/lambda)^(k-1))*exp(-(redata[i]/lambda)^k))
  }
  return(lgw)
}
xmle<-optim(c(1,1), lgwbull, method = "BFGS", control = list(fnscale = -1))
#用优化函数求解最大值,初始参数都设为1。
  lambda<-xmle$par[1]  #求得规模参数
  k<-xmle$par[2]       #求得形状参数
  dVaR<-log(qweibull(1-alpha, k, lambda))  #求解得到分布的上1%分位点
```

Weibull分布法得到的99%置信水平下每日最大可能损失是5.59%,比正态分布得出的VaR高得多,体现了 Weibull 分布对于尾部和极端风险给予了更大的重视,显得更加保守。

6.1.1.3 历史数据排序法

历史数据排序法非常简单,只需要将历史的收益率序列按照升序排列,假设序列长度为n,设与n×5%往上最接近的整数为K,则95%置信水平的VaR就是第K个收益率序

列值。

例6.3 假设一客户资产的初始价值为1亿元,他将最近100天的每日收益率从低到高排序,最低的6个收益率如下:

-0.0101,-0.0096,-0.0034,-0.0025,-0.0019,-0.0011

则此资产在95%置信水平下的VaR为:0.0019×1亿元=19万元。

有时并不会往上取与n×5%最近的整数,而是将最接近此数值的2个收益率求平均来得到更准确的VaR。排序在R中也可以简单实现,同样以HS300指数为例,其代码如下(见代码VaRmethods.R):

#代码段6.1.1.3.1

```
#历史数据排序法
sre<-sort(re, decreasing = T)   #按降序排列
n<-length(re)
norder<-trunc(n*alpha)   #求取99%分位点所指示的序号的整数部分
if(norder == n){dVaR<-sre[n]}else{
    dVaR<-(sre[norder]+sre[norder])/2   #对该序号周围的2个值求平均
}
```

最后计算得到在99%置信水平下,每日最大可能损失为2.58%,略小于正态分布法得到的VaR。

6.1.1.4 核密度估计法

核密度估计法是统计中常用的估计分布函数序列值的非参数方法,其基本的算法形式是:

$$\hat{f}_h(x) = \frac{1}{nh}\sum_{i=1}^{n}k\left(\frac{x-x_i}{h}\right) \tag{6-1-7}$$

其中,$\{x_i, i=1,2,\cdots,n\}$是收益率序列的观测,而h是计算核密度的窗宽。常见的核函数有高斯核、均匀核、三角函数核等,我们以高斯核为例讲述这类方法,高斯核函数就是标准正态分布密度函数:

$$K(x) = \frac{1}{\sqrt{2\pi}}e^{-\frac{x^2}{2}} \tag{6-1-8}$$

求得核密度函数序列之后,就可以对收益率升序排列之后的核密度函数累加,当累加值达到5%时,选取其附近的2个收益率平均值作为95%置信水平的VaR估计值。

R中有专门进行核密度估计的包Kernsmooth。同样以HS300指数日度数据为例,以核密度方法计算VaR的R代码如下(见代码VaRmethods.R):

#代码段6.1.1.4.1

```
#核密度估计法
```

```
ds <- density(re, bw = "nrd0", adjust = 1, kernel = c("gaussian"), n = 1000)  #
计算出核密度函数,核密度函数的观测数设定为1000,使用的是Gaussian核

cumy<-c(0,1000)

for(i in 1:1000){cumy[i] <- sum(ds$y[1:i])/sum(ds$y) } #计算出累积密度函数函数
值,其中ds$bw是核密度估计时所使用的窗宽

for(i in 1:1000){if(cumy[i] < (1-alpha)){norder <- i}}  #找出最后一个累积密度函数
低于1%的序号

dVaR<- (ds $x[norder]*(cumy[norder+1] -1+alpha) +ds $x[norder+1]*(1-alpha-cumy
[norder]))/(cumy[norder+1]-cumy[norder])   #用插值法找出核密度估计出的观测序列的上
1%分位点
```

最后计算出的99%置信水平下,每日最大可能损失值为2.94%,远大于正态分布法所得到的数值,与Weibull分布法得出的数值较为接近。

6.1.1.5　混合时间序列加权法

混合时间序列加权法也称为Hybrid方法,是一种半参数的方法。其基本思想是对近期发生的价格变化赋予更大的权重,但需要注意的是,并不是在收益率上直接赋权(这可能改变收益率的原始数值),而是对收益率在历史数据排序法中的排序赋权。其基本算法步骤如下。

步骤1:对于收益率序列给出其权重序列:

$$[(1-\lambda)/(1-\lambda^n)],[(1-\lambda)/(1-\lambda^n)]\lambda,\cdots,[(1-\lambda)/(1-\lambda^n)]\lambda^{n-1}$$

其中,λ是退化参数,取值在0—1之间,常见的取值有0.96、0.97、0.99等。因此,最近一期的权重最大。

步骤2:对收益率升序排列。

步骤3:将从低到高的收益率序列对应的权重累加,若累加值达到所需的显著性水平如5%,则可以通过线性插值法计算出对应的VaR。

表6-1-1中,0.05位于排序1—2之间的收益率,即-4.7%和-4.1%之间,就可以使用线性插值法计算:VaR=(0.05-0.0391)/(0.0736-0.0391)×(-4.1%)+(0.0736-0.05)/(0.0736-0.0391)×(-4.7%)=-4.51%,即利用混合时间加权法得出的95%置信水平下的VaR是4.51%。

表6-1-1　混合时间加权法的例子(n=100，λ=0.96)

排序	收益率/%	当前的天数	混合权重	累计权重
1	-4.7	2	0.0391	0.0391
2	-4.1	5	0.0346	0.0736

排序	收益率/%	当前的天数	混合权重	累计权重
3	−3.7	55	0.0045	0.0781
4	−3.6	25	0.0153	0.0934
5	−3.4	14	0.0239	0.1173
6	−3.2	7	0.0318	0.1492

混合时间加权法也可以通过 R 简单地实现,以 HS300 指数日度数据为例,其 R 代码如下(见代码 VaRmethods.R):

```
#代码段 6.1.1.5.1
#混合时间加权法
alpha <- 0.99; n <- length(re); lambda <- 0.97
weight <- rep(0, n)   #计算出每个收益率的权重,距离当前越近的观测权重愈大
for(i in 1:n){weight[i]<-(1-lambda)*lambda^(n-i)/(1-lambda^n)}
sdata <- data.frame(re, weight)
kdata <- sdata[order(re, decreasing = F), ]   #通过对数据框的排序得到升序的收益率及其对应的权重
cumweight <- rep(0, n) #用循环计算累积权重,并求出第1个超过1-alpha的序号
for(i in 1:n){cumweight[i] <- sum(kdata$weight[1:i])
if(cumweight[1] > 1-alpha){norder <- 1} #当第1个就超过了1-alpha,就需要直接令序号等于1
    if(cumweight[i] < 1-alpha){norder <- i}}
if(norder > 1){    #用插值法计算每日 VaR
dVaR <- (kdata$re[norder]*(cumweight[norder+1]-1+alpha)+kdata$re[norder+1]*(1-alpha-cumweight[norder]))/(cumweight[norder+1]-cumweight[norder])
    }else{dVaR <- kdata$re[1]}
```

计算得到最小的日收益对应的权重已经大于 1%,故而选择最小的日收益作为混合时间加权法的 VaR,即 99% 置信水平下每日最大可能损失为 4.59%。混合时间加权的优点在于不改变原始数据,所求得的 VaR 必然是原始数据或其线性组合。如果置信度设为 95%,则重新运行程序得到每日的最大可能损失为 2.19%。

6.1.1.6　正态分布法的延伸——GARCH 模型

在简单正态分布法求 VaR 的过程中,我们采用的是历史收益率的标准差来估计波动率 σ。这其实是假设一段时间内市场波动率是常数。但事实上,金融市场中的波动率是

时变的且具有集聚效应,这就是 Engle 和 Bollerslev 发现的条件异方差性及其后来发现的长记忆性。Bollerslev(1986)提出 GARCH 模型来对条件异方差性进行建模,运用 GARCH 模型可以计算得到动态的波动率序列。

而实际中也可以把 GARCH 模型看作对历史收益率平方的加权平均。如果权重随着时间与当前接近而逐步加大的话,就得到一般的指数移动平均模型(EWMA 模型)。EWMA 模型也称为 RiskMetrics 方法,其模型形式为:

$$\sigma_t^2 = (1 - \lambda)(\lambda^0 re_{t-1}^2 + \lambda^1 re_{t-2}^2 + \cdots + \lambda^N re_{t-N-1}^2) \tag{6-1-9}$$

其中,参数 λ 在日度数据时常取值 0.94,在月度数据时常取值 0.97。

GARCH 模型其实是更一般的指数移动平均模型,GARCH 模型对于波动率有预测作用,可用于预测下一期的条件波动率,一般形式的 GARCH(p,q)模型形式为:

$$\sigma_t^2 = a + b_1 re_{t-1}^2 + b_2 re_{t-2}^2 + \cdots + b_p re_{t-p}^2 + c_1 \sigma_{t-1}^2 + c_2 \sigma_{t-2}^2 + \cdots + c_q \sigma_{t-q}^2 \tag{6-1-10}$$

其中,$a, b_1, \cdots, b_p, c_1, \cdots, c_q$ 都是需要通过历史数据估计的参数。最常用的阶数选择是如下 GARCH(1,1)模型:

$$\sigma_t^2 = a + b re_{t-1}^2 + c \sigma_{t-1}^2 \tag{6-1-11}$$

为了保证模型平稳,常要求 $b + c < 1$,但若 $b + c = 1$,模型就变化为一阶指数移动平均模型,同时也称为单位 GARCH(IGARCH)模型。

在 R 中有专门的 rugarch 包可以用来估计 GARCH 类模型。以 HS300 指数日度数据为例,其 GARCH(1,1)模型估计及由此计算出 VaR 的过程可以用如下 R 代码实现(见代码 VaRmethods.R):

#代码段 6.1.1.6.1

```
#garch 波动率拟合
library("rugarch", lib.loc="C:/Program Files/R/R-3.1.1/library") #载入 rugarch 程序包
#设定 GARCH 模型的形式为 AR(1)—GARCH(1,1)
myspec <- ugarchspec(variance.model = list(model = "sGARCH", garchOrder
= c(1, 1), submodel = NULL, external.regressors = NULL, variance.targeting = FALSE),
mean.model = list(armaOrder = c(1, 0), include.mean = F, archm = FALSE, archpow =
1, arfima = FALSE, external. regressors = NULL, archex = FALSE), distribution.
model = "norm")
#拟合 GARCH 模型
myfit<-ugarchfit(data = re, spec = myspec, solver = "solnp", out.sample = 1,
fit.control = list(stationarity = 1, fixed.se = 0, scale = 0))
#用拟合的模型做预测
forec <- ugarchforecast(myfit, data = NULL, n.ahead = 1)
```

```
fsigma <- forec@forecast$sigmaFor[1]
```

#根据预测出的波动率计算 VaR

```
dVaR<-fsigma*qnorm(1-alpha,0,1)
```

估计出的 GARCH 模型结果：

Conditional Variance Dynamics

GARCH Model : sGRACH(1,1)

Mean Model　 : ARFIMA(1,0,0)

Distribution : norm

Optimal Parameters

	Estimate	Std. Error	t value	Pr(>|t|)
ar1	0.038593	0.067665	0.57035	0.568440
omega	0.000003	0.000006	0.53938	0.589625
alpha1	0.084392	0.028983	2.91178	0.003594
beta1	0.897759	0.041756	21.50001	0.000000

Robust Standard Errors:

	Estimate	Std. Error	t value	Pr(>|t|)
Ar1	0.038593	0.079125	0.48774	0.625731
Omega	0.000003	0.000023	0.14749	0.882747
Alpha1	0.084392	0.049564	1.70270	0.088623
Beta1	0.897759	0.125402	7.15904	0.000000

从估计结果可以看出，GARCH(1,1)的系数都还比较显著，有较强的波动率集聚效应。而根据此模型的预测波动率计算出的99%置信水平下的 VaR 为3.34%，稍高于正态分布法，但低于 Weibull 分布法和混合时间加权法，故这是比较中和的计算结果。

6.1.1.7　蒙特卡洛模拟法

之前介绍的这些方法都是在历史数据充分且资产结构本身比较简单的情况下才比较有效的 VaR 计算方法。当资产结构变得复杂，比如有复杂的衍生产品或资产价格变动的历史数据不足，或者需要考虑更复杂、更严格的价格变化过程时，就需要使用随机模拟的方法来确定价格变化的过程和 VaR。

最简单的 MonteCarlo 模拟方程就是以正态分布来模拟收益率的序列。在假设均值和波动率已知的情形下，考察收益率的可能变化水平：

$$S_{t+1} = S_t e^{\mu + \sigma z} \tag{6-1-12}$$

其中，z 是标准正态随机数。可以预计的是，当模拟次数足够多，该方程模拟得到的

VaR 与正态分布法得到的 VaR 应该很接近。但事实上,如此简单的情形是不太需要随机模拟的,随机模拟是强大的分析工具,可以解决更复杂的问题。

以 Heston 模型为例,假设股票价格满足如下随机波动率模型:

$$\begin{cases} \mathrm{d}S_t = \mu S_t \mathrm{d}t + \sqrt{v_t}\, S_t \mathrm{d}W_t^s \\ \mathrm{d}v_t = \kappa(\theta - v_t)\,\mathrm{d}t + \xi\sqrt{v_t}\,\mathrm{d}W_t^v \end{cases} \qquad (6\text{-}1\text{-}13)$$

其中,μ、κ、θ、ξ 是参数,$\mathrm{d}W_t^s$、$\mathrm{d}W_t^v$ 分别是价格过程和波动率过程的标准布朗运动。在此价格变化条件下,相关的资产价格和衍生品价格已经无法通过解析求解的方式得到,但简单的随机模拟方法就可以得到价格的变化过程,进而通过多次模拟就可以得到衍生品价格,从而求解得到有衍生品的头寸的 VaR。

假设参数值($\mu = 0.001$, $\kappa = 0.03$, $\theta = 0.02$, $\xi = 0.0001$),则包含有一份到期日还有 200 天的欧式看涨期权(当前股票价格为 1,当前股价波动为 1%,交割价为 0.9)和卖空与期权合约标的资产量相同的股票的头寸的 VaR 可以通过 R 软件进行模拟计算如下(见代码 VaRmethods.R):

#代码段 6.1.1.7.1

```
#蒙特卡洛模拟
#初始化各参数值
mu <- 0.001; k <- 0.03; theta <- 0.02; kesi <- 0.0001; v0 <- 0.01; s0 <- 1;
strike <- 0.9
m <- 1000    #模拟1000次
#初始化每次模拟的期权价值和空头股票的价值
cc <- rep(0, m); ockre <- rep(0, m)
set.seed(10000)    #设定随机种子
#开始循环模拟
for(j in 1:m){
n <- 200          #每次模拟都往前计算200天
ws <- rnorm(n)    #产生股票价格过程的正态随机数
wv <- rnorm(n)    #产生波动率过程的正态随机数
#初始化每天的股票价格和波动率
sprice <- rep(0, n); vol <- rep(0, n); vol[1] <- v0; sprice[1] <- s0
#按照Heston模型模拟每天的股票价格和波动率
for (i in 2:n){
  vol[i] <- vol[i-1]+k*(theta-vol[i-1])+kesi*sqrt(vol[i-1])*wv[i-1]
  sprice[i] <- sprice[i-1]+mu*sprice[i-1]+sqrt(vol[i-1])*sprice[i-1]*ws[i-1]}
```

```
#计算期权价值
if(sprice[n] > strike){cc[j]<-sprice[n]-strike}
stockre[j] <- s0-sprice[n]}    #计算空头价值
call <- mean(cc)   #平均期权价值就等于期权价格,设无风险利率为0
portfolio <- cc+stockre   #投资组合的每日价值
pre <- log(portfolio[2:m]/portfolio[1:(m-1)]) #投资组合的每日价值变动情况
norder <- trunc((m-1)*(1-alpha))    #用历史数据排序法求解投资组合的VaR
sp <- sort(pre,decreasing = F)
dvar_portfolio <- (sp[norder]+sp[norder+1])/2
```

最终得出的期权价格为 0.756,而投资组合在 99% 置信水平下 1 年内每天最大可能损失为 229.6%。

各类 VaR 计算方法的优缺点说明:

(1)非参数方法如历史数据排序、核密度估计、混合时间加权法都不需要假设具体的分布形式,也不太受尖峰厚尾的影响,但是这类方法容易受到一些异常值的影响,使用时可以先对数据进行合理的清洁。

(2)参数类方法(如正态分布法、Weibull 分布法、GARCH 类正态分布法)对数据的使用效率较高,但为了得到准确的估计,有时需要的样本量会特别大。

(3)GARCH 类方法可以很好地满足时变性的要求,而随机模拟可以针对非常复杂的产品组合得到实现预估的 VaR 水平。

6.1.2　VaR 的回测

我们已经学会用许多的方法来计算得到 VaR,但并不清楚这些 VaR 的性能到底如何,以及其在实际中是否实用。在学习如何对其作用进行评测之前,我们先来学习如何计算 VaR 的置信区间。作为一个对于风险的估计统计量,VaR 显然有自己的置信区间,而对于统计量来说,置信区间越窄,其估计的精度越高,这样就可以在 VaR 投入使用之前就对其有一个评价方法。

假设正态分布法估计的 VaR 并没有估计误差,即 $\mathrm{var}(\sigma)=0$,此时 VaR 就是一个数[①],那么其是否落在置信区间内的概率就是一个二项分布,由此可以简单地得出 VaR 的置信区间:

$$[q + se(q)\times z_\alpha] > \mathrm{VaR}_\alpha > [q - se(q)\times z_\alpha] \tag{6-1-14}$$

其中,q 是由置信度得到的分位点,比如求 VaR 的 95% 的置信区间 $q=Z_{97.5\%}$,$se(q)$ 是二项分布的标准差,设计算标准差的窗宽为 h,则

[①] 事实上,大多数情况下都涉及计算波动率的估计误差,并由此得出 VaR 的分布,请参考文献 Chappell, D. and Dowd, K. (1999)'Confidence intervals for VaR', Financial Engineering News, March, pp. 1-2。

$$\begin{cases} se(q) = \dfrac{\sqrt{p_1 p_2 / n}}{f(q)} \\ f(q) = P(q - h/2 < x < q + h/2) \end{cases} \tag{6-1-15}$$

其中，$f(q)$表示标准正态分布落入窗口内的概率，而p_1和p_2分别表示正态随机变量落在窗宽上限和下限之外的概率。

例6.4 假设样本量为500，窗宽为0.1，对95%置信水平下的VaR计算其90%的置信区间。

答：此时$q = z_{95\%} = 1.65$，而$f(q) = P(z \in [1.6,1.7]) = 0.01$，$p_1 = P(z > 1.7) = 0.045$，$p_2 = P(z < 1.6) = 0.945$，则置信区间为：

$$[1.65 - 1.65\frac{\sqrt{0.045 \times 0.945/500}}{0.01}, 1.65 + 1.65\frac{\sqrt{0.045 \times 0.945/500}}{0.01}] = [0.12, 3.18]$$

也就是说，VaR的数值应该有90%的可能落在该区间以内，这就提供了一个VaR回测检验的方法，通过对历史损益升序排列，第[5%*n]个损益应该在该置信区间内，否则正态分布法估计的VaR就不合格。

VaR的置信区间也可以在R软件中方便地计算，仍旧以HS300指数的日度数据为例，计算其95%置信水平下的VaR的90%置信区间的代码如下（见代码VaRbactesting.R）：

#代码段6.1.2.1

```
#在正态假设下求置信区间
 wd <- 0.1 #窗宽
alpha1 <- 0.95
alpha2 <- 0.9
n <- nrow(sdata)    #求出样本数目
mu <- mean(100*sdata$re)
sigma <- var(100*sdata$re)
q <- qnorm(1-(1-alpha2)/2, 0, 1)   #VaR置信区间的分位点
p1 <- 1-pnorm(q+0.5*wd, 0, 1)    #落在观察区之后的概率
p2 <- pnorm(q-0.5*wd, 0, 1)     #落在观察区之前的概率
fq <- pnorm(q+0.5*wd, 0, 1)-pnorm(q-0.5*wd, 0, 1)   #落在窗内的概率
seq<-sqrt(p1*p2/n)/fq #分位点的标准差
confinterval1 <- q-qnorm(alpha1, 0, 1)*seq; confinterval2 <- q+qnorm(alpha1, 0, 1)*seq
#分位点置信区间的上下限
fcval1 <- mu+sigma*confinterval1
fcval2 <- mu+sigma*confinterval2
```

最后,求得分位点的置信区间是[-0.46,3.75]。事实上,上面的例子是在标准正态的假设下,计算分位点的置信区间,而该置信区间的大小与窗宽的选择和样本量的多少有关。窗宽越大,样本量越小,置信区间就会越大。而若分布不是标准正态时,需要对上述的置信区间做变换,即置信区间的上下限都要乘以标准差并加上均值,即[-0.50,5.64]。

实际中 VaR 的回测有更简洁的方法,假设样本量为 n,已求得 $1-\alpha$ 置信水平的 VaR,假设此 VaR 的置信度为 $1-p$,其回测样本允许超过 VaR 的次数 k 就可以计算得出:

$$k \in [\alpha n - z_{1-p/2} \sqrt{np(1-p)}, \alpha n + z_{1-p/2} \sqrt{np(1-p)}] \qquad (6\text{-}1\text{-}16)$$

如果回测中超过 VaR,即损失超过 VaR 的次数不在此区间内,则说明在 $1-p$ 的概率下此 VaR 已经失效。

实际使用中,有研究者还提出了更加富有统计含义的方法来回测 VaR。Kupiec(1995)[1]设计了一个统计量来判断是否接受或拒绝一个模型:

$$LR_{UC} = -2\log[(1-\alpha)^k \alpha^{n-k}] + 2\log[(1-\frac{k}{n})^{n-k}(\frac{k}{n})^k] \qquad (6\text{-}1\text{-}17)$$

其中,n 是测试的样本总数,k 是超过 VaR 的次数,$1-\alpha$ 是 VaR 的置信水平,如果 $LR_{UC} > 3.84$,则拒绝模型正确的原假设,认为此模型计算出的 VaR 不合格。

应用置信区间(6-1-16)或 LR 统计量(6-1-17)进行回测的 R 代码如下(仍旧以 HS300 指数为例,我们对用混合时间加权法和正态分布法计算得到的 VaR 进行回测)(见代码 VaRbactesting.R)。

#代码段 6.1.2.2

```
#二项分布法
n <- nrow(sdata)
k1 <- n*(1-alpha1)-qnorm(1-(1-alpha2)/2, 0, 1)*sqrt(n*alpha2*(1-alpha2))
k2 <- n*(1-alpha1)+qnorm(1-(1-alpha2)/2, 0, 1)*sqrt(n*alpha2*(1-alpha2))
```

该方法计算出的超过 VaR 的次数的置信区间为[4.53,19.97],而实际超过 VaR 的次数,正态分布法为9次,故正态分布法计算出的 VaR 是合格的(见代码 VaRbactesting.R)。

#代码段 6.1.2.3

```
#LRUC
mu <- mean(sdata$re)
sigma <- sd(sdata$re)
dVaR <- mu-sigma*qnorm(alpha1, 0, 1)
k <- sum(sdata$re<dVaR)    #计算比正态分布法计算出的 VaR 还要低的收益率个
```

---

[1] KuPiec Paul, 1995. Techniques for verifying the accuracy of risk management models. Journal of Derivarives, 2:73-84。

数,结果为9次

```
LR <- -2*log((1-alpha1)^k*alpha1^(n-k))+2*log((1-k/n)^(n-k)*(k/n)^k)
```

最后计算出的LR统计量为0.996,低于3.84,所以无法拒绝原假设,即在此种情况下,VaR的计算模型是可以接受的。

在回测VaR的过程中,需要在拒绝一个正确的模型(第一类错误)和接受一个错误的模型(第二类错误)中寻找平衡点。无论式(6-1-16)还是式(6-1-17),其实都在试图平衡这2类错误。

6.1.3 VaR计算的改进:极值分布理论、条件VaR

传统的VaR方法对尾部风险的重视是有限的,因为大多数的分布并不是厚尾的,或者选取了厚尾分布,但参与估计的样本并不能很好地抓住资产的尾端特性,因此,就有了极值理论来专门考察尾端的风险。因为极值经常与一些灾难性事件如大型金融机构的倒闭、股市的大崩盘等一起出现,所以极值在风险管理中非常重要。但是因为此类事件真的很稀有,要对它们建立模型是非常有挑战性的工作。我们接下来将介绍几种常用的极值分布,以及它们在VaR估计中的作用。

对于极端值建模的主要挑战在于观测稀少,并且有一部分极端事件可能还没有发生但无法规避其发生的可能性。因此,为了抓住极端事件的特征,研究者提出了一些分布函数来直接对样本的尾部进行度量,这些分布被统称为极值分布。根据Fisher-Tippett定理,当样本数目足够大的时候,样本的极端值,应该收敛到如下的广义极值分布(Generalized Extreme Value Distribution, GEVD):

$$
\begin{cases}
F(X|\xi,\mu,\sigma) = \exp\left[-(1 + \xi\dfrac{X-\mu}{\sigma})^{-1/\xi}\right] & \text{if } \xi \neq 0 \\
F(X|\xi,\mu,\sigma) = \exp\left[-\exp(\dfrac{X-\mu}{\sigma})\right] & \text{if } \xi = 0
\end{cases}
\tag{6-1-18}
$$

对于公式中的随机变量X,需要满足如下限制:

$$
1 + \xi\frac{x-\mu}{\sigma} > 0
\tag{6-1-19}
$$

参数μ、σ分别是极限分布的落点(Location)参数和规模(Scale)参数(虽然与原分布的均值和方差有关,但并不是一样的)。ξ是尾部指数,是尾部极限分布的形状参数,其形状大概有3种情形:

(1)$\xi > 0$,此时GEV分布变成Frechet分布,尾部比t分布和Pareto分布要重;

(2)$\xi = 0$,此时GEV分布变成Gumbel分布,尾部与正态分布和对数正态分布类似;

(3)$\xi < 0$,此时GEV分布变成Weibull分布的一种特殊形式,尾部比正态分布要轻。

实际中需要用统计检验方法来确定ξ的符号,然后有针对性地进行极大似然估计。同样以HS300指数的日度数据为例,假设股票指数收益率最低的100个样本就是极端值

（实际使用时,是直接针对极端事件本身的观测进行估计的,这里只是假设最低的100个值是极端事件),那么估计其极值分布的 R 代码如下(见代码 extremevalue.R):

#代码段6.1.3.1

```
#GEV
RE <- sdata$re;  n <- length(RE)
sre <- sort(RE); evre <- sre[1:100]    #找出最低的100个日收益率作为极值样本
#写出累计负对数似然函数
lgev <- function(params){
  ksi <- params[1]; mu <- params[2]; sigma <- params[3]
  lgv <- 0
  for(i in 1:100){
    lgv <- lgv+(1+ksi*(evre[i]-mu)/sigma)^(-1/ksi)
  }
  return(lgv)
}
#用最优化方法求解最小值并估计参数
xx <- optim(c(0.01, 0.01, 0.01), lgev, gr = NULL,
            method = c( "L-BFGS-B"),
            lower = c(0,-Inf,0), upper = c(Inf,Inf,Inf),
            hessian = FALSE)
#估计出的参数值
ksi <- xx$par[1]; mu <-xx$par[2]; sigma <- xx$par[3]
```

上述的程序默认分布已经是厚尾的,即假定 $\xi > 0$ 的约束下对参数进行估计。

GEV 分布来处理极值问题需要事先知道极端事件的观测,但很多时候极值的观测是很有限的或者说是无法确认的。于是,有研究者提出了另一种基于阈值的方法来处理极值问题,这就是超出阈值的峰位技术(Peaks Over Threshold,POT)。POT 方法比 GEV 理论需要估计的参数要少,而且并不需要事先规定什么是极端事件。

POT 需要事先定义一个随机变量 X 来表示损失,设 X 的分布函数是 $F(\cdot)$。定义 u 来表示损失的阈值,那么超过阈值的条件损失分布可以定义如下:

$$F_u(x) = P(X - u \leqslant x|X > u) = \frac{F(x + u) - F(u)}{1 - F(u)} \tag{6-1-20}$$

母分布 $F(\cdot)$ 通常是正态分布或者对数正态分布,但也可以是未知的分布。该条件损失分布表示的是超过某个阈值的损失的分布函数。

根据 Gnedenko-Pickands-Balkema-deHann(GPBdH)定理,当 μ 趋近于无穷大时,上

述的条件损失分布将收敛到广义帕累托分布（Generalized Pareto Distribution，GPD）：

$$
\begin{cases}
F(x) = 1 - (1 + \dfrac{\xi x}{\beta})^{-1/\xi} & \text{if } \xi \neq 0 \\[3mm]
F(x) = 1 - \exp(-\dfrac{x}{\beta}) & \text{if } \xi = 0
\end{cases}
\tag{6-1-21}
$$

GPD 的定义域：当 $\xi \geq 0$ 时，$x \geq 0$；当 $\xi < 0$ 时，$0 < x \leq -\dfrac{\beta}{\xi}$。尾部参数 ξ 与 GEV 分布时的情况类似，虽然可以是负数，但我们一般比较感兴趣的是 ξ 非负的情形。此时 β 是规模参数。

根据 GPBdH 定理，所有的过分损失都将收敛到 GPD，所以可以很自然根据 GPD 来对过分损失的情况进行估计。但仍旧需要实现确定过分损失的界限 u，然后得到过分损失的样本数量 N_u。应用这些样本，就可以以极大似然估计法得出 β 和 ξ 的估计值，然后就可以通过随机模拟来得到 VaR 的估计。

以下是使用 HS300 指数 2012 年至 2015 年 3 月的日收益率中低于 -2% 的样本来估计 GPD 分布的 R 代码，使用了 gPdtest 程序包（该包在目前的版本中已经下架，本节数据中附有该包，读者可自行安装）。

#代码段 6.1.3.2

```
#GPD
HS300 <- read.csv('HS300_new.csv', head = T, stringsAsFactors = F)
HS300$date <- as.Date(HS300$date)
n <- nrow(HS300)
RE <- log(HS300$close[2:n]/HS300$close[1:(n-1)])
n <- length(RE)
#找出低于u=-0.02的样本作为估计GPD的样本
evre <- NULL
for(i in 1:n){
    if(RE[i]< -0.02){evre<-c(evre, abs(RE[i]))}
}
#载入gPdtest程序包
library("gPdtest", lib.loc = "C:/Program Files/R/R-3.1.1/library")
gpd.test(evre)   #测试形状参数的符号
xx <- gpd.fit(evre, "amle")  #估计参数
```

gPdtest 程序包要求样本必须由正实数构成，因此在估计参数时，先把收益率取了绝对值，最后估计出：$\xi = 0.292, \beta = 0.006$。

根据估计GPD分布,就可以直接得出VaR的解析表达式如下[①]:

$$\text{VaR}(1-\alpha) = u + \frac{\beta}{\xi}\left[\left(\frac{n}{N_u}\alpha\right)^{-\xi} - 1\right] \tag{6-1-22}$$

其中,$1-\alpha$是VaR的置信水平,n是所有样本的个数。读者可以根据解析表达式编写VaR的计算代码。

VaR只是抓住了损失分布的分位点,但无法度量当损失超过VaR之后,损失大概会高到哪种程度。于是,人们发明了条件VaR来度量损失超过VaR的部分。条件VaR(Conditional VaR)也被称为期望损失(Expected Shortfall, ES),其定义如下:

$$\text{ES} = E(L_p|L_p > \text{VaR}) \tag{6-1-23}$$

ES其实估计了超过VaR部分的损失的平均值。针对GPD,其ES的解析表达式如下所示:

$$\text{ES} = \frac{VaR}{1-\xi} + \frac{\beta - \xi u}{1-\xi} \tag{6-1-24}$$

虽然绝大多数分布函数都可以给出ES的解析表达式,但很多时候我们并不知道分布函数的具体形式,又或者我们使用了非参数的方法来确定VaR,那么此时的ES就可以直接根据定义,由超过VaR部分的损失的均值计算得到。继续以HS300指数为例,设定VaR的置信度为95%,则计算混合时间加权VaR和GPD之后的ES的R代码如下(见代码extremevalue.R):

#代码段6.1.3.3

```
#ES
alpha <- 0.95
#重复之前讲过的混合时间加权法,计算出VaR
n <- length(re)
lambda <- 0.97
weight <- rep(0, n)
for(i in 1:n){weight[i] <- (1-lambda)*lambda^(n-i)/(1-lambda^n)}
sdata <- data.frame(re, weight)
kdata <- sdata[order(re, decreasing = F),]
cumweight <- rep(0, n)
for(i in 1:n){cumweight[i] <- sum(kdata$weight[1:i])
            if(cumweight[1] > 1-alpha){norder <- 1}
            if(cumweight[i] < 1-alpha){norder <- i}}
```

---

① 推导的方法见:欧阳资生,龚曙明. 广义帕累托分布:风险管理的工具[J]. 财经理论与实践,2005, 26 (137)。

```
if(norder > 1){
dVaR <- (kdata$re[norder]*(cumweight[norder+1]-1+alpha)+kdata$re[norder+1]*(1-
alpha-cumweight[norder]))/(cumweight[norder+1]-cumweight[norder])
}else{dVaR <- kdata$re[1]}
#直接计算超过每日VaR的部分的收益率的均值,就是ES
ES <- mean(re[re < dVaR])
#利用公式计算VaR和ES,其中xx是之前GPD估计出的参数,u=-0.02
VaR <- -0.02+(xx[1]/xx[2])*((n*(1-alpha)/length(evre))^(-xx[1])-1)
ES2 <- VaR/(1-xx[1])+(xx[2]-xx[1]*(-0.02))/(1-xx[1])
```

最后混合时间加权法计算出的VaR为-2.68%,ES为-3.89%;而通过GPD计算出的VaR为-7.47%,ES为-8.86%。因此,可以看出,极值分布对尾部风险更加重视,估计得更加保守。

虽然ES抓住了超过VaR部分的平均损失,但还是无法描述到底最严重的情形是怎么样的,因为ES仅仅是均值而已。实际中,有人定义了更严格的指标来度量最严重的情形,这就是最坏情形VaR(Worst Case,WSC):

$$P(L_p \leqslant \text{WSC}|L_p > \text{VaR}) = 1 - \alpha \tag{6-1-25}$$

其中,$1 - \alpha$是WSC的置信水平,即WSC需要求损失超过VaR的分布的下α分位点。估计WSC可以直接先估计极值分布,此时设$u = \text{VaR}$就可以估计出GPD的参数,然后再对新的GPD求VaR就可以得出WSC;另外一种方法就是直接对极端值(超过VaR的观测)用非参数方法再求一次新的VaR,作为其WSC。这2种方法的R代码如下(仍旧以HS300指数日度数据为例,见代码extremevalue.R):

#代码段6.1.3.4

```
#WSC
#以混合时间加权法计算出的VaR为阈值,分离出GPD样本,并再次估计GPD参数
nevre <- NULL
for(i in 1:n){
  if(RE[i] < dVaR){nevre <- c(nevre, abs(RE[i]))}
}
gpd.test(nevre); nxx <- gpd.fit(nevre, "amle")
#以新估计的GPD参数估计VaR,即得WSC
WSC <- dVaR+(nxx[1]/nxx[2])*((n*(1-alpha)/length(nevre))^(-nxx[1])-1)
#直接使用超过VaR的部分作为样本,用历史数据排序法再次估计VaR,即得WSC
NRE <- re[re < dVaR]
sre <- sort(NRE, decreasing = T)
```

```
n <- length(sre); norder <- trunc(n*alpha)
if(norder == n){WSC2 <- sre[n]}else{
    WSC2 <- (sre[norder]+sre[norder])/2
}
```

第1种方法得到的WSC为−7.8%,第2种方法得到的WSC为−6.51%。总的来说,极值分布估计出的风险因子都要略显保守一些。

6.1.4 基于风险因子的市场风险管理:多因子风险测算与对冲模型

上面所讲述的VaR、ES、WSC等方法都是度量风险的指标,但度量仅仅是监控风险的一种方法,实际中我们更期望能够规避掉一些风险。这就需要用到风险对冲的知识。常见的对冲风险的方法如期权的Delta、Gamma等希腊参数,利率产品的久期和凸性,都可以让我们计算出某一类产品的最佳对冲比例(Hedge Ratio,HR)。CAPM模型所求的Beta使得个股的系统性风险可以通过购买股指期货或ETF基金来对冲掉。这些都是单因素对冲的方法。

在已知对冲工具和投资组合的历史数据的情况下,计算对冲比的最简单方法就是估计最近的价格变化比例。以利率产品为例,首先计算出每类产品针对利率变化1个基点后,其价格的变化量,然后求其比例即可得到最佳对冲比:

$$\begin{cases} DV01 = -\dfrac{\Delta BV}{10000 \times \Delta y} \\ HR = \dfrac{DV01(position)}{DV01(hedging\ instrument)} \end{cases} \tag{6-1-26}$$

其中,ΔBV是债券价格的变化量,Δy是利率变动量。

例6.5 假设当零息债券利率从3%降低到2.99%时,某债券的价格由17.62元变化为17.71元,而此时投资者手中的投资组合与利率有关,也从28.91元变化为27.71元,那么债券和投资组合的DV01以及对冲比例是多少?

DV01(bond)=−(17.71−17.62)/[10000×(2.99%−3%)]=0.09

DV01(position)=−(28.91−27.71)/[10000×(2.99%−3%)]=0.12

HR=0.12/0.09=4/3

即每4份投资组合产品,需要用3份该债券来对冲。

在投资组合面临的风险是单方面的,即单因素风险时,该模型的可靠性是比较高的。但是,当投资组合面临的风险来源于多方面时,再使用单因素风险模型来进行对冲就会引发问题,特别是基础风险对冲工具如果有相关性的话,那么就可能出现重复对冲的问题,此时就需要如下的基于多元回归的对冲模型:

$$y_t = \alpha + \sum_{i=1}^{p} \beta_i F_{t,i} + \varepsilon_t, \; t = 1, \cdots, T \tag{6-1-27}$$

其中，y 是投资组合的历史收益率，而 F 是风险因子。这些风险因子可以是债券（可能分为1年期、5年期、10年期、30年期等多种周期）、股票、股指等基础资产工具，也可以是特定的风险因子，如规模、杠杆、估值水平、流动性、宏观经济因素等等。

当投资组合与基础资产工具有关时，对冲的方法就是估计式(6-1-27)中的线性模型，然后对每种资产的对冲比例就是回归系数；而当投资组合面临的风险因子是公司因素或宏观经济因素时，就需要将这些风险因素折算成可以对冲的风险，比如用利率对冲宏观经济因素，用股指对冲市场因素，等等，或者在投资组合中将这些因素的影响中性化掉（比如同时加入大盘股、中盘股和小盘股，令规模风险可以中性化掉）。

2015年初，某投资者的头寸中有2万手工商银行的股票和1万手五粮液的股票，假设其参考交易期从2014年1—12月，其对冲比例应该如何计算？与哪些资产可以进行对冲？

设该投资者使用股指期货主力合约进行对冲，其对冲比例计算的R代码如下（见代码hedge.R）：

#代码段6.1.4.1

```
#设定工作空间路径并载入数据
setwd("C:/Users/lenovo/Desktop/R procedures")
sdata <- read.csv('GSWLYIF.csv', head = T, stringsAsFactors = F)
#计算各股票和股指的收益率序列
n <- nrow(sdata)
gre <- log(sdata$gs[2:n])-log(sdata$gs[1:(n-1)])
wre <- log(sdata$wly[2:n])-log(sdata$wly[1:(n-1)])
ire <- log(sdata$index[2:n])-log(sdata$index[1:(n-1)])
#通过一元回归计算Beta
lm1 <- lm(gre~ire)
lm2 <- lm(wre~ire)
beta1 <- lm1$coefficients[2]
beta2 <- lm2$coefficients[2]
#利用计算出的Beta并结合当前头寸计算对冲比例
r1 <- beta1*2*10^6*sdata$gs[n]/(300*sdata$index[n])
r2 <- beta2*1*10^6*sdata$wly[n]/(300*sdata$index[n])
```

最终计算出的对冲比例，约需要卖空6份和12份股指期货分别对冲工商银行和五粮液的股票。

[本节数字资源]

所在章节	二维码	内容	目标
6.1		课程资料链接（PPT）	获得该节线上课程PPT资料
		课程资料链接（代码）	获得该节线上课程代码资料
		课程资料链接（数据）	获得该节线上课程数据资料

6.2　信用风险管理

6.2.1　信用风险的成因和度量（PD、EAD、LGD）

信用风险指的是在金融交易中,由对手方可能违约带来的风险。信用事件可以狭义地定义为债券的违约（Default on a Bond）,即债券发行机构无法支付承诺的利息或本金偿还,但从广义上来说,信用风险的变化就可以被称作信用事件。常见的信用事件包含下列几种。

（1）破产（Bankruptcy）

破产具体包括:发债机构非因合并而解散（Dissolution）;发债机构无力偿债（Insolvency）;债务让渡（Assignment of Claims）;发债机构正在申请破产中（Institution of Bankruptcy Proceeding）;破产管理人在任命中（Appointment of Receivership）;第三机构查封发债机构所有资产（Attachment of Substantially all Assets by a Third Party）。

（2）付款失败（Failure of Pay）

付款失败是指当债务到期,经过付款期限展延后,发债机构仍然无法付款的情况。此时债务金额通常高于某一水准。

（3）债务交叉违约（Obligation/Cross Default）

债务交叉违约是指发债机构仍有正常支付债务的本息,但是发债机构存在其他债务违约,或是发债机构的支票跳票等事件发生。

（4）债务提前到期（Obligation/Cross Acceleration）

债务提前到期是指发债机构仍有正常支付债务的本息,但是发债机构因为其他事件导致未到期的债务立即到期的情况。

（5）债务展期被拒（Repudiation/Moratorium）

依照债务合约，只要发债机构正常缴息，债务到期后应可自动续约展期，若发债机构的债务被拒绝展期，或被挑战其展延债务的合法性。在第二次世界大战期间，债务展期被拒的情况很普遍。

（6）其他事件（Other Events）

其他事件包括发债机构的信用评级下降（Downgrade）、货币不易兑换（Currency Inconvertibility）、政府对发债机构采取行动（Government Action）等状况。货币不易转换发生在外币资产上，当外币转换为本国货币会被课税，或政府采取一系列的外汇管制措施等，造成外币资产价值下跌。政府的行动则包括政府宣告或执行某些措施，足以损害债务的有效性。或是，战争或武力事件，损害了政府的功能或银行的活动。

（7）重组（Restructuring）

重组包括债务减免（Waiver）、展期（Deferral）、重新规划（Rescheduling），债权人的权益因为发债机构申请重整而受损。国际放款比国际债券更容易进行债务重整的原因为：国际债券的债权人大都有数千人，但国际联贷案通常只有少数几家参贷银行来承担整个贷款的风险；国际联贷案通常由某几个特定银行参与，银行间的议价凝聚力较高；国际联贷案通常附有交叉违约条款。

如上所述，信用风险其实包含了很多维度的风险，其变化经常是难以预计的，但在商业社会中，信用风险往往具备双向性，其变化的方式通常如图6-2-1所示。

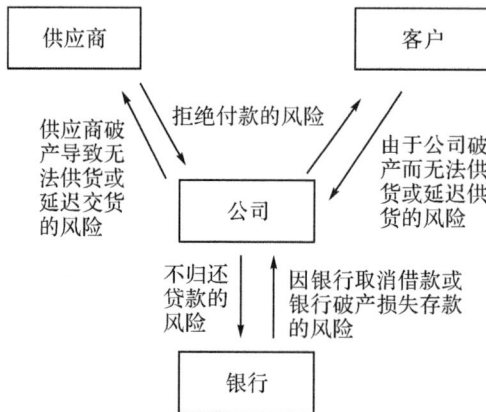

图6-2-1　商业违约的双向性示意图

以公司的运营活动为核心，信用风险在各类交易对手方中都有可能出现。实际上，度量信用风险需要涉及4个方面：

①借款人还款的能力和意愿（借款人是否有钱还？借款人有可能在债务到期前归还

吗？借款人是否会受到外部的强制力使其归还？借款人所在公司的经营状况和行业的发展状况是否会影响借款人的还款能力？）。

②外部环境的影响（如经济周期的波动、政策的变动）。

③信用工具的特征（信用工具本身的风险；信用工具的到期日；信用产品是否有其他人担保；债务是次级、投资级或投机级；是否可以提前还款；是否可以提前要求还款；担保是否可以转让到第三方机构；债务的给付是否面临汇率风险）。

④风险防范措施如抵押、信用提升、债务担保的质量和充足率（抵押是否重复使用到其他债务；抵押品的估值是否合理；贷款担保人的信用额度是否充分；等等）。

在本章中，我们主要介绍与信用风险度量有关的一些数量化模型和方法。首先，信用风险计量有如下关键指标：

①违约概率（Probability of Default，PD）：客户在一定时间内违约的可能性，对应客户信用评级，一般将违约概率转换为客户的信用评级。

②违约损失率（Loss Given Default，LGD）：违约发生时风险暴露的损失程度，对应债项评级。

③风险暴露（Exposure at Default，EAD）：违约发生时可能发生损失的贷款额。

④贷款期限（M）：贷款定价测定时点到贷款到期日的剩余期限。

⑤预期损失（Expected Loss，EL）：在给定期限内，信用事件发生造成的预计损失。

$$EL = PD \times LGD \times EAD \qquad (6\text{-}2\text{-}1)$$

⑥非预期损失（Unexpected Loss，UL）：损失围绕预期损失的波动率。

$$UL = EAD \times \sqrt{PD \times \sigma_{LGD}^2 + LGD^2 \times \sigma_{PD}^2} \qquad (6\text{-}2\text{-}2)$$

其中，违约概率是指债务人未来发生违约的可能性，获得违约概率最普遍的方法是根据一组具有相同风险特征的债务人的违约历史记录，计算发生违约的比率，作为类似债务人未来违约概率的估计。PD由债务人主体的信用水平决定，所以，PD常用于对公司或其他主体进行信用评级。某评级机构的对公贷款的评级情况如表6-2-1所示。

表6-2-1 评级与违约概率的关系示例

风险评级	违约概率/%
AAA	0.67
AA	1.25
A	2.25
BBB	4.00
BB	7.00
B	11.5

违约损失率(LGD)反映一旦债务人违约将给债权人造成损失的严重程度,计算方法是违约后损失的金额与违约前总的风险头寸暴露之比。LGD决定了贷款回收的程度,LGD=1-回收率。对于同一债务人,不同的交易可能具有不同的LGD。对于同一债务人的2笔贷款,如果一笔提供了抵押品,而另一笔没有,那么前者的LGD将可能小于后者。LGD不仅受到债务人信用能力的影响,更受到交易的特定设计和合同的具体条款如抵押、担保等的影响。根据贷款的不同,其LGD分布情况的例子如表6-2-2所示。

表6-2-2　LGD与抵押品的关系示例

贷款抵押物	LGD/%
合格金融抵押品	0
应收账款	35
商业/居住用房地产	35
其他抵押品	40
AA级以上信用担保	40
A级以上信用担保	42
无抵押	45

风险暴露(EAD)在不同的信用事件中有不同的定义:

①固定本金贷款:EAD=债项账面价值+应收利息。

②未来不确定款项(如贷款承诺、循环额度等):EAD=已使用的额度+应收利息+未使用额度中预期提取金额。

③衍生工具:EAD=市价+风险溢量。

信用损失包含预期损失和非预期损失两部分。预期损失(EL)是预计的损失的平均值,而非预期损失(UL)是预期损失的方差。如果要获得精确的预期损失,则银行必须对违约暴露、违约概率和违约损失率3项风险因素进行准确的计量。EL应计入成本,用准备金或者定价时的加息差来弥补,EL等于整个经济周期的平均损失。产生UL的原因在于违约概率、违约损失率和违约暴露等3个风险因素都是波动的,因此损失的波动是必然的。违约事件可能存在相关性,当违约同时发生时,资产的价值将发生剧烈的变化。损失分布函数如图6-2-2所示。损失通常由3个部分组成:预期损失、非预期损失和灾难性损失。一般而言,银行的预期损失可以通过贷款拨备抵补,而预留的经济资本则用来抵补非预期损失,对于灾难性损失,如果无法对冲,则只有接受。

损失概率

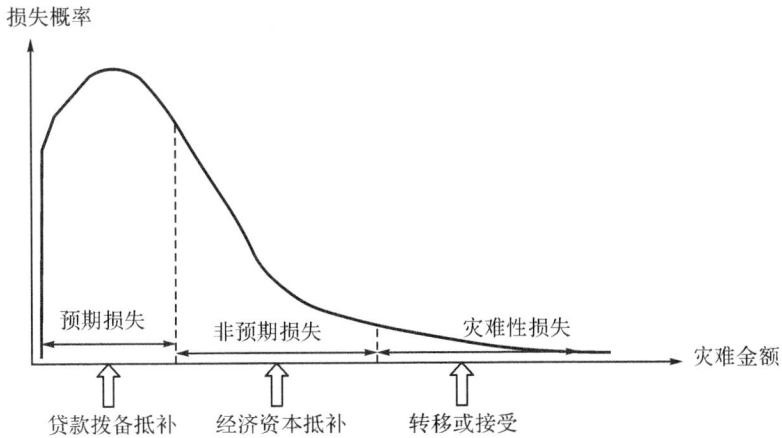

图 6-2-2 损失分布示意图

　　信用风险与市场风险最大的不同在于含有信用风险的产品的收益率分布是严重左拖尾的(见图6-2-3)。信用风险为左拖尾分布的主要原因在于:在最好的情况下,交易对手不违约,损失为0;但在最坏的情况下,交易对手不履约,违约损失可能是整个交易总价值,故信用风险类似于卖出一个看跌期权(Sell a Put Option)的报酬。由于市场因子的变化是短期因素,而企业信用状况的变化则是长期因素,我们可以使用信用衍生产品来规避信用风险。信用风险和市场风险通常混合在一起,例如,公司债价格的变化反映信用损失的预期变化。比如,发债机构之信用评级调降时,债券价格下跌;收益率上升时,债券价格也下跌,故债券价格的变化可能是由信用评级改变所致,也可能是由市场利率波动所致。因此,关于公司债价格的变化到底应该归类到信用风险或是市场风险,则是仁者见仁,智者见智。

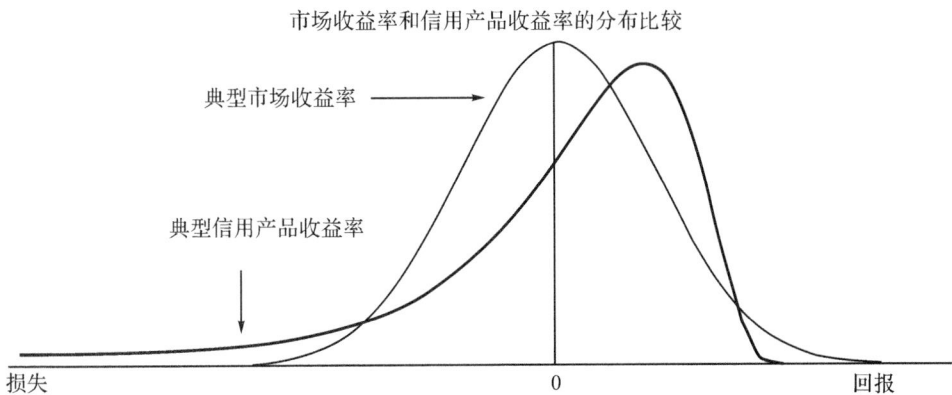

图 6-2-3 市场风险与信用风险的比较

6.2.2 Merton违约模型及KMV模型

了解了信用风险的相关概念和度量指标之后,我们可以来谈如何估计这些指标。本节和下一节的重点就是介绍如何使用模型来估计违约概率。但不同的是,本节采用的方法都是基于风险中性的估值模型,因此计算出的违约率是风险中性违约概率,主要用于含有信用风险的产品的定价。而下一节介绍的统计分类方法判别违约的可能性,是基于历史违约事件得出的违约概率估计,是实际违约概率,主要用于信用评级、经济资本估计、情景分析等。

我们首先来学习最原始的违约模型——Merton违约模型。在1974年,Merton提出了基于公司价值的违约模型,其核心是将公司的权益资产看作整个公司价值的一个期权。假设整个公司的债务是到期日为T的零息债券,定义:V_0、V_T分别表示当前和T时刻的公司市值;E_0、E_T分别表示当前和T时刻的公司权益资产(股权价值);D表示T时刻需要归还的债务本金和利息之和;σ_V、σ_E分别是公司资产的波动率(设为常数)和股权的波动率。

如果$V_T < D$,在理论上来说公司到T时刻必然违约,反之若$V_T > D$,公司就有能力在T时刻偿还债务,之后股权资产就等于$V_T - D$。

Merton模型的违约示意图如图6-2-4所示。

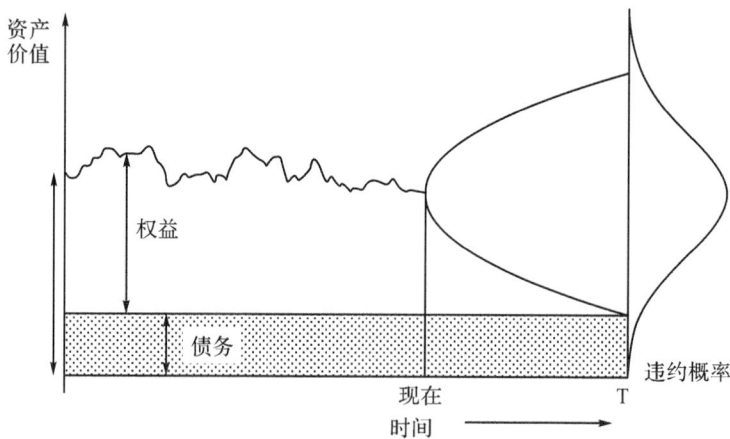

图6-2-4 Merton模型的违约示意图

如果到期日资产价值处在分布(图6-2-4的右边是资产价值分布)的最下端,即资不抵债了,那么就会违约,此时股权价值为0,公司破产清算;而其他情况下,归还所有债务之后的资产都由股权持有者分配。所以Merton认为,公司的T时刻的股权价值应该满足:

$$E_T = \max(V_T - D, 0) \tag{6-2-3}$$

也就是说,公司的股权价值是以公司资产为标的物,以T为到期日,以债务量D为行权价格的看涨期权。假设公司的资产价值服从如下几何布朗运动:

$$\frac{dV}{V} = \mu dt + \sigma_V dW_t \tag{6-2-4}$$

期权定价的Black-Scholes公式就可以用于估计公司的股票价格:

$$E_0 = V_0 N(d_1) - D e^{-rT} N(d_2) \tag{6-2-5}$$

其中

$$d_1 = \frac{\log(V_0/D) - (r + \sigma_V^2/2)T}{\sigma_V \sqrt{T}}, d_2 = d_1 - \sigma_V \sqrt{T} \tag{6-2-6}$$

而公司的债务也可以看成零息债券,其价格应该满足:

$$B_T = \min(V_T, D) = D - \max(D - V_T, 0) \tag{6-2-7}$$

即债券相当于将资金借给公司,且卖出一份看跌期权给公司,未来债务是否能够偿还,完全取决于公司是否执行看跌期权:若看跌期权执行,则债务无法偿还,公司违约;若看跌期权最后不执行,则债务可以得到偿还。在同样的框架下,该债券的价格也可以计算:

$$B_0 = V_0 - E_0 = e^{-rT} D N(d_2) + V_0 N(-d_1) \tag{6-2-8}$$

根据公司资产价值服从对数正态分布,可以简单估计得到公司违约的概率就是:

$$P(V_T < D) = P\left(\frac{\log(V_T/V_0) - (r - \sigma_V^2/2)T}{\sigma_V \sqrt{T}} < \frac{\log(D/V_0) - (r - \sigma_V^2/2)T}{\sigma_V \sqrt{T}}\right) = N(-d_2)$$

$$\tag{6-2-9}$$

对于一家公司来说,其资产价值V_0和资产波动率σ_V都是未知的,可如果它是上市公司,其股权价格E_0是可以被观察到的,那么式(6-2-5)其实是V_0和σ_V需要满足的一个关系式。再假设股票价格过程与资产价格过程同样是几何布朗运动:

$$\frac{dE}{E} = rdt + \sigma_E dW_t \tag{6-2-10}$$

而根据式(6-2-3),E可以看成V的函数,根据Ito原理:

$$dE = \frac{\partial E}{\partial V} dV + \frac{1}{2} \frac{\partial^2 E}{\partial V^2} (dV)^2 = \left(\frac{\partial E}{\partial V} \mu + \frac{1}{2} \frac{\partial^2 E}{\partial V^2} \sigma_V^2 V^2\right) dt + \frac{\partial E}{\partial V} \sigma_V dW_t$$

$$\tag{6-2-11}$$

对比式(6-2-10)和式(6-2-11),无套利原理要求股票价格过程的波动率应该一致,即:

$$\sigma_E E_0 = \frac{\partial E}{\partial V} \sigma_V V_0 = N(d_1) \sigma_V V_0 \tag{6-2-12}$$

联立式(6-2-5)和式(6-2-12),就可以解得V_0和σ_V。当已知V_0和σ_V之后,我们还可以求得违约损失率LGD。因为对于借款方来说,预期损失(EL)应该满足:

$$EL = e^{-rT} D - B_0 = D e^{-rT} N(-d_2) - V_0 N(-d_1) \tag{6-2-13}$$

而到期日的损失：

$$\text{EL}_\text{T} = DN(-d_2) - V_\text{T}N(-d_1) = N(-d_2) \cdot D \cdot [1 - \frac{V_\text{T}}{D} \frac{N(-d_1)}{N(-d_2)}] \quad (6\text{-}2\text{-}14)$$

根据 EL 的定义，可得到违约损失率：

$$\text{LGD} = 1 - \frac{V_\text{T}}{D} \frac{N(-d_1)}{N(-d_2)} \quad (6\text{-}2\text{-}15)$$

例 6.6　假设一家公司的价值为 100，公司价值波动性为 20%，债务存续期为一年，无风险利率是 10%，连续复利。同时假设公司的杠杆比率是 0.9，负债的面额为 99.46。

根据 Merton 模型，公司的股票价格：

$$E_0 = 100N(d_1) - 99.46e^{-10\%}N(d_2) = 13.59$$

债券价格：$B_0 = V_0 - E_0 = 100 - 13.59 = 86.41$

违约率：$N(-d_2) = 33.47\%$

违约损失率：$\text{LGD} = 1 - \frac{V_\text{T}}{D} \frac{N(-d_1)}{N(-d_2)} = 1 - \frac{100 \times 26.53\%}{99.46 \times 33.47\%} = 20.3\%$

此价格隐含债券的投资报酬率为：$\log(\frac{D}{B_0}) = \log(\frac{99.46}{86.41}) = 14.07\%$

利率价差为债券投资报酬率与无风险利率的差值，即 4.07%。预期信用损失则为：

$$\text{EL} = e^{-rT}D - B_0 = 99.46 \times e^{-10\%} - 86.41 = 3.59$$

到期日当天的预期信用损失金额，应该等于交割日预期信用损失的终值，即 $3.59 \times e^{0.1} = 3.96$。

为了得到极高的信用风险价差 4.07%，本模型假设杠杆比率为 90%，隐含公司的负债权益之比为 90%/10%=900%，此为极不合理的负债权益比值。若假设杠杆比率为 70%，信用风险价差骤降为 0.36%，若再将杠杆比率设为 50%，信用风险价差趋近于零。由于一般企业的杠杆比率大多小于或等于 50%，因此 Merton 模型无法良好地衡量杠杆比率较低企业的信用风险价差。

案例分析：ST超日债券违约分析

*ST超日（002506）成立于 2003 年，上市日期为 2010 年 11 月 18 日。

主要简介：上海超日太阳能科技股份有限公司是一家研究、开发、利用太阳能资源的高科技民营企业。其主要专业生产各种型号、规格的太阳能电池组件，配套生产和安装太阳能用户系统、太阳能灯等太阳能系列产品及工程。

"11超日债"是超日公司于 2012 年 3 月 7 日发行的公司债，发行规模为 10 亿元，票面利率为 8.98%，续存期限为 5 年，每年的 3 月 7 日为年度起息日。由于 2011 年和 2012 年连续亏损，"11超日债"从 2013 年 7 月 8 日起在深交所暂停上市。*ST超日前不久发布的业绩快报显示，2013 年公司预亏 13.31 亿元，营收同比预降 58.18%。3 月 4 日临近深夜，*ST超日发布的一则债券兑付公告在市场引起轩然大波。公告称，"11超日债"第二期利息将无法于原定付息日2014年3月7日按期全额支付,仅能够按期支付共计人民币400万元,而全部应付利息为8980万元。据此"11超日债"已经实质性违约,并成为债券市场首次公募债券违约事件,这意味着"中国式"刚性兑付的最为核心领域债券市场"零违约"被正式打破。

对于违约原因,*ST超日表示,由于自己流动性危机尚未化解,通过公司自身生产经营未能获得足够的付息资金;同时,公司亦通过各种外部渠道筹集付息资金,但由于各种不可控的因素,截至目前公司付息资金仅落实人民币400万元。有分析人士认为,由于"11超日债"没有外部担保人,且属于民营企业,因此最终能否得到政府救助存在重大不确定性,在公司面临多项诉讼的情况下,若被迫清盘,银行贷款由于多有抵质押安排,可能获得优先清偿,相对而言,债券持有人很可能在本金方面遭遇较大损失。国泰君安固定收益部研究总监周文渊在接受本报记者采访时表示,利息违约是第一步,会不会出现本金违约还有待观察。也有机构人士认为,民营企业利息违约未必能彻底打破市场刚性兑付的预期。短期内对信用债市场会有影响,特别是一些负债率较高的公司,但债市打破刚性兑付仍需时日。

超日公司发行股数为6600万股,经计算,其2013年下半年股价波动率为2%。机构预期该公司2014年的预期回报率为17%,假设忽略之后的债券和其他银行贷款,试使用Merton模型在2013年末计算到2014年3月7日的违约率。

2013年底的股票价格为2.33元,总股权价值则为6600×2.33=15378万元,波动率为2%,预期回报率17%,持续期T=(31+28+7)/365=0.18年,到期日债务量为8980万元。联立式(6-2-6)和式(6-2-12),并求解两式差值的平方和的最小值,就可以解得公司初始价值为24087万元,公司价值波动率为1.28%。根据Merton模型,此时d_2=187.785,违约率PD=N(−187.785)=0。

求解这个优化问题的R代码如下(见代码solvemerton.R):

#代码段6.2.2.1

```
solvemerton <- function(x){
sigmav <- x[1]; v0 <- x[2]
#初始化参数
K <- 88389; r <- 0.17; t <- 0.18; s0 <- 15378; sigmas <- 0.02
#计算d1和d2
d1 <- (log(v0/K)+(r+0.5*sigmav^2)*t)/(sigmav*sqrt(t))
d2 <- d1-sigmav*sqrt(t)
#计算式(6-2-6)和式(6-2-16)的差值
G <- v0*pnorm(d1, 0, 1)-K*exp(-r*t)*pnorm(d2, 0, 1)-s0
H <- s0*sigmas-pnorm(d1, 0, 1)*sigmav*v0
```

```
fval <- G^2+H^2   #目标函数就是2个差值的平方和
return(fval)
}
#通过优化函数最小化目标函数求解V_0和σ_V
xx <- optim(c(0.1, 200000), solvemerton, gr = NULL,
        method = c("L-BFGS-B"),
        lower = c(0, 0), upper = c(Inf, Inf),
        hessian = FALSE)
```

再假设长期债务可以折现到短期债务,则债务量变为88389万元,此时的优化问题解得 V_0 为101103.3万元,公司价值波动率为0.304%,最后违约率依旧是0。

结论:Merton模型无法计算多期债务,也无法计算包含银行贷款的违约情况,更不考虑公司本身的流动性因素和经营状况,所以实用价值很有限。

注意,在风险中性测度下,式(6-2-4)中的公司期望收益率 μ 已经不起作用,由此计算得到的PD和LGD都是风险中性的,主要用于信用产品的估值;而不进行测度变化,直接使用 μ 来计算PD和LGD时,Merton模型也可以得到实际违约概率(虽然 μ 事实上很难估计):

$$\begin{cases} \mathrm{PD}_{actual} = N\left[\dfrac{\log(D/V_0) - (\mu - 0.5\sigma_V^2)\,\mathrm{T}}{\sigma_V\sqrt{\mathrm{T}}}\right] \\[3mm] \mathrm{LGD}_{actual} = 1 - \dfrac{V_0 e^{\mu T}}{D\cdot\mathrm{PD}_{actual}} N\left[\dfrac{\log(D/V_0) - (\mu + 0.5\sigma_V^2)\,\mathrm{T}}{\sigma_V\sqrt{\mathrm{T}}}\right] \end{cases} \tag{6-2-16}$$

Merton模型使用如股票价格之类的市场数据以及资本结构数据来预测PD和LGD,但其很多假设都是不切实际的:

(1)只有一种股票和一种债券,并且债券是零息的,且到期日是给定的。

(2)违约只能在债券到期日发生。

(3)公司的价值是可以观测到的,且服从几何布朗运动。

(4)无风险利率是常数。

(5)股权所有者和债权所有者没有协调机制,股权必须在债权了结之后才可以计算价值。

(6)没有对流动性进行调整。

针对这些不切实际的假设,Moody公司在Merton模型的基础上,开发出了KMV模型。KMV模型估计违约概率的步骤有3步:

第1步,估计公司资产的市场价值和公司资产价值的波动性,即Merton模型中的 V_0 和 σ_V,对于上市公司来说,该步骤与Merton模型中的方法相同,对于非上市公司,可以应用财务指标,如息税前利润、销售量、公司规模、行业因素等因子,来跟上市公司类比,得

出相应的 V_0 和 σ_V。

第2步，计算违约距离（Distance to Default，DD）：

$$DD = \frac{E(V_T) - D_{threshold}}{\sigma_{E(V_T)}} \qquad (6-2-17)$$

其中，违约的阈值可以将短期债务和长期债务组合起来，长期债务可以适当削弱权重，比如：$D_{threshold}$=short-term loans+0.5×long-term loans。违约距离的计算示意图如图6-2-5所示。其中，①所指的虚线就是公司资产价值，而④所在直线就是违约阈值，资产价值与违约点之间的距离DD就度量了违约可能性。

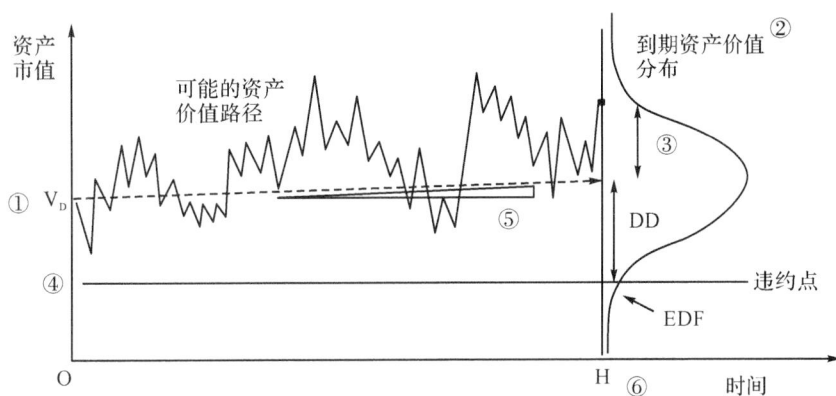

图6-2-5　违约距离计算示意图

第3步，以实际违约数据库，将违约距离DD映射到数据库内，以找出实际违约概率。KMV公司所研发出的信用监控模型（Credit Monitor Model），可以提供全球3万家公开公司的预期违约率（Expeced Default Frequency，EDF）的预测。同时这些公司的违约情况也构成了KMV丰富的违约数据库。注意，由于映射到的是实际违约数据，故而大多数时候，KMV模型计算出的PD是实际违约概率，只有当映射到风险中性违约数据库时，才可以得到风险中性违约概率。EDF映射示意图如图6-2-6所示。

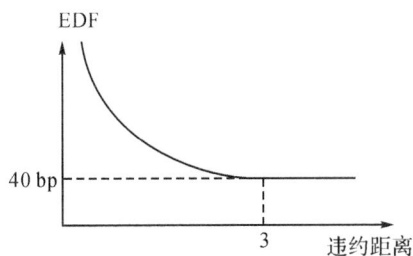

图6-2-6　违约距离与违约密度的关系示意图

例 6.7 假设公司的一年内期望资产价值是 800 万美元,而公司的长期债务是 600 万美元,短期债务是 200 万美元,如果资产的年度波动率是 100 万美元,计算其违约距离。

答:违约阈值=200+0.5×600=500 万美元,违约距离=(800−500)/100=3。假设去年有 2000 家公司的违约距离是 3,其中 15 家发生违约,那么可估计出违约概率为:15/2000=0.75%。如此低的违约率,一般会被评为 AA 级以上。

由于缺乏违约数据库,本书无法介绍与 KMV 模型相关的 R 程序。事实上,除了 KMV 模型,还有许多模型如 Credit Metrics 模型、Credit Risk+模型、Credit Portfolio View 等等,限于篇幅和本书重点这里不一一介绍。

6.2.3 统计违约风险模型与 PD 预测

由于公司的市值难以估计,且大部分需要给予贷款的公司都不是上市公司,所以大多数情况下,Merton 模型都是无法使用的,而 KMV 模型中非上市公司与上市公司的类比过程,其实就与本节所要介绍的多因素分类模型的思想实质相同。在介绍统计和数据挖掘为基础的分类模型之前,我们先来学习一下经典的 Z 评分法(Z-Score)。

Altman 在 1993 年提出了以财务信息为主的信用评分模型,来了解借款人的信用品质。Z 评分是衡量借款人信用状况的指标,Z 评分越高,代表借款人的信用品质越好,借款人的违约可能性越低。

Altman 的 Z-Score 模型:

$$Z = 1.2\frac{WC}{TA} + 1.4\frac{R/E}{TA} + 3.3\frac{EBIT}{TA} + 0.6\frac{Equity}{LongtermDebt} + 1.0\frac{Sales}{TA} \quad (6\text{-}2\text{-}18)$$

其中,5 项参与评分的指标依次是:流动资本/总资产、留存收益/总资产、息税前收益/总资产、股权市值/总负债账面值、销售收入/总资产。若借款人的财报上能够有上述信息,则银行可以通过 Z 评分来分析借款人的信用状况。当 Z 值小于 1.81 时,银行就不应该放款;当 Z 值大于 2.92 时,企业违约的可能性不大,则应该放款;当 Z 值在 1.81—2.92 之间时,就需要一些定性分析的手段来决定是否放款。定性分析模型有时也被称为专家系统,其评定的标准建立在借款人的特定信息上,包括担保的价值和形态、发债机构的资本结构(杠杆率)、盈利的波动率及企业声誉等;同时,也会考虑一些市场因素如产业周期、利率水平等。

各大银行都有自己的业务评判体系,实际中也很难说更多的权重应该给予哪一类因子,但是通过定量的方法,是可以确定最优的因子选择和权重选取。其中,最常见的方法就是基于统计方法的分类模型。

分类模型的基本做法是:对于给定的一系列企业的指标(数据来源可能是许多同质企业,或者各类型的企业都有),然后以一段时间考察期,观察企业是否发生违约,并以此考察期内的所有观测作为训练样本,就可以估计分类模型,之后再通过估计出的分类模型来判别一家新的企业是否会违约。基本的分类模型包括:线性判别分析、Logit 模型、

Probit模型、支持向量机、决策树、神经网络、Lasso回归等方法。

下面以Logit回归模型为例介绍使用分类模型法进行PD预测的主要步骤。

步骤1：数据准备

首先需要确定模型用于训练和验证的样本，例如，可以按70%和30%的比例随机抽取总体样本中的观测分别作为训练样本和验证样本。然后对奇异值和缺失值进行处理，常见的方法包括直接删除、中位数填充、插值法等等。直接删除是删除某个日期内出现了指标缺失情况的企业观测，该方法虽简单，但有可能导致样本不足；中位数填充指的是用其他未缺失的指标值的中位数代替缺失值进行填充；插值法可以是通过指标的时间序列变化来进行插值。

步骤2：变量构建

尽量收集全所有跟违约率有关的财务指标、宏观经济指标、行业景气指标和市场指标，比如针对财务报表，如下一些财务比率数据就可以计算出来：

①经营活动，如存货周转率、预售账款与销售成本的比率等；

②资本结构，如固定资产占总资产比率、流动债务（Current Debt）占总债务的比率等；

③债务偿还能力，如利息比率（利息支出/总收入）、总债务/总资产等；

④杠杆率，如资产负债率（总负债/总资产）、总负债/股东权益等；

⑤流动性，如快速比率（（现金+应收款）/流动负债）、现金比率（现金及现金等价物/流动负债）等；

⑥盈利性，如利润率、资本回报率等。

而宏观经济指标如工业增加值增速、CPI、PPI、PMI等也可以收集起来。

步骤3：模型建立

经典的Logit回归模型的形式是：

$$\log\left[\frac{P(y=1)}{1-p(y=1)}\right] = c + \sum_{i=1}^{q}\beta_i X_i + \varepsilon_t \qquad (6-2-19)$$

该模型主要包括3个部分：

（1）随机性部分：一个二元反应变量y，$y=1$或0，即事件可能发生或不会发生。对于银行评级而言，$y=1$指违约事件，$y=0$则为非违约事件。我们关注的是"$y=1$"出现的概率，用$P(y=1)$表示。

（2）系统性部分：线性预测值，比如$c + \sum_{i=1}^{q}\beta_i X_i$，其中包含$q$个解释性变量$X_1, X_2, \cdots, X_q$。解释性变量可以是连续变量或非连续变量，也可以二者兼而有之。在PD预测中，财务因素多为连续变量，而一些关于企业的定性数据绝大多数转化为非连续变量。

（3）关联函数：关联函数能够将反应变量Y的随机性部分和系统性部分联系起来。Logit回归法中使用的关联函数为经典联系函数，自变量P的经典联系函数[logit(P)]是某一事件发生概率的对数,即 $logit(P)=log[P/(1-P)]$。

最后,各个主模型的PD结果通过Logit回归导出:

$$PD = \frac{\exp(c + \sum_{i=1}^{q}\beta_i X_i)}{1 + \exp(c + \sum_{i=1}^{q}\beta_i X_i)} \tag{6-2-20}$$

一般来说,在PD预测公式中会用到4—8个财务因素,而可能用到的定性因素也在4个左右。

步骤4:模型评价

在将PD预测出来之后,其实模型的分类工作就基本完成,可以假设PD超过一个阈值的观测将会发生违约,然后与实际数据(验证样本)对比,来评价模型的预测效果。常见的评价指标包括简单的基于假设检验的Neyman-Pearson原则,以及ROC曲线、CAP曲线等等。

Neyman-Pearson原则指的是模型的第一类错误和第二类错误应该满足一定的条件。第一类错误(Type I Error)指的是将违约企业误判为不违约的企业,第二类错误(Tyep II Error)指的是将不违约的企业误判为违约企业。Neyman-Pearson原则要求,第一类错误率r_1和第二类错误率r_2应该满足如下关系式:

$$\frac{1 - r_1}{r_2} > \theta_0 \tag{6-2-21}$$

其中,θ_0是一个预先给定的阈值。

接收操作特征曲线(Receriver Operating Characteristic,ROC):ROC曲线及AUROC系数主要用来检验模型对客户进行正确排序的能力。ROC曲线描述了在一定累计正常客户比例下的累计违约客户的比例,模型的分辨能力越强,ROC曲线越往左上角靠近。AUROC系数表示ROC曲线下方的面积。AUROC系数越高,模型的风险区分能力越强。在图6-2-7中,AUROC系数表示ROC曲线下方的面积。

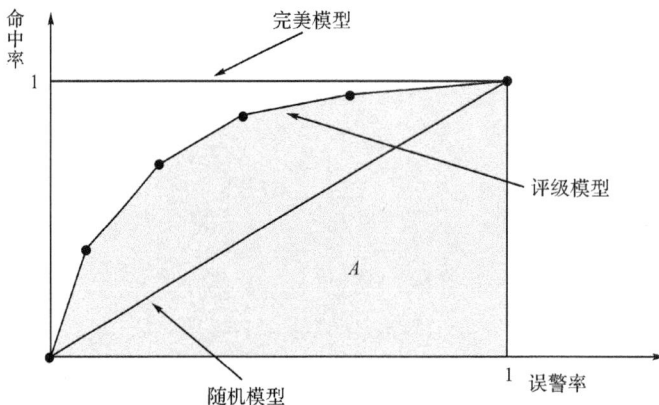

图6-2-7 ROC曲线示意图

绘制ROC曲线的步骤：

(1)制作模型预测的结果交叉分类表如表6-2-3所示。

表6-2-3 结果交叉分类表

结果		预测结果		实际总户数
		违约	正常	
实际结果	违约	DD	DN	TD=DD+DN
	正常	ND	NN	TN=ND+NN

给定一个阈值(Cut-off Point)，如果预测违约概率大于阈值，则视为违约客户；如果预测违约概率小于阈值，则视为正常客户。ROC曲线为不同阈值下，命中率与误警率之间的关系。其中，命中率(Hit Ratio，HR=DD/TD)，表示在给定阈值下，正确划分违约客户占实际违约客户的比例；误警率(False Alarm Ratio，FAR=ND/TN)，表示在给定阈值下，错误地划分正常客户占实际正常客户的比例。

(2)绘制ROC曲线

违约预测值由大排到小：

• 分别以$0.95,0.9,\cdots,0$(切割的单位可以更细，如$0.99,0.98,\cdots,0$)为阈值，求出个别的HR与FAR；

• 以FAR为横轴，HR为纵轴，即可绘制ROC曲线。

(3)计算相关指标值

• AUROC指标

由前一步的ROC曲线，可以得到AUROC系数，即

$$AUROC = \int_0^1 HR(FAR)\,\mathrm{d}(FAR) \qquad (6\text{-}2\text{-}22)$$

ROC曲线下面积的大小可以作为模型预测正确性高低的评判标准，即AUROC系数越大，表示该模型的区分能力越好。

累积准确曲线(Cumulative Accuracy Profile，CAP)及其主要指数准确性比率(Accuracy Rate，AR)主要用来检验模型对于正常与违约客户的分辨能力的重要指标。CAP曲线及准确性比率AR描绘了每个可能的点上累计违约排除百分比。为了画出CAP曲线，首先需要将客户按高风险至低风险排列。设某个模型给出的信用评分排序如下$s_1 < s_2 < \cdots < s_k$，违约客户的信用评分为s_i的概率是P_D^i，$\sum_{i=1}^{k} P_D^i = 1$。实际不违约客户的信用评分为s_i的概率为P_{ND}^i，若先验的违约概率为π，则可以定义任一客户评分为s_i的概率是：

$$P_{\mathrm{T}}^i = \pi P_{\mathrm{D}}^i + (1 - \pi) P_{\mathrm{ND}}^i \tag{6-2-23}$$

由此可以定义违约客户、不违约客户、任一客户评分低于 s_i 的累计概率如下：

$$\begin{cases} CD_{\mathrm{D}}^i = \sum_{j=1}^{i} P_{\mathrm{D}}^j, i = 1,2,\cdots,k \\ CD_{\mathrm{ND}}^i = \sum_{j=1}^{i} P_{\mathrm{ND}}^j, i = 1,2,\cdots,k \\ CD_{\mathrm{T}}^i = \sum_{j=1}^{i} P_{\mathrm{T}}^j, i = 1,2,\cdots,k \end{cases} \tag{6-2-24}$$

定义所有 $i=0$ 时的累计概率为 0，则 CAP 曲线就是连接点 $(CD_{\mathrm{T}}^i, CD_{\mathrm{D}}^i)_{i=0,1,\cdots,k}$ 的曲线。

图 6-2-8 的 CAP 曲线描述了各个样本划分下，正确预测的违约客户比率和累积客户比例的关系。曲线上的点，例如 $(0.2, 0.7)$，表示针对违约率较高的 20% 的对象，其中包括了 70% 的违约客户。在完美的模型下，CAP 曲线开始阶段呈线性增长（斜率等于先验违约率 π 的倒数），然后稳定在 1 的水平上。反之，在完全没有区别能力下，模型的 CAP 曲线会是一条 45° 的直线。而 AR（或者称为 GINI 系数）的定义为模型的 CAP 曲线和 45° 线间的区域面积，与介于 45° 线和完美模型的区域面积的比率，即：

$$\mathrm{AR} = \frac{a_R}{a_P} \tag{6-2-25}$$

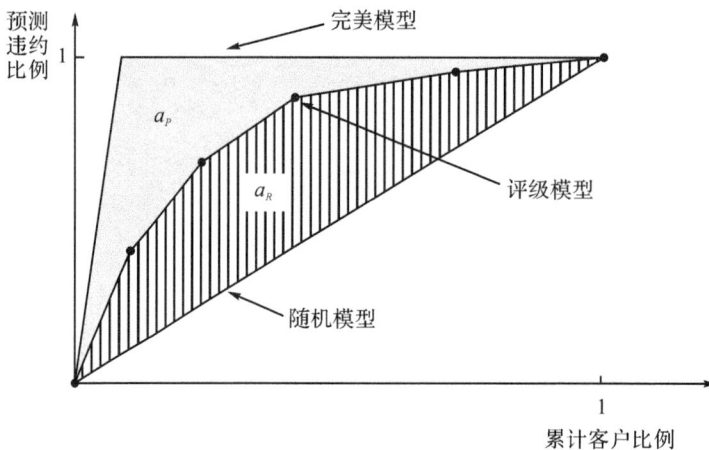

图 6-2-8　CAP 曲线示意图

因此，按照定义，完美模型的 AR 是 100%；随机模型的 AR 则是 0%。至于任何一个待验证的模型，其 AR 将介于 0—100% 之间，而越高的 AR 就代表模型有更好的区分能力。

在有了这些评价标准之后，就可以来观察分类模型的预测效果了。选取的样本是某互联网企业注册用户的信用调查表，调查了用户的年龄、性别、收入、住房、居住时间等状况，同时收集了支付账户等级、支付金额等数据，并且按照其之前的违约情况，将客户分成了好客户和坏客户。总的客户数量有 30000 个，其中坏客户（有过明确违约情况的）仅有688个。将前15000个作为训练样本,后15000个作为需要分类验证的样本。针对该样本,先在Excel中将有序数据全部用自然数代替之后,再使用Logit回归进行分类的R代码如下(见代码crediteg.R):

#代码段6.2.3.1

```
setwd("C:/Users/lenovo/Desktop/R procedures")  #设定工作空间路径
#读取数据,并清洁数据(将缺失简单记作0)
fdata <- read.csv('creditdata.csv', head = T, stringsAsFactors = F)
n <- nrow(fdata); k <- ncol(fdata);
for(i in 1:n){for(j in 1:k){
  if(is.na(fdata[i, j]) == T){fdata[i, j] <- 0}
}}
m <- round(n/2); tdata <- fdata[1:m, ]; vdata <- fdata[(m+1):n, ]  #分出训练
```
样本和验证样本

#使用训练样本估计Logit模型

```
pm <- glm(default~age+house+education+income+gender+marriage1+marriage2+livetime+
countlevel+counttype+counttime+consume12+consume1, family = binomial(link = "logit"),
data = tdata)
```

模型估计出的结果如下:

Call:

glm(formula = default ~ age + house + education + income + gender + marriage1 + marriage2+livetime+countlevel+counttype+counttime+consume12+consume1, family=binomial(link = "logit"), data = tdate)

Deaviance Residuals:

Min	1Q	Median	3Q	Max
−0.7183	−0.2480	−0.1953	−0.1525	3.4136

Coefficients:

	Estimate	Std. Error	t value	Pr(>|t|)
(Intercept)	−0.1743940	0.5014568	−0.348	0.72801
age	−0.0483049	0.0086547	−5.581	2.39e−08***
house	−0.0031001	0.0639155	−0.049	0.96131
education	0.0413515	0.0468886	0.882	0.37783
income	−0.0506049	0.0267912	−1.889	0.05891.
gender	0.3147908	0.1132512	2.780	0.00544**
marriage1	0.1467733	0.1508571	0.973	0.33059

marriage2	−0.2605518	0.1506550	−1.729	0.08373.
livetime	−0.0313323	0.0250009	−1.253	0.21012
countlevel	0.0004679	0.0774710	0.006	0.99518
counttype	0.0899773	0.1501717	0.599	0.54906
counttime	−0.1045222	0.0546453	−1.913	0.05578.
consume12	−0.2081116	0.0342929	−6.069	1.29e−09***
consume1	−0.2808681	0.0348843	−8.051	8.18e−16***

Signif. codes: 0'***'0.001'**'0.01'*'0.05'.'0.1''1

(Dispersion parameter for binomial family taken to be 1)

Null deviance: 3433.7 on 14999 degrees of freedom

Residual deviance 3265.7 on 14986 degrees of freedom

AIC: 3293.7

#代码段6.2.3.2

```
km <- predict.glm(pm, vdata, type = "response", se.fit = T) #用估计出的模型拟合验证样本

predicted <- km$fit
THR <- NULL
TFR <- NULL
for(j in 1:100){ mj <- j*0.01; pdft <- (predicted > mj)
#计算命中率和误警率
HR <- sum(pdft == vdata$default&pdft == 1)/sum(vdata$default)
FR <- sum(pdft! = vdata$default&pdft == 1)/sum(vdata$default == 0)
THR <- c(THR, HR)
TFR <- c(TFR, FR)
}
#画出ROC曲线
plot(TFR, THR, type = 'l', ann = FALSE)
title(xlab = "误警率", ylab = "命中率", col.lab = 'black', font.lab = 2, cex.lab = 1)
```

运行结果如图6-2-9所示。

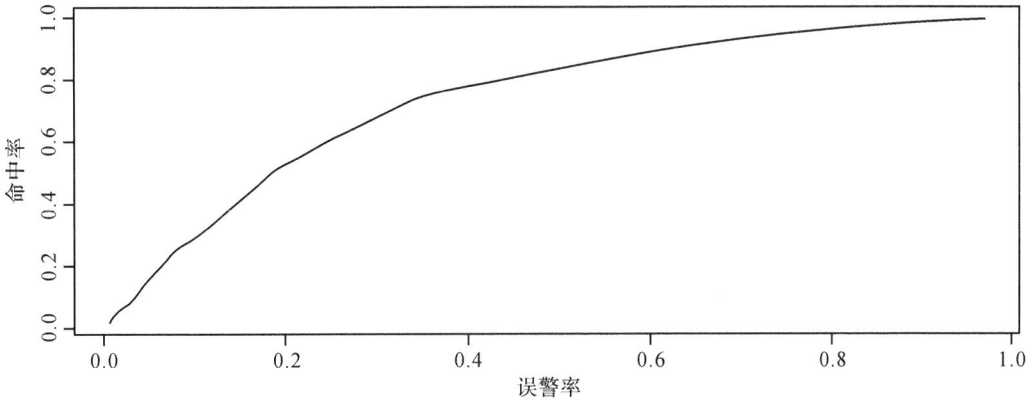

图 6-2-9 Logit模型得出的ROC曲线

#代码段 6.2.3.3

```
mdata <- data.frame(pdft = predicted, df = vdata$default)
kdata <- mdata[order(mdata$pdft, decreasing = T),]
mm <- nrow(kdata);  pro <- NULL;  rpro <- NULL
for(j in 1:1000){
  pr <- 0.001*j;  pro <- c(pro, pr)
  rp <- sum(kdata$df[1:(pr*mm)])/sum(kdata$df)
  rpro <- c(rpro,rp)
}
#画出CAP曲线
plot(pro, rpro, type = 'l', ann = FALSE)
title(xlab = "比例", ylab = "违约占比", col.lab = 'black', font.lab = 2, cex.lab = 1)
```

运行结果如图6-1-10所示。

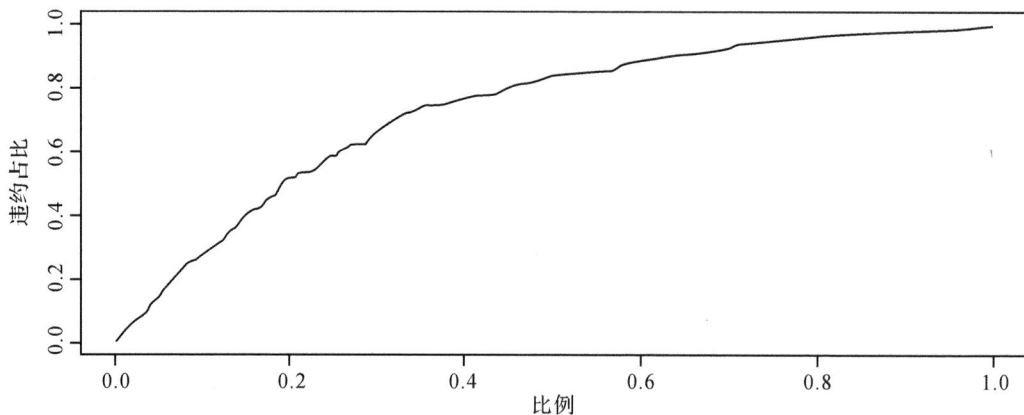

图 6-2-10 Logit模型得出的CAP曲线

#代码段 6.2.3.4

```
#计算 NP,AUROC,AR 的代码如下:
theta0 <- 0.75
mdata <- data.frame(pdft = (predicted>theta0), df = vdata$default)
nr1 <- 0; nr2 <- 0   #令原假设是客户不违约,统计第一类错误和第二类错误的
次数
for(i in 1:mm){
    if(mdata$pdft[i] == 0&&mdata$df[i] == 1){nr2 <- nr2+1}
    if(mdata$pdft[i] == 1&&mdata$df[i] == 0){nr1 <- nr1+1}
}
r1 <- nr1/sum(mdata$df == 0)  #第一类错误率
r2 <- nr2/sum(mdata$df)        #第二类错误率
NP <- r1/(1-r2)  #NP值
#准确率
AR <- 2*(sum(rpro)*(1/1000)-0.5)
#AUROC 比率
AUROC <- sum(THR)*(1/100)
```

最后的计算结果得到 NP 是 3.27,AR 是 0.78,而 AUROC 是 0.36。CAP曲线接近45度线,说明 Logit 模型的识别效果一般。

实际中常用的分类模型除了 Logit 模型以外,还有 Probit 模型、K 近邻分类模型、支持向量机模型、神经网络模型等等。下面我们将就之前介绍的例子给出这些模型的基本算法和 R 代码。

Probit 模型: Probit 模型与 Logit 模型非常类似,只是关联函数变成了正态分布,即

$$P(y=1) = \Phi\left(c + \sum_{i=1}^{q}\beta_i X_i + \varepsilon_t\right) \qquad (6\text{-}2\text{-}26)$$

其中,$\Phi(\cdot)$是标准正态分布函数。以 Probit 模型进行分类的 R 代码与 Logit 模型的几乎完全相同,只是模型选择的部分有小幅修改,修改后的代码如下(见代码 crediteg.R):

#代码段 6.2.3.5

```
pm <- glm(default~age+house+education+income+gender+marriage1+marriage2+livetime+
countlevel+counttype+counttime+consume12+consume1, family = binomial(link = "probit"),
data = tdata)   #修改连接函数为 probit
```

最后 Probit 模型得到的 ROC 曲线如图 6-2-11 所示。

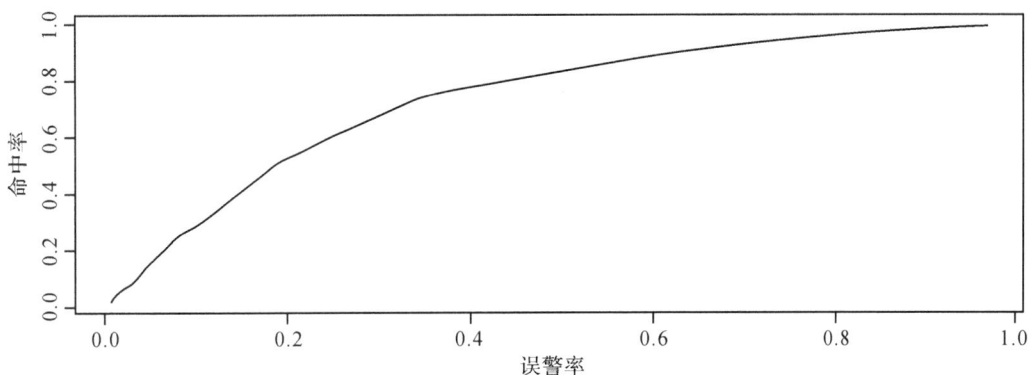

图 6-2-11　Probit 模型得到的 ROC 曲线

最后得到的 CAP 曲线如图 6-2-12 所示。

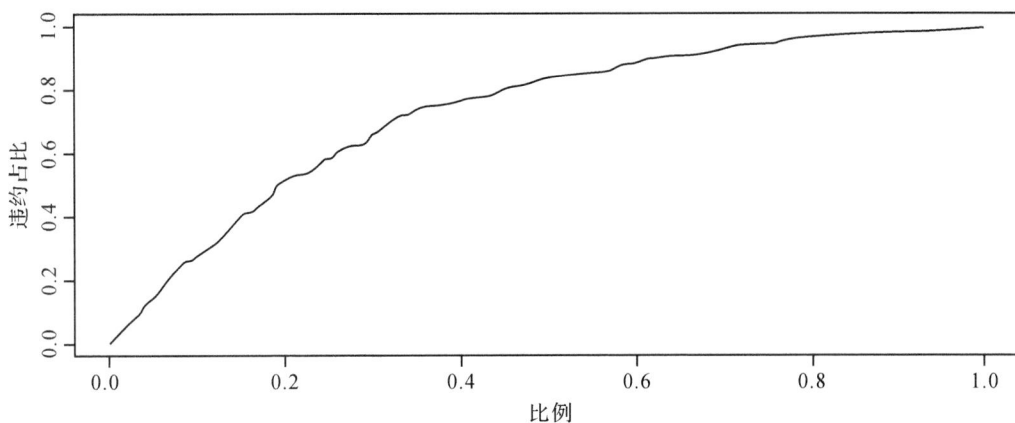

图 6-2-12　Probit 模型得到的 CAP 曲线

Probit 模型计算出的 NP、AR 和 AUROC 与 Logit 模型基本一致,这说明同样的变量选择下,Probit与Logit模型的效果其实差别很小。

K近邻分类模型:这里的k指选取近邻点的个数。近邻法的基本思想是,对于一个待判别的样本,我们先找出与其最类似的几个点,如果这个几个点中信用良好客户数大于信用违约客户数,就判断其为信用良好客户;否则就判其为信用不佳客户。如果$k=1$,就是找其最相似的一个点,如果它属于信用良好客户,则认为待判别客户也属于信用良好客户,否则认为属于信用不佳客户。k太小,判别容易受误差影响;k太大,近邻的指导性太差;一般k取5或7比较合适。对于给定的2个观测a和b,其k距离定义如下:

$$kD(a,b) = \sqrt{\sum_{i=1}^{q}(X_i^a - X_i^b)^2} \tag{6-2-27}$$

这里用的最简单的距离定义,其实可以定义距离为某个核函数。对于K近邻分类方法,可以用R中class包中的knn函数来实现。同样是上述的例子,用K近邻分类的R代码如下(见代码crediteg.R):

#代码段6.2.3.6

```
#KNN
library(class)   #载入class程序包
pkm.knn <- knn(train = tdata, test = vdata, cl = tdata$default, k = 1)   #采用
KNN来对样本进行分类
ptable <- table(predicted = pkm.knn, actual = vdata$default)     #计算预测矩阵
predicted <- as.numeric(pkm.knn)-rep(1, length(pkm.knn))     #将预测值数字化
```

计算出的预测矩阵如下所示:

		actual	
		0	1
predicted	0	14589	293
	1	93	25

可以看到,实际318个违约样本中,K近邻方法正确预测的违约只有25个,成功率非常低。说明对于大量数据的不平衡样本,K近邻方法并不能达到很好的效果。

支持向量机(Support Vector Machine, SVM):对于训练集$T = \{(x_i,y_i),i = 1,\cdots,n\}$,其中$y_i = \pm 1$,我们希望找到1个超平面和2条支持直线将两类样本最大程度地分开:

$$\begin{cases} w \cdot x + b = 1 \\ w \cdot x + b = 0 \\ w \cdot x + b = -1 \end{cases} \tag{6-2-28}$$

其示意图如图6-2-13所示。

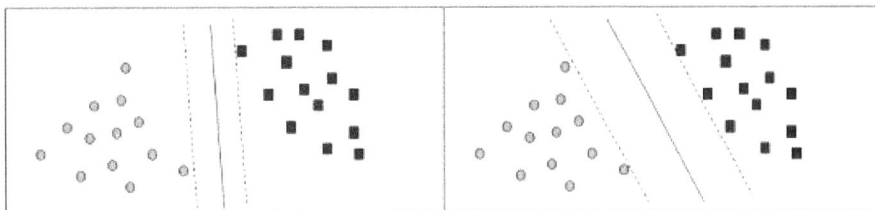

图 6-2-13 SVM 最大间隔法示意图

也就是说要找到最优的超平面,使得分割两类样本的间隔带最大,这就是最大间隔法。按照式(6-2-28),最大间隔应该是 $\dfrac{2}{\|w\|}$。但一般的样本并不是那么好用一个平面来切割,因此需要引入核函数,并对两边的支持线进行放松,则支持向量分类机事实上是要求解如下最优化问题:

$$\min_{w,b,\xi} \quad \frac{1}{2}\|w\|^2 + C\sum_{i=1}^{n}\xi_i \tag{6-2-29}$$
$$s.t. \quad y_i((w\cdot\phi(x_i))+b)\geqslant 1-\xi_i, \xi_i\geqslant 0, i=1,\cdots,n$$

其中,C 是惩罚项常数,ξ_i 是对超平面的放松,$\phi(\cdot)$ 是核函数,常见的核函数有线性核、高斯核等等。根据对偶原理,上述的问题可以转化为如下最大化问题:

$$\max_{\alpha,\beta} \quad -\frac{1}{2}\sum_{i=1}^{n}\sum_{j=1}^{n}y_iy_j\alpha_i\alpha_j(\phi(x_i)\cdot\phi(x_j)) + \sum_{i=1}^{n}\alpha_i \tag{6-2-30}$$
$$s.t. \quad \sum_{i=1}^{n}y_i\alpha_i=0, C-\alpha_i-\beta_i=0, \alpha_i\geqslant 0, \beta_i\geqslant 0, i=1,\cdots,n$$

优化问题中的 α_i 如果等于 0,说明第 i 个观测无效,没有成为支持向量;若不等于 0,则该点应该在支持曲线上。

SVM 可以用最优化函数进行求解,不过 R 提供了 SVM 的程序包,可以方便地解决这个问题。同样针对上述的分类问题,使用 SVM 的 R 代码如下(见代码 crediteg.R):

#代码段 6.2.3.7

```
#SVM
library(e1071)   #载入支持向量机的程序包
pkm.svm <- svm(default~., data = tdata, type = "one-classification")  #用支持向量机拟合训练集
predicted <- predict(pkm.svm, newdata = vdata, type = "class")  #用拟合的支持向量机模型做预测
ptable <- table(predicted, actual = vdata$default)  #预测矩阵
```

支持向量机的预测矩阵如下所示:

		actual	
		0	1
predicted	FALSE	7253	183
	TRUE	7429	13

从结果可以看出,虽然相比 K 近邻方法,SVM 的第一类错误有所降低,但第二类错误急剧攀升,发生了很多误判。主要原因在于无论是 KNN 还是 SVM,都更能处理好平衡数据,而样本中违约的样本所占的比例不足 3%,所以这些分类模型的效果都不是很好。可行的方法是通过 Bootstrap 方法随机抽取违约的样本补足到全部的分类样本中,再使用这些模型进行预测。

神经网络模型:神经网络是非常流行的数据挖掘方法,其主要思想是模拟人脑的工作特性,通过训练和学习掌握最佳的分类方法。其基本的组成单元是神经元,其实就是一个分类函数,如图 6-2-15 所示。

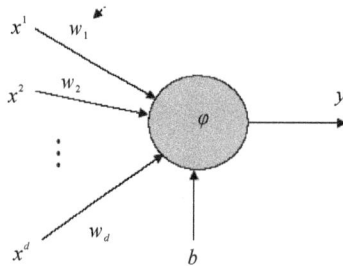

图 6-2-14 神经元示意图

本质上神经元就是某种分类方法,可以将一个样本的类型进行判别。在多个神经元的作用下,并经过多次学习和分类,最终将会找出给定的可用分类函数集内的最优的分类组合方法。神经网络的具体细节因为篇幅限制这里不多做介绍。R 软件中有专门的 nnet 包可以用于解决神经网络分类的问题。同样针对之前的分类样本,其神经网络分类的 R 代码如下(见代码 crediteg.R):

#代码段 6.2.3.8

```
#NNET
library(nnet) #载入神经网络的程序包
pkm.nnet <- nnet(default~., data = tdata, size = 5, decay = 0.01) #用神经网络
拟合模型
predicted <- predict(pkm.nnet, newdata = vdata)   #用神经网络模型做预测
```

神经网络模型计算出的 ROC 曲线如图 6-2-15 所示。

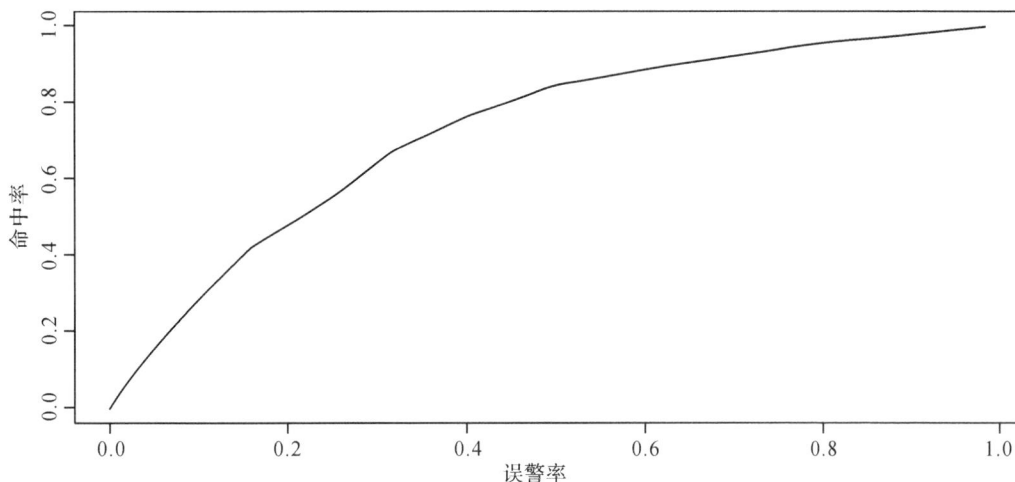

图 6-2-15 神经网络分类得到的 ROC 曲线

神经网络模型计算出的 CAP 曲线如图 6-2-16 所示。

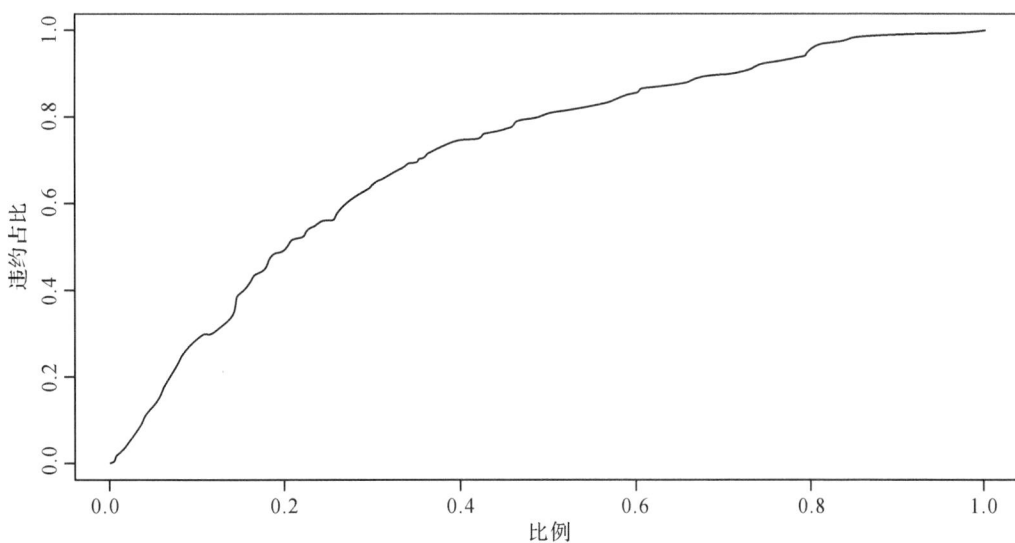

图 6-2-16 神经网络分类得到的 CAP 曲线

最后计算出神经网络方法得到的 NP 为 2.7，AR 为 0.65，AUROC 为 0.15，效果还达不到 Logit 模型的程度。所以，很有必要对数据进行平衡之后再使用这些分类方法。

6.2.4 利差风险与违约密度模型

我们首先来定义违约密度。设一家公司的违约密度是 $\lambda(t)$，在短时间 $(t, t + \Delta t]$ 内，其（在之前没有违约的条件下的）违约概率就是 $\lambda(t)\Delta t$。假设 $SV(t)$ 是该公司时间 t 内的

累计存活概率(即到时刻t无违约),那么:

$$SV(t + \Delta t) - SV(t) = -\lambda(t) SV(t) \Delta t \tag{6-2-31}$$

令Δt趋近于0,则:

$$\frac{\mathrm{d}SV(t)}{\mathrm{d}t} = -\lambda(t) SV(t) \tag{6-2-32}$$

由此可得存活率$SV(t)$和违约率$Q(t)$:

$$\begin{cases} SV(t) = e^{-\int_0^t \lambda(\tau) d\tau} \\ Q(t) = 1 - SV(t) = 1 - e^{-\int_0^t \lambda(\tau) d\tau} = 1 - e^{-\bar{\lambda}(t) t} \end{cases} \tag{6-2-33}$$

其中,$\bar{\lambda}(t)$是从0到t的平均违约密度。因此,求违约率的核心就在于求解违约密度。

一般而言,公司债的利息都会高于国债利息,其原因是公司债有更大的违约可能,因此需要支付更高的利息来补偿这个违约风险,那么高出的利息部分是否可以度量违约风险呢? 这就是本节将要讲述的用市场利率价格来计算违约概率,也就是即时的违约密度。

设到期日为T,面值为1的国债价格$p = e^{-\gamma T}$,其中γ是无风险利率,而某个到期日为T,面值为1的公司债的价格$p_1 = e^{-\mu T}$,假设该公司债的回收率为RR,违约密度是λ,那么该公司债的期望价格应该是:

$$e^{-\mu T} = e^{-rT}[e^{-\lambda T} \cdot 1 + (1 - e^{-\lambda T}) RR] \tag{6-2-34}$$

由上式即得违约密度应满足:

$$\lambda = \frac{\mu - r}{1 - RR} \tag{6-2-35}$$

即违约密度应该由息差和LGD之比来决定。而信用市场中最常见的息差就是信用违约互换(Credit Default Swap, CDS)中的息差,通过该息差的时间序列,就可以计算出违约密度的时间序列。但CDS尚未在中国市场上市交易。

针对中国市场,可以用公司债的交易数据计算得到的到期利率与无风险利率之比来计算违约密度。假设回收率恒定为50%,以10年期国债利率为无风险利率,以中债企业指数2009年至2015年3月的到期收益率为所考察的公司债,则计算出违约密度时序图和R代码如下(见代码CDS_pd.R):

#代码段6.2.4.1

```
setwd("C:/Users/lenovo/Desktop/R procedures")
macro <- read.csv('spreaddata.csv', head = T, stringsAsFactors = F)
macro$spread <- macro$cbond-macro$tbond    #计算利差
macro$date <- as.Date(macro$date)
RR <- 0.5
EDF <- macro$spread/(1-RR)    #计算违约序列
```

plot(macro$date,EDF，type='l'，xlab="年份"，ylab="违约密度")　#画出违约率时序图,如图6-2-17所示

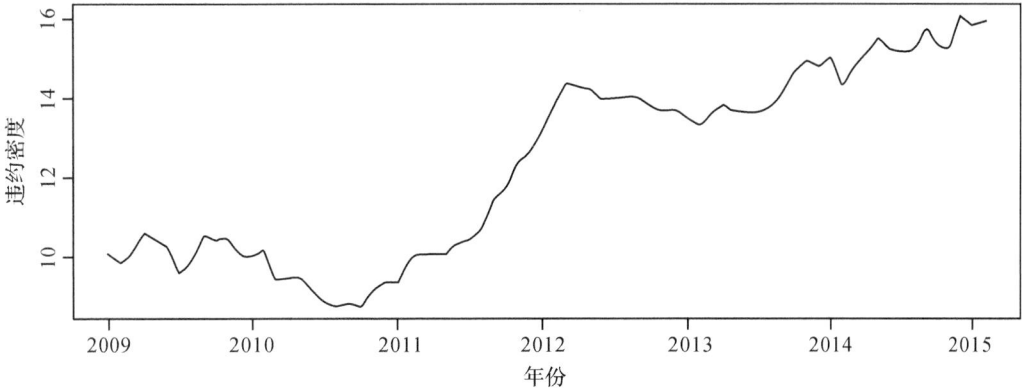

图6-2-17　公司债违约密度时序图

　　从图6-2-18中可以看出,我国公司债的违约率在2011年之后有大幅度的增长,2012年虽然违约率经历过小幅调整下降,但2013年之后再次进入震荡上行的通道。

　　实际使用中,利差并不经常能够被观察到,此时就需要使用多因素模型来对利差进行预测,这样的预测其实就已经类似于Z-Score模型中对违约率的预测。设利差受到经济状况因素(如经济增长率、市场流动性、CPI)和市场因素(价格波动率、交易成本)等影响,那么利差的预测模型就可以设置为如下简单的多元回归模型:

$$Spread_t = c + \beta_1 \log(\mathrm{GDP})_t + \beta_2 \mathrm{CPI}_t + \beta_3 Liquid_t$$
$$+ \beta_4 volatility_t + \beta_5 \cos t_t + \varepsilon_t \tag{6-2-36}$$

　　通过已知利差的产品来估计模型,就可以预测一些产品的未知利差。仍然以2009年1月—2015年2月的中债企业债到期收益率为考察对象,估计这段时间的利差关系的命令如下:

　　#代码段6.2.4.2

　　reg <- lm(spread~industry+cpi+m1+log(volume)+log(tax)，data = macro) #估计线性回归

　　估计出的回归结果如下:

Call:

lm(formula = spread ~ industry + cpi + ml + log(volume) + log(tax)，data = macro)

Residuals:

Min	1Q	Median	3Q	Max
−2.01337	−0.21279	−0.01048	0.25959	1.26135

Coefficients:

	Estimate	Std. Error	t value	Pr(>|t|)
（Intercept）	9.522407	2.756022	3.455	0.00102**
Industry	−0.009641	0.036011	−0.268	0.78982
house	−0.372993	0.063209	−5.901	1.80e−07***
education	−0.228751	0.025046	−9.133	5.89e−13***
income	0.276037	0.638040	0.433	0.66683
gender	−0.131337	0.613828	−0.214	0.83130

‒‒‒

Signif. codes: 0'***'0.001'**'0.01'*'0.05'.'0.1''1

Residual standard error: 0.5833 on 60 degrees of freedom

（8 observations deleted due to missingness）

Multiple R-squared: 0.7686, Adjusted R-squared: 0.7493

F-statistic：39.85 on 5 and 60 DF， p-value：< 2.2e−16

可以看出,利差更多受到 CPI 和 M1 的影响,与通货膨胀的程度呈负相关,但在考虑了通胀的情况下,债券的交易量、交易成本及经济增长率(工业增加值同比增速)都对利差影响不大。在此模型基础上,可以通过平均增速外推的方式往前计算这些变量的值,再代入模型中预测未来的利差。

6.2.5 投资组合信用风险

在本章第一节已经介绍了违约风险暴露(EAD)、预期损失(EL)和非预期损失(UL)。依靠这 3 个指标,可以定义信用风险值(Credit Value at Risk,CreditVaR)。

设 ξ 是表示是否违约的随机变量,服从伯努利分布,即当 $\xi = 1$ 时发生违约,$\xi = 0$ 时不发生违约,则 $PD = P(\xi = 1) = E(\xi)$。设 η 是表示违约损失率随机变量,$LGD = E(\eta)$。假设 ξ 与 η 相互独立,则违约损失 L 就可以定义如下:

$$L = EAD \times \xi \times \eta \tag{6-2-37}$$

预期违约损失 EL 就等于违约损失的期望:

$$EL = E(L) = EAD \times E(\xi) \times E(\eta) = EAD \times PD \times LGD \tag{6-2-38}$$

非预期损失 UL 就是 L 的标准差:

$$
\begin{aligned}
UL &= \sqrt{\text{var}(L)} = \sqrt{E(L^2) - (EL)^2} \\
&= \sqrt{EAD^2 \times E(\xi^2) \times E(\eta^2) - EAD^2 \times PD^2 \times LGD^2} \\
&= EAD\sqrt{PD(LGD^2 + \sigma_{LGD}^2) - PD^2 \times LGD^2} \\
&= EAD\sqrt{PD\sigma_{LGD}^2 + PD(1 - PD)LGD^2} \\
&= EAD\sqrt{PD\sigma_{LGD}^2 + \sigma_{PD}^2 LGD^2}
\end{aligned}
\tag{6-2-39}
$$

若假设损失 L 的分布密度函数是 $f(x)$，则可以定义信用风险值（Credit VaR）为

$$1 - \alpha = \int_{-\infty}^{CreditVaR + EL} f(x)\, dx \qquad (6\text{-}2\text{-}40)$$

这里 $1 - \alpha$ 是信用风险值的置信水平，即信用风险值表示一段时间内某个置信水平下超过预期损失部分的最大可能损失。即信用 VaR 是损失 L 分布的上分位点减去预期损失。我们假设 L 仍旧可以为负数（即信用产品可能产生盈利），这样可以更方便假设 L 的分布。如果假设 $f(x)$ 是正态分布，则因为其均值 EL 和标准差 UL 都已经求得，采用与 VaR 中正态分布法类似的方法，就可以求得信用风险值：

$$CreditVaR = \Phi^{-1}(1 - \alpha) \cdot UL \qquad (6\text{-}2\text{-}41)$$

其中，$\Phi^{-1}(1 - \alpha)$ 是标准正态分布的上 α 分位点。虽然 CreditVaR 与 VaR 的定义很相似，但是大多数信用产品并没有很多的历史交易数据，故而很难去按照 VaR 的那些计算方法来对 CreditVaR 进行估计。估计 CreditVaR 的正常步骤仍旧需要估计 PD 和 LGD。

例 6.8　假设某投资组合价值为 100 万美元，且含有 n 个信用产品。假设每个信用产品的违约率都是 π，回收率都是 0。如果信用产品两两之间的违约相关度都是 1，且 $\pi = 2\%$，那么在 95% 置信水平下，该投资组合的信用风险值是多少？

答：此时因为违约相关度都是 1，则信用产品的个数 n 已经不重要了，可以看作只有 1 个。那么预期损失 EL=100×2%×1=2 万美元，而因为违约率是 2%，故而损失有 98% 的可能是 0，有 2% 的可能是全部，所以损失分布在上 5% 分位点是 0（还没有达到违约点），则信用风险值 CreditVaR=0−EL=−2 万美元。

当上例中的信用产品相关度并不是 1 时，计算就会完全不同。比如，如果违约相关度变成 0，且设信用产品个数为 1000 个，则由于所有产品的违约事件总数服从二项式分布，且 $\sum_{k=0}^{28} C_n^k (1 - \pi)^k \pi \approx 95\%$，故 95% 置信度下的风险值为：28×100/1000−2=0.8 万美元。但如果相关度介于 0—1 之间，分析就会变得非常复杂，可用的方法包括单因素模型和 Copula 违约相关分布模拟。

我们首先来介绍投资组合内产品的违约相关性的概念。

设产品 1 违约的离散随机变量为 x_1，服从伯努利分布，其违约率为 $E(x_1) = \pi_1$，产品 2 的违约随机变量为 x_2，也服从伯努利分布，其违约率为 $E(x_2) = \pi_2$，两类产品都违约的概率为 $E(x_1 x_2) = \pi_{12}$，那么 2 类产品的违约相关系数就可以定义为：

$$\rho_{12} = \frac{\text{cov}(x_1, x_2)}{\sigma_1 \sigma_2} = \frac{E(x_1 x_2) - E(x_1) E(x_2)}{\sqrt{\text{var}(x_1) \text{var}(x_2)}} = \frac{\pi_{12} - \pi_1 \pi_2}{\sqrt{\pi_1(1 - \pi_1)} \sqrt{\pi_2(1 - \pi_2)}}$$

$$(6\text{-}2\text{-}42)$$

但是两类产品同时发生违约的事件是非常少的，太少的观测不足以让我们估计出两两的违约相关系数。这时就需要设定一个模型来描述两两相关系数的变化情况。

单因素模型是基于信用头寸的 Beta 来描述可变的违约相关系数的影响的模型。设对于第 i 个企业或信用产品，与市场因素 m 的关联度为 β_i，即第 i 个产品的资产收益率可以定义为：

$$a_i = \beta_i m + \sqrt{1 - \beta_i^2}\, \varepsilon_i \qquad (6\text{-}2\text{-}43)$$

其中，$\sqrt{1 - \beta_i^2}$ 是个体特征风险的标准差，而 ε_i 是标准正态分布（白噪声），与市场因素独立，且两两不相关。

设第 i 个产品的违约阈值是收益率低于 k_i，则第 i 个产品的违约概率 π_i 就可以定义如下：

$$\pi_i = P(a_i < k_i) = \Phi\left(\frac{k_i - \beta_i \bar{m}}{\sqrt{1 - \beta_i^2}} \right) \qquad (6\text{-}2\text{-}44)$$

其中 $\bar{m}$ 是市场期望收益率。而第 i 个产品和第 j 个产品同时违约的概率为：

$$\Phi\binom{k_i}{k_j} = P(a_i < k_i, a_j < k_j) \qquad (6\text{-}2\text{-}45)$$

根据式 6-4-42 的结果，就可以得到产品 i 和 j 的违约相关系数：

$$\rho_{ij} = \frac{\Phi\binom{k_i}{k_j} - \pi_i \pi_j}{\sqrt{\pi_i(1 - \pi_i)}\, \sqrt{\pi_j(1 - \pi_j)}} \qquad (6\text{-}2\text{-}46)$$

理论上，如果已知市场收益率的分布函数，则任意两种产品的违约相关系数都可以求解。再假设所有产品的违约阈值都是 k，且 beta 系数相等，则整个组合的违约概率就是 $\Phi\left(\dfrac{k - \beta\bar{m}}{\sqrt{1 - \beta^2}}\right)$。比如若 $\beta = 0.25$，且违约阈值在 99% 置信水平下，则 $-2.33 = \Phi^{-1}(0.01) = \dfrac{-2.33 - 0.25\bar{m}}{\sqrt{1 - 0.25^2}}$，可以计算得到，当市场期望收益低于 -0.296 时，所有产品才超过在 99% 置信水平下的违约阈值（即发生违约）。

实际中，经常使用的方法却是通过实际数据计算出市场收益率的分布情况（比如正态分布假设下的期望和方差），并估计出每种产品的 Beta 系数，并根据上面的公式计算违约相关系数。

以上证 50 中的股指成分作为假想中的信用产品，且 Beta 系数已经由 Wind 数据库提供（最近 20 天，若 Beta 大于 1，则令其等于 1），以 2014 年的日数据作为样本，设其违约阈值是当年累计收益率低于 -50%。请计算这 50 个信用产品的违约概率和违约相关性。该过程可以简单地用 R 代码实现如下（见代码 defaultcorrelation.R）：

```
#代码段 6.2.5.1
setwd("C:/Users/lenovo/Desktop/R  procedures") #设定工作空间路径并载入数据
close <- read.csv('close50.csv', head = F, stringsAsFactors = F)
```

```
beta <- read.csv('beta.csv', head = F, stringsAsFactors = F)

index <- read.csv('SH300.csv', head = T, stringsAsFactors = F)

n <- nrow(close)−1; m <- ncol(close)−1; RE <- matrix(rep(0, n*m), ncol =
```
m); mre <- rep(0, n) #找出列数和行数并按此初始化股票指数成分收益率矩阵和
HS300指数收益率序列

```
for(j in 1:m){   #计算每日收益率

for(i in 1:n){ RE[i, j] = log(close[i+1, j+1]/close[i, j+1])}}

for(i in 1:n){mre[i] <- log(index$close[i+1]/index$close[i])}
```

#计算2014年内的每只股票和股指的累计收益率

```
SRE <- colSums(RE); MRE <- sum(mre)

Beta <- as.numeric(beta[n+1, 2:(m+1)]) #以年末的Beta为计算中主要使用的Beta

k <- −0.5 #违约阈值

PD <- rep(0,m) #初始化每只股票的PD

for(i in 1:m){

  x <- (k−Beta[i]*MRE)/sqrt(abs(1−Beta[i]^2))

  PD[i] <- pnorm(x) #根据标准正态的假设,使用公式计算PD

}

CR <- matrix(rep(0, m^2), ncol = m) #计算收益率相关系数矩阵

for(i in 1:m){

  for(j in 1:m){

    if(i == j){CR[i, j]<−1}else{

    CR[i, j] <- (Beta[i]*Beta[j]*var(mre))/(sd(RE[, i])*sd(RE[, j]))} }}
```

#初始化违约相关度矩阵

```
PDCR <- matrix(rep(0, m^2), ncol = m)

library(mvtnorm) #载入多元正态的程序包

for(i in 1:m){

  for(j in 1:m){

    if(I == j){PDCR[i, j] <- 1}else{

      MVP <- pmvnorm(lower = −Inf, upper = c(k,k), mean = c(Beta[i]*mean
(mre), Beta[j]*mean(mre)),

      corr = matrix(c(1, CR[i, j], CR[j, i], 1), ncol = 2)) #通过二元正态分
```
布函数计算两两联合违约的概率

```
      PDCR[i, j] <- (MVP−PD[i]*PD[j])/(sqrt(PD[i]*(1−PD[j]))*sqrt(PD[j]*(1−PD
[i]))) #通过违约相关性的公式计算两两违约相关性
```

```
if( PDCR[i, j] > 1){PDCR[i, j] <- 1}   #将一些异常值处理为极端值
if( PDCR[i, j] < -1){PDCR[i, j] <- -1} } }} n <- nrow( fdata)
```

当然,单因素模型可以很容易扩展到多因素模型,比如影响信用产品的违约概率的因素除了市场因素以外,宏观经济情况、行业发展状况等因子也可能有所影响。这类模型的分析方法与单因素模型类似。这里就不多做介绍了。

除了基于因子模型以外,还有另一种度量相关度的方法叫作 Copula 函数。设信用产品的资产收益率分别是 x 和 y,其分布函数分别是 $F(x)$、$G(y)$,令 $U = F(x)$,$V = G(y)$,则 U 和 V 服从 $[0,1]$ 上的均匀分布。所谓 Copula 函数,就是指在一系列均匀随机变量上的联合分布函数,而由于均匀分布事实上是随机变量的分布函数,所以 Copula 其实同时定义了随机变量序列的联合分布函数,故 Copula 函数也被称为连接函数。通过给定的 Copula 函数形态,可以估计出随机变量的联合分布函数和 Copula 相关系数。

对于上述的资产收益率分布函数 U 和 V,其 Copula 分布函数就可以定义为:

$$C(u,v) = P(U < u, V < v) = P(x < F^{-1}(u), y < G^{-1}(v)) \qquad (6\text{-}2\text{-}47)$$

根据 Sklar 定理,对于给定的随机变量的联合分布,总存在一个 Copula 函数与之对应,并可以将联合分布函数写出如式(6-2-47)的形式。所以,使用 Copula 函数的关键,就是找出合适的 Copula 函数来估计任意 2 个或多个随机变量的联合分布函数。而经过参数估计拟合的 Copula 函数可以渐进地与联合分布函数等价,所以实际中只需要用一些特定类型的 Copula 函数形式,并估计其参数即可。

常见的 Copula 函数形式有如下几种:

Gaussian Copula: $C(u,v) = \varPhi_\rho(\varPhi^{-1}(u), \varPhi^{-1}(v))$ 即相关系数为 ρ 的二元正态分布函数。

t-copula: $C(u,v) = t_\rho(t^{-1}(u), t^{-1}(v))$

Gumbel Copula: $C(u,v) = \exp[-(\log(u)^{1/\beta} + \log(v)^{1/\beta})^\beta]$

将 Copula 函数中的参数(也就是 Copula 相关系数估计出来之后),就得到产品收益率之间的联合分布函数,然后就可以由式(6-2-46)推出违约的相关性。但 Copula 函数常见的使用仍然是模拟投资组合的违约概率和计算信用 VaR。

使用 Copula 进行模拟的步骤大致是:选择并估计 Copula 函数;模拟违约次数;获取每一次违约的市场价值和损失值;计算带有违约情况下的投资组合的价值分布,并由此计算信用 VaR。

以上证综指和深圳成指为两种模拟的信用资产,并假设资产组合总值是点数之和,且资产价值的变化都是信用风险的反映。使用 Copula 函数模拟违约分布和带有违约概率的资产组合价值分布以及 95% 置信水平下信用 VaR 的 R 代码如下(见代码 copulacorrelation.R):

\#代码段 6.2.5.2

```r
setwd("C:/Users/lenovo/Desktop/R procedures") #设定工作空间路径并读取数据
xdata <- read.csv('indexdata.csv', head = T, stringsAsFactors = F)
n <- nrow(xdata)-1; re1 <- rep(0, n); re2 <- rep(0,n) #初始化每日收益率
#计算每日收益率
for(i in 1:n){
  re1[i] <- log(xdata[i+1, 2]/xdata[i, 2])
  re2[i] <- log(xdata[i+1, 3]/xdata[i, 3])
}
redata <- data.frame(re1, re2)
library(copula) #载入 Copula 程序包
reobs <- pobs(redata)   #收益数据的边际分布拟合
xcopula <- fitCopula(tCopula(dim = 2), reobs, method = "ml", start = c(0.1, 0.1)) #估计 t-copula 参数
t.cop <- tCopula(xcopula@copula@parameters[1])
x1 <- pCopula(reobs,t.cop) #使用估计出的参数产生 Copula 分布函数值
Ndata <- data.frame(re=0.5*(redata$re1+redata$re2), prob = x1)
Ndata <- Ndata[order(Ndata$re), ]   #将组合收益率排序
#找出下 5% 分位点所在
for(i in 1:n){
  if(sum(Ndata$prob[1:i]) < 0.05){kk <- i}
}
#计算信用 VAR
CVAR<-(Ndata$re[kk]+Ndata$re[kk+1])/2
```

[**本节数字资源**]

所在章节	二维码	内容	目标
6.2		课程资料链接（PPT）	获得该节线上课程 PPT 资料
		课程资料链接（代码）	获得该节线上课程代码资料

续　表

所在章节	二维码	内容	目标
6.2		课程资料链接（数据）	获得该节线上课程数据资料

6.3　操作风险度量

6.3.1　操作风险的定义和评估方法

概括地讲，操作风险是由不完善的监管体系、管理的失败、控制的缺陷、欺诈交易和员工的工作失误，以及一些外部事件等带来的损失风险。常见的操作风险可以分为3类：模型风险（Model Risk）、与人有关的风险（People Risk）、法务风险（Legal Risk）。模型风险指的是因模型的设定或采用不当所造成的可能损失，如错误的评级模型、过时的信用衍生品定价模型等等。与人有关的风险指的是由于内部员工的操作失误或者内外部人员的欺诈行为引发的损失风险，例如基金公司的老鼠仓。法务风险指的是与法律事件相关的损失，如诉讼、罚款等，例如，交易对手方可能会钻法律的空子，试图控告银行来了结正在进行的交易。

实际中，市场风险、信用风险和操作风险是相互关联的，操作风险的发生有很大可能造成市场风险的上升甚至信用评级的下降，而信用风险本身较高的公司也可能会面临较高的操作风险和市场风险。表6-3-1大致列举了3类风险的可能事件例子。

表6-3-1　不同风险的可能事件

市场风险	信用风险	操作风险
利率风险 汇率风险 其他风险	交易对手风险 违约风险 国别风险 其他风险	内外部欺诈 系统故障 固定资产受损 其他风险

操作风险由于其来源的广泛性和数据的缺乏，其表现出来的特征与前2类风险大不相同，且计量和管理的难度要更大。操作风险的主要特征包括：

（1）具体/特质性——操作风险与各家银行自身因素密切相关，更大程度上表现为非系统性风险（特质风险），而且只带来损失不产生收益。

（2）复杂性——商业银行在经营活动当中需要进行各种类型不同的业务操作，所以引发操作风险的因素较为复杂。

（3）分散性——操作风险几乎覆盖了银行经营管理的所有方面和各个环节，并且与其他各类风险相互交叠。

（4）差异性——不同的业务领域操作风险的表现方式存在差异，损失事件带有鲜明的个案特征。

（5）内生性——除自然灾害、恐怖袭击等外部事件以外，操作风险的风险因素在很大比例上来源于银行的业务操作，属于银行可控范围内的内生风险。

而银行的操作风险造成损失的原因一般包含以下几个方面：

（1）内部欺诈——由机构内部人员参与的诈骗、盗用资产、违犯法律及公司的规章制度的行为，如内部人员虚报头寸、内部人员偷盗、在职员的账户上进行内部交易等等。

（2）外部欺诈——第三方的诈骗、盗用资产、违犯法律的行为，如抢劫、伪造、开具空头支票及黑客行为对计算机系统的损坏。

（3）雇用合同及工作状况带来的风险事件——由于不履行合同或者不符合劳动健康、安全法规所引起的赔偿要求，例如，工人赔偿要求、违反雇员的健康安全规定、有组织的罢工，以及各种应对顾客负有的责任。

（4）客户、产品及商业行为引起的风险事件——有意或无意造成的无法满足某一顾客的特定需求，或者是由于产品的性质、设计问题造成的失误，如受托人违约、滥用客户的秘密信息、银行账户上的不正确的交易行为、洗钱、销售未授权产品等。

（5）有形资产的损失——由灾难性事件或其他事件引起的有形资产的损坏或损失，如恐怖事件、地震、火灾、洪灾等。

（6）经营中断和系统出错——如软件或者硬件错误、通信问题、设备老化。

（7）涉及执行、交割及交易过程管理的风险事件——交易失败、过程管理出错、与合作伙伴或卖方的合作失败，如交易数据输入错误、间接的管理失误、不完备的法律文件、未经批准访问客户账户、合作伙伴的不当操作及卖方纠纷等。

巴塞尔委员会建议采用3类方法——基本指标法、标准法和高级计量法（Advanced Measurement Approach，AMA）来决定操作风险的资本要求。

基本指标法要求银行的操作风险资本需要达到过去3年内平均每年毛利润的15%。而标准法针对不同类型的银行业务提出了不同的资本要求，其要求如表6-3-2所示。

表6-3-2 标准法下的各银行业务的资本要求

银行业务	资本要求/%
投行（公司理财方向）	18

银行业务	资本要求/%
投行(交易方向)	18
零售业务	12
商业银行	15
支付和结算业务	18
代理和托管业务	15
资产管理业务	12
零售经纪业务	12

　　无论基本指标法还是标准法,都是较固定的规定,一般作为给一些小银行用作参考的工具。而大型的银行常用的方法是 AMA。AMA 是基于内部标准的定量与定性相结合的评估方法。一些较为偏向定性的方法,如业务过程映射、重要风险指标法、风险评估和风险自评等方法,因数据的不易得及技术难度偏弱,本书就不再一一介绍。本章的重点是介绍操作风险相关的损失分布法,并介绍与之相关的情景分析和压力测试方法。

6.3.2　损失分布法

　　损失分布法(Loss Distribution Approach,LDA)是对操作风险时间的发生频率和严重程度同时进行建模的方法,并由此决定操作风险所需要的经济资本要求。所谓损失分布,指的是1年内由银行的操作风险所带来的损失所服从的分布。当损失分布已知的时候,预期风险和非预期风险(即经济资本)就可以由此求得。

　　损失分布法的主要步骤为:

　　第1步,将损失数据按照业务类型或者事件类型进行分类。业务类型包括公司理财、零售银行、商业银行、资产管理等;事件类型包括欺诈、系统故障等。

　　第2步,给予每一个数据观测以权重,大部分都是等权重,但是对于类型不明的损失、过去时间较久的损失、外部损失数据和基于某些特殊情景的损失,应该给予较轻的权重。

　　第3步,对每种事件类型或业务类型内的损失分布分别建立模型,包括对事件的频率分布和事件造成损失的严重程度分布进行分别的估计,并进行蒙特卡洛模拟。

　　第4步,对于每个业务类型或事件类型,将模拟出的分布与经验分布结合在一起来估计损失分布、预期损失和非预期损失、尾部分布情况,并由此确定操作风险资本监管要求。

　　损失分布法的主要难点有:

第一,操作损失的数据需求量较大,有时并不可得。

第二,方法是基于过去的经验,是后验的而不是前视的,预测偏差必然存在。

第三,对于某些业务类型来说,操作损失数据较低时可能没有记录,由此存在数据缺失和分布有偏的可能。

第四,只有直接损失被记录了,但对于操作损失所造成的利润和收入的降低却很难估计。

第五,很难对操作损失数据之间的关联性建立模型。

针对操作损失数据难以获得,特别是某一家单独的公司是很难有足量的内部数据用于构建损失分布的,LDA就需要通过同时使用内部和外部数据来构建。所谓外部数据,就是其他公司的损失数据,一般由一些数据提供商提供。德意志银行提出了一种方法来选择和处理外部的损失数据,即相关损失数据过程,其主要的原则包括:

第一,不管发生时间,所有相关的损失数据都要被包含进来。

第二,尽管需要对外部数据降低权重,但所有损失数据都只需要对通胀进行折实,而不处理数据单位(规模)。

第三,应用经过直接回收过程的毛损失,但不计保险公司的赔付(另外计算)。

第四,外部数据源要按照时间和业务类型映射到相应的内部数据。

第五,操作风险资本的计算要剔除已经造成市场风险和信用风险的边际事件。

第六,外汇损失要换成本币结算。

第七,减少重复计算同一个损失的概率。

有了损失数据之后,就可以针对某一个业务类型来进行损失分布的建模。损失分布分为2个部分:损失频率分布和损失严重程度分布。

对于损失频率分布,常用的是一些计数分布,包括Poisson分布、二项分布和负二项分布。

Poisson分布,即假设一段时间内(比如一年)发生操作损失的次数服从如下Poisson分布:

$$P(x=k) = \frac{\lambda^k e^{-\lambda}}{k!}, k=1,2,3,\cdots \tag{6-3-1}$$

其中,λ是操作损失的发生强度,即一段时间内平均发生次数约为λ。

二项分布,即发生次数服从如下分布:

$$P(x=k) = C_n^k p^k (1-p)^k, k=1,2,3,\cdots \tag{6-3-2}$$

其中,p是一段时间内操作损失的平均发生概率。

负二项分布,即发生次数服从如下分布:

$$P(x=k) = \frac{\Gamma(k+r)}{k!\Gamma(r)} p^k (1-p)^r, k=1,2,3,\cdots \tag{6-3-3}$$

当正实数 r 趋近于无穷大时,负二项分布收敛于 Poisson 分布。

选择哪一类分布作为损失次数的分布是可以根据观测到的损失发生时间来进行测试的,常见的测试方法是使用卡方检验:

$$\chi^2 = \sum_{i=1}^{n} \frac{(O_i - E_i)^2}{E_i} \tag{6-3-4}$$

其中,n 是所有的损失次数的观测数目(每年或每季度),O_i 是实际的发生次数,E_i 是模型的期望损失次数。比较所有模型的卡方检验量,最低的卡方值代表最优的分布选择。

对于损失严重程度的分布,由于操作损失的严重右偏性和厚尾性,一些厚尾分布和极值分布可能更加适合拟合操作损失分布,如对数正态分布、Gumbel 分布等。为了增加厚尾估计的准确性,可以用广义帕累托分布(GPD)来对超过某个阈值的损失分布进行校准。

当有了损失频率分布和损失严重程度分布的估计之后,就可以通过联合模拟来得到整个操作损失的分布,其主要步骤如下:

(1)通过损失次数数据和损失数据估计损失频率分布和损失严重程度分布,然后模拟一段时间内的损失的发生次数。

(2)针对每一次损失,用均匀随机数判定其是否发生在某个阈值以内,如果不是,则使用一般的损失严重程度分布产生这次损失的随机数;如果是,则使用 GPD 分布来产生这次损失。

(3)将所有产生的损失作为一个完整的序列,作为操作损失整体分布的观测值。

设操作损失的分布函数为 $F(x)$,则操作损失的 VaR(OpVaR)就可以采用与 VaR 类似的定义:

$$\text{OpVaR} = F^{-1}(1 - \alpha) \tag{6-3-5}$$

其中,$1 - \alpha$ 是 OpVaR 的置信水平,即 OpVaR 是求损失分布的上 α 分位点。有了操作损失 VaR 之后,就可以计算针对操作损失的经济资本要求:

$$\text{Economic Capital} = \text{OpVaR} - E(x) \tag{6-3-6}$$

其中,$E(x)$ 期望操作风险损失,而经济资本就是操作 VaR 减去期望损失。经济资本也可以称为非预期的操作风险损失。但不同于信用风险非预期损失,这里的非预期损失不是波动率,而是上分位点与期望值的差。

有了以上的工具之后,就可以来进行损失分布的模拟和估计了。假设 2013 年和 2014 年中证 900 指数成份股中的某只股票的每日超额收益低于 -5% 为操作损失,以此拟合出的损失频率分布(Poisson 分布)和损失分布函数(GPD)分布,并模拟出的操作损失分布密度图和非预期操作损失的过程如下所示(见代码 OpVaR.R):

#代码段 6.3.2.1

```
setwd("C:/Users/lenovo/Desktop/R procedures") #设定工作空间路径载入数据
```

```
indexdata <- read.csv('zz800.csv', head = F, stringsAsFactors = F)

zz800 <- read.csv('close800.csv', head = F, stringsAsFactors = F)

#合并股票数据和指数数据

Ndata <- data.frame(date = indexdata$V1, index = indexdata$V2)

Fdata <- merge(Ndata, zz800, by.x = 'date', by.y = 'V1')

Fdata$date <- as.Date(Fdata$date)

#计算股指收益率和股票每日收益率

n <- nrow(Fdata)

MRE <- log(Fdata$index[2:n]/Fdata$index[1:(n-1)])

m <- ncol(Fdata)-2; RE<-matrix(rep(0, m*(n-1)), ncol = m)

for(i in 1:m){

  re <- log(Fdata[2:n, i+2]/Fdata[1:(n-1), i+2]); RE[ , i]<-re}

Freq <- rep(0, (n-1)); loss <- NULL #找出损失频率和损失数据

for(i in 1:(n-1)){

   for(j in 1:m){

     if(is.na(RE[i, j]) == T){RE[i, j]<-0}

     if(RE[i, j]-MRE[i]< -0.05){

        Freq[i] <- Freq[i]+1

        loss <- c(loss, RE[i, j]) }}}

library("gPdtest")

gpd.test(abs(loss)) #使用GPD分布拟合操作损失分布

xgpd <- gpd.fit(abs(loss), "amle")

#使用Poisson分布拟合损失频率分布

lpgpsson<-function(lambda){

   fval <- 0

   for(i in 1:(n-1)){

     lgp <- -lambda+Freq[i]*log(lambda)

     fval <- fval-lgp }

   return(fval)}

#极大似然估计拟合Poisson分布

xpois <- optim(10, lpgpsson, gr = NULL, method = c("L-BFGS-B"), lower =
0.05, upper = Inf, hessian = FALSE)

  simu <- 1000; set.seed(100000); LOSS<-NULL #模拟操作损失分布

  for(i in 1:simu){
```

```
    len <- rpois(1, xpois$par) #产生1个Poisson随机数
    simuloss <- rgp(len, xgpd[1], xgpd[2])#产生相应的损失随机数
    LOSS <- c(LOSS, simuloss)}
#画出实际的操作损失密度图
plot(density(abs(loss)), xlab = "损失", ylab = "频数")
#画出拟合的操作损失密度图
plot(density(LOSS), xlab = "损失", ylab = "频数")
#计算操作VaR
NLOSS <- sort(LOSS, decreasing = T)
bk <- length(NLOSS)
alpha = 0.05
opVAR <- (NLOSS[round(alpha*bk)]+NLOSS[round(alpha*bk)+1])/2
```

运行结果分别如图 6-3-1 和 6-3-2 所示。

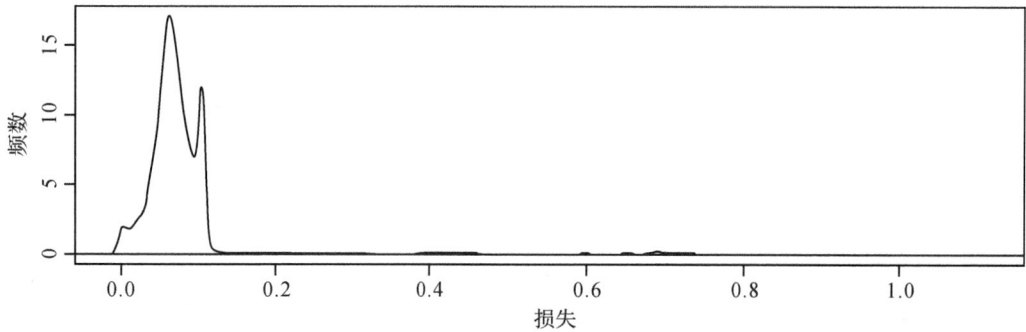

图 6-3-1　实际操作损失密度分布

（以超额收益低于-5%记为发生操作损失事件,操作损失记为股票当日收益率）

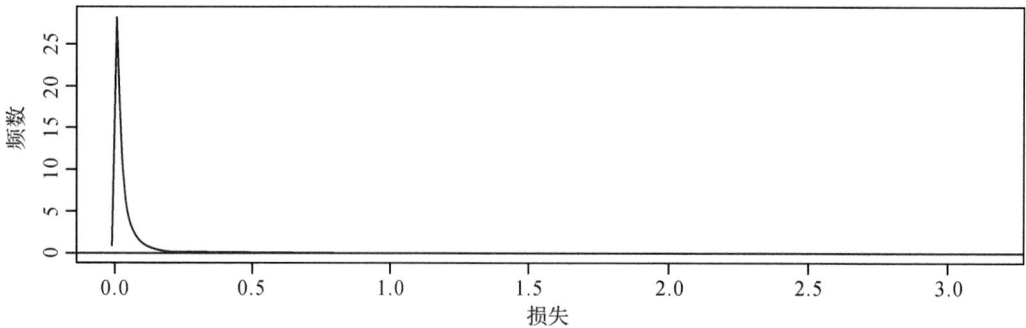

图 6-3-2　拟合的操作损失密度分布

（模拟次数1000次,频率分布为Poisson分布,损失分布为GDP分布）

拟合的操作损失有可能出现更加极端的情况,而在95%置信水平下,拟合出的操作VaR为12%。

当使用随机模拟的方法进行损失分布估计时,还可以方便地使用情景分析和压力测试来更广泛地搜集有关损失分布的特征情况。情景分析(Scenario Analysis,SA)是指银行各部门对业务中潜在的重大操作风险事件进行分析,评估事件发生的可能性(频率)和造成的影响(严重度),并采取相应控制措施的方法。所谓情景,一般是业务中可能出现的重大操作风险事件。重大操作风险事件包括:由出现问题的内部程序、员工、信息科技系统及外部因素造成银行发生严重财务损失或重大影响的事件,一般发生频率较低但发生后损失较大。

情景分析在处理程序中常用的方法包括:在模拟分布时不定时地加入一些特定场景,并估计其损失,比如发生某个事件使得损失增加一定百分比;在某次模拟时操作损失发生频率突然急剧增加;某次操作损失的严重程度突然急剧增加;等等。这些场景会使得损失的分布更加右偏,也会使得OpVaR增大,但考察这些场景对于估计合理的经济资本水平来说是非常必要的。

情景分析是压力测试的一种手段。压力测试还可以采用灵敏度分析的方法,缓慢增加操作失误次数的强度、缓慢增加损失严重程度的强度,等等。测试最终损失分布对于损失频率分布和损失严重程度分布的参数选择的敏感程度,并画出相应的测试图形。

情景分析和压力测试都需要设定某个事件的发生场景,并在此条件下模拟操作损失的分布,计算出新的OpVaR。常见的场景设置包括:损失波动增大一定的比例,损失的发生频率增大一定的比例,或者极端值的发生频率增加一定的比例。下面同样以上面的例子,在规模参数增大50%或损失频率增加一倍来分别计算新的OpVaR的R代码如下(见代码OpVaR.R):

#代码段 6.3.2.2

```
#simulation for scenarios
#scenario 1: 1.5 times scale
LOSS <- NULL
for(i in 1:simu){
  len <- rpois(1, xpois$par)
  simuloss <- rgp(len, xgpd[1], 1.5*xgpd[2])
  LOSS <- c(LOSS, simuloss)
}
plot(density(abs(loss)), xlab = "损失", ylab = "频数")
NLOSS <- sort(LOSS, decreasing = T)
bk <- length(NLOSS)
```

```
alpha = 0.05
opVAR2 <- (NLOSS[round(alpha*bk)]+NLOSS[round(alpha*bk)+1])/2


#scenario 2: 2 times loss frequency
LOSS <- NULL
for(i in 1:simu){
   len <- rpois(1, 2*xpois$par)
   simuloss <- rgp(len, xgpd[1], xgpd[2])
   LOSS <- c(LOSS, simuloss)}
plot(density(abs(loss)), xlab = "损失", ylab = "频数")
NLOSS <- sort(LOSS, decreasing = T)
bk <- length(NLOSS)
alpha = 0.05
opVAR3 <- (NLOSS[round(alpha*bk)]+NLOSS[round(alpha*bk)+1])/2
```

经计算发现,在规模参数增加50%的场景中,操作VaR变成了18.4%,比原来增大了54%。在损失频率增大了1倍的场景中,操作VaR变成了12.5%,只比原来增大了4.6%。

6.3.3　RAROC方法简介

RAROC是指经过风险调整后的资本收益率(Risk Adjusted Return on Capital),其主要作用是将资本收益与相关的投资风险联系起来。该指标提供了一个无偏的方法来估计市场表现,并支持更优的风险收益权衡决策。

定义RAROC首先需要明确经济资本。经济资本是企业或银行所准备的用于对抗风险(如非预期损失)的资本量。经济资本与资金储备的区别在于:资金储备是用于抵补预期损失的,而经济资本主要用于抵消非预期损失(在某个置信水平下)。而监管资本指的是银行需要依据监管条例持有的资本额度,通常经济资本的要求量会超过监管资本的要求。

经济资本的要求主要针对3个层面:市场风险资本、信用风险资本和操作风险资本。市场风险资本要求(Market Risk Capital Charge,MRCC)的定义如下:

$$MRCC = F_1(VaR) + F_2[max(VaR\ limit - VaR,0)] + F_3[max(VaR - VaR\ limit,0)]$$

$$(6-3-7)$$

其中,F_1是对VaR风险的调整因子,F_2是对极限VaR(如WSC)中未使用部分的调整因子,F_3是对超过极限VaR部分的风险的调整。

而对信用风险的经济资本要求一般就是信用VaR乘以某个调整因子,而对操作风险的经济资本要求则是OpVaR减去期望损失,如同式(6-3-3)的定义。

将三部分的经济资本相加,即可得到企业或银行的经济资本要求,然后就可以定义RAROC 如下:

$$RAROC = \frac{revenues - expected\,loss\ -\ expenses + return\,on\,economic\,capital\ \pm\ transfer\,price}{Economic\ Capital}$$

$$(6\text{-}3\text{-}8)$$

RAROC 是贷款毛利润(Revenue)减去期望损失和其他成本(Expenses)。而经济资本通常投资于高流动性的产品,比如货币基金,其收益率也应该考虑在内。而转移价格(Transfer Price)用于调整贷款相关的操作损益。

例 6.9　假设对于 1 亿元的贷款,其毛利润是 700 万元,利息成本(机会成本)是 500 万元,经济资本的投资所得是 35 万元,贷款的操作成本是 25 万元,期望损失是 100 个基点,经济资本要求是 800 万元,那么其 RAROC=(7-1-5+0.35-0.25)/8=13.75%。

调整的 RAROC(ARAROC)指的是将资本市场的风险同时考虑到 RAROC 的框架中,设 β 是公司的系统性风险(CAPM Beta),无风险利率是 R_F,调整 RAROC 的定义:

$$ARAROC = \frac{RAROC - R_F}{\beta} \qquad (6\text{-}3\text{-}9)$$

一项投资会同时增加股票持有人的收益当且仅当 ARAROC 超过了市场风险溢价 $R_M - R_F$。

RAROC 经常使用的方法包括最佳资本配置和贷款定价。RAROC 贷款定价主要是控制贷款的利差所得来保证实现目标 RAROC,该方法如果不同时考虑提升贷款价格所带来的违约风险,则是基本的静态模型,这里就不多做介绍。RAROC 用于资本配置优化则是一个优化问题。

设银行有 n 个业务单元,第 i 个业务单元的(去年的)资本回报率为 $RAROC_i$,设每个业务单元的资本配额为 Y_i,且最低资本回报要求为 h,那么最优资本配置其实就是要最优化如下目标函数:

$$\max_{Y_i, i=1, \cdots, n} \sum_{i=1}^{n}(RAROC_i \cdot Y_i)$$

$$s.t. \begin{cases} \sum_{i=1}^{n} Y_i = 1 \\ \gamma \leqslant Y_i \leqslant \beta \\ \sum_{i=1}^{n}(RAROC_i \cdot Y_i) \geqslant h \end{cases} \qquad (6\text{-}3\text{-}10)$$

其中,γ 和 β 是银行对资本集中度的要求常量。

6.3.4 模型风险简介

模型风险指的是使用数理模型来描述金融现象时所产生的风险。模型风险是操作风险中的一个重要部分,但是不同于操作损失分布,估计操作风险本身也可能出现模型风险。模型都是基于一些假设条件的,在设定之初就有各类缺陷,不可能完全符合实际。所以,判定模型的标准不在于设定模型的初始假设,而在于模型的实际拟合效果和预测能力。模型的拟合效果和预测能力可以用均方误差(MSE)、平均绝对误差(MAE)等指标来评测。但模型风险并不局限于这些拟合和预测表现。

模型风险的产生原因大致有以下几种:

(1)不正确的模型设定。这类错误可能源于资产的随机过程假设错误,比如应该用对数正态的分布却错误使用了正态分布;可能源于忽略了重要的风险因子;可能源于变量的相关关系设定错误,比如本来不独立的变量设定成独立;也可能源于没有对一些市场摩擦因素如交易成本、流动性因素等进行考量。

(2)不正确的模型使用。不正确地使用模型就是指模型本身不适用于此类情形,却偏要用这种模型来进行设定,比如使用标准的债券定价模型来对房地产抵押证券(MBS)进行定价就是不正确的模型使用,因为没有考虑提前还款的可能。不正确的模型使用包括:使用了过时的模型,蒙特卡洛模拟的次数不够多,等等。

(3)使用风险。模型的输入和输出有问题,例如,单位不匹配,用日度波动率代替年度波动率却没有乘以相应的因子进行转换;或者数据清洁的方法不一样,采用了不同的标准来确定异常值和填充缺失值。

(4)校准错误。可能使用了别人的模型计算出的参数来进行模拟,但别人的模型参数可能已经过时,数据可能存在测量的误差,样本期不匹配,等等。

(5)程序错误。程序错误包括程序本身有BUG,程序逻辑不正确,随机数产生有误,等等。此类错误经常很难识别出来。

(6)数据问题。这类题包括数据是否由第三方提供;该提供方的数据是否可靠;是否有过多的数据缺失;对于一些指标的计算,数据提供方的具体算法是否合适;是否符合一般的标准;等等。

因为模型的偏误可能来源于很多方面,所以要准确地进行模型风险的估计是非常难的。常用的估计模型风险的数量化方法针对某一类型的模型风险设定其误差的形式并进行检验,同时忽略其他可能的模型风险来源。这样有时会低估了模型的风险。

对于带有一些参数设定的模型,可以采用如下方法进行模型风险的估计:

(1)对于单独未知参数,可以假设参数的估计值与真实值之间的误差服从某种特定的分布,以此可以对参数的置信区间和显著性水平进行估计。例如,针对正态分布的标准差 σ,可以使用整个样本来估计出标准差 s,那么因为 σ^2 服从卡方分布,其置信区间可以估计为：$\dfrac{(n-1)s^2}{\chi^2_{0.95}} < \sigma^2 < \dfrac{(n-1)s^2}{\chi^2_{0.05}}$。如果模型估计出的方差不在该范围内，则说明估计有误的可能性很大。这类方法类似于VaR回测中使用的VaR置信区间技术。

（2）当针对更多的参数，比如2个及以上的参数，或者变量之间有未知的相关系数，或者需要估计随机变量的复合分布时，模型风险的估计就只有通过随机模拟来实现。可以假设一个最宽泛的模型设定，然后以此来估计出模型所需要估计的结果，比如VaR、OpVaR等的结果的置信区间，然后再测试模型的结果是否落入置信区间内。这类方法的模拟次数通常需要很多，宽泛模型的选择也需要尽可能多样化，由此才可能带来最准确的置信区间的估计，但因此会造成模型运行的时间很长、模拟本身的过程也比较容易导致偏误等问题。

[本节数字资源]

所在章节	二维码	内容	目标
6.3		课程资料链接（PPT）	获得该节线上课程PPT资料
		课程资料链接（代码）	获得该节线上课程代码资料
		课程资料链接（数据）	获得该节线上课程数据资料

6.4　流动性风险

6.4.1　流动性风险的定义

流动性风险指的是因无法在合理的价位买入或卖出商品而可能承受的损失。流动性风险包含资产流动性风险和资金流动性风险。资产流动性风险也称市场流动性风险或交易流动性风险，指的是大交易量的订单交易会造成冲击成本，从而无法在更合意的当前市场价格完成交易。资金流动性风险，有时也称为现金流风险，指的是金融机构的现金不足以将其债务滚动起来，或不足以支付现金、保证金、对手方的抵押要求金，或不足以满足资本赎回的要求。

从金融学理论上讲,交易流动性风险是源于一些市场微观结构的基础,包括:

(1)交易过程成本。该成本具体包括寻找交易对手的时间成本;指令执行、清仓、结算成本。在电子交易系统中,这类成本并不是很大,但在场外交易市场中,这类机会成本有时也会达到相当大的程度。

(2)存货管理。做市商或者模拟做市商行为的机构投资者为交易者提供报价促使市场快速成交,但同时做市商必然需要持有过多短期内无法了结的多头或空头头寸。当这些头寸单向累积到一定程度后,市场价格的变化同时会影响做市商的收益,从而带来存货风险。存货风险可能反映在做市商的报价价差上,转嫁到交易者头上形成交易成本。

(3)逆向选择。市场存在信息交易者和信息不利者。为了防止跟信息交易者达成交易而导致立即损失,流动性提供者在报价时会考虑信息交易的可能性,从而在更有利的位置报价,导致价差及交易成本上升。

(4)不同意见。当投资者对于价格的意见都达到较为一致时,很难找到对手方进行交易,只有在意见足够分散时,交易才能流畅地进行下去,流动性提供才会充足。

而现金流风险主要源于期限错配所导致的债务滚动风险,以及高杠杆交易所导致的资金链断裂风险,等等。

除了主要的2类流动性风险外,还有1类流动性风险是源于系统性风险的变动,被称为系统性融资风险。系统性融资风险是指整个金融体系在严重市场下行时受损的风险。在次贷危机爆发时,这类系统性融资风险非常明显。此时贷款都选择较短期的贷款,借款人和贷款人都将承受更大的流动性风险。在2008年的金融危机中,杠杆借贷、对冲基金的组合套利、可转换套利基金等策略的使用导致系统性融资风险大大上升。

6.4.2 流动性风险的度量

首先来度量市场流动性风险。市场流动性体现在3个维度:紧度、深度、弹性。紧度也称为宽度,指的是买卖价差和佣金所构成的交易成本。深度是某个价位上等待交易的量,代表了大型交易指令使得价格往不利的方向移动的速度。深度越大,交易的冲击成本越小。弹性指的是价格在大型指令冲击下偏离均衡价格的时间,即市场回复到均衡价格的能力。弹性越大的市场,其交易冲击的平均成本也会越小。

按紧度、深度和弹性3个维度划分的交易流动性风险因高频交易数据的获取难度及合理的度量方法缺乏而暂时还没有发展起来。目前流行的度量方法是将市场流动性风险分为外生的流动性风险和内生的流动性风险。外生的流动性风险指的是买卖价差和佣金等不受交易者本身影响的部分,当交易头寸偏小时,这部分的成本就会比较大;内生的流动性风险指的是指令本身会影响其最终执行完成的成本,主要指的是大型指令带来的冲击成本。

针对市场流动性风险,可以用流动性调整后的VaR(Liquidity-adjusted VaR,LVaR)

来度量流动性风险的存在对市场风险的影响。又因为流动性风险的内生性和外生性,该方法分为 LVaR 的内生法和外生法。

LVaR 的外生方法有 2 种。一种是简单的常数调整流动性成本的办法,然后将流动性成本加入 VaR 的计算中构成 LVaR:

$$\text{LVaR} = \text{VaR} + \text{LC} = V \times z_\alpha \times \sigma + 0.5 \times V \times spread \quad (6\text{-}4\text{-}1)$$

其中,V 是资产价值,z_α 是正态分布的下分位点,σ 是资产波动率,这三者相乘就是正态分布法计算出的 VaR。0.5 是交易成本计量的常数,$spread$ 是买卖价差,后三者相乘就得到流动性成本(LC)。VaR 和 LC 相加就得到 LVaR。

LVaR 的另一种计算方法,其实是常数调整方法的变形。因为式(6-4-1)中使用的是资产价格来计算 VaR,但分布设为正态分布,这其实不够合理。可以采用更合理的对数正态 VaR,则常数 LVaR 的计算如下:

$$\text{LVaR} = V \left[1 - \exp(\mu - z_\alpha \times \sigma) + 0.5 spread \right] \quad (6\text{-}4\text{-}2)$$

VaR 在流动性下的调整比例为:

$$\frac{\text{LVaR}}{\text{VaR}} = 1 + \frac{spread}{2 \left[1 - \exp(\mu - z_\alpha \times \sigma) \right]} \quad (6\text{-}4\text{-}3)$$

但直接将价差的一半设定为流动性调整部分过于严格,也没有抓住极端的流动性变动特征,如果假设价差的分布已知,且其上 α 分位点通过非参数方法求得为 z'_α,均值为 μ_s,标准差为 σ_s。则此时的 LVaR 为:

$$\text{LVaR} = V \left[1 - \exp(\mu - z_\alpha \times \sigma) + 0.5 \times (\mu_s + z'_\alpha \times \sigma_s) \right] \quad (6\text{-}4\text{-}4)$$

当 σ_s 等于 0 时,式(6-4-4)就变成式(6-4-1)。故式(6-4-4)所定义的 LVaR 事实上抓住了价差的随机波动性。此时,VaR 的流动性调整比例的外生部分为:

$$\frac{\text{LVaR}}{\text{VaR}} = 1 + \frac{\mu_s + z'_\alpha \times \sigma_s}{2 \left[1 - \exp(\mu - z_\alpha \times \sigma) \right]} \quad (6\text{-}4\text{-}5)$$

交易流动性风险除了外生部分的之外,还有一部分内生的在交易执行过程中。度量这一部分内生的流动性风险需要定义如下交易弹性的概念:

$$E = \frac{\Delta P / P}{\Delta N / N} \quad (6\text{-}4\text{-}6)$$

其中,P 是市场价格,$\Delta P / P$ 是交易造成的价格相对变化,而 $\Delta N / N$ 是指令大小相对整个市场的比例。两者的比值 E 就是交易弹性。一般说来,因为弹性带来的是成本,我们都假设 E 小于 0,$\Delta N / N$ 大于 0,即交易导致的都是不利的价格变化,故设 $\Delta P / P$ 小于 0。

此时,可以定义内生交易流动性风险调整后的 VaR 如下:

$$\text{LVaR} = \text{VaR}(1 - \frac{\Delta P}{P}) = \text{VaR} \cdot (1 - E \cdot \frac{\Delta N}{N}) \quad (6\text{-}4\text{-}7)$$

即内生的 LVaR 实际上是受到冲击成本调整后的 VaR,此时的调整比例为:

$$\frac{\text{LVaR}}{\text{VaR}} = 1 - E \cdot \frac{\Delta N}{N} \qquad (6\text{-}4\text{-}8)$$

最终的调整应该将流动性风险的内生和外生部分都加入 VaR 调整中，即

$$\frac{\text{LVaR}}{\text{VaR}}\Big|_{combined} = \frac{\text{LVaR}}{\text{VaR}}\Big|_{exogenous} \times \frac{\text{LVaR}}{\text{VaR}}\Big|_{endogenous} \qquad (6\text{-}4\text{-}9)$$

例6.10 设某研究者估计出价差的均值和标准差分别是0.02和0.005。他还估计出资产收益的均值和标准差分别是0和0.012。同时，他还使用随机模拟得到价差的上5%分位点为3。此时一个交易者执行一个约占市场交易量10%的头寸，且交易弹性大约是-0.4。在此条件下，计算该市场中的 VaR 调整比例，设 VaR 的置信水平为95%。

答：外生的 LVaR/VaR=1+(0.02+3×0.005)/(2×[1-exp(-0.112×1.65)])=1.89

内生的 LVaR/VaR=1-(-0.4)×0.1=1.04

组合的调整比例为：LVaR/VaR=1.89×1.04=1.97

即经过流动性风险调整之后的 VaR 应该是之前 VaR 的1.97倍。

之前介绍的都是针对市场流动性风险的度量方法。现在来介绍现金流风险的度量办法。现金流风险常用的度量指标是流动性风险价值（Liquidity at Risk，LaR），也被称为现金流风险价值（Cash Flow at Risk，CFaR），指的是在一段时间内给定置信区间下最大可能的现金净流出量。当 LaR 为正时，说明未来最坏情形下会有资金净流出，而 LaR 为负则说明最坏情形下资金仍然是流入状态。

影响 LaR 的因素包括如下几个方面：①资金的借贷和偿还；②盯市结算的保证金变化；③抵押合约导致的资金变化，如利率互换中由利率变动所导致的资金定期流入或流出；④短期显性或隐性期权，如可转换性、可赎回性和可提前交易性所导致的现金流变动；⑤风险管理政策变化所带来的资金变化，如保证金比例提高、准备金率上升等等。估计 LaR 首先需要考虑这一系列的因素，然后模拟未来一段时间企业的现金流变化。当然简单的办法是观察过去一段时间的现金流，然后应用类似正态分布法的计算公式得出 LaR。因为现金流数据不太容易获得，这里就不附相关的 R 程序了，其估计方法与 VaR 非常类似。

6.4.3　流动性的管理方法

关于流动性的管理，本节主要介绍巴塞尔协议的有关规定，不涉及很多的数据处理或很深的数理逻辑，因为与 R 的使用不太相关，所以只是简单介绍。巴塞尔第三代协议针对2008年金融危机中出现的严重流动性危机提出了新的流动性监管要求。其中主要包括2项：流动性覆盖比率（Liquidity Coverage Ratio，LCR）需要超过100%；净稳定资金比率（Net Stable Funding Ratio，NSFR）也必须超过100%。这2项指标分别用于保证30天内和1年期的流动性充足率。但巴塞尔委员会仍然强调这些只是最低要求，银行可以

适当提高这个比例以保证流动性的充分性。

LCR 的定义如下：

流动性覆盖比率=高流动性资产/未来 30 天内的总资金净流出量

为了使得银行有足够的资金去覆盖未来 1 个月的资金流出,巴塞尔协议要求 LCR 必须超过 100%。高流动性资产的基本特征为:①发行人有很高的信用评级,资产本身的市场风险低(风险越低的资产流动性越高);②固定的定价方式(定价方式越简单的资产越容易流通);③与风险资产的关联度低(如果资产与某个风险资产的价格挂钩,就有可能在极端情形下价值跳水);④在交易所上市交易的资产(交易所内交易的资产流动性是比较高的)。

未来 30 天内的资金净流出量可以定义如下:30 天内净现金流出=30 天内的资金流出量-min(资金流入量,流出量的 75%)。其中,资金流出量等于表内债务量加上表外支出乘以支出比例,资金流入量等于表内各项收益乘以流入比例。

NSFR 的定义如下:NSFR 为 1 年内可用的稳定资金与 1 年内所需的稳定资金量的比例。该比例按巴塞尔协议的要求需要超过 100%。所需的稳定资金量在不同机构之间会有所变化,主要由银行资产的流动性特征和表外风险暴露所决定。

而可用的稳定资金源(Available Stable Funding Sources,ASF)包含如下几类:①资本;②到期日超过 1 年的优先股;③超过 1 年到期时间的负债;④无限期的存款或在危机时银行的预期存款量。

可用稳定资金和所需稳定资金的种类及计算比例,如表 6-4-1 所示。

表 6-4-1　可用稳定资金和所需稳定资金的种类及计算比重

可用稳定资金		所需稳定资金	
种类	比例/%	种类	比例/%
资本,一年内到期负债	100	现金,一年内到期负债	0
1 年内到期的稳定零售、小企业存款	90	0 风险权重债券	5
1 年内到期的不稳定零售、小企业存款	80	1 年后到期的 20% 风险权重债券	20
1 年内到期的非金融机构、主权存款	50	1 年后到期的债券、黄金,1 年内贷款	50
其他	0	1 年后到期的按揭贷款,35% 风险权重的非金融机构贷款	65
		1 年内到期的对零售、小企业贷款	85
		其他	100

除了 LCR 和 NSFR 之外,巴塞尔委员会还提出了其他流动性管理工具,比如融资集中度、合同期限错配量、重要外汇的流动性覆盖率等指标以进行深入管理。

其中,融资集中度指的是从某个交易资产、工具或某交易对手方获得的资金占整个资产负债表的比例,该比例如果超过1%,则说明该资产或交易对手方是非常重要的。针对这些重要客户的风险监控必须非常及时,也同时尽量降低融资的集中度,规避危机中的传染风险。

如果银行负债以某种货币结算的比例占资产负债表总量的5%以上,该货币就被称为重要货币。重要货币流动性覆盖率指的是以该货币存储的高流动性资产占未来30天内以该货币流出的资金量的比例。银行可以根据自己的外汇交易规模来设定这个指标的最低要求值。

所在章节	二维码	内容	目标
6.4		课程资料链接(PPT)	获得该节线上课程PPT资料

【本章小结】

■主要术语

市场风险　在险价值VaR　蒙特卡洛模拟法　　Merton违约模型　KMV模型　信用风险
接收操作特征曲线ROC　累积准确曲线CAP　操作风险　流动性风险

■数字资源

所在章节	二维码	内容	二维码	内容
第6章		自测题目		自测题目答案
		自选题目		自选题目答案
		案例分析		案例分析答案

7 股票相关计算

教学说明

导入语

权益证券的价值估计和投资决策是金融学的重要领域。本章将探讨如何利用R来分析普通股等权益证券,主要包括:(1)股票等资产系数的估计,包括对历史Beta系数和Beta系数的调整;(2)利用R实现组合优化等。

学习目标

完成本章学习后,学生应该理解和掌握:

金融知识点:(1)股票系数的含义和估计方法;(2)资本资产定价模型和股票期望收益率的估计;(3)允许卖空和不允许卖空下组合优化策略。

R知识点:(1)R自定义函数;(2)if等控制结构;(3)for等循环;(4)R贡献包的加载和使用。

7.1 资产Beta系数的估计

7.1.1 历史Beta系数和Beta系数的调整

β是金融学的基本概念,反映了资产或资产组合对系统风险敏感性的概念。β起源于资本资产定价模型(CAPM),描述资产或资产组合预期收益与市场组合预期收益的关系。在事后进行收益归因时,我们常用特征线(Characteristic Line)方程来估计β系数。

$$R_{it} - R_{ft} = \alpha_i + \beta_i(R_{mt} - R_{ft}) + \mu_{it} \tag{7-1-1}$$

其中,R_{it}为资产i在第t期的收益率,R_{mt}为市场组合的收益率,R_{ft}为无风险利率,α_i为截距项,β_i为回归系数,μ_{it}为随机误差项。

由于实际中市场组合不可预测,因而在实务中,我们使用更多的是单因子市场模型(Single-factor Market Model):

$$R_{it} - R_{ft} = \alpha_i + \beta_i(R_{mt} - R_{ft}) + \mu_{it} \tag{7-1-2}$$

其他变量与特征线相同,但 R_{mt} 为市场指数的收益率。

实际估计 β 系数时,我们需要考虑如下技术问题:

(1)收益率的选择。我们可以选择简单收益率或对数收益率,实践中,这两种收益率往往差异较小。例如,在雅虎财经报告中,股票 Beta 系数采用简单收益率进行估计,这里我们也选择简单收益率来估算 β 系数。

(2)市场指数的选择。理论上,我们应该采用市场证券组合,即包含所有可投资品,其权重为各自市值所占比重。实践中,这样的市场证券组合并不存在,我们只能选择一个近似的替代物。但我们应该注意,选择不同的指数,最终得到的 β 系数会有较大的差异。这里,我们选择沪深 300 指数(000300.ss)作为市场证券组合的替代物。

(3)无风险利率的选择。这有较大的争议,如在美国,有采用 3 个月期的国库券利率,也有采用长期国债利率的。在国内,有关无风险利率的争议更大,本章采用 3 个月期的上海银行间拆放利率(Shibor)。

(4)收益率频率问题。我们可以选择日收益率、周收益率或月收益率。使用日收益率,可以增加样本容量,增加 β 系数估计的时效性。但也会带来诸如日收益率的非正态性和非同步交易等问题。Pogue 和 Solnik(1974)、Blume(1975)、Eubank 和 Zumwalt(1979)及 Corhay(1992)研究了不同频率的选择对 β 预测能力的影响,他们大多支持使用月收益率来估计 β 系数。但鉴于数据的可获取性和连贯性,本文使用日收益率来估计 β 系数。

(5)样本期间长短。采用数据的时段越长,系数的方差越能得到改善,其稳定性可能会提高。但时段过长,企业经营的变化、市场的变化、技术的更新、竞争力的变迁、企业间的兼并与收购行为及证券市场特征的变化等都有可能影响 β 系数的计算结果。大多数研究采用 2—3 年的数据,如彭博资讯(Bloomberg)默认使用 2 年的估计期计算 β,晨星(Morningstar)采用 3 年的估计期,雅虎(Yahoo)则使用 3 年的估计期。

上述方法估计的 β 系数通常称为基础或未调整 β 系数(Raw Beta),也称为历史 β 系数(Historical Beta)。基本 β 系数只是反映了估计期资产和市场收益率波动之间的关系。金融研究发现,大多数资产收益波动存在时变性(Time Variant)和波动集聚性(Volatility Clustering),因此为了提高估计精度,我们需要对基本 β 系数进行调整。常用的调整方法有 Blume β 和 Vasicek β。

Blume(1971,1975)发现个股 β 有向市场所有资产 β 的平均值回归的趋势。若我们要估计 2021 年 7 月后的 β 系数,我们需要 2015 年 7 月—2018 年 6 月和 2018 年 7 月—2021 年 6 月资产和市场指数收益率的数据,分别在 2 个不同的时间段估计每个资产的 β 系数。记 β_{1i} 为第 1 阶段资产 i 的 β 系数,β_{2i} 为第 2 阶段资产 i 的 β 系数。估计如下横截面数据的模型:

$$\beta_{2i} = k_1 + k_2\beta_{2i} + \varepsilon_i \tag{7-1-3}$$

在得到参数 k_1 和 k_2 的估计值后,Blume β 为:

$$\beta_i^{Blume} = \hat{k}_1 + \hat{k}_2\beta_i^{historical} \qquad (7-1-4)$$

许多财经网站如彭博资讯直接将权重设为0.33和0.67,即:

$$\beta_i^{Blume} = 0.33 + 0.67\beta_i^{historical} \qquad (7-1-5)$$

国内许多金融数据提供商如"万得"(WIND)和"同花顺"(iFinD)也采用类似彭博资讯的调整方法。考虑到国内股票市场"齐涨齐跌"问题更为严重,个人认为采用权重0.33和0.67值得商榷。

Vasicek(1973)根据估计的β系数的样本方差大小来调整β系数。若某资产β系数的样本方差较大,则该资产的β系数与市场平均水平的β系数差异更大。

$$\beta_i^{vasicek} = \frac{\sigma_{\beta_i}^2}{\sigma_{\beta_i}^2 + \sigma_{\bar\beta}^2} \times \bar\beta + \frac{\sigma_{\beta_i}^2}{\sigma_{\beta_i}^2 + \sigma_{\bar\beta}^2} \times \beta_i \qquad (7-1-6)$$

其中,β_i为资产i的基础β系数,$\beta_i^{vasicek}$为其Vasicek调整,$\bar\beta$为所有样本资产在估计期基本β系数的算数平均值,$\sigma_{\beta_i}^2$为资产i的历史β系数的估计方差(通过回归方程7-2-1获得),$\sigma_{\bar\beta}^2$为所得到的各样本资产基本β系数的横截面样本方差。

7.1.2 利用R估计股票的历史Beta系数

在这部分里,我们随机抽取20只股票,估计其历史Beta系数。无风险利率采用隔夜的上海银行间同业拆放利率(ShiborON),数据来源于Shibor官方网站(http://www.shibor.org)。

代码段7.1.2.1 历史Beta系数的估计

```
1   shibor <- read.csv('shiborON.csv')
2   rets <- read.csv('rets.csv')
3   shibor$date = format(as.Date(shibor$date), '%Y-%m-%d')
4   rets$date = format(as.Date(rets$date), '%Y-%m-%d')
5   data = data.frame(rets[1], rep(1))
6   shibor1 = merge(shibor, data, by='date')
7
8   rets.excess <- apply(rets[,-1], 2, function(x) x - shibor1$rate/100)
9   rets.excess <- data.frame(date = rets$date, rets.excess)
10  colnames(rets.excess)[-1] <- paste0('er', substr(colnames(rets.excess)[-1], 3, 8))
11
12  erm1 <- rets.excess$er00001.[1:53]
13  erm2 <- rets.excess$er00001.[54:118]
```

```
14    er1 <- rets.excess[1:53, 2:21]

15    er2 <- rets.excess[54:118, 2:21]

16    beta1 <- function(x){

17    md <- lm(x ~ erm1)

18    beta <- summary(md)$coefficients[2, 1]

19    var.beta <- summary(md)$coefficients[2, 2]^2

20    r2 <- summary(md)$r.squared

21    unsystematicRisk <- summary(md)$sigma^2

22    c(beta, var.beta, r2, unsystematicRisk)

23    }

24

25    beta2 <- function(x){

26      md <- lm(x ~ erm2)

27      beta <- summary(md)$coefficients[2, 1]

28      var.beta <- summary(md)$coefficients[2, 2]^2

29      r2 <- summary(md)$r.squared

30      unsystematicRisk <- summary(md)$sigma^2

31    c(beta, var.beta, r2, unsystematicRisk)

32    }

33    histBeta1 <- mapply(beta1, er1)

34    histBeta2 <- mapply(beta2, er2)

35    rownames(histBeta1) <- c('beta', 'varbeta', 'rsquared', 'unsysRisk')

36    rownames(histBeta2) <- c('beta', 'varbeta', 'rsquared', 'unsysRisk')

37

38    histBeta <- histBeta2[1, ]

39    names(histBeta) <- paste0('beta', substr(names(histBeta), 3, 8))

40    write.csv(histBeta2, 'histBeta2.csv')
```

代码段7.1.2.1前2行读入上海银行间同业拆放利率的历史数据和20只样本股票及上证指数的日历史收益数据。第3—4行将字符型转化为日期型数据,第5—6行将shibor数据日期和历史收益日期进行匹配。

第8行利用apply()函数对rets的第2—22列分别减去无风险利率,得到20只样本股票和上证指数的超额收益率(Excess Return)。对rate除以100是因为rate以百分比报价。

第12—15行将整个样本期分为2个阶段,这样处理是为了下文的Blume调整做准备。然后从数据框rets.excess中提取2个阶段20只样本股票和对应市场指数的历史超额收益,为下文的根据模型(7-1-1)进行回归做数据准备。

第16—23行和第25—32行分别为2个阶段回归求历史Beta建立函数,函数的参数为超额个股收益率。第17行建立线性回归模型,第18—21行分别提取回归系数、回归系数的估计方差、模型的决定系数和模型估计方差(非系统风险)。

第33—34行分别基于2个阶段的数据,利用mapply( )函数对20只样本股票遍历(Beta)估计函数。由于历史Beta系数要尽可能接近于分析期,所以历史Beta系数应该是估计期为第2阶段得到的Beta系数。

第40行保存第2阶段的估计结果,留待7.2.2节使用。

20只样本股票的历史Beta系数的估计结果如表7-1-1所示。

表7-1-1   20只样本股历史Beta系数估计结果

代码	Beta	代码	Beta	代码	Beta	代码	Beta
000568	1.142855	600029	1.241167	600809	1.232849	601868	0.718128
000938	1.487168	600031	1.498193	600918	0.978008	601939	0.214463
002236	1.189456	600176	0.902247	601166	0.543769	603195	0.674541
002601	1.652268	600188	1.141529	601658	0.417420	603899	0.737183
300999	0.415907	600276	1.498412	601865	1.045011	605499	0.944983

7.1.3   Beta系数的调整

R比较擅长向量和矩阵运算。从模型(7-1-4)、(7-1-5)和(7-1-6)可以看出,Beta的调整实质上就是向量运算。有了7.1.2的前期准备工作,对Beta系数进行Blume调整或Vasicek调整就可以很容易地完成。

代码段7.1.3.1   Beta系数的Blume和Vasicek调整

```
1    md1 <- lm(histBeta2[1, ] ~ histBeta1[1, ])

2    wt <- coef(md1)

3    beta.blume1 <- wt[1] + wt[2] * histBeta2[1, ]

4

5    beta.blume2 <- 0.33 + 0.67 * histBeta2[1, ]

6

7    var.cross <- var(histBeta2[1, ])

8    beta.ave <- mean(histBeta2[1, ])

9    var.est <- histBeta2[2, ]

10   beta.vasicek <- histBeta2[1, ] * var.cross/(var.cross + var.est) +
```

```
11                    beta.ave * var.est/(var.cross + var.est)
12    res <- data.frame(ticker = substr(colnames(histBeta2), 3, 8),
13                      rawBeta = histBeta2[1, ],
14                      BlumeBeta1 = beta.blume1,
15                      BlumeBeta2 = beta.blume2,
16                      VasicekBeta = beta.vasicek)
17    res
```

代码段 7.1.3.1 的第 1 行以第 1 阶段的 20 只股票的历史 Beta 系数为被解释变量,以第 2 阶段的 20 只股票的历史 Beta 系数为解释变量进行简单线性回归。第 2 行提取回归模型的回归系数的估计值,这是一个长度为 2 的向量。第 3 行以此计算 Blume 调整的 Beta 系数。

第 5 行计算许多财经网站报告的 Blume 调整 Beta,即按模型(7-1-5)计算的 Beta 系数。

第 7 行计算在第 2 阶段估计的 20 只股票的历史 Beta 系数的横截面方差,第 8 行计算其均值。第 9 行计算各股票历史 Beta 系数的估计方差。第 10—11 行利用模型(7-1-6)计算 Vasicek 调整的 Beta 系数。

第 12—17 行将上述结果汇总为一个 20 行 5 列的数据框,并报告其结果,如表 7-1-2 所示。表中的 rawBeta 为历史 Beta 系数,BlumeBeta1 为通过模型(7-1-3)和(7-1-4)计算的 Blume 调整 Beta 系数,BlumeBeta2 为根据模型(7-1-5)计算的 Beta 系数,VasicekBeta 为 Beta 系数的 Vasicek 调整。

表 7-1-2   20只样本股票的 Beta 系数估计结果

ticker	rawBeta	BlumeBeta1	BlumeBeta2	VasicekBeta
000568	1.142855	1.043853	1.095712	1.105092
000938	1.487168	1.375331	1.326403	1.366835
002236	1.189456	1.088717	1.126935	1.150855
002601	1.652268	1.534277	1.437020	1.503356
300999	0.415907	0.344005	0.608658	0.550513
600029	1.241167	1.138500	1.161582	1.187943
600031	1.498193	1.385945	1.333789	1.385469
600176	0.902247	0.812215	0.934506	0.912792
600188	1.141529	1.042577	1.094824	1.072154

ticker	rawBeta	BlumeBeta1	BlumeBeta2	VasicekBeta
600276	1.498412	1.386156	1.333936	1.400648
600809	1.232849	1.130493	1.156009	1.172555
600918	0.978008	0.885152	0.985265	0.978605
601166	0.543769	0.467101	0.694325	0.601561
601658.	0.417420	0.345462	0.609671	0.486365
601865	1.045011	0.949657	1.030157	1.024361
601868.	0.718128	0.634960	0.811146	0.738117
601939	0.214463	0.150071	0.473690	0.233628
603195.	0.674541	0.592998	0.781943	0.706984
603899	0.737183	0.653304	0.823912	0.782526
605499	0.944983	0.853357	0.963138	0.957223

[本节数字资源]

所在章节	二维码	内容	目标
7.1		课程资料链接（PPT）	获得该节线上课程PPT资料
		课程资料链接（代码）	获得该节线上课程代码资料
		课程资料链接（数据）	获得该节线上课程数据资料
		随堂训练	进一步理解Beta的计算
		随堂训练参考答案	

7.2　投资组合优化

7.2.1　投资组合优化简介

1952年Markowitz《投资组合选择》论文的发表,标志着现代投资理论的诞生。

根据投资组合理论,相同的一组资产,通过改变其权重,可以得到不同期望收益率和风险的投资组合。这些资产和组合在"风险—期望收益"平面上形成了可行集(Feasible Set)或机会集(Opportunity Set)。可行集的左边界是一个开口向右的双曲线,边界上的投资组合称为边界组合或前沿组合(Frontier Portfolio)。

可行集左边界的顶点在所有可能的投资组合中风险最小,该顶点所在的投资组合称为整体最小风险组合(Global Minimum Variance Portfolio)。可行集左边界在该顶点以上的部分被称为有效边界(Efficient Frontier),其组合称为有效组合。所谓有效组合,就是在给定风险下拥有最大期望收益的投资组合,或者在给定期望收益下具有最小风险的投资组合。

以上探讨的是仅仅存在风险资产情况下组合的有效边界。如果存在无风险资产,则在标准差—期望收益平面上,有效边界变为从无风险利率出发与风险资产构成的有效边界相切的直线,其中,切点所在的投资组合称为切点证券组合(Tangency Portfolio)。有效边界上其他投资组合均由该切点组合与无风险资产再组合构成,如图7-2-1所示。

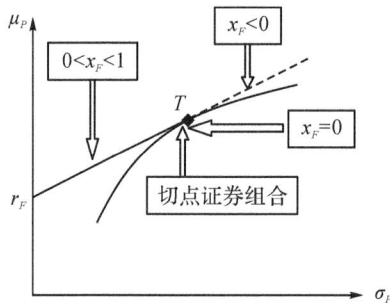

图7-2-1　投资有效边界

有关投资组合理论的基础知识,请参见朱晋(2015)第9章的相关内容;关于投资组合理论的进一步学习,推荐阅读卢恩伯格(2004)和埃尔顿(2008)等的相关书籍。

本节主要探讨如下问题:(1)资产期望收益率和协方差矩阵的估计;(2)投资组合期望收益和收益率方差或标准差的计算;(3)投资组合优化的实现,包括有限边界、切点投资组合的计算和绘图等。

7.2.2 资产期望收益率和协方差矩阵的估计

资产未来的收益率可以用历史收益率的均值来估计,即

$$\bar{R}_i = \frac{1}{T}\sum_{t=1}^{T} R_{it} \qquad (7\text{-}2\text{-}1)$$

资产的风险可以用历史收益的方差或标准差来估计,即

$$\sigma_i^2 = \frac{1}{T-1}\sum_{t}^{T=1}(R_{it}-\bar{R}_i)^2 \qquad (7\text{-}2\text{-}2)$$

$$\sigma_i = \sqrt{\sigma_i^2} \qquad (7\text{-}2\text{-}3)$$

资产 i 和资产 j 收益率之间的关系可以用其历史收益率的协方差或相关系数来估计,即

$$\sigma_{ij} = \frac{1}{T-1}\sum_{t=1}^{T}(R_{it}-\bar{R}_i)(R_{jt}-\bar{R}_j) \qquad (7\text{-}2\text{-}4)$$

$$\rho_{ij} = \frac{\sigma_{ij}}{\sigma_i\sigma_j} \qquad (7\text{-}2\text{-}5)$$

其中,R_{it} 为资产 i 在第 t 期的收益率,$\bar{R}_i$ 为资产 i 历史收益率的算术平均数,σ_i^2 为资产 i 历史收益率的方差,σ_i 为标准差,σ_{ij} 为资产 i 和资产 j 收益率协方差,ρ_{ij} 为资产 i 和资产 j 收益率相关系数,T 为估计期的期数。

多项资产收益率间的协方差也可以用式(7-2-6)的矩阵形式来表示。

$$\Omega = \frac{1}{T-1}\dot{U}^T\dot{U} \qquad (7\text{-}2\text{-}6)$$

其中,Ω 为资产间收益率的协方差矩阵,$\dot{U}$ 为各资产历史收益率离差矩阵(各资产收益率与其均值之差),该矩阵有 T(估计期数)行 n(资产数)列,$\dot{U}^T$ 为该矩阵的转置。

根据单指数模型(Single-index Model),资产未来的收益率可以由模型(7-2-7)来估计,资产收益率方差可以由模型(7-2-8)来估计,资产 i 和资产 j 之间收益率的协方差可以由模型(7-2-9)来估计。

$$E(R_i) = \alpha_i + \beta_i E(R_m) \qquad (7\text{-}2\text{-}7)$$

$$\text{Var}(R_i) = \beta_i^2\text{Var}(R_m) + \text{Var}(\varepsilon_i) \qquad (7\text{-}2\text{-}8)$$

$$Cov(R_i, R_j) = \beta_i\beta_j Var(R_m)(i\neq j) \qquad (7\text{-}2\text{-}9)$$

单指数模型下多项资产间收益率协方差矩阵可以用式(7-2-10)来估计:

$$\Omega = \beta\beta^T\text{Var}(R_m) + \Lambda \qquad (7\text{-}2\text{-}10)$$

其中,$E(R_i)$ 为资产 i 的期望收益,$\text{Var}(R_i)$ 为资产 i 收益率方差,$Cov(R_i, R_j)$ 为资产 i 和 j 收益率的协方差,Ω 为协方差矩阵,α_i 和 β_i 为单指数模型的参数,$\text{Var}(R_m)$ 为市场未来收益率的方差,ε_i 为单指数模型中的随机误差项,$\text{Var}(\varepsilon_i)$ 为其方差,Λ 为主对角线元素等于

各资产随机误差项方差的对角阵,即:

$$\Lambda = \begin{pmatrix} \mathrm{Var}(\varepsilon_1) & \cdots & 0 \\ \vdots & \ddots & \vdots \\ 0 & \cdots & \mathrm{Var}(\varepsilon_n) \end{pmatrix}$$

在这一小节里,我们将以7.1节里的20只股票为分析对象,利用R估计其未来收益和协方差矩阵。

(1)历史收益率法估计资产未来收益和协方差矩阵

代码段7.2.2.1　历史收益率法估计资产期望收益和协方差矩阵

```
1  rets <- read.csv('rets.csv')
2  rmat <- as.matrix(rets[, 2:21])
3  averR <- apply(rmat, 2, mean)
4  V <- cov(rmat)
```

代码段7.3.2.1的第1行读入历史收益率数据,第2行提取20只样本股票的历史收益率,并将其赋值于矩阵rmat中。第3行以列分别计算rmat的均值,第4行计算其协方差矩阵。

用历史收益率法估计的20只股票的未来期望收益率如表7-2-1所示。

表7-2-1　历史收益率法估计的样本股票期望收益

代码	收益率/%	代码	收益率/%
000568	0.053	600809	0.056
000938	−0.068	600918	−0.221
002236	−0.284	601166	−0.024
002601	−0.196	601658	−0.020
300999	−0.164	601865	−0.205
600029	−0.001	601868	−0.146
600031	−0.187	601939	−0.055
600176	−0.107	603195	−0.051
600188	0.482	603899	−0.136
600276	−0.205	605499	0.026

用历史收益率估计的20只股票的协方差矩阵由于表格太大(20×20),故这里只列出其一部分,如表7-2-2所示。

表7-2-2 历史收益率法估计的20只样本股票协方差矩阵的部分内容

代码	000568	000938	002236	002601	300999	600029
000568	0.000770	0.000240	0.000268	0.000213	0.000205	0.000375
000938	0.000240	0.000820	0.000369	0.000362	0.000120	0.000266
002236	0.000268	0.000369	0.000527	0.000281	0.000241	0.000342
002601	0.000213	0.000362	0.000281	0.000716	0.000115	0.000269
300999	0.000205	0.000120	0.000241	0.000115	0.000474	0.000203
600029	0.000375	0.000266	0.000342	0.000269	0.000203	0.000741
600031	0.000275	0.000418	0.000346	0.000435	0.000121	0.000334
600176	0.000298	0.000243	0.000204	0.000332	0.000107	0.000247
600188	0.000104	0.000131	0.000092	0.000291	0.000117	0.000176
600276	0.000304	0.000396	0.000321	0.000285	0.000195	0.000296

由表7-2-1可知,大部分股票的期望收益率为负数。由于股票为风险资产,其预期收益率至少超过无风险收益率,投资者才可能对其进行投资,所以,对于这一时期的20只样本股票,历史收益率法不是一种合适的估计方法。

（2）用单指数模型估计资产期望收益和协方差矩阵

根据前文所用数据,我们假设估计期（2022年1月10日—2022年7月10日）无风险利率为0.314%,相应时期市场证券组合的收益率为1.99%,其方差为0.01008。利用模型（7-2-7）和（7-2-10）,代码段7.2.2.2估算了20只样本股票的预期收益和协方差矩阵。

代码段7.2.2.2 用单指数模型估计资产收益率和协方差矩阵

```
1   dt <- read.csv('histBeta2.csv')[ , -1]
2   betas <- unlist(dt[1, ])
3   unsysRisk <- unlist(dt[4, ])
4   muf <- 0.00314
5   mum <- 0.0199
6   varm <- 0.01008
7   averRets <- muf + betas * (mum - muf)
8   covMat <- betas %*% t(betas) * varm + diag(unsysRisk)
9   write.table(covMat, 'covMat.txt',
10              row.names = FALSE,
11              col.names = FALSE)
```

```
12    portData <- list(returns = averRets, covariance = covMat)
13    save(portData, file = 'portData.RData')
```

代码段7.2.2.2的第1行读入7.1节估计的20只样本股票的Beta系数,这里,我们使用历史Beta系数作为样本股票未来Beta系数的估计值,与使用调整的Beta系数来估计股票的期望收益和协方差矩阵的方法类似。

第7行利用单因子指数模型估计样本股票的未来收益。第8行估计其未来收益的协方差矩阵。"%*%"表示矩阵乘积,函数t()计算矩阵的转置,函数diag()生成对角矩阵,其主对角线的元素分别为每只股票的非系统风险。第9—11行将结果保存为文本文件covMat.txt以备后用。由于下文要经常用到样本股票期望收益和协方差矩阵的估计结果,第12—13行将它们赋值于一个名为portData的列表,并将结果以文件"portData.RData"保存,以便后续调用。

20只样本股票未来收益的估计值如表7-2-3所示,其协方差矩阵不再列示。

表7-2-3   单指数模型估计的样本股票期望收益

代码	收益率/%	代码	收益率/%
000568	2.229425	600809	2.380256
000938	2.806495	600918	1.953142
002236	2.307528	601166	1.225358
002601	3.083202	601658	1.013597
300999	1.011061	601865	2.065439
600029	2.394196	601868	1.517584
600031	2.824973	601939	0.673441
600176	1.826167	603195	1.444532
600188	2.227204	603899	1.549519
600276	2.825339	605499	1.897791

7.2.3   投资组合的期望收益和风险

组合的期望收益率和方差可以分别用式(7-2-11)和式(7-2-12)来表示,其矩阵形式分别为式(7-2-13)和式(7-2-14)。

$$E(R_P) = \sum_{i=1}^{n} x_i E(R_i) \tag{7-2-11}$$

$$Var(R_P) = \sum_{i=1}^{n} \sum_{j=1}^{n} x_i x_j \sigma_{ij} \tag{7-2-12}$$

$$\mathrm{E}(R_p) = x^T U \tag{7-2-13}$$

$$\mathrm{Var}(R_P) = x^T \boldsymbol{\Omega} x \tag{7-2-14}$$

其中,$\mathrm{E}(R_P)$为组合P的期望收益率,$\mathrm{Var}(R_P)$为组合P收益率的方差,x_i为资产i的投资比重,x为投资比重向量,$\mathrm{E}(R_i)$为资产i的期望收益率,U为资产期望收益率向量,σ_{ij}为资产i和j的协方差,$\boldsymbol{\Omega}$为协方差矩阵。

利用模型(7-2-13)和(7-2-14),以前述20只样本股票为分析对象,假设该20只股票在权重为(0.05,0.04,0.06,0.03,0.03,0.02,0.01,0.07,0.08,0.12,0.02,0.02,0.01,0.01,0.03,0.05,0.01,0.02,0.03,0.23),代码段7.2.3.1计算该组合的期望收益率和方差,其结果分别为2.00%和0.01049。

代码段7.2.3.1 组合期望收益率和方差的计算

```
1  wt <- c(0.05, 0.04, 0.06, 0.03, 0.03, 0.02, 0.01, 0.07, 0.08, 0.12,
2          0.02, 0.02, 0.01, 0.01, 0.03, 0.05, 0.01, 0.02, 0.03, 0.23)
3  load('portData.RData')
4  mup <- t(wt) %*% portData$returns
5  varp <- t(wt) %*% portData$covariance %*% wt
```

代码段7.2.3.1中的第3行加载之前保存的PortData.RData数据,第4行利用模型(7-2-13)计算组合的期望收益,第5行利用模型(7-2-14)计算组合的方差。

7.2.4 允许卖空下投资组合优化

对于给定的一系列资产(其期望收益率U和协方差矩阵$\boldsymbol{\Omega}$已经通过前面的方法得到估计),投资组合优化主要涉及有效边界的估计和绘图,包含最小方差集、整体最小方差组合和切点证券组合等的估计。

在允许卖空的情景下,有效边界的估计可以通过解析的方法获得,即求解如下优化问题:

$$\min \frac{1}{2} x^T \boldsymbol{\Omega} x$$
$$subject \quad to \quad x^T U = \mu \tag{7-2-15}$$
$$1^T x = 1$$

允许卖空下有效边界可以通过如下2个性质得到求解。

性质1:设c为常数,向量z为方程$U - c = \boldsymbol{\Omega} z$的解,$x = z/z^T z$,其中$U$为资产期望收益率向量,$\boldsymbol{\Omega}$为资产收益率协方差矩阵。则权重为x的组合为前沿组合。

性质2:任意一个前沿组合均可以通过左边界上任意选定的2个前沿组合再组合构成。性质2也称为"两基金定理"(Two-fund Theorem)。

上述2个性质对于实现允许卖空下组合优化至关重要,考虑到初级投资学教材很少涉及这2个性质,以下我们给出简单的证明。详细的推导过程请参见埃尔顿等(2008)第99—104页及第111—115页和卢恩伯格(2004)第162—165页。

性质1的证明

有效组合是下面目标函数的最大化:

$$\text{MAX} \quad \theta = \frac{\text{E}(R_P - R_f)}{\sigma_P} \tag{7-2-16}$$

$$subject \quad to \quad \sum_{i=1}^{n} x_i = 1$$

上述目标函数可以转化为:

$$\theta = \frac{\sum_{i=1}^{n} x_i \left[\text{E}(R_i) - R_j \right]}{\sqrt{\sum_{i=1}^{n} \sum_{j=1}^{n} x_i x_j \sigma_{ij}}} \tag{7-2-17}$$

令该函数对所有x_i的偏导数为0,即$\frac{\partial \theta}{\partial x_i} = 0$,得:

$$\begin{cases} \text{E}(R_1) - R_f = \lambda x_1 \sigma_{11} + \lambda x_2 \sigma_{12} + \cdots + \lambda x_n \sigma_{1n} \\ \cdots \\ \text{E}(R_n) - R_f = \lambda x_1 \sigma_{n1} + \lambda x_2 \sigma_{n2} + \cdots + \lambda x_n \sigma_{nn} \end{cases} \tag{7-2-18}$$

其中

$$\lambda = \frac{\sum_{i=1}^{n} x_i \left[\text{E}(R_i) - R_f \right]}{\sum_{i=1}^{n} \sum_{j=1}^{n} x_i x_j \sigma_{ij}} \tag{7-2-19}$$

记$z_i = \lambda x_i$,并写成矩阵的形式,得:

$$U - R_f = \Omega Z \tag{7-2-20}$$

因为z_i和x_i成比例,故:

$$x_i = \frac{z_i}{\sum_{i=1}^{n} z_i} \tag{7-2-21}$$

或

$$x = \frac{z}{z^T z} \tag{7-2-22}$$

性质2的证明

设组合A和组合B均为前沿组合,则它们的权重x^A和x^B应该满足式(7-2-18)的n个方程和约束条件方程。由这2个前沿组合按比重π和$1-\pi$构成的新的组合的权重为:

$$x^N = \pi x^A + (1 - \pi) x^B \tag{7-2-23}$$

容易证明新组合N的权重仍能满足式(7-2-16)和上述约束条件,因此组合N为前沿组合。

切点证券组合是在一系列约束条件下,最大化Shape比率,即

$$\max \ \frac{\mathrm{E}(R_P) - R_f}{\sqrt{x^T \Omega x}} \tag{7-2-24}$$

利用上述 2 个性质得到 2 个前沿组合 A 和 B，再对前沿组合 A 和 B 进行组合，可以得到所有前沿组合。

$$\mathrm{E}(R_N) = \pi \mathrm{E}(R_A) + (1 - \pi)\mathrm{E}(R_B) \tag{7-2-25}$$

$$\mathrm{Var}(R_N) = \pi^2 \sigma_A^2 + (1 - \pi)^2 \sigma_B^2 + 2\pi(1 - \pi)\sigma_{AB} \tag{7-2-26}$$

$$\sigma_{AB} = x_A^T \Omega x_B \tag{7-2-27}$$

代码段 7.2.4.1　允许卖空下组合优化

```
1    load('portData.RData')
2    c1 = 0
3    c2 = 0.08
4
5    z1 <- with(portData, solve(covariance, returns - c1))
6    z2 <- with(portData, solve(covariance, returns - c2))
7    x1 <- z1/sum(z1)
8    x2 <- z2/sum(z2)
9
10   mu1 <- t(x1) %*% portData$returns
11   mu2 <- t(x2) %*% portData$returns
12   var1 <- t(x1) %*% portData$covariance %*% x1
13   var2 <- t(x2) %*% portData$covariance %*% x2
14   cov12 <- t(x1) %*% portData$covariance %*% x2
15
16   wt <- seq(from = -2, to = 2, by = 0.1)
17   mup <- wt * mu1 + (1 - wt) * mu2
18 sigmap <- (wt^2 * var1 + (1-wt)^2 * var2 + 2 * wt * (1 - wt) * cov12)^0.5
19
20   port <- data.frame(sigmap, mup)
21   require('ggplot2')
22   p <- ggplot(mapping = aes(x = sigmap, y = mup), data = port)
23   p + geom_point() + xlab('标准差') + ylab('期望收益')
```

代码段 7.2.4.1 中的第 1 行加载样本股票期望收益和协方差矩阵数据，第 2—3 行将 2 个常数分别设置为 0 和 0.08。

第5—8行利用性质1得到2个前沿组合,其中函数solve(A,b)用来求解$A^{-1}b$。

第10—14行分别计算前沿组合A和B的期望收益、方差和两者的协方差。

第16行生成一个新组合中前沿组合A所占权重的向量,随着组合A在新组合中权重的变化,整个组合也随之变化。

第17—18行计算组合A在新组合中的每一个权重下,新组合集的期望收益和标准差,第20行是将它们赋值于一个名为port的数据框中。

第21—23行是在"标准差—期望收益"平面上,利用ggplot2包描绘所求得的前沿组合,结果如图7-2-2所示。

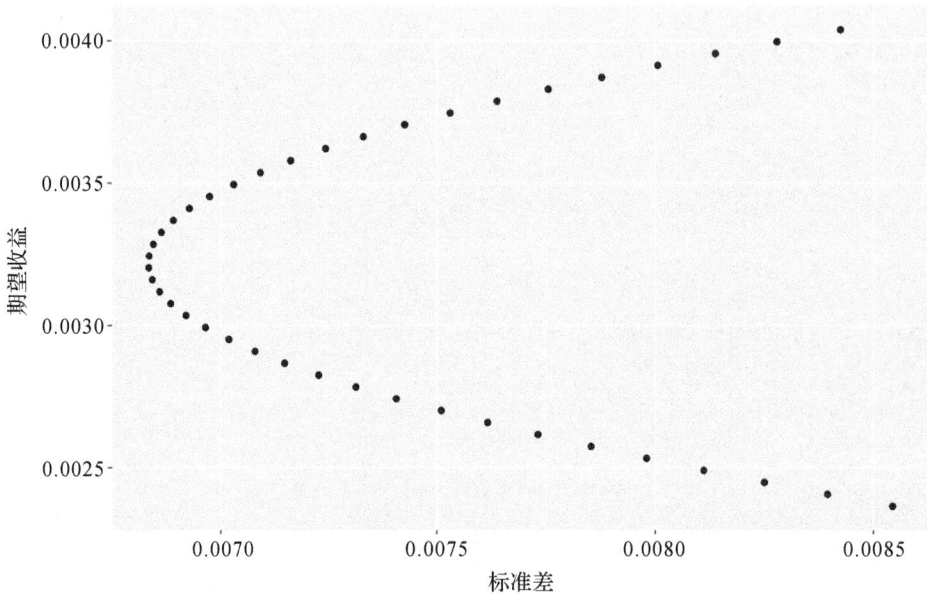

图7-2-2 允许卖空下资产的前沿组合

7.2.5 不允许卖空下投资组合优化

组合优化往往涉及在一系列约束条件下,对目标函数求最小值或最大值。组合优化中常见的约束条件主要有:

第一,资金没有剩余,即 $\sum_{i=1}^{n} x_i = 1$。

第二,不允许卖空,即 $x_i \geq 0$。

第三,不要太集中,如任何一只证券的权重不得超过0.4。

上述约束条件中第2项和第3项涉及非等式约束,此时不能运用7.2.4中解析的方法来求解有效边界。

（1）利用 quadpgog 包计算整体最小方差组合

quadprog 包的 solve.QP(Dmat, dvec, Amat, bvec, meq = 0) 函数是在一系列线性约束 $A^T b \geqslant b_0$ 下，最小化目标函数 $0.5 b^T D b - d^T b$，有关该函数的具体使用方法请参见该函数的帮助文件。

在投资组合优化中，Dmat 一般为资产的协方差矩阵，dvec 一般是长度等于资产数量的零向量，Amat 的转置一般为约束条件左边各项形成的矩阵（要求将等式约束放置在前，大于约束在后，小于约束通过不等式两边同乘以 −1 转化为大于约束），bvec 为约束条件右边内容形成的向量，meq 为约束条件中等式约束的个数。

solve.QP( ) 函数不仅具有较大的使用自由度，而且可以让使用者清楚地了解投资组合优化的整个过程。代码段 7.2.5.1 以前述 20 只样本股票为分析对象，在不存在剩余资金和不允许卖空的约束下，利用该函数计算整体最小方差组合（GMVP）。

代码段 7.2.5.1　利用 solve.QP( ) 计算整体最小方差组合

```
1   load('portData.RData')
2   require('quadprog')
3   Dmat <- portData$covariance
4   n.asset <- nrow(Dmat)
5   dvec <- rep(0, n.asset)
6   DIAG <- diag(n.asset)
7   ones <- rep(1, n.asset)
8   Amat <- t(rbind(ones, DIAG))
9   bvec <- c(1, rep(0, n.asset))
10  meq <- 1
11
12  optim <- solve.QP(Dmat, dvec, Amat, bvec, meq)
13  x.gmvp <- zapsmall(optim$solution)
14  mu.gmvp <- t(x.gmvp) %*% portData$returns
15  sigma.gmvp <- sqrt(t(x.gmvp) %*% Dmat %*% x.gmvp)
```

代码段 7.2.5.1 的第 3 行将资产的协方差矩阵赋值于 Dmat，第 4 行计算协方差矩阵的行数，即投资组合中资产的数量，并赋值给 n.asset。devec 是一个长度等于资产数量的零向量。

第 6 行的 diag(n.asset) 生成一个 20×20（n.asset=20）的单位矩阵，用于每个资产的非卖空约束条件。Ones 为长度等于 n.asset 的取值为 1 的向量，用于权重和等于 1 的约束。第 8 行将 ones 和 DIAG 按行合并，然后转置，得到 Amat。Bvec 是一个长度等于 n.asset+1 的向量，其第 1 个元素为 1，其余为 0，它表示约束条件右边的内容。第 10 行表示约束条件中只有一个是等式约束，其余都是"不小于"的约束。

第12行将优化结果赋值给optim，optim是一个包含solution的列表，solution就是优化的结果，即整体最小方差组合各资产的权重向量。第13行的zapsmall()函数将微小的权重以0来替代，用以消除迭代过程中可能产生的微小负数。

第14—15行分别计算了整体最小方差组合的期望收益和标准差。估计结果为：

x.gmvp

 [1] 0 0 0 0 0 0 0 0 0 0 0 0 0 0 0 0 1 0 0 0

mu.gmvp

　　　　　　　 [,1]

[1,] 0.00673441

sigma.gmvp

　　　　　　　 [,1]

[1,] 0.02251537

现在我们来分析在没有剩余资金、不允许卖空和给定组合目标收益条件下如何估计整体最小方差组合，分析对象还是前述20只样本股票，假设投资组合月目标收益率为1.5%。计算过程见代码段7.2.5.2。

代码段7.2.5.2　不允许卖空、给定目标收益率下的最小方差组合

```
1    load('portData.RData')

2    targetRet <- 0.015

3

4    mu <- portData$returns

5    Dmat <- portData$covariance

6    n.asset <- nrow(Dmat)

7    dvec <- rep(0, n.asset)

8    DIAG <- diag(n.asset)

9    Amat <- t(rbind(rep(1, n.asset), mu, DIAG))

10   bvec <- c(1, targetRet, rep(0, n.asset))

11   meq <- 2

12

13   optim <- quadprog::solve.QP(Dmat, dvec, Amat, bvec, meq)

14   x.gmvp <- zapsmall(optim$solution)

15   mu.gmvp <- t(x.gmvp) %*% mu

16   sigma.gmvp <- sqrt(t(x.gmvp) %*% Dmat %*% x.gmvp)
```

由于目标收益率约束条件为$x^\mathrm{T}U = u_0$，故 Amat 矩阵的第2列为 mu 向量（第9行），其他代码与代码段7.2.5.1类似。

（2）利用quadprog包计算切点组合

切点组合是在一定的约束下最大化Sharpe比率，即最大化 $\dfrac{x^{\mathrm{T}}U - R_f}{\sqrt{x^{\mathrm{T}}\Omega x}}$ 。但 solve.QP（) 函数只能最小化目标函数，因此，需要对目标函数变形，使之转化为最小化问题。

在线性约束条件下，让 x 乘以某个数，使得 $x^{\mathrm{T}} - R_f = 1$，这并未改变约束条件和 x 本身，但上述优化条件已经转化成了最小化 $x^{\mathrm{T}}\Omega x$。假设月无风险利率仍为之前的 0.34%，我们来计算切点组合。注意 $x^{\mathrm{T}}U - R_f = x^{\mathrm{T}}(U - R_f)$。

代码段 7.2.5.3 利用 solve.QP（)计算切点组合

```
load('portData.RData')
rf <- 0.0034
Dmat <- portData$covariance
mu <- portData$returns
n.asset <- nrow(Dmat)
dvec <- rep(0, n.asset)
Amat <- t(rbind(mu - rf, diag(n.asset)))
bvec <- c(1, rep(0, n.asset))
meq <- 1
optim <- quadprog::solve.QP(Dmat, dvec, Amat, bvec, meq)
x1.tangencyPort <- optim$solution
x.tangencyPort <- zapsmall(x1.tangencyPort/sum(x1.tangencyPort))
mu.tangencyPort <- t(x.tangencyPort) %*% mu
sigma.tangencyPort <- sqrt(t(x.tangencyPort) %*% Dmat %*% x.tangencyPort)
```

这里不再解释上述代码的含义，根据上述代码，得到切点组合为：

```
x. tangencyPort
[1]  0.01896959  0.15695669  0.05098327  0.24464967
[5]  0.00000000  0.07018786  0.18065242  0.00000000
[9]  0.00730943  0.21628663  0.05400444  0.00000000
[13] 0.00000000  0.00000000  0.00000000  0.00000000
[17] 0.00000000  0.00000000  0.00000000  0.00000000
```

7.2.6 利用stockPortfolio包进行组合优化

R中有多个贡献包涉及组合优化的问题，如 fPortfolio 和 stockPortfolio 等。作为本章的结尾，我们通过例子简单地介绍下 stockPortfolio 包的基本用法，详细信息请参见该包的帮助文件，stockPortfolio 安装包已放至附件。

我们以贵州茅台(600519)、平安银行(000001)、格力电器(000651)和北斗星通(002151)为对象,探讨利用stockPortfolio包进行组合优化。

利用上述4P₁股票在2016年1月—2021年12月的收益率,计算其样本协方差矩阵。并且假设月无风险利率为0.34%,市场组合用上证指数(000001.ss)来替代。

代码段7.2.6.1 利用stockPortfolio包进行组合优化

```
1   library('stockPortfolio')

2   library('pedquant')

3   library('reshape2')

4   tickers <- c('600519.ss', '000001.sz', '000651.sz', '002151.sz', '000001.ss')

5   theData <- md_stock(tickers, from = '2016-01-01', to = '2022-01-01')

6   theData_month = pq_freq(theData, freq = "monthly") #转化为月度数据

7   theData_r = pq_return(theData_month, x = "close") #计算月度收益率

8   xx01 = data.table::rbindlist(theData_r) #将列表转化为长数据框

9   xx01 = dcast(xx01,date~symbol) #将长数据转化为宽数据

10  xx01 = data.frame(xx01)

11  xx01 = na.omit(xx01)

12  xx02 = as.character(xx01[ , 1])

13  xx01 = xx01[ , -1]

14  xx01 <- apply(xx01, 2, as.numeric) #将数据转为数值型

15  row.names(xx01) = t(xx02)

16  ind <- c('wine', 'banks', 'machine', 'information','Index')

17  Rf <- 0.0034

18  modelMarko <- stockModel(xx01, drop = 1, model = 'none',industry = 19
    ind,freq="month")

19  modelSim <- stockModel(xx01, model = 'SIM', index = 1, industry = ind,
    freq="month")

20  opMarko <- optimalPort(modelMarko, Rf)

21  opSim <- optimalPort(modelSim, Rf)

22  meanRet <- colMeans(xx01[ , -1])

23  equWeight <- rep(0.25, 4)

24  rtnEqu <- sum(meanRet * equWeight)

25  COV <- cov(xx01[ , -1])

26  sdEqu <- sqrt(t(equWeight) %*% COV %*% equWeight)

27  results <- data.frame(model = c('Markowitz', 'SIM', 'EqualWeighted'),
```

$$Return = c(opMarko\$R, opSim\$R, rtnEqu),$$

$$Risk = c(opMarko\$risk, opSim\$risk, sdEqu))$$

28   portPossCurve(modelMarko)

29   portCloud(modelMarko, add = TRUE)

30   points(opMarko, pch = 19, add = TRUE)

31   points(opMarko\$risk, opMarko\$R, pch = 19, col = 'green')

32   segments(0, Rf, opMarko\$risk, opMarko\$R)

代码段 7.2.6.1 的第 1—2 行分别加载了"stockPortfolio"包和"reshape2"包。第 3 行将股票和指数导入至 xx01,第 4—9 行对数据进行预处理,并将表内数据转为数值型。第 10 行将 4 只样本股票的行业类型赋值给向量 ind。截至目前,在 stockPortfolio 包中,行业类型对组合优化的分析还没有什么影响。第 11 行将月无风险利率赋值给对象 Rf。

第 12—13 行利用该包的 stockModel( )函数构建股票模型,参数 model 选择"none"表示用 Markowitz 的方法进行组合优化,选择"SIM"表示用"单指数模型"的方法对组合进行优化。由于 Markowitz 的方法不需要市场指数的信息,因此参数 drop 选择"5",表示 xx01 的第 5 列代表市场指数的收益率,在构建模型中应该去除该列。而在单指数模型中,市场指数是关键信息,所以代码段第 13 行的参数 index 选择"5",表示模型 xx01 的第 5 列为市场指数的收益率。

第 15—16 行根据所选的股票模型进行组合优化,将结果分别赋值给 opMarko 和 opSim。

作为比较,我们将 4 只样本股票按相同权重进行组合,分析其收益和风险。代码段 7.2.6.1 的第 17 行计算除了市场指数外 4 只样本股票在估计期的平均收益,并将之赋值给向量 meanRet。第 18 行将 4 只股票的权重(均为 0.25)赋值给向量 equWeight。第 19 行计算 4 只股票按相同权重构建的组合的期望收益。第 20 行计算 4 只股票的协方差矩阵,并将之赋值给 COV。第 21 行计算该等权重组合的标准差。

第 22 行将估算结果赋值给 results 的数据框,表 7-2-4 为最终估算结果。仅从表 7-2-4 来看,我们还难以判断不同方法孰优孰劣。

表 7-2-4   3 种方法构建的组合的收益和风险

模型	期望收益/%	标准差/%
马科维兹模型	3.5939	8.6613
单指数模型	3.5936	8.3012
等权重	1.6732	5.6053

代码段 7.2.6.1 的最后 5 行将按 Markowitz 方法所得到的优化结果以图形输出。第 24

行描绘了可行集的左边界,第25行利用portCloud( )函数在原图基础上添加可行的投资组合云,第27行在图中添加最优风险证券组合,第28行绘制一条从无风险利率出发到最优风险证券组合为止的线段。读者应该知道该线段的投资学含义,这里不再赘述。运行结果如图7-2-3所示。

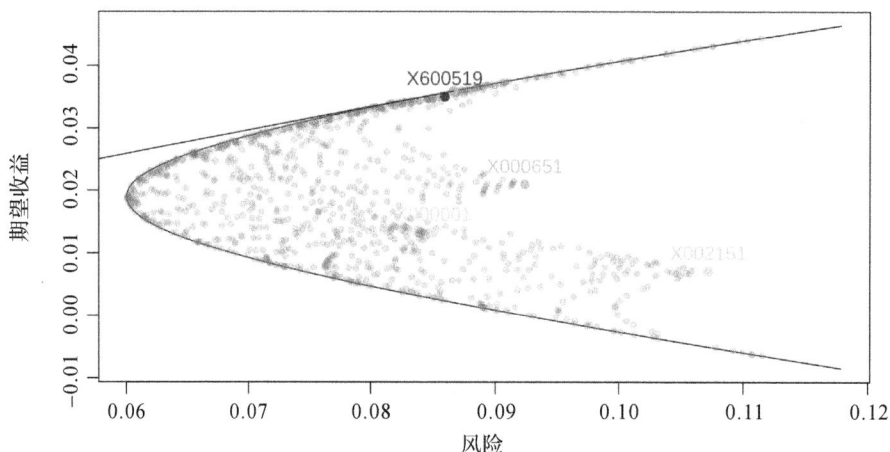

图7-2-3　Markowitz方法得到的4只样本股票的可行集和有效边界

[本节数字资源]

所在章节	二维码	内容	目标
7.2		课程资料链接（PPT）	获得该节线上课程PPT资料
		课程资料链接（代码）	获得该节线上课程代码资料
		课程资料链接（数据）	获得该节线上课程数据资料
		随堂训练	学会利用R包进行股票组合优化
		随堂训练参考答案	

【本章小结】

■主要术语

Beta系数　投资组合优化　资产期望收益率和协方差矩阵　投资组合的期望收益与风险

■数字资源

所在章节	二维码	内容	二维码	内容
第7章		自测题目		自测题目答案
		自选题目		自选题目答案

8 R与量化投资

导入语

量化投资指的是用数量化的方法做投资,以获取稳定收益为目的的交易方式。伴随着金融全球化的进程,以及我国金融市场的发展创新,利用多市场、多品种、多策略的综合投资和管理将成为未来资产管理、财富管理、风险管理、结构化产品设计的重要发展模式,尤其是运用量化投资技术和程序交易进行套利策略设计、投资方案实施、风险分析、市场预测等。

本章将会介绍量化投资的主要概念,包括量化投资的理论基础、量化策略的设计思路和流程、量化策略的回测和评价方法及简单的资金管理技术,并在最后给出了一个期货日内交易策略的R代码以作为例子。

学习目标

量化投资策略的难度不在设计而在思想。学生应以兴趣为基础,结合自身对于市场的理解和直觉,设计可能盈利的策略。学生主要学习目标包括:了解量化投资的概念和量化策略的主要设计流程;理解一些经典的量化策略设计方法;掌握量化策略的回测程序、设计思路和评价方法;能够独立使用R软件设计出自己的交易策略。

8.1 量化投资概述

量化投资指的是用数量化的方法做投资。数量化的方法包括数学的、物理的、统计的、概率的模型等等。投资的技术包括量化选股、量化择时、统计套利、Alpha策略、高频交易等等。

量化投资在西方是主要投资方式,20%以上的资产、超过50%的股票交易量和30%的衍生品都是由量化投资者做出的,但在中国市场还处于起步阶段。在2015年前受可选工具、市场容量等因子的限制,量化领域发展较慢。2015年后,随着市场成熟和对冲工具的发展,量化投资产业进入快车道,特别是在私募基金中扮演了重要角色。2020年,中国全市场量化基金规模达 2.16 万亿元,其中,私募量化基金规模达 7600 亿元,贡献了市场 16%—20% 的成交额。中国市场发展较晚,个人投资者占比较高,非理性的市场行为较多,因此可发掘的量化投资机会更多,不过中国市场有其自身的特点,完全照搬西方市场的策略很可能并不盈利。国内市场近年来股指期货、股指期权、国债期货、融资融券以及商品期货期权的大量涌出,都给量化投资带来了新的机遇。经过 30 余年的发展,中国的资本市场已经成为全球最主要的资本市场之一,中国的量化投资需要开创新的历史,中国的量化投资领域必将谱写新的财富神话。因此,本书的最后一章将会对量化投资的主要步骤和基本注意事项进行简单的介绍,希望读者可以以此为基础构建自己的交易策略,有机会成为与时代并肩进步的量化投资人。

8.1.1 量化投资盈利的理论基础

Fama(1965)提出的有效市场假说(Efficient Maket Hypothesis,EMH)认为,基于当前的信息集,市场价格是最好的价格预测,即任何时候资产价格都能准确实时地反映所有相关的信息内容。EMH 的实质是信息被市场吸收的速度极快,任何个体都不能以信息优势获利。EMH 分为弱势有效、半强势有效和强势有效。弱势有效下,主动投资策略无效;半强势有效下,基本面分析无效;强势有效下,内幕消息也无法带来超额回报。

但事实上,很多的实证现象对 EMH 形成了挑战。EMH 本身只能作为一个基准模型。EMH 面临的挑战大致源于以下几点。

(1)激励不足:搜集信息是需要成本的,如果搜集的信息不能带来额外收益,那么没有人会去搜集信息,此时市场价格又如何能够反映信息呢? 这是一个悖论。

(2)存在优秀投资绩效的个体,且不满足随机性的要求。巴菲特、西蒙斯等人多年的成功经历似乎不能用随机出现的投资优异业绩来解释。

(3)市场存在一些难以被 EMH 解释的现象:日历效应(1 月效应、月末效应、假期效应);规模效应(小盘股回报优于大盘股);价值效应(低市净率的股票回报高于高市净率股票);反转效应(3—5 年周期持有过去较差股票未来反而表现更好);动量效应(3—12 月周期下追涨杀跌策略表现良好);处置效应(投资者愿意持有下跌的股票但快速卖出上涨的股票);股权溢价之谜(股票平均投资回报率高于债券市场的回报);等等。

为解释 EMH 存在的这些问题,Lo(2005)提出了适应性市场假说(Adaptive Market Hypothesis,AMH),何诚颖等(2014)对此有详细讨论。这里只做大概介绍。如果将金融市场看作一个生态环境,那么其中的投资者为了生存就必须追求决策的效率,可能有时并不需要达到最优的决策,次优的决策如果能够快速地找到,也可以获取竞争的优势。而因为决策并不总是考虑完全信息,所以信息进入市场的速度是缓慢的。信息缓慢进入市场的过程就会形成诸如动量效应、反转效应、内幕交易等市场特征和行为特性。因此,AMH 假说可以被看作对 EMH 的补充,调节了 EMH 与实际市场的差距。

总的来说,当一个市场信息搜集存在显著的成本、投资者之间存在许多不同意见和不同投资水平、市场的套利机制不够完善、噪声交易者较多时,市场的有效性就难以保证,此时采取量化策略发掘这些典型的市场无效现象,并以此牟利的可能性就较大。

8.1.2 量化投资与基本面分析和技术分析的区别与联系

技术分析和基本面分析是比量化投资古老很多的投资方法。其中,技术分析直接研究价格的动态和规律性,通过价格图表和技术指标来帮助决策,但判定时需要一定的主观性。特别是在对价格形态的判别以及偏好的技术指标的选取和使用方法上,每个人的投资习惯和个人主观判断都会使得技术分析本身的有效性在不同的投资者之间差异明显。

基本面分析研究导致市场行为变化的政治、经济、心理等多种因素,通常需要考虑到的因素过多,且不同经济理论之间可能得到相互矛盾的解释,此时就需要投资者自己的主观判断,又因为不同的行业、不同的宏观经济运行情况、不同的政策解读方式,需要投资人掌握许多方面的知识才可能得到全面且准确的判断。因此,在大多数时候,基本面分析是复杂的,且难以得到可靠结论,或者说经济数据发布的延迟,导致结论来得太迟。

量化投资分析是用数学、统计、物理等模型来分析影响市场价格变化的各类变量的逻辑关系,并由此导出数量关系规律,从而得到投资策略,特点是逻辑清晰、操作性强。由程序决定是否进行交易,削弱了人类的主观性的干扰。但其缺点是大多数稳定性一般,需要不停地根据市场运行的状况修正策略,才可以让盈利持久。

但量化投资并不排斥技术分析和基本面分析,相反,技术分析的思想和理念、基本面分析的技巧都可以被整合到某些量化投资策略中,让曾经闪光的思想通过量化模型继续发挥出作用。比如,某些技术指标的构建过程,其本身就代表了一定的投资思想。如均线的黄金交叉,就代表短期动能超过长期动能,那么以此思想来构建策略,可以直接使用均线指标进行比较确定买卖点,或者采用更好的方法来构建长期动能和短期动能的代理变量,并进行比较确定合适的买卖时机。再比如,基本面分析中强调的股票估值因子和行业发展因子,都可以被带入量化模型中,设计适当的投资策略。

随着数据分析技术的提升和数据库的完善,每一个量化策略的构建者都可以通过学习的方式吸收之前的技术分析和基本面分析的营养,并在最终决策过程中,让这些分析方法所得到的结论占有一定的权重,甚至采用人工智能的方式模拟人脑决策过程,让机器代替人脑来做最终的投资决策。程序所进行的决策可能源于量化分析、技术分析或基本面分析,也可能是多方面技术的结合。一个完善的策略库、一个科学的学习系统和先进的策略设计系统,可能是未来量化投资和程序化交易的一个发展方向。

8.1.3 量化投资理念的来源

量化投资策略的重点在于设计策略的思想,就如同算法是程序设计的灵魂一样,思想和理念也是交易策略的灵魂。那么,如何找到设计策略的灵感呢?设计策略真的很难吗?每一个原创性的工作都需要天赋和勤奋,但并不是说就会有多么难。并不是最复杂的数学模型最有可能盈利,也不是最厉害的数学家或物理学家就能成为优秀的量化投资者,量化投资的灵感也不全来源于空想。量化策略的灵感更多来源于积淀和经验。大致来说,量化策略理念可以通过以下方式获取。

(1)对市场的直觉把握(多实践,多思考):只有善于思考、善于总结的人才有可能发现有价值的策略。

(2)从学术研究中获取养料(如学术期刊的最新论文、相关领域教授的工作论文、商学院的量化金融研讨会):学术研究虽然有时候基于很多假设,但某些实证现象的发现或相关的理论进一步推理都可能与某个有效策略有关。

(3)技术分析指标构建的思想过程:技术分析指标都有各自的构建思想,提炼其中的思想,用更好的数据(如 Level-2 行情数据)进一步重构策略,测试新策略的可用性价值,虽然不是原创的理念,但在测试的过程中你会了解很多与此思想相关的注意事项。

(4)新闻媒体、专业交易者论坛(如精英交易员、MACD 论坛等):有一些人愿意公布和分享自己的策略心得,特别是在国外的量化交易网站,虽然不是最准确的,但也包含了一些投资的思想。

(5)建立自己的交易博客与其他人交流:只有将自己的理念分享出来(可能并不需要具体的操作过程),与他人交流才能让大家都受益。

8.1.4　量化投资的优势

量化投资除了可以以程序代替人做决策来杜绝主观性的干扰与善于处理大量信息和数据之外,还有许多其他投资方式不及的优点。

(1)小生意,但规模易扩大:普通的小型资金投资者可以在家里编写自己的交易策略,只需要让程序选出股票,计算出合适的买卖点,操作上由人来执行也可以完成量化投资。如果购买数据库和交易接口(总共花费应该低于 50 万元),那么就可以扩大规模进行更多的量化投资交易。

(2)节约时间,可以在业余时间完成(下载数据、应用策略程序计算出交易指令、在特定时间执行指令):不需要实时看盘选择交易时间和头寸,由计算机实现自动化之后,大大节约了投资者的时间,熟练而稳定的量化策略甚至可以让投资者几个星期都不需要去管理,因此完全可以业余完成,当作业余的爱好。

(3)不需要市场营销,除非投资者是机构发行的量化投资基金经理,但此时也有特定的部门负责营销。任何生意,包括服装销售、餐饮、娱乐设施等都需要市场营销来增加收益,但量化策略只需要自己的理念和充分的测试,就可以投入运行。

(4)所需的数学知识和编程知识并不是太多。Excel、Matlab 和 R 软件所需要的基础编程能力要求不高,只要有中学数学和一点高等数学的知识就足以胜任大多数的交易模型设计。而且要相信市场是简单的,并不是需要复杂的模型才可以获得盈利,抓住市场价格变化的实质可能是一个简单的策略。

8.1.5　量化策略设计的原则和注意事项

设计符合自己的量化策略,首要的原则是从自身实际出发来确定策略的基本属性,比如自有资本的多少(有一些策略的资本容纳量有其极限,超过一定程度的资本所带来的冲击成本可能会抵消掉策略的盈利)、自由时间的阶段(空闲时间是哪些时候,何时可以运行程序,何时可以手动操作成交,是否需要机器自动交易)、自身的编程能力(受限于自身的编程能力,你可能无法完成一些复杂的策略测试,那么一些简单的Excel都可以实现的策略应该多多测试)、投资的目标(是为了保值还是为了最大的盈利,不同的投资目标会选择不同的策略,使用不同的交易工具,并采取不同的投资组合分配资金)。

若要判断一个量化策略是否可行,则需要从如下几个方面来展开。

首先,理念与理论的结合性。该投资理念是否与金融学现有的理论相一致,或者至少是不违背的。也就是说,策略制定人必须清楚地知道获得的盈利来自哪个部分、哪个方面,由什么理论所决定,以及盈利的必然性。

其次,需要与基准相比,比如战胜指数,否则策略的利润可能并不是由理念先进带来的,而是由股市整体上行带来的。

再次,收益是否有持续性和稳定性,这是需要考察策略收益的波动性,考察策略最大挫跌和最长挫跌期。最大挫跌也称最大回撤,指的是头寸的最大价值跌幅;最长挫跌期也称最长回撤期,指的是策略持续不赚钱的最大期限。最大挫跌和最长挫跌期的概念如图8-1-1所示。如果策略的这2个指标都不能达到基本要求,那么策略的可行性就有待重新考察。

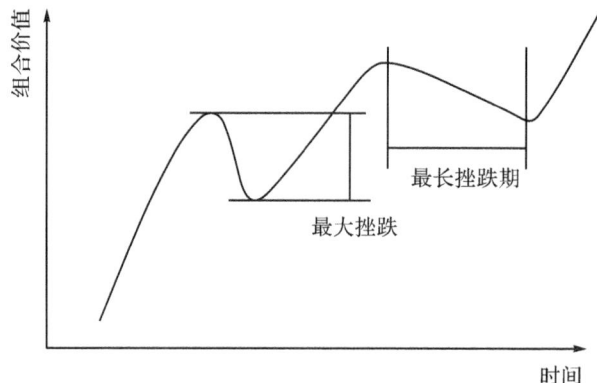

图8-1-1　最大挫跌和最长挫跌期示意图

最后,策略相同时间内交易次数越多,其成本就会越高,不能脱离成本来判断收益,必须同时考察收益所得是否已经将交易成本计算在内。

另外,策略的运行有其时效性,有一些交易策略会在3—6个月内非常有效,但之后由于各种各样的因素就失效了。这是否需要立即抛弃策略,还是给策略的失效进行诊断以判断清楚原因呢?一般而言,策略失效的原因可能有:策略的思想过于简单,容易被模仿;市场风格转换,这类策略已经不适合当前市场;许多策略运行时间过久,已经成为大众化策略,很可能与其他大众策略的相关度很高,故每次的交易成本都会突然增加,最终的策略收益就会不断减弱乃至失效。针对这些失效的原因,可以考虑变化交易时间,改进交易理念,加入新的策略思想,相互结合改进策略的有效性,等等。

本节针对这些注意事项做了简单介绍,后面的章节中会给出详细的例子加以讲解。

[本节数字资源]

所在章节	二维码	内容	目标
8.1		课程资料链接(PPT)	获得该节线上课程PPT资料

8.2 程序化交易简介

程序化交易也称为算法交易、自动交易、黑盒交易或者机器交易,它指的是通过使用计算机程序来发出交易指令。在交易中,程序可以决定的参数包括交易时间的选择、交易价格,甚至包括最后需要成交的证券数量。算法交易最初的诞生是为了将大单拆分成大量较小的交易,以减少对市场的冲击,降低机会成本和风险。随着相关技术的发展完善,算法交易的使用范围逐渐扩大,目前算法交易的应用主要有以下几个目的。

(1)使交易更加有效。大型交易者当然希望自己买或卖的行为不被市场发现,在不会影响市场的情况下迅速成交,否则交易对象的价格将在交易完成前迅速往自己所不期望的方向变动。一次大额的交易可能导致目标证券价格数个百分点的变动,而在机构的业绩表现中,每一个百分点的差异都可能非常重要。合理地使用算法交易,可以令交易的冲击大大减弱。此外,市场上每一个大型的交易者都不会一次性地把自己所有的交易指令都暴露出来。因此,实际的交易会远远多于我们能看到的公开交易。通过算法交易,我们可以通过科学的方法发现这些交易机会,准确地完成大额交易,提高交易的效率。

(2)获取 Alpha。使用算法交易的终极目标就是获得超额收益率 Alpha,即在与其他机构投资者机会均等,甚至使用相同或类似量化交易策略的情况下,通过减少冲击成本、选择合适的交易方式,获得略高于竞争对手的收益率。最初,这一 Alpha 基本上完全是通过削减冲击成本达到的。随着算法交易研究的深入,交易者开始尝试寻找更合适的交易时机。在某些情况下,还可以通过短时间内的高卖低买减少持有的成本。在算法交易追求 Alpha 能力进一步增强以后,很多对冲基金甚至纯粹只使用算法交易,直接通过使用这种技术来获取绝对回报,这是高频交易算法的一个重要分支。

根据算法交易中算法的主动程度不同,可以把不同算法交易分为被动型算法交易、主动型算法交易和综合型算法交易三大类。

被动型算法交易也叫结构型算法交易,或者时间表型算法交易。这类交易算法除了利用历史数据估计交易模型的关键参数外,不会根据市场的状况主动选择交易的时机与交易的数量,而是按照一个既定的交易方针进行交易。该策略的核心是减少滑价(目标价与实际成交均价的差)。被动型算法交易最成熟,使用也最为广泛,如在国际市场上使用最多的成交量加权平均价格(VWAP)、时间加权平均价格(TWAP)等都是属于被动型算法交易,国内也有一些券商开始提供 VWAP 算法交易服务,为大头寸交易者提供方便。

主动型算法交易也叫机会型算法交易。这类交易算法根据市场的状况做出实时的决策,从而判断是否交易、交易的数量、交易的价格等。由于很多交易指令是根据市场的即时状况下达的,因此有可能无法完成交易员希望的全部交易。主动型交易算法除了努力减少滑价以外,还把关注的重点逐渐转到价格趋势预测上。如判断市场价格在向有利于交易员的方向运动时,就推迟交易的进行;反之,则加快交易的速度。当市场价格存在较强的均值回归现象时,必须迅速抓住每一次有利于自己的偏移。此外,当算法交易被广泛应用时,证券的市场价格行为就会表现出一定的规律。这样,就出现了一类特殊的算法交易,如瑞士信贷的 Sniper 算法,它们的目标是发现市场上与自己交易方向相反的大型交易对手,通过合适的交易安排,与该对手完成交易,避免市场受到冲击。

综合型算法交易是前两者的结合。其包含既定的交易目标,具体实施交易的过程中也会对是否交易进行一定的判断。这类算法常见的方式是先把交易指令拆开,分布到若干个时间段内,每个时间段内具体如何交易由主动型交易算法进行判断。两者结合可以达到单独一种算法所无法达到的效果。

因此,综上所述,算法交易只是实施量化交易策略的一个步骤,但并不是所有的量化投资策略都需要通过程序化交易来实现。事实上,公募基金受限于监管要求,往往达不到算法交易所需的交易频度,因此其量化策略往往频度较低,且最终的交易指令是由人工来完成的。但毋庸置疑的是,当交易频度开始提高,交易精确度要求上升,或者必须要在一定的精度下才可以保证量化策略的盈利性时,程序化交易还是很有必要的。

如何设计一个程序化交易系统呢?简单来说,一个半自动的交易系统需要有经过历史数据文件和相应的 R 或 Matlab 等程序测试有效的交易策略,然后由这些交易策略发出交易指令,之后将这些指令通过券商的交易客户端以人工的或电脑程序的方式执行,这些系统都是半自动的。而全自动的交易系统需要有实时数据的接收器,还有C++程序同时对实时数据进行处理,并结合策略算法,计算出即时的交易指令,然后通过向券商购买的实时指令传输接口(API)传递到交易所电子交易系统进行执行。

全自动系统需要购买API,并有软件工程师配合编写相关的C++程序,初始投资较高,适合大型的机构或自有资金充足的私募基金等投资人。而半自动系统的流程却可以完全由个人来完成,其成本非常低廉。我们下面介绍通过半自动交易系统进行交易之前的策略步骤,如图8-2-1所示。

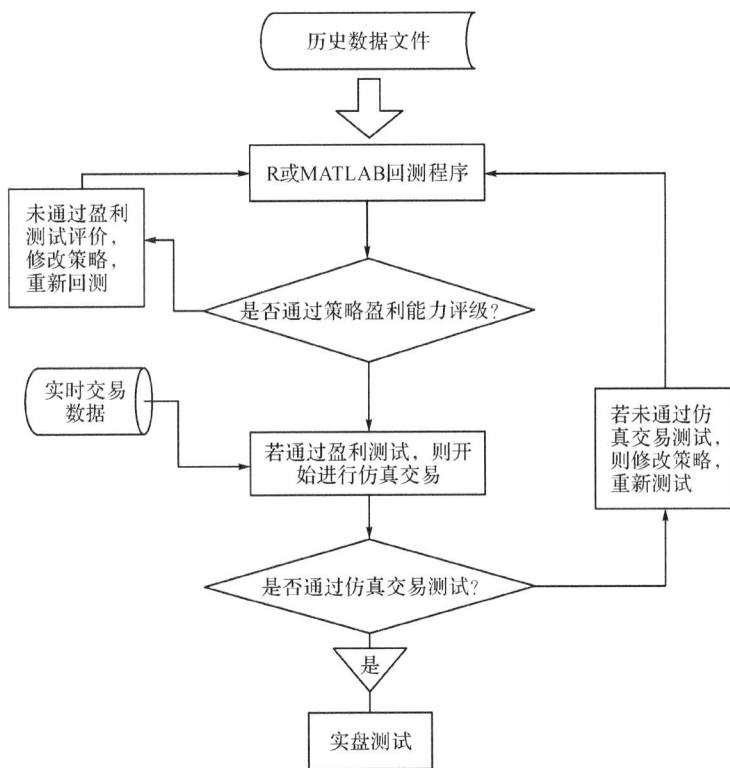

图8-2-1 程序化交易策略设计流程图

(1)首先,准备足够期限长度的历史数据用于测试策略的有效性。一般而言,测试高频的(分钟级)的交易策略只要1—3个月的交易数据就已经足够,但是对于频度较低的以日、周、月为频度的,需要的数据长度与所需要测试的参数个数有关,参数越多,则所需的测试数据长度就要越长。以日度数据3个参数为例,至少需要3年的历史数据进行测试。

(2)根据交易理念设计交易策略,并明确止损、止赢策略和交易成本计算方法,并由此写出回测的R程序。(关于回测的程序设计,将在本章最后一节进行详细讲述。)

(3)测试程序的盈利性,并评价策略的可行性,比如最长挫跌期、最大挫跌、夏普比率等需要满足一定的要求才可以说程序通过测试。如果策略的盈利性通过回测,那么就进入仿真交易;如果没有通过,则需要重新研究策略,设计策略的交易程序,再次进行回测。

(4)仿真交易是模拟交易,本身的交易指令并不会造成市场冲击,此步骤是在没有市场冲击和滑价的基础上测试策略在当前的即时交易中是否可以盈利。一般而言,仿真交易时间从1个月到3个月不等,遵从投资者的个人习惯,越稳健的投资者仿真测试的时间越长。如果在仿真阶段策略仍然保持良好的盈利能力,则可以进入实盘进行交易测试;如果不能继续盈利,则需要回到回测步骤,重新设计交易策略。

(5)实盘测试其实已经开始交易,对于初始投入的交易策略,必须做到严格止损,同时保持轻仓的状态,在策略运行稳定、盈利稳健增加的时候可以考虑适当地增加仓位,以保持策略高效率地运作。

前面所讲的程序化交易步骤其实不仅仅适用于主动型算法交易或以盈利为目的的量化投资策略,还适用于被动型的算法交易策略,只是评价的标准不再是盈利,而是有效地完成交易目标。下面我们以VWAP为例详细地讲述一下被动型算法交易的过程。

VWAP即交易量加权平均价(Volume Weighted Average Price)。VWAP算法交易的目的就是要在1天或者一段时间内的交易下实现其交易量加权平均价。对于大单交易来说,如果要在短时间内完成交易,势必会由于下单的量过大而导致股价直接涨停或跌停,由此造成过大的冲击成本,最终的交易成本会非常高。虽然交易所提供了大宗交易平台供大型订单的撮合交易,但往往急迫的交易需求并不是很容易找到交易对手方,并且大多数时候越急迫的交易面临的折价亏损可能也会越严重。为了保证大单交易在合理的冲击成本下快速地进行,投资者们开始研究实现VWAP的算法。

最先开始研究VWAP算法的是券商或者股票经纪人。举一个例子,某基金公司持有某家上市公司3%的股票,如果基金公司准备更换仓位,将这些股票全部卖掉那么基金公司的清仓行为如果是直接下单交易的话,可能导致该公司的股票连续跌停,因此基金公司会选择将手里的股票直接交给券商并要求其进行交易。而券商将承诺以低于未来一段时间的VWAP约1角钱(或1分钱)的价格将此交易完成,如果券商能够在给定的这段时间内实现了VWAP,则券商就可以得到每股1角钱(或1分钱)的盈利。

现在我们假设要实现的是未来1天的VWAP。设每日的每分钟成交价格和成交量的序列为$\{(p_t, v_t), t = 1, \cdots, T\}$,即在第$t$分钟的均价为$p_t$,成交量为$v_t$,则1天内的总成交量为$V = \sum_{t=1}^{T} v_t$。若该序列已知,则需要实现的VWAP为:

$$VWAP = \frac{\sum_{t=1}^{T} p_t v_t}{V} \qquad (8\text{-}2\text{-}1)$$

设现在需要在1天内实现的交易量为N,那么在假设冲击成本为0的情况下,要实现VWAP,其每分钟的交易量序列$\{n_1, n_2, \cdots, n_T\}$就需要满足下式:

$$n_t = N \frac{v_t}{V}, \quad t = 1,2,\cdots,\mathrm{T} \qquad (8\text{-}2\text{-}2)$$

但实际中 V 和 v_t 都是未知的, 且 p_t 也会受到每次同方向的量为 n_t 的交易的价格冲击。因此, 算法的核心是在考虑冲击成本的情况下, 预测每一个时间段的交易量比例 $\frac{v_t}{V}$, 以最小化交易误差:

$$\min_{n_1,n_2,\ldots,n_T} \quad \sum_{t=1}^{\mathrm{T}} \left(p_t^* \frac{n_t}{N} - p_t \frac{v_t}{V} \right)$$
$$s.t. \quad V = \sum_{t=1}^{\mathrm{T}} v_t, \quad N = \sum_{t=1}^{\mathrm{T}} n_t, \qquad (8\text{-}2\text{-}3)$$
$$v_t > 0, \; n_t \geqslant 0, \; p_t^* = p_t + f(v_t, V, n_t)$$

其中, $f(v_t, V, n_t)$ 是冲击函数, p_t^* 是受到冲击成本之后的最终成交价格。上述最优化问题的核心仍然在于精确度量冲击成本和预测交易量的日内形态。事实上, 交易量呈现一定的日内变化形态, 常见的是 U 型, 即开盘和收盘的交易量较高, 而中间的交易量偏低, 微软公司的股票日内交易形态如图 8-2-2 所示, 呈现为 U 型。

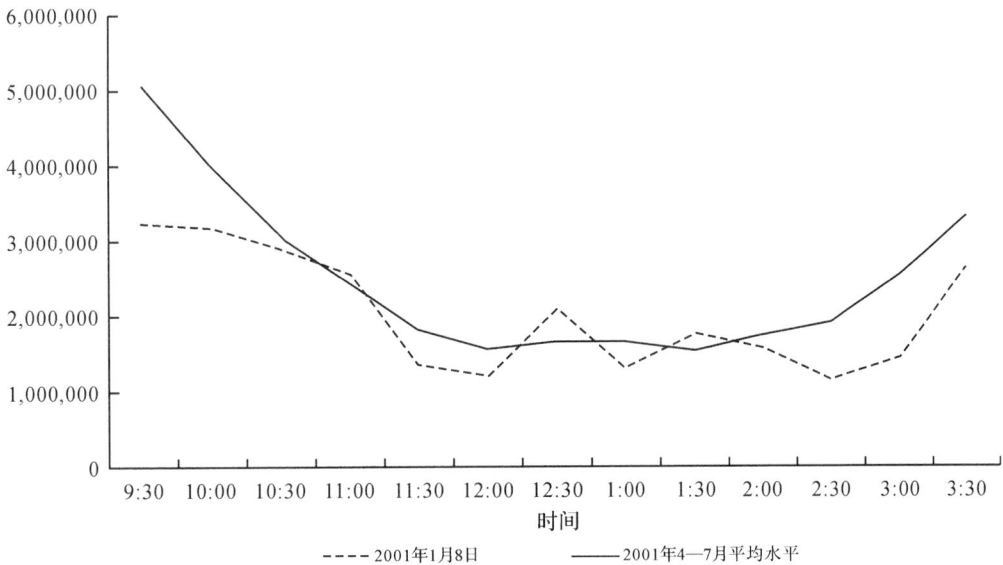

图 8-2-2 微软公司股票的日内交易量形态

要预测一个给定时间区间的交易量形态, 常见的算法有基于上一个区间和日内周期变动的动态方法, 或者简单地基于过去的一段时间内交易量比例的平均, 又或者基于多因素的回归模型, 或者是考虑了日内周期变化的一些周期性函数作为回归方程的因素 (如三角函数)。而这里本书并没有什么好的 VWAP 算法推荐, 需要了解更多的请阅读参考文献 Kakade et al.(2004)。

8.3 常见的量化投资策略介绍

量化交易策略是为了抓住一些市场异象,并以此为基础设计出一定的可执行策略集合。常见的量化交易策略包括大致以下4种类型。

(1)均值回归策略。该策略多半是依据统计特征进行套利,类似于技术分析中的布林带,也称为统计套利策略,包括配对策略、对冲套利策略等。

(2)惯性策略。该策略包括追涨杀跌策略、收益率预测模型(自回归)、反转策略等。

(3)状态转换模型。只要假设市场风格转换的概率矩阵,并假设转换服从Markov链,就可以基于Bayesian方法预测拐点,或者确认拐点。

(4)因子模型。以回归、数据挖掘方法,从许多因子中找出对未来有预测作用的因子,从而构建稳定预测模型(时序的平稳性和协整性)。

当然,这个概括只是将大多数策略进行了总结,其交易理念大致与上述某种类型的策略类似,但具体的策略设计上可能有许多变化,并且很可能有一些特殊的策略并不类似于上面任何一个类型,毕竟盈利的策略并不会被公布出来供大家研究。下面我们针对配对交易策略和多因子模型策略举一些实际的策略例子。

8.3.1 配对交易策略

配对策略实际上是统计套利策略的一种类型。统计套利的核心是对市场风险的解构和重组。根据套利定价理论,资产的预期收益率与多个风险因子呈如下线性关系:

$$r_s = r_f + \sum_{j=1}^{p} \beta_{s,j} f_j + \varepsilon_s \tag{8-3-1}$$

其中,r_s是第s个资产的预期收益率,而f_j是第j个风险因子,而$\beta_{s,j}$就是第j个风险因子对资产s预期收益的影响系数。

如果风险因子f_a和f_b对于所有资产的系数都不相关,则称这2个因子不相关。统计套利的思想就是希望找到某个因子f,与其他已有的风险因子不相关,且可以将资产分为两组A和B,与f分别正相关和负相关,其资产收益率之差就可以满足:

$$E(r_A - r_B) = (\beta_A - \beta_B) f + \sum_{j=1}^{p} (\beta_{A,j} - \beta_{B,j}) f_j \tag{8-3-2}$$

因为其他因子$\{f_j, j = 1, 2, \cdots, p\}$要么同方向,要么相互抵消,很可能最终的收益率与上式的第一项很接近,而如果买入A组,卖空B组资产,就可以大致锁定不相关因子f所带来的盈利,这就是统计套利的理论基础。

大多数时候,统计套利的交易策略是均值回归的,即首先确认式(8-3-2)所代表的资产收益差的波动范围,如果波动范围超出了某个阈值,则构建反向的头寸。例如,如果

A-B 的收益低于利差减去 2 倍利差的波动率,则认为利差会很快回归,此时应该买入 A 组,卖空 B 组;反之,如果高于相应阈值,则卖空 A 组,买入 B 组,等待利差回归。

而配对交易策略(Pair Trading)就是统计套利思想的一种简单应用。所谓配对交易,就是选择 2 种历史收益有显著相关性的资产,当走势变化时,做空强势的资产,做多弱势资产,在价差的回归过程中赚取利润。常见的配对交易类型有 2 种:一是不同市场的同质资产的配对交易,如 A+H 股套利、期货与现货套利;二是同质资产不同时空的套利,如同行业股票套利、同种期货跨期套利。

下面是配对交易的主要步骤:

(1)基于相关性分析、协整检验或者直接非参数的 Delta 对冲比率计算来确定配对组和配对比例。

(2)针对配对组中的资产 A 和 B,计算价差序列 $p_A - p_B$ 及价差序列的标准差 σ_{AB},并得到标准化的价差。

$$\Delta_{AB} = \frac{p_A - p_B}{\sigma_{AB}} \tag{8-3-3}$$

(3)当 Δ_{AB} 大于某一个阈值,比如 2 时,买入 B 资产,卖空 A 资产;当 Δ_{AB} 小于某个阈值时,买入 A 资产,卖空 B 资产。

(4)计算策略收益。

$$R = \sum_{t=1}^{T} R_t D_t + \sum_{t=1}^{T} D_t^2 \log\left(\frac{1+C}{1-C}\right) \tag{8-3-4}$$

其中,R_t 是每个时期的策略收益,而 D_t 是策略的头寸虚拟变量,若 D_t 等于 1 则策略是买 A 卖 B,若 D_t 等于-1 则策略是卖 A 买 B,C 是每次策略的交易成本。

当使用 A+H 股套利时,相应的 2 只股票分别在 A 股和 H 股上市,股票的配对比应该按照股价和汇率完成折算;而股指期货的期现套利一般在 CSI300 股指货和沪深 300ETF 之间进行,仍然需要就股指期货当前的价差变化和 ETF 净值变化求取比值得到近期的 Delta 对冲比率,然后才可以进行下一步的配对和价差计算;跨期套利一般是同种期货不同期限之间的套利,发掘的是预期未来一段时间经济形势和行业状况的变动,需要用足够长时间的历史数据来计算价差序列和波动率序列,而配对比就可以简单地恒定为 1。

8.3.2 Fama-French 多因子模型方法与 Alpha 策略

Fama 和 French(1992,1993)的实证分析指出,除了 CAPM 模型所指出的系统性风险 Beta 之外,还有许多定价因子对未来股价有显著的预测能力,这些因子包括规模因子(如公司市值)、估值因子(如市净率 PB、市盈率 PE)。在后面的研究中,人们还加入了信用因子(如债券与国债的利差)、杠杆因子(如总资产与总负债之比)、流动性因子(如买卖价

差、换手率、市场深度)等。这些发现其实是套利定价理论(APT)在实际中的应用。典型的多因子模型可以写成如下形式:

$$R_t^{(i)} = \alpha + \beta_1 \cdot Beta_{t-1}^{(i)} + \beta_2 \cdot size_{t-1}^{(i)} + \beta_3 \cdot PE_{t-1}^{(i)} + \beta_4 \cdot spread_{t-1}^{(i)}$$
$$+\beta_5 \cdot leverage_{t-1}^{(i)} + \beta_6 \cdot liquidity_t^{(i)} + \varepsilon_t^{(i)}, i = 1,\cdots,n; t = 1,\cdots,T \qquad (8\text{-}3\text{-}5)$$

其中,i代表第i个资产(股票),t是日度、周度或者月度的时间轴。这是一个基于面板数据的回归模型。依据该模型,投资者可以估计整个市场中所有股票对于各类风险因子是否有显著的溢价,对应策略的建立思路包括以下3种。

其一,直接对每一只股票的收益率序列使用如上多因子模型进行预测,此时模型就是简单的时间序列回归模型。如果预测值显著为正,则说明未来价格上涨的可能性很大。预测收益率值越高,未来上涨的幅度也可能越大。因此,策略就是利用预测收益率最高的一些股票构建投资组合。

其二,对于面板数据回归模型,如果某个因子的系数显著为正,那么就可以据此因子来构建投资组合,将其他风险因子中性化,而只面对该风险因子进行风险暴露,可以锁定该风险因子提供的利润。所谓中性化,就是让投资组合对于该风险因子不敏感,例如可以让投资组合内各种规模的股票都保持一定比例,从而使得规模因子的风险溢价在投资组合的收益中不明显,这就是投资组合对规模因子中性化了。这一类策略的主要风险在于单独的风险暴露可能面临巨大亏损,必须要配比相应的入市时机选择策略和市场风格判定策略来选定合适的入场时机。

其三,如果在考虑了所有的风险因子之后,常数项α仍然显著为正,那么可以据此模型来实现超额收益 Alpha。策略的主要思路就是将所有的风险因子都实现中性化,当投资组合对于所有风险因子的暴露都接近0时,投资组合收益应该接近常数项α。

8.3.3 基于技术分析指标的选股策略

之前已经提到,技术分析指标构建过程中的许多思想都可以被用于量化策略的构建。事实上,许多技术指标可以直接被用于构建量化策略,而且通过量化模型,可以很容易地结合多个技术指标来判定买卖时机。

比如,MACD的快线 DIFF 穿越慢线 DEA 是黄金交叉,是买入信号,但是其是否在0轴以上,并且距离0轴的远近,以及之前一段时间是否发生过交叉,都会影响该买入信号的准确性。所有这些相关的因素,都可以构建到量化模型中,即此时买入信号的判定条件可以是:

$$\begin{cases} DIFF_{t-i} < DEA_{t-i}, i = 1,2,\cdots,T \\ DIFF_t > DEA_t \\ 0 < DIFF_t < c \end{cases} \qquad (8\text{-}3\text{-}6)$$

其中,第1个式子要求在之前T期内,快线在慢线以下;第2个式子是黄金交叉的信号;第3个式子要求交叉点距离0轴在c以内。这样就使得往常的技术分析指标判定可以用程序来实现。当然式(8-3-6)中的判定可能过于严格,交易机会比较少,但是如果股票池足够大,则可以实现每个星期甚至每天都有交易机会;如果不使用计算机程序,则不可能将该策略用于很大的资产池的。

结合式(8-3-5)中的多因子模型,技术指标因子也可以作为判定因子投入多因子模型当中。但是,常用的技术指标因子就超过30个,而有记录的技术指标更是超过1000个,在如此多技术指标中,如何选取最有效的技术指标来对收益率进行预测呢?这就涉及变量筛选的问题。

变量筛选常见的办法包括逐步回归法、支持向量回归机、Lasso方法等。逐步回归法比较原始,当变量数量太多时,其算法缓慢且效率不高,因此本书将主要介绍支持向量回归机和Lasso方法作为变量筛选的方法。

(1)支持向量回归

设有如下一个多因子模型:

$$R_i = \alpha + \sum_{j=1}^{K} \beta_j X_{j,i} + \varepsilon_i, \ i = 1, \cdots, N \qquad (8-3-7)$$

其中,N是样本观测数,而K是初始的因子个数。

支持向量回归机方法:对于训练集$T_r = \{(x_i, y_i), i = 1, 2, \cdots, n\}$,其中,$x_i$是第$i$个观测的多因子向量(其中,每个分量都已经标准化),而y_i可以是式(8-3-7)中的预期收益率。所谓支持向量回归机,就是在给定e的条件下,要找到某一条直线(超平面)$y = w \times x + b$满足所有的训练点都在该超平面的2个平行面内,即

$$-e < y_i - (w \cdot x_i + b) < e, \ i = 1, 2, \cdots, n \qquad (8-3-8)$$

设有如图8-3-1所示的多因子模型:

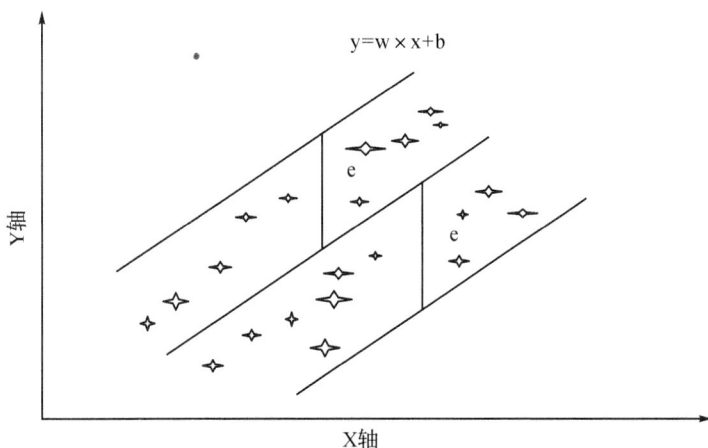

图8-3-1　支持向量回归机示意图

如图8-3-1所示,在e充分大的时候,有限的训练点(用十字星表示)总可以被红色的

2个平行超平面所包含。支持向量回归机就是要寻找最优的直线,使得包含所有训练点的平面间的距离最短,即

$$\min_{w,b,e} \quad e$$
$$s.t. \quad -e \leqslant y_i - (w \cdot x_i + b) \leqslant e, \quad i = 1,2,\cdots,n \tag{8-3-9}$$

又因为在给定某个e的情况下,平行面之间的宽度其实与直线的斜率w直接相关,所以式(8-3-9)的问题可以转化为求解如下最优化问题:

$$\min_{w,b} \quad \frac{1}{2}\|w\|^2$$
$$s.t. \quad -e \leqslant y_i - (w \cdot x_i + b) \leqslant e, \quad i = 1,2,\cdots,n \tag{8-3-10}$$

根据对偶原理,上述最优化问题可以转化为如下最大化问题:

$$\max_{\alpha,\beta \in R^n} \quad -\frac{1}{2}\sum_{i,j=1}^{n}(\beta_i - \alpha_i)(\beta_j - \alpha_j)(x_i \cdot x_j) - e\sum_{i=1}^{n}(\beta_i + \alpha_i)$$
$$+ \sum_{i=1}^{n} y_i(\beta_i - \alpha_i) \tag{8-3-11}$$
$$s.t. \quad \sum_{i=1}^{n}(\beta_i - \alpha_i) = 0, \alpha \geqslant 0, \beta \geqslant 0$$

对于第i个观测,如果最终β_i和α_i都不等于0,且它们之间不等,则该观测就在图8-3-1所示的红色线上作为平行平面的生成向量(即支持向量)。支持向量留下来的观测和变量就是对因变量有着预测能力的变量和观测。最终的变量筛选是按照所得到的最优化斜率$\bar{w}$来计算的:

$$\bar{w} = \sum_{i=1}^{n} x_i(\beta_i - \alpha_i) \tag{8-3-12}$$

根据$\bar{w}$来进行变量筛选的方法有2种:一种是将$\bar{w}$各个分量中占比最小的那部分,比如10%的分量所对应的变量剔除掉,这种办法比较简便,但可能遗漏有效变量;另一种办法是删去$\bar{w}$分量中绝对值最小的分量对应的那个变量,然后重新进行式(8-3-11)的计算,逐步递归地删去最小分量所对应的变量,直到变量的个数满足要求为止。

(2)Lasso方法

Tibshirani(1996)最早提出Lasso算法来对超多变量的线性回归问题进行变量筛选。所谓Lasso算法,就是在进行最小二乘估计时,实现对回归系数绝对值之和的限定,这样可以保证为了达到最优的回归估计,必然有一些变量的系数值需要被强制限定为0,回归的优化过程就是找到这些限制为0的系数,将其对应的变量剔除掉。

仍然设训练集为$T_r = \{(x_i,y_i), i = 1,2,\cdots,n\}$,其中,$x_i$是第$t$个观测的多因子向量(其中,每个分量都已经标准化),而y_i可以是式(8-3-7)中的预期收益率。此时Lasso方法就是进行如下最优化运算:

$$\min_{\alpha,\beta} \sum_{i=1}^{n}(y_i - \alpha - \sum_{j=1}^{K}\beta_j x_{j,i})^2$$
$$s.t. \quad \sum_{j=1}^{K}|\beta_j| \le t$$

(8-3-13)

其中,K是所有变量的个数,而t就是对系数的绝对值求和的总值的限制。实际操作中,可以逐步从小到大放大t,然后看式(8-3-13)估计出的回归系数值的情况,选取最合适的变量个数。Efron et al.(2004)提出了LARS算法对式(8-3-13)进行最优的估计并设定合适的变量筛选次序,R中有LARS包可以进行此类的运算。

[本节数字资源]

所在章节	二维码	内容	目标
8.3		课程资料链接(PPT)	获得该节线上课程PPT资料

8.4 量化策略的回测、评价和改进(评价指标构建、回测检验方法)

8.4.1 量化策略的回测

所谓策略的回测,指的是使用历史数据模拟该策略进行交易,以考察策略的表现过程。回测不仅仅让我们了解到策略的盈利能力和可能的亏损,也是帮助我们改进策略的必需步骤。正如流程图8-2-1所示,所有的量化理念在形成策略之后都必须经过充分的回测才可以投入实际运作中。

在策略的回测中,一般而言,需要注意以下几个问题。

(1)回测样本时间的选取。正如之前提到的,需要测试的参数越多,所需的样本时间越长。但原则上尽量减少不需要测试的参数,并在回测过程中更加重视与当前时间更近的样本期内的策略表现。

(2)交易成本的设置。没有考虑交易成本的回测都是不真实、不实用的,很多交易策略都是因为误算了交易成本而测试出假象的良好业绩,最终使用时却不能实现收益。交易次数越多,交易成本就越大。可以设定交易成本为常数,包括买卖价差、佣金、印花税、滑价、等待的机会成本和可能的冲击成本。保守地设置交易成本,更容易得到行之有效的策略。

(3)严格的止损设置。不论在策略回测时,还是在实际运行操作时,都需要注意止损的设置。止损可以是固定止损(如亏损5%,则清仓),也可以是动态止损。动态止损的方法包括在与前期高点相比下跌幅度超过某个常数时,或者当日下跌幅度在近期的几个标准差以外则清仓离场。

(4)前视偏差。这指的是使用了交易完成之后的信息,即策略测试时,误用了在发生交易时其实还没有得到的信息,由此可能导致错误的估计策略的表现。此时最好使用滞后期的数据,还要随时注意程序的时序脚标与当前时刻的对比。

(5)数据迁就偏差(Data Snooping)。这是指因迁就历史数据中的噪声而过度优化参数,造成策略的回测业绩显著高于其未来业绩。数据迁就偏差在统计模型中几乎是难以避免的,但是必须加以控制。可用的方法包括:减少参数(5个以内,建仓清仓阈值、持有期限、策略回溯期);使用更多的回测数据,并分样本测试。参数越多,所需样本期越长,分钟级策略,3个参数就需要至少7个月的测试样本。此外,动态样本外测试和仿真交易也可以帮助找出数据迁就偏差。

(6)灵敏度分析,也称敏感性分析。在策略完成之后,需要对每一个参数进行敏感性分析,以测试是否存在参数设定出现一些小变化就可能导致结果的很大不同。如果业绩对某参数很敏感,则存在数据迁就偏差,策略还需继续改进。

此外,回测方法还可以分为样本内测试和样本外测试。样本内测试指的是使用该样本进行策略参数的估计之后,同时使用该样本进行策略表现模拟。样本内测试一般拟合度较高,策略表现数据会相对较好,但可靠性不足。样本外测试是将回测样本分为2段,前一段用作策略参数估计,后一段用作策略表现模拟,在历史数据中统计上就实现了样本外模拟。只有策略的样本外表现仍然达到一定的标准,才可以认为策略有实用价值。此外,样本外测试还可以是动态的,即估计参数的样本和测试结果的样本动态往前推进,这样保证每做一次交易决策,都有最近的历史数据进行的估计作为参考依据,使得测试的结果与实际操作更为符合。一般而言,在动态样本外测试的算法复杂度不太困难的条件下,有效的策略都需要经过样本外测试和动态样本外测试2个步骤。

8.4.2　量化策略的评价

在充分考虑了回测的问题并进行足够的样本外测试之后,就可以得到经过反复检查之后的回测程序,并由此运行得出了策略的每日收益序列,剩下的问题就是怎么判断一个策略的表现是否良好,这就涉及交易策略的评价问题。交易策略的评价指标体系与对冲基金表现的评价指标体系非常类似,基本可以混用。设$\{r_1, r_2, \cdots, r_T\}$是策略的每日模拟运行所得到的收益率,总成交笔数是$N$,则可用于评价策略的指标如下。

(1)夏普比率(Sharpe Ratio)

$$\text{Sharpe} = \frac{\mu - r_f}{\sigma}, \ \mu = \frac{1}{T}\sum_{t=1}^{T} r_t, \ \sigma = \sqrt{\frac{1}{T-1}\sum_{t=1}^{T}(r_t - \mu)^2} \qquad (8\text{-}4\text{-}1)$$

一般将r_m设为无风险利率时,需要夏普比率达到3以上才可以继续仿真测试的策略。

（2）信息比率（Information Ratio,IR）

$$\text{IR} = \frac{\mu - r_f}{\sigma_{track}}, \quad \sigma_{track} = \sqrt{\frac{1}{T-1}\sum_{t=1}^{T}(r_t - r_f - \mu_0)^2}, \quad \mu_0 = \frac{1}{T}\sum_{t=1}^{T}(r_t - r_f) \quad (8\text{-}4\text{-}2)$$

其中,μ_0 和 σ_{track} 分布是跟踪误差的均值和标准差,即信息比率度量的是跟踪误差调整之后的收益率。

（3）特雷诺指数（Treynor Ratio,TR）

$$\text{TR} = \frac{\mu - r_f}{\beta}$$

该指标度量的是系统性风险调整后的收益率,β 是策略所构建的投资组合的 CAPM-Beta 系数。

（4）索提诺比率（Sortino Ratio,SR）

$$\text{SR} = \frac{\mu - r_f}{\sigma_{downturn}}, \quad \sigma_{downturn} = \sqrt{\frac{1}{T^- - 1}\sum_{t=1}^{T^-}(r_t^- - \mu^-)^2} \quad (8\text{-}4\text{-}3)$$

其中,$\sigma_{downturn}$ 度量下行风险,即收益率小于 0 的波动率。T^- 是小于 0 的样本个数,r_t^- 是小于 0 的收益率,μ^- 是小于 0 的收益率的均值。

（5）信息量（Information Content,IC）

$$\text{IC} = \frac{\text{IR}}{\sqrt{N}}$$,即信息量同时考虑了收益率和交易次数的影响。

（6）成功率,即每次交易赚钱的概率,还可以分为做多的成功率和做空的成功率。

（7）最大持仓期和最大空仓期,即持有仓位的最长时间和空仓运行（无交易机会）的最长时间。

8.4.3　量化策略的改进

除了以上这些指标之外,之前介绍过的最大挫跌和最长挫跌期也是策略表现评价的重要指标。有了这些指标构建的评价体系之后,就可以对每一个策略的表现进行评价。在回测和评价的过程中,可以通过增加交易条件设定、改变参数值、优化交易时间和引进新的交易理念等方式对策略进行改进。策略改进的主要原则包括以下几个方面。

（1）改进的基本原则。任何改进都需要同时提高训练集和测试集的业绩。

（2）很多熟知的策略因为使用的人较多,其有效性不断降低（参与套利的人过多,提高了交易成本）,此时可以对策略进行微调,避开大家都交易的时间点。同时,可以排除某些大家做得过多、交易过分集中,或易受其他消息面影响的股票或行业。

（3）策略的改进最好基于经济学的基本原理,或经过透彻研究的市场现象,避免使用主观试错法则（容易出现过拟合和数据迁就偏差）。

8.5 策略资金管理技术简介

假设计划中有几个策略同时要进行交易,每个策略都有其预期收益和标准差,那么如何对这些策略进行最优资本配置呢? 杠杆(即投资组合规模与账户净值的比例)应该怎么设定? 一个简单的做法就是将策略看作投资组合中的基础投资工具,而最优化资本配置即要最优化每个策略在投资组合中的权重,而这就是Markowitz的现代投资组合理论的应用。

设 $\{s_1, s_2, \cdots, s_n\}$ 是需要进行交易的 n 个策略,对于第 i 个策略,其收益率服从正态分布,即 $r_i \sim N(\mu_i, \sigma_i^2)$,且 n 个策略的收益率协方差矩阵为 Σ,则最优资本配置就转换为要求如下的条件最优化问题:

$$\max_{\{w_1, \cdots, w_n\}} \sum_{i=1}^{n} w_i r_i$$
$$s.t. \quad w' \Sigma w \leqslant \sigma_0, \sum_{i=1}^{n} w_i = 1 \qquad (8-5-1)$$
$$w_i \geqslant 0, i = 1, 2, \cdots, n$$

其中,$w' = (w_1, w_2, \cdots, w_n)$ 是需要进行优化的权重向量,σ_0 是实现设定的组合风险容忍度。在一定的条件下,可以证明最优的权重满足如下式子:

$$w^* = \Sigma^{-1} R \qquad (8-5-2)$$

其中,R 是策略收益率向量。如果假设策略之间相互独立,则每个最优权重的公式就会变得非常简单:

$$w_i^* = \frac{r_i}{\sigma_i^2} \qquad (8-5-3)$$

这就是著名的凯利公式(Kerry Criterion)。通常,由于估计存在误差,而且收益率的正态性和不相关性很可能并不如凯利公式所要求的那样良好,为了保险起见,交易员常使用凯利公式所计算出的权重的一半来用作资本配置的比例。这种半凯利投机的方法可以使得杠杆和风险同时降低。

资本配置应该是动态的,不应该长期保持各类策略的资本配置不变,变化的周期取决于交易的频度。一般而言,每个交易日之后都需要计算一下最优的权重,如果差异达到一定程度,就可以进行资本配置的调整。

8.6 一个简单的策略演示

下面我们以股指期货的日内交易为背景的简单策略为例,将之前的回测、评价和改进过程仔细地回顾和梳理一遍。所选的样本期为股指期货上市日至2013年8月2日,所用的数据是每分钟的成交价格,每日的现货交易时间是 9:30 至 11:30,13:00 至 15:00 作为股指期货的真正交易时段(即无现货交易时间的股指期货交易数据被认为是无信息的,在策略回测中删去)。

所谓 30 分钟突破,就是用早盘的 30 分钟交易价格的最高价和最低价确定当天的高线和低线(见图 8-6-1 中的虚线),如果 30 分钟之后的价格突破高线,则做多;若突破低线,则做空。一般而言,假设一天内的趋势比较稳定,一天最多做 2 次交易;设定止损为 1%,即损失超过 1% 则清仓离场;只做日内交易,即在收盘时必须平仓。这里的 30 分钟是泛指,因国外交易时段较长,所以 30 分钟较为合适,而国内交易时段过短,若有明确势头,可能很早就显现,我们在策略中先设定以早盘 10 分钟的最高和最低来设定高低线。

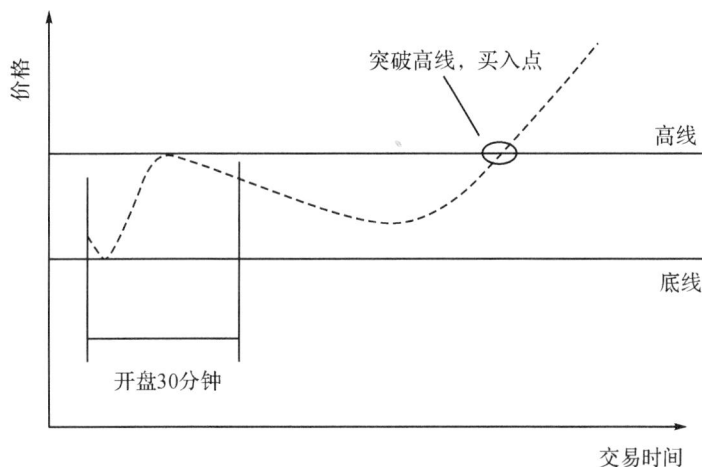

图 8-6-1　30 分钟突破策略示意图

代码段 8.6.1　30 分钟突破策略的 R 程序设计

```
#每天交易的主程序函数,使用的数据是交易数据的1分钟线(R文件:Newbreak30min.R)
Newbreak30min <- function(mdata, crange, bcost, stoploss, obtime, money0){
#执行30分钟突破策略,mdata是分钟级数据,delta是上下线的模糊区间,bcost是交易成本,stoploss是止损,obtime是观察期
N <- length(mdata[, 1])
#用之前最高价的最大值和最低价的最小值作为上下线
Hline <- max(mdata$close[1:(obtime+1)])
Lline <- min(mdata$close[1:(obtime+1)])

#初始化交易区间
Hprice <- rep(Hline, N); Lprice <- rep(Lline, N)
```

```
#初始化交易信号
longsig <- NULL; shortsig <- NULL
if((Hline-Lline)/Lline > crange){longsig <- NULL   #上下线若差距过大,就发不出
信号
shortsig <- NULL}else{
#找出信号点,最后2分钟的信号不计
  for(i in (obtime+2):(N-3)){
    if(mdata$close[i] <= Hline&mdata$close[i+1] > Hline){longsig <- c(longsig,
i+1)
    }

    if(mdata$close[i]>=Lline&mdata$close[i+1]<Lline&mdata$close[i+1]!=0){shortsig<
-c(shortsig,i+1)
    }
  }
}


#初始化交易信号发出时间点,发出买入信号记为1,卖出信号记为-1
inhand <- rep(0, N); inhand[longsig] <- 1; inhand[shortsig] <- -1
inhand <- filtersignal(inhand)  #过滤掉重复发出的信号
xdd <- easytrade(inhand, mdata$close, stoploss)   #计算持仓方向,要么为正,要么
为负
tradedata <- tradeamount(xdd$tradeinterval, mdata$close, money0, bcost) #以全部
的资产价值、零杠杆率进行持仓,计算每分钟的损益和头寸价值变化


#补充上下线和交易区间到源数据
mdata <- cbind(mdata, Hprice, Lprice, tradeinterval = xdd$tradeinterval, tradedata)
re <- log(mdata$totalmoney[N]/mdata$totalmoney[1]) #计算当日收益率
fmoney <- mdata$totalmoney[N]  #计算收盘时资产总值
#记录收益、交易方向、入场时间、出场时间、持仓时间、交易次数
daypfm <- cbind(xdd$tdaypfm, re, fmoney)
pfm <- list(mdata = mdata, daypfm = daypfm)
return(pfm)
}
```

```
#将当日的记录作为函数值返回
#信号过滤函数(R文件:filtersignal.R)
filtersignal <- function(inhand){ #输入值为所有发出的信号
  N <- length(inhand)
  for(i in 1:(N-5)){
    if(inhand[i]!=0){ #如果发出信号,则忽略未来5分钟内的同类型信号
      for(j in 1:5){
        if(inhand[i+j] == inhand[i]){
          inhand[i+j] <- 0}}}}
  return(inhand)}
#交易函数,计算每分钟持仓的方向(R文件:easytrade.R)
easytrade <- function(inhand, price, stoploss){
  #输入信号源、分钟线、止损幅度
  #该函数用于计算持有所持头寸的方向tradeinterval
  getin <- 0; m <- length(price); tradeinterval <- 0*(1:m)  #初始化持仓方向
  for(i in 1:m){
    if(inhand[i] == 1){
      for(j in i:m){ #第i分钟发出买入信号
        if(inhand[j] == -1|price[j-1] <= price[i]*(1-stoploss)){ break}else{
          tradeinterval[j]<-1}
      }
    }
```

#只要上一分钟的收盘价没有跌破止损位并且此时没有发出卖出信号,就持有多头

```
    if(inhand[i] == -1){
    #第i分钟发出卖出信号
    for(j in i:m){ if(inhand[j] == 1|price[j-1]>=price[i]*(1+stoploss)){ break}else{
      tradeinterval[j]<- -1}
    }
    }
  }
```

#只要上一分钟的收盘价未超过止损位并且此时没有发出买入信号,就持有空头
```
dre <- 0*(1:m) #初始化每分钟收益率
for(i in 2:m){if(price[i]!=0){dre[i]<-log(price[i]/price[i-1])} } #计算每分钟对数收
```

益率

```
    trades <- 0; tradetime <- sum(tradeinterval!=0) #初始化交易次数,并计算持仓总
时间
    for(i in 2:m){
    if(tradeinterval[i]!=tradeinterval[i-1]&tradeinterval[i]!=0){
    trades <- trades+1
        }
    } #当持仓方向变化且不是平仓时,交易次数就增加1次
    re<-sum(tradeinterval*dre) #计算当日的对数收益率
    for(i in 1:m){  if(inhand[i]!=0){
    getin<-i;    break
        }
}
    #计算第一次发出信号的时间
    if(getin == 0){getout<-0
            }else{getout<-m}
    #设定最晚出仓时间为m
    if(sum(inhand == 1)>0 & (inhand == -1) == 0){ signal <- 1 } #只发出过买入
信号,今日交易以多头头寸为主
    if(sum(inhand == -1)>0 & (inhand == 1) == 0){signal <- -1 } #只发出过卖出
信号,今日交易以空头头寸为主
    if(sum(inhand == -1) == 0 & (inhand == 1) == 0){ signal <- 0 } #没有信号
就未持有过头寸
    if(sum(inhand == 1)>0 & (inhand == -1)>0){signal <- 2} #多头和空头都持有过
    ptrades <- 0;ntrades <- 0   #计算做多的次数和做空的次数
    for(i in 2:m){
    if(tradeinterval[i]!=tradeinterval[i-1]){
        if(tradeinterval[i] == 1){ptrades <- ptrades+1}
        if(tradeinterval[i] == -1){ntrades <- ntrades+1}
    }
    }
    #将持仓的主要方向、入场时间、出场时间、持仓时间、交易次数、做多次数和做空次
数记录下来
    tdaypfm <- data.frame(signal = signal, getin = getin, getout = getout, tradetime =
```

```
tradetime, trades = trades, ptrades = ptrades, ntrades = ntrades)
```

#记录今天的持仓区间和刚才主要交易活动指标并返回给函数

```
xdd <- list(tdaypfm = tdaypfm, tradeinterval = tradeinterval)
```

```
return(xdd)}
```

#计算每分钟资本金的函数(R文件:tradeamount.R)

```
tradeamount <- function(tradeinterval, price, money0, bcost){
```

#此函数根据持仓区间来计算账户的资本损益,输入值为持仓区间、分钟线、初始金额、交易成本

```
m <- length(tradeinterval)
```

```
totalmoney <- rep(0, m)
```

```
position <- rep(0,m)
```

```
positionvalue <- rep(0,m)
```

```
varyvalue <- rep(0,m)
```

#初始化每分钟的总市值、头寸数量、持仓价值、市值变化量

```
kp <- rep(0, m)
```

#初始化开仓点

```
    for(i in 2:m){
```

```
        if(tradeinterval[i]!=tradeinterval[i-1]){ #当持仓发生变化时,若有开仓,则需计算交易成本
```

```
            kp[i] <- 1 }
```

```
        }
```

```
    totalmoney[1] <- money0    #初始市值等于初始资本金
```

```
    for(i in 2:m){
```

```
        if(tradeinterval[i] == 0){ #如果没有持仓,则资本金不变,头寸为0
```

```
        totalmoney[i] <- totalmoney[i-1]
```

```
        position[i] <- 0
```

```
        positionvalue[i] <- 0
```

```
        varyvalue[i] <- 0
```

```
        }
```

```
        if(tradeinterval[i] == 1){ #若持仓变为多头,则需要计算资本金变化
```

```
        if(kp[i] == 1){ #若此时为开仓,则需要计算交易成本
```

```
            if(position[i-1]!=0){ #之前仓位里有头寸
```

```
                position[i] <- position[i-1]
```

```
        positionvalue[i] <- position[i]*(price[i]+price[i-1])*300/2   #计算头寸价
值和变化量

        varyvalue[i] <- positionvalue[i-1]-positionvalue[i]

        totalmoney[i] <- totalmoney[i-1]+varyvalue[i]

        position[i] <- trunc(totalmoney[i-1]/((price[i]+bcost)*300))   #计算新开
仓之后的头寸数量

        positionvalue[i] <- position[i]*(price[i]+bcost)*300   #计算头寸市值
      }else{

        position[i] <- trunc(totalmoney[i-1]/((price[i]+bcost)*300))
    #之前没有头寸,直接开仓,计算整数头寸

        positionvalue[i] <- position[i]*(price[i]+bcost)*300   #计算头寸价值

        varyvalue[i] <- 0 #因为之前没有头寸,所以头寸价值无变化

        totalmoney[i] <- totalmoney[i-1]+varyvalue[i]   #总市值也不变

      }

    }

      if(kp[i] == 0){   #若不是开仓,则头寸不变,不计算交易成本,只计算头
寸市值变化

        position[i] <- position[i-1]

        positionvalue[i] <- position[i]*price[i]*300

        varyvalue[i] <- positionvalue[i]-positionvalue[i-1]

        totalmoney[i] <- totalmoney[i-1]+varyvalue[i]

      }

    }
      if(tradeinterval[i] == -1){#若持仓变为空头,则一样需要计算头寸价值变化
    if(kp[i] == 1){   #新开空仓时

      if(position[i-1]!=0){   #若之前头寸不为0(之前持有多头),则需要先
计算损益,再更新头寸

        position[i] <- position[i-1]

        positionvalue[i] <- position[i]*(price[i]+price[i-1])*300/2

        varyvalue[i] <- positionvalue[i]-positionvalue[i-1]

        totalmoney[i] <- totalmoney[i-1]+varyvalue[i]

        position[i] <- trunc(totalmoney[i]/((price[i]-bcost)*300))

        positionvalue[i] <- position[i]*(price[i]-bcost)*300

      }else{   #若之前无头寸,则直接计算所能开的空头数量(无杠杆)
```

```
        position[i] <- trunc(totalmoney[i-1]/((price[i]-bcost)*300))
        positionvalue[i] <- position[i]*(price[i]-bcost)*300
        varyvalue[i] <- 0
        totalmoney[i] <- totalmoney[i-1] }
      }
    if(kp[i] == 0){   #若不是新开空仓,则直接计算头寸价值损益即可
      position[i] <- position[i-1]
      positionvalue[i] <- position[i]*price[i]*300
      varyvalue[i] <- positionvalue[i-1]-positionvalue[i]
      totalmoney[i] <- totalmoney[i-1]+varyvalue[i]}
    }
  }
  #记录每分钟的头寸量、头寸价值、仓位价值变化、总市值,并返回给函数
  tradedata <- data.frame(position, positionvalue, varyvalue, totalmoney)
  return(tradedata)
  }
#删去零或异常值的函数(R文件:filterzeros.R)
filterzeros <- function(xdata){   #删去每日分钟线中的异常观测
  m <- length(xdata[,1])
  for(i in 1:m){ if(xdata$close[i] == 0){xdata$close[i] <- (xdata$bid[i]+xdata$offer
[i])/2 #若这一分钟收盘价是0,则令其等于买1和卖1的均值
    }
  }
  for(i in 2:m){   if(xdata$close[i] == 0&xdata$close[i-1]>0){
    xdata$close[i] <- xdata$close[i-1] }    #若收盘价仍旧出现0,则令其等于上一个
不为0的收盘价
      if(is.na(xdata$close[i]) == T){ xdata$close[i]<-xdata$close[i-1]  } }  #若缺失,
也做同样处理
  #最高价和最低价的处理方式:最高价或最低价若为0或缺失,则等于上一分钟的最
高价或最低价
  for(i in 2:m){
    if(xdata$high[i] == 0&xdata$high[i-1]>0){
      xdata$high[i] <- xdata$high[i-1] }
    if(is.na(xdata$high[i]) == T){
```

```
        xdata$high[i] <- xdata$high[i-1]}   }
    for(i in 2:m){
        if(xdata$low[i] == 0&xdata$low[i-1] > 0){ xdata$low[i] <- xdata$low[i-1]}
        if(is.na(xdata$low[i]) == T){xdata$low[i] <- xdata$low[i-1]}}
    return(xdata)}
```

#主程序,计算30分钟突破策略的回测效果(R文件:stg30minPFM.R)

```
setwd("C:/Users/lenovo/Desktop/R procedures")  #设定工作空间路径
load("data0802.RData")  #载入数据(从2010年4月18日—2013年8月2日的股指期
```
货主力合约的每日交易分钟线数据)

```
source('filterzeros.R')  #载入各个函数文件
source('Newbreak30min.R')
source('filtersignal.R')
source('easytrade.R')
source('tradeamount.R')
```

#设定各种参数值,每天241个价格(开盘+240个每分钟收盘价),求出天数,并设定
最高价比最低价高出15%时,区间过大,不发出信号;同时设定止损位为1%,交易成本1
次开仓0.04%,以开盘10分钟为观察期以确定最高价和最低价;设初始资本量为1亿元,
零杠杆下,每次下单的合约数为总资本量除以300倍报价

```
daynum <- length(totaldata[ ,1])/241; crange <- 0.15; stoploss <- 0.01; bcost <-
0.04; obtime <- 10
money0 <- 100000000
totaldate <- tdate
```

#初始化总持仓区间和总的交易状况表现

```
Tinterval <- NULL
pfm30minstg <- data.frame(re = NULL, signal = NULL, getin = NULL, getout =
NULL, tradetime = NULL, trades = NULL, ptrades = NULL, ntrades = NULL,
fmoney = NULL)
```

#每一天循环运行该策略

```
for(i in 1:daynum){
    xdata <- totaldata[((i-1)*241+1):(i*241),]  #取出第i天的数据
    xdata <- filterzeros(xdata)  #清洁数据,删去报价为0的观测
    open <- xdata$low[1:31]  #因数据中把一些异常值设定了10000为最低价,找出
```
这些观测,若异常值过多,比如全天超过60个或开盘30分钟超过5个,则认为当天的数据
无效,不持仓

```
    if(sum(xdata$low == 10000)>60|sum(open == 10000)>5){
    xdaypfm <- data.frame(re = 0, signal = 5, getin = 0, getout = 0, tradetime = 0,
trades = 0, ptrades = 0, ntrades = 0, fmoney = money0)  #在不持仓的情况下,没有
成交,总资本金不变
        tradeinterval <- rep(0, 241)
        totalmoney <- rep(money0, 241)
        mdata <- cbind(xdata, tradeinterval, totalmoney)
        pfm <- list(mdata = mdata, daypfm = xdaypfm)
    }else{
    #若没有许多异常值,则进入如下策略回测程序
        pfm <- Newbreak30min(xdata, crange, bcost, stoploss, obtime, money0)
        money0 <- pfm$mdata$totalmoney[241]  #每次都取出当前的资本金以便次日
投入策略
        xdaypfm <- pfm$daypfm}
    pfm30minstg <- rbind(pfm30minstg, xdaypfm)  #累计每天的策略表现
    Tinterval <- cbind(Tinterval, pfm$mdata$tradeinterval) #累计每天的持仓区间
    path <- paste ("D:/HFproject/new30min/", as. character (totaldate[i]), ".csv",
sep = "")  write.csv(pfm$mdata, file = path)}  #输出每天的策略表现到CSV文件中,
以便后来具体查阅损益情况(需要事先在路径path下建立文件夹)
    #对策略在整个样本期间的表现进行评价
    RE <- pfm30minstg$re  #得到每日策略收益率序列

for(i in 1:daynum){
    if(abs(RE[i])>0.1){
        cat(RE[i], i, as.Date(totaldate[i]), "/n") #输出当日收益超过10%的策略,一
般认为其是异常值
    }}
    RE[abs(RE)>0. 1] <- 0  #设定异常收益率为0
    sre<-rep(0, daynum)  #计算累计收益率曲线
    for(i in 1:daynum){ sre[i] <- sum(RE[1:i])}
    Maxre <- max(RE); Minre <- min(RE)  #计算全周期内的每日最大收益和最小收
益率
    Maxtradeinterval <- max(pfm30minstg$tradetime[RE!=0])  #计算最大每日持仓时间
    Mintradeinterval <- min(pfm30minstg$tradetime[RE!=0])  #计算最小每日持仓时间
```

```
mre <- sum(RE)*252/daynum    #计算策略年化收益率
std <- sd(RE)*sqrt(252)  #计算策略年化标准差
IR <- mre/std  #计算策略的信息比率
dtrades <- sum(pfm30minstg$signal == 1|pfm30minstg$signal == -1|pfm30minstg$signal == 2)  #计算有过持仓的天数
dptrades <- sum(pfm30minstg$signal == 1)    #计算做多的天数
dntrades <- sum(pfm30minstg$signal == -1)   #计算做空的天数
dmtrades <- sum(pfm30minstg$signal == 2)    #计算交易方向不定的天数


trades <- sum(pfm30minstg$trades)      #计算累计成交笔数
ptrades <- sum(pfm30minstg$ptrades)      #计算做多的成交笔数
ntrades <- sum(pfm30minstg$ntrades)      #计算做空的成交笔数


IC <- IR/sqrt(trades)   #计算信息量
rightime <- sum(RE > 0)  #计算盈利的天数
prightime <- 0; nrightime <- 0;mrightime <- 0   #分别初始化做多、做空、混合策略的成功天数
for(i in 1:daynum){
  if(pfm30minstg$signal[i] == 1){
    if(RE[i] >0){prightime <- prightime+1}
  }
  if(pfm30minstg$signal[i] == -1){
    if(RE[i] >0){nrightime <- nrightime+1}
  }
  if(pfm30minstg$signal[i] == 2){
    if(RE[i] >0){mrightime <- mrightime+1}
  }
}
#计算策略的正确率,包括全部正确率、做多正确率、做空正确率、混合策略正确率
rightratio <- rightime/dtrades
prightratio <- prightime/dptrades
nrightratio <- nrightime/dntrades
mrightratio <- mrightime/dmtrades
#将策略在整个样本期的评价指标整理成数据框
```

Totalpfm <- data.frame(mre, std, rightratio, IR, IC, Minre, Maxre, Mintradeinterval, Maxtradeinterval, trades, ptrades, ntrades, dtrades, dptrades, dntrades, dmtrades, rightime, prightime, nrightime, mrightime, prightratio, nrightratio, mrightratio)

#将每天的表现也存储在数据框中

dailypfm <- cbind(totaldate, pfm30minstg)

#画出策略的表现图

par(mfrow = c(2,1))

plot(density(RE)) #画出每日收益率分布密度图

plot(totaldate, pfm30minstg$fmoney, type = 'n') #画出累计资本金曲线

lines(totaldate, pfm30minstg$fmoney)

该策略的表现如表8-6-1所示。

表8-6-1　30分钟突破策略在股指期货主力合约的表现回测结果

策略收益均值	收益标准差	正确率	信息比率	信息量	最小每日收益	最大每日收益	单日最小持仓	单日最大持仓
0.3973	0.1771	0.5140	2.2432	0.0492	−0.043	0.0530	24	229
成交笔数	做多笔数	做空笔数	持仓天数	做多天数	做空天数	混合策略天数	做多正确率	做空正确率
2079	978	1101	749	95	151	503	0.8737	0.9404

从表8-6-1可以看出,策略平均年化收益率达到39.73%,波动率仅为17.71%,单独做多或做空的正确率都在85%以上,但如果变向,则正确率下降明显,故其实可以只做单方向的策略,不容许反向开多仓或空仓。最后,策略的收益曲线如图8-6-2所示。可以看到,至2013年1季度之后,策略逐步失效,且出现了最大的回撤,但仍然创造了累计翻3倍的业绩。

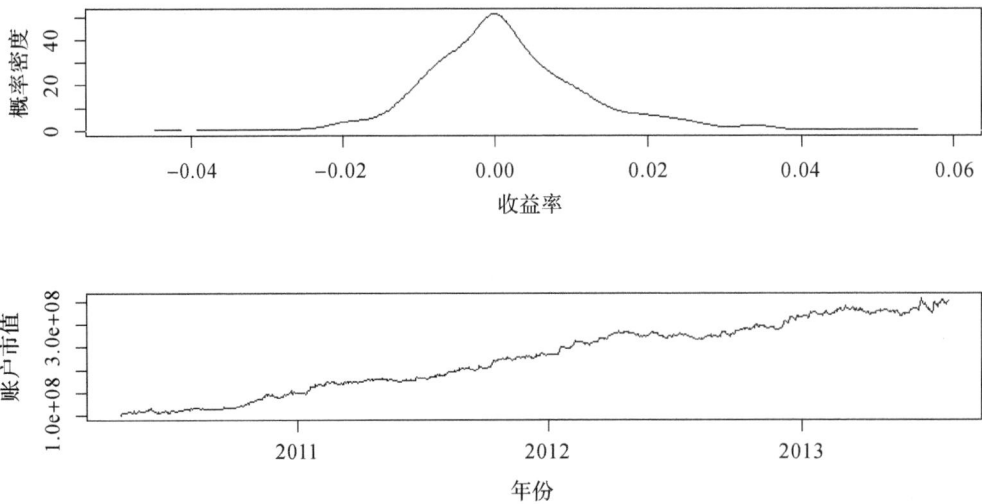

图 8-6-2　30分钟突破策略的每日收益分布密度图和资本金累积增长曲线

[**本节数字资源**]

所在章节	二维码	内容	目标
8.6		课程资料链接（PPT）	获得该节线上课程PPT资料
		课程资料链接（代码）	获得该节线上课程代码资料
		课程资料链接（数据）	获得该节线上课程数据资料

【本章小结】

■主要术语

量化投资　反转交易策略　配对交易策略　Fama-French多因子模型　量化策略回测

参考文献

Albert, C. (1992). *The intervalling effect bias in beta: a note.* Journal of Banking & Finance, 16, pp.61–73.

Allen, L., Boudoukh, J., Saunders, A. (2009). *Understanding market, credit, and operational risk: the value at risk approach.* New Jersey: John Wiley & Sons.

Boudoukh, J., Richardson, M., Whitelaw, R. (1998). *The best of both worlds.* Risk, 11 (5), pp.64–67.

Blume, M. (1971). *On the assessment of risk.* Journal of Finance, 26, pp.1–10.

Blume, M. (1975). *Betas and the regression tendencies.* Journal of Finance, 30, pp.785–795.

Bollerslev, T. (1986). *Generalized autoregressive conditional heteroskedasticity.* Journal of Econometrics, 31, pp.307–327.

Bradley, E. et al. (2004). *Least angle regression.* Annals of Statistics, 32, pp.407–499.

Chappell, D. and Dowd, K. (1999). *Confidence intervals for VaR.* Financial Engineering New, 9, pp.1–2.

Daniel, B N. (1991). *Conditional heteroskedasticity in asset returns: a new approach.* Econometrica, 59, pp.347–370.

Deepayan, S. (2008). *Lattice: multi-variate data visualization with R.* New York: Springer-Verlag.

Dianne, C. and Deborah, F S. (2007). *Interactive and dynamic graphics for data analysis: with R and ggobi.* New York: Springer-Verlag.

Dowd, K. (2007). *Measuring market risk.* New Jersey: John Wiley & Sons.

Duffie, D. and Singleton, K J. (2003). *Credit risk: pricing, management, and measurement is the part of the Princeton series in finance.* New Jersey: Princeton University Press.

Eubank, A. and Zumwalt, J. (1979). *An analysis of the forecast error impact of alternative beta adjustment techniques and risk classes.* Journal of Finance, 34, pp.761–776.

Fama, E. (1965). *The behaviour of stock market prices.* Journal of Business, 64, pp.34–105.

Feldstein, M. and Horioka, C. (1980). *Domestic saving and international capital flows.*

Economic Journal, 90, pp.314 – 329.

Hadley, W. (2009). *Ggplot2: elegant graphics for data analysis.* New York: Springer-Verlag.

Hull, J C. (2006). *Options, futures, and other derivatives.* Beijing : Tsinghua University Press.

Jorion, P. (1997). *Value at risk: the new benchmark for controlling market risk.* Irwin: Irwin Professional Pub.

Kakade, S M., Kearns, M., Mansour, Y. et al. (2004). *Competitive algorithms for VWAP and limit order trading.* ACM Conference on Electronic Commerce, pp.189–198.

Kuiper, P. (1995). *Techniques for verifying the accuracy of risk management models.* The Journal of Derivatives, 3, pp.73–84.

Lawrence, R., Glosten, R J., David E R. (1993). *On the relation between the expected value and the volatility of the nominal excess return on stocks.* The Journal of Finance, 48, pp.1779–1801.

Markowitz, H. (1952). *Portfolio selection.* The Journal of Finance, 7, pp.77–91.

Pachamanova, D A. and Fabozzi, F J. (2010). *Simulation and optimization in finance: modeling with Matlab, @ Risk, or Vba.* New Jersey: John Wiley & Sons.

Paul, M. (2011). *R Graphics.* Boca Raton, FL: Chapman and Hall/CRC.

Paul, T. (2011). *R Cookbook.* California: O'Reilly Media, Inc.

Pogue, G. and Solnik, B. (1974). *The market model applied to European common stocks: Some empirical results.* Journal of Financial and Quantitative Analysis, 9, pp.17–944.

Robert, T. (1996). *Regression shrinkage and selection via the Lasso.* Journal of the Royal Statistical Society: Series B (Methodological), 58, pp.267–288.

Robert, C M. (1974). *On the pricing of corporate debt: the risk structure of interest rates.* Journal of Finance, pp.449–470

Troy, A. and Adair, Jr. (2005). *Excel Applications for corporate Finance.* McGraw-Hill Companies Inc, pp.152–161.

Vasicek, O A. (1973). *A note on using cross-sectional information in Bayesian estimation of betas.* Journal of Finance, 28, pp.1233–1239.

埃德温·J. 埃尔顿,马丁·J. 格鲁伯,斯蒂芬·J. 布朗,2008. 现代投资组合理论与投资分析[M]. 北京:机械工业出版社.

保罗·蒂特,2013. R语言经典实例[M]. 李洪成,朱文佳,沈毅诚,译. 北京:机械工业出版社.

丁鹏,2014. 量化投资:策略与技术(修订版)[M]. 北京:电子工业出版社.

法伯兹,2011.固定收益分析[M].大连:东北财经大学出版社.

金斯伯格,王正林,2012.问道量化投资:MATLAB来敲门[M].北京:电子工业出版社.

何成颖等,2014.解读量化投资之秘[M].北京:中国财政经济出版社.

黄文,王正林,2014.数据挖掘:R语言实战[M].北京:电子工业出版社.

霍顿,2010.投资学:以Excel为分析工具[M].北京:北京机械工业出版社.

卡巴科弗,2013.R语言实战[M].北京:人民邮电出版社.

克里斯·布鲁克斯,2005.金融计量经济学导论[M].成都:西南财经大学出版社.

李诗羽,张飞,王正林,2014.数据分析:R语言实战[M].北京:电子工业出版社.

卢恩伯格,2004.投资科学[M].北京:中国人民大学出版社.

诺曼·马特洛夫,2013.R语言编程艺术[M].陈堰平,邱怡轩,潘岚锋,等,译.北京:机械工业出版社.

欧内斯特·陈,2014.量化投资:如何建立自己的算法交易事业[M].大连:东北财经大学出版社.

斯佩克特,2011.R语言数据操作[M].西安:西安交通大学出版社.

薛毅,陈立萍,2014.统计建模与R软件[M].北京:清华大学出版社.

朱晋,2015.证券投资学[M].北京:机械工业出版社.